高等院校精品课程系列教材

领导学
LEADERSHIP

仵凤清 刘娜 尹凡 等编著

机械工业出版社
China Machine Press

图书在版编目（CIP）数据

领导学 / 仵凤清等编著 . —北京：机械工业出版社，2020.9（2024.6 重印）
（高等院校精品课程系列教材）

ISBN 978-7-111-66480-2

I. 领… II. ① 仵… III. 领导学 - 高等学校 - 教材 IV. C933

中国版本图书馆 CIP 数据核字（2020）第 168585 号

本书紧密结合我国企业管理实践和国内外理论研究成果。在理论层面，本书压缩和简化了传统经典领导理论，增加了新的理论研究成果，如复杂型领导、正念型领导等；提升了本土化领导理论的内容比重，包括中国传统领导文化、近年来专家学者对西方领导理论的实证验证研究成果等。本书还特别关注了领导者的黑暗面特质、权力、腐败、权力使用效果及其制约方面的内容，增加了接班人的选任、培养等内容。在实践层面，本书尽可能选取本土著名企业近两年的实践等作为案例，这些案例资料主要来源于权威期刊，如《哈佛商业评论》《中国企业家》《领导科学》和《企业管理》等。

本书既可作为高等院校工商管理、人力资源管理、公共事业管理等相关专业的教学用书，也可供读者自学和研究借鉴。

出版发行：机械工业出版社（北京市西城区百万庄大街 22 号　邮政编码：100037）
责任编辑：程天祥　　　　　　　　　　　　责任校对：殷　虹
印　　刷：北京建宏印刷有限公司
版　　次：2024 年 6 月第 1 版第 9 次印刷
开　　本：185mm×260mm　1/16
印　　张：18.5
书　　号：ISBN 978-7-111-66480-2
定　　价：49.00 元

客服电话：(010) 88361066　68326294

版权所有·侵权必究
封底无防伪标均为盗版

前　言

本书源于之前的《领导学：方法与艺术》。《领导学：方法与艺术》自 2009 年以来刊行了两版，并多次重印，得到了广大高校师生和各界读者的关心与支持，还得到了很多专家学者和同行的指导，在教学实践中取得了比较好的效果。本书在《领导学：方法与艺术》一书的基础上，总结经验，认真采纳各方面的意见和建议，增加新的理论和实践内容，删减某些栏目，力争与时俱进。

本书在秉承原来的框架体系和内容特点的基础上，根据近些年的企业管理环境变化和理论研究成果进行了更新，尝试增加了接班人的选任和培养方面的内容，虽然还不全面，但算是抛砖引玉吧，希望借此引起理论界和实践界更为密切的关注。改革开放 40 多年来，随着第一代企业家逐步退居幕后，如何顺利完成新老权力交接，实现企业文化和企业家精神的传承，逐渐成为领导学理论和实践关注的热点。实践中交接班成功和失败的情况均有，前车之鉴，后事之师。针对领导者权力、道德、绩效和领导活动面临的快速发展的网络智能环境等热点问题，本书增加了专家学者的实证研究成果，以深化对这些问题的认识和讨论，强化领导活动本身的复杂性和与时俱进的实践性，突出理论研究及其实践指导意义。

领导学的研究经过了半个多世纪的学科意义上的发展，特别是 20 世纪 80 年代末期以来的研究，已经完全不同于早期的领导特质和领导行为研究，虽然总体上属于权变理论研究范畴，但也不同于早期权变理论的权变模型构建研究。研究视角多元化、研究方法多样化及定量化、研究成果碎片化及观点化的特点非常突出，系统化的理论体系构建不足，因而在指导实践方面普适性不够、针对性不强，这是广大读者和师生需要注意的问题。目前，我国的领导理论研究基本走出了介绍、解释西方领导理论的阶段，开始大量引介本土情境下的实证研究，取得了大量成果，但相当一部分是对现有理论的验证和补充，加之这些年国内科研导向招致了"为研究而研究""为定量而定量"的现象较多，忽视了领导学非常强的实践特征，导致研究方向偏失，长期追踪观察、分析总结领导活动实践的成果较少。因而，我国领导学的研究、领导理论的发展，尚有很长的路要走，可谓任重道远。本书在编撰过程中特别注意讨论领导活动的实践问题，注重分析理论应用得失而非简单的理论介绍，注重收集不同研究成果并表达作者自己的观点，希望能够体现领导活动的"本真"。

本书以习近平新时代中国特色社会主义思想为指导，融入党的二十大精神，"讲好中国故事"，各章案例材料均为近些年本土著名企业、知名企业家真实的领导活动，主要来源于公开发表的权威期刊文章，包括《哈佛商业评论》《中国企业家》《领导科学》和《企业管理》等，便于案例分析时进一步查阅相关企业和企业家的各方面资料，保证案例分析真实、具体、有效，切实发挥案例教学的作用，提升案例教学的实战效果。本书案例材料不仅可以作为教师课堂教学和案例分析的宝贵资料，还可以成为读者的拓展阅读资料，能够加深其对领导学理论与观点的理解。

本书由仵凤清、刘娜、尹凡进行总体设计和统稿，我的学生刘玮、林晓涵参与了全书的案例资料筛选整理、文献检索和文字处理工作。

本书编辑出版过程中得到了机械工业出版社编辑的大力支持和帮助，在此深表谢意！感谢过去一直关注和支持我们的广大读者朋友们！希望继续对本书提出宝贵意见。本书使用了大量的文献资料，在此对相关专家学者表示衷心的感谢！我们虽然尽最大努力进行了文献标注，但难免会有疏漏之处，敬请谅解。

仵凤清

教 学 建 议

教学目的

在学生掌握有关领导活动的基本理论的基础上,培养其科学的领导思维方法,正确理解、分析领导活动所处的情境和面临的问题,领会相关的实践技能,为今后工作中尽快走上领导岗位、在领导岗位上实施有效领导提供理论上的指导和实践上的经验借鉴。通过介绍领导理论,结合相应案例和专项技术测试与反馈等,开发和提升学生的领导技能,培养具有预测和处理复杂多变环境能力、能够把握正确方向和面向未来的领导者。

前期需要掌握的知识

管理学、组织行为学、战略管理等相关知识。

课时分布建议

教学内容	学习要点	课时安排		案例使用建议
		硕士	本科	
第1章 绪论	(1) 领导活动及其属性、要素 (2) 领导的定义,领导与管理 (3) 中国特色的领导	2	6	本章案例
第2章 领导特质	(1) 领导特质理论概述 (2) 领导者的个性特征、智力、情商 (3) 领导者的价值观和道德	1	4	本章案例
第3章 领导行为	(1) 西方领导行为理论评述 (2) 我国的相关理论研究 (3) 360度反馈工具	1	4	本章案例
第4章 领导者的权力、能力和影响力	(1) 领导者的权力来源 (2) 领导者的能力素质 (3) 领导者影响力的构成和提升	4	2	本章案例
第5章 领导者道德与伦理	(1) 道德伦理与价值观 (2) 领导道德与伦理的起源和发展 (3) 领导道德与伦理理论 (4) 领导道德与伦理行为	4	—	本章案例

(续)

教学内容	学习要点	课时安排		案例使用建议
		硕士	本科	
第6章 追随者的激励	(1) 激励概述 (2) 激励理论 (3) 激励理论观察	2	6	本章案例
第7章 追随者队伍建设	(1) 追随者和工作满意度 (2) 授权 (3) 追随者群体建设	4	—	本章案例
第8章 权变理论	(1) 权变领导理论阐释 (2) 权变领导与文化	2	6	本章案例
第9章 领导者沟通与协调	(1) 领导者沟通的模式与方法 (2) 沟通中的冲突 (3) 领导者协调	2	4	本章案例
第10章 战略领导与企业文化	(1) 领导与战略 (2) 领导与文化	2	—	本章案例
第11章 领导有效性与领导绩效	(1) 领导有效性的含义 (2) 领导绩效及其考评	4	—	本章案例
第12章 领导者面临的现实挑战	(1) 适应和推动变革 (2) 多元化挑战 (3) 学习型组织和知识型组织及人才	4	2	本章案例
第13章 领导理论的发展	(1) 中国传统领导理论的研究进展 (2) 领导理论发展的新趋势 (3) 几种新的领导理论	4	2	—
课时总计		36	36	

说明：1. 总的原则是，本科教学以经典理论内容为主，研究生则加强领导技能方面的内容。

2. 在课时安排上，以36课时为基本设计。硕士研究生（包括MBA、MPA等）可以根据培养方案适当增减；管理类专业本科生以36课时为宜；非管理类专业本科生建议适当增加课时，以便补充相关的理论知识。

3. 在内容安排上，对硕士研究生（包括MBA、MPA等）来说，在经典理论内容的阐释上要简洁明了，重点是对理论的评述和应用，聚焦于领导的新理论、新实践，以及与领导技能密切相关的权力、能力、道德、伦理、有效性和绩效考评等。对本科生来说，重点是阐释领导的定义，介绍经典理论内容，使学生掌握领导活动的特点及基本规律。

4. 本书各章安排了相关的专项技术测试与反馈、案例分析等内容，供教学和自学参考。在案例教学上，指导教师最好通过网络等渠道进一步搜索相关企业的最新情况，以便更好地指导案例分析和讨论。

目 录

前言
教学建议

第1章 绪论 ……………………… 1

引例 "技术派"企业家王传福 …… 1
1.1 领导活动 ……………………… 2
1.2 领导 …………………………… 7
1.3 领导学的发展 ………………… 12
1.4 中国特色的领导 ……………… 14
复习思考题 ……………………… 15
案例分析 张瑞敏：不能做悲剧
英雄 …………………… 15

第2章 领导特质 ………………… 19

引例 李书福：从放牛娃到全球汽车
王国建立者 …………… 19
2.1 领导特质理论概述 …………… 21
2.2 领导者的个性特征 …………… 31
2.3 领导者的智力与情商 ………… 37
2.4 价值观和道德 ………………… 43
复习思考题 ……………………… 45
专项技术测试与反馈 …………… 45
案例分析 陈爱莲："匠心"万丰 … 49

第3章 领导行为 ………………… 53

引例 孙陶然：经营企业是为了
追求伟大 ……………… 53
3.1 西方关于领导行为的经典
研究 …………………………… 54

3.2 我国的相关理论研究 ………… 58
3.3 360度反馈工具 ……………… 62
复习思考题 ……………………… 63
专项技术测试与反馈 …………… 63
案例分析 守正出奇刘强东 …… 64

**第4章 领导者的权力、能力和
影响力** ……………………… 68

引例 领导者维护权威的正道 …… 68
4.1 领导者的权力 ………………… 69
4.2 领导者的能力 ………………… 76
4.3 领导者的影响力 ……………… 80
复习思考题 ……………………… 85
专项技术测试与反馈 …………… 86
案例分析 江南春：从脆弱到固化，
新物种惊险一跃 ……… 87

第5章 领导者道德与伦理 ……… 90

引例 稻盛和夫的企业道德经营
思想 …………………… 90
5.1 道德伦理与价值观 …………… 91
5.2 领导道德与伦理的起源和
发展 …………………………… 93
5.3 领导道德与伦理理论 ………… 98
5.4 领导道德与伦理行为 ………… 100
复习思考题 ……………………… 106
专项技术测试与反馈 …………… 106
案例分析 方太茅忠群：孔子堂里
做生意 ………………… 107

第6章　追随者的激励 … 112

引例　对"90后"员工的激励策略 … 112
6.1　激励概述 … 113
6.2　激励理论 … 114
6.3　激励理论观察 … 122
复习思考题 … 125
专项技术测试与反馈 … 125
案例分析　碧桂园的双享机制和群狼战术 … 128

第7章　追随者队伍建设 … 130

引例　领导与下属"相交甚欢"的"五常"之道 … 130
7.1　追随者概述 … 131
7.2　工作满意度 … 134
7.3　授权 … 140
7.4　追随者群体与团队 … 148
7.5　接班人 … 151
复习思考题 … 154
专项技术测试与反馈 … 154
案例分析　华为的超级流动性：打造灵活应变的组织 … 156

第8章　权变理论 … 162

引例　国美的新零售转型 … 162
8.1　菲德勒权变领导模型 … 163
8.2　路径-目标理论 … 166
8.3　情境领导理论 … 168
8.4　弗鲁姆-贾戈权变模型 … 171
8.5　领导者-成员交换理论 … 175
8.6　领导替代理论 … 177
8.7　权变领导与文化 … 179
复习思考题 … 180
专项技术测试与反馈 … 181
案例分析　罗永浩：我已经学会不跟这个世界瓣扯真相 … 181

第9章　领导者沟通与协调 … 185

引例　狄仁杰为官的道与术 … 185

9.1　领导者沟通 … 186
9.2　沟通中的冲突 … 193
9.3　领导者协调 … 197
复习思考题 … 199
专项技术测试与反馈 … 199
案例分析　做"会"发脾气的领导 … 200

第10章　战略领导与企业文化 … 203

引例　"家文化"热与"公司不是家" … 203
10.1　领导与战略 … 204
10.2　领导与文化 … 213
复习思考题 … 219
专项技术测试与反馈 … 220
案例分析　联想与华为：不同战略选择的启示 … 220

第11章　领导有效性与领导绩效 … 224

引例　精力充沛是领导者的素养 … 224
11.1　领导有效性的含义 … 225
11.2　领导绩效及其考评 … 228
11.3　领导有效性与领导绩效的讨论 … 234
复习思考题 … 237
专项技术测试与反馈 … 237
案例分析　坚守与放弃 … 238

第12章　领导者面临的现实挑战 … 241

引例　日本"百年老店"为什么不行了 … 241
12.1　互联网背景下领导者面临的挑战 … 242
12.2　适应和推动变革 … 245
12.3　领导多元化 … 253
12.4　建立学习型组织 … 258
12.5　领导知识型组织和知识型人才 … 260
复习思考题 … 262
专项技术测试与反馈 … 262

案例分析 海底捞：从服务创新到
　　　　　内部控制 ……………… 264

第13章 领导理论的发展 …………… 268

13.1 传统领导理论在中国的
　　　研究进展 …………………… 268

13.2 领导理论发展的新趋势 …… 270
13.3 领导新理论 ………………… 273
复习思考题 ……………………… 279
专项技术测试与反馈 …………… 279

参考文献 ……………………………… 281

第 1 章
绪　论

▶ **本章要点**

- 领导活动的两重性和要素。
- 领导的定义和本质。
- 领导学的发展历程。
- 中国传统领导文化的特点。

 引例

"技术派"企业家王传福

　　从"中国制造"到"中国质造",再到迈向"中国创造",中国制造业的晋级之路,离不开技术型企业家。他们用实实在在的努力打破外部技术壁垒,形成核心技术,跻身世界前沿,把技术创新融入中国产业基因。王传福以电池"作坊"起家创立比亚迪,将比亚迪打造成横跨汽车、新能源、IT等领域的产业集团。凭借比亚迪实实在在的商业成功,王传福奠定了自己"技术派"企业家的翘楚地位,在管理实践中独辟蹊径,形成体现其管理理念与风格的三大基础方略。

技"术"一体

　　王传福认为,"管理实际上也是一种技术,产品技术讲究深度,管理技术讲究广度"。王传福深谙制造业的竞争归根到底是"技",即产品技术的竞争。创业初期比亚迪凭其在电极材料、制造流程等方面的模仿式创新在手机电池行业快速崛起,也因此招致与日本电池厂商的专利交锋,这使得王传福认定必须拥有自己的核心技术。对攻克核心技术难关的执着与不懈追求,已固化为比亚迪"技术为王、创新为本"的价值观。然而,如果只是单纯推崇所谓的"工匠精神、精品意识",反倒有置企业于死地的可能。比亚迪的应对之"术",是千方百计调动两种核心资源:第一,在不触碰知识产权保护红线的前提下,大量使用通用技术和非专利技术等"外部资源",从而大幅度削减研发成本、缩短成品化周期;第二,围绕已有的"内部资源"积累来延展新事业。

"逆"向颠覆

　　王传福善于打破"理所当然",使得比亚迪屡屡成为行业规则的破坏者和新秩序的奠基者。比如在进入电池行业以后,大量采用自制专用生产设备、人工替代机器等方法,其产品质量完全可与进口全自动化生产线生产的产品相媲美,而且成本降低到了只有日本厂家同类产品的50%乃至更低,打破了"必须高价引进国外先进生产设备"的思维定式。实际上,"逆"向颠覆与技"术"一体是相辅相成的关系。没有技"术"一体所带来的核心技术,再精巧的逆向思维也很难撼动既有的产业秩序。如果没有"逆"向颠覆的"四两拨千斤",比亚迪的市场攻势就成了血拼的当面强攻,正面攻势一旦失利,核心技术的研发也就难以为继。

"人"的战术

技"术"一体也好,"逆"向颠覆也罢,最后的落脚点只能是在"人"上:"比亚迪的成功,事实上是人力资源的成功。"早期比亚迪在手机电池制造行业快速崛起,也得益于其独创的"半自动化+人工"的制造模式,也就是坊间所谓的"人海战术"。进入汽车行业以后,比亚迪在"人海战术"的基础上,开始推行"工程师制胜",大量从校园招聘工程类毕业生进行内部培养,再投入核心技术研发、零部件设计开发、专有制造设备设计开发等环节,"多任务并行"压缩了新车研发周期和成本。与流水线和研发战场"人海战术"相匹配的是比亚迪人津津乐道的"家文化",满足员工需要、一应俱全的生活娱乐及至教育配套设施。

未来之挑战

王传福的比亚迪奇迹未来将如何延续?对此我们愿持最乐观的观点。技"术"嬗变,竞争之势跌宕起伏,而企业家所秉持的理念与梦想不常变,也不应变。商"理"恒常,精神战场才是企业家终极考验发生的地方。

资料来源:顾倩妮,张强."技术派"企业家王传福[J]. 企业管理,2018,(09),42-44.

"技术派"企业家王传福从电池作坊起家,创立今天的比亚迪集团,体现了其独到的管理思想和卓越的领导能力。本章将介绍领导活动的相关内容。

1.1 领导活动

领导活动随着人类群体活动的产生而出现。与自然界的活动不同,人类社会的活动具有明显的预期性、规则性和目标性。首先,人类社会活动是有意识的,这决定了人类活动具有预期性。其次,人类社会活动是有组织的,这决定了人类活动的规则性。最后,人类社会活动总是以目标为导向,经过一系列的活动,最终实现目标。在人类活动过程中,一些人的意见经常行之有效,那么这些人就得到大家的认可,具有了领导的可能性。这一过程的不断重复,就产生了领导活动。

在原始社会中,为了部落的生存延续,氏族部落的首领和其他部落成员一起,制造简单的木棒、石块、长矛等工具,用来采摘果实或捕捉猎物,以维持部落日常生活的需要。为了抵御外来部落的侵袭,首领们还要商议对策,通过战斗来捍卫自己的生存权。

随着社会的不断发展,现代社会的领导活动更加复杂,尤其是21世纪,我们正处在一个前所未有的巨变时代,变化速度和不确定性所造成的影响已经超越了国家、种族、文化和行业的界限。世界范围内,西方民主政治的演进出现了明显的政治分裂和与初衷背道而驰的现象;网络技术的突飞猛进,把我们带入了信息化社会,事件的发展和决策变得更加不可捉摸;全球化的竞争和生产安排以及知识经济的崛起,使人才成为最为宝贵的资产;环境的恶化、人口结构的变化以及由此带来的劳动力状态的改变,影响着管理模式和商业模式等。这些无法阻挡的现实,都给领导活动带来了巨大的挑战。

毋庸置疑，领导活动贯穿于人类社会的各个形态、各个阶段、各个方面，是人类社会发展的重要活动形式。虽然各种领导活动的目的、方式、效果等并不相同，但任何一种领导活动都包含领导者、追随者、客观环境、领导手段、领导目标等因素。有学者认为：领导活动是在一定的领导环境下，领导者采取相关的领导手段，领导追随者为实现特定的领导目标而进行的社会群体活动。[1]

1.1.1 领导活动的属性

领导活动自身的规律性和对社会的重要作用，决定了它具有两方面属性：自然属性和社会属性。

1. 自然属性

领导活动是社会劳动和群体生活的自然需要。人们改造自然，必须一起生活、共同劳动，劳动过程中必然要分工协作，这就需要领导者的指挥和协调，使群体活动按一定方向有秩序地进行，从而维护群体的共同利益，实现共同目标。因此，领导活动是社会化生产的保证，也是社会生活的客观需要。

在人类的各个社会形态中，领导活动都具有领导、组织、协调、指挥等属性。这些属性是由人类社会的客观规律决定的，是社会活动最一般的、共同的属性，是超越不同社会形态的，从某种意义上来说是自然具有的，我们把这些属性称为领导活动的"自然属性"。比如原始部落需要首领的指挥和领导；现代化工厂需要厂长的领导和管理；军队需要军官的指挥和命令等。

一方面，领导活动的自然属性表现为领导活动需要统一的意志和一定的权力。在社会组织活动中，领导者的意志指挥人们行动，是联合生产和群体统一活动所必需的，无论是政治的、军事的，还是文化的、经济的，大的社会分工还是小的社会生产，都需要统一的意志。这个统一意志的执行需要一定的权力作为保证，在人类的所有群体活动中，都有强制权力的存在，权力是领导活动的重要基础。另一方面，领导活动的自然属性表现为领导活动必须适应生产力水平。无论是社会还是企业，领导活动的方法、手段、技术、资源，以及人才的获得和使用，都必须与生产力水平相适应，任何超越或落后于生产力水平的领导活动都不可能取得好的效果。企业管理方面也是如此，如美国柯达公司破产、富士康管理模式屡出问题等。

总之，领导活动的自然属性就是指领导活动的一般规律性。无论何种社会形态、何种组织类型的领导活动，都有其共同的内在规律，领导者在领导活动中都要遵循这些规律。领导活动的自然属性构成了领导学的科学基础，没有自然属性，领导活动的科学性就无从谈起。领导活动的自然属性，也是我们深入研究各种领导活动、广泛借鉴各种研究成果的基本依据。

2. 社会属性

领导活动是社会中的群体活动，是社会活动的产物，因此具有社会属性。领导活动的目的、方式、价值追求等都与社会生产关系有关，并受到生产关系的制约。

阶级性是领导活动社会属性中最重要的方面，不同阶级的领导活动具有截然不同的目的。在社会生活中处于领导地位的上层阶级，即使采取维护公众利益和公共秩序的领导活动，其根本目的仍然是为统治阶级服务；即使是以盈利为目的的企业领导活动，也摆脱不了统治阶级的价值观影响。目前很多大型跨国公司，在跨国生产经营的同时，也在大力传播其所属国家的文化和价值观，美国谷歌公司就是经典一例。当然，领导活动的社会属性还包括民族性、团体性等方面。在人类社会中，民族是最大的社会群体，领导活动的目的是维护本民族的利益，中华民族的抗日战争就体现了典型的民族性特点。领导活动作为群体活动，其团体性非常明显，不同团体的人有不同的目标，因此不同团体的领导活动也是不同的：一个汽车制造厂和一所大学的领导活动肯定是不一样的，就是在同一个汽车制造厂内，生产部门和销售部门的领导活动也是有差别的。

3. 自然属性与社会属性的关系

每一个领导活动都具有自然属性与社会属性这两个方面，两者相互依存，不可分割，不存在只有一个属性的领导活动。把握不住领导活动的自然属性，就无法从根本上抓住领导活动的一般规律，就不能提高领导活动的科学水平；不理解领导活动的社会属性，就无法分辨不同领导活动的价值取向和根本目的，就会迷失方向。

自然属性和社会属性之间，社会属性占据主要地位。领导活动的本质特征是由领导活动的社会属性决定的，领导活动的社会属性规定了自然属性，并能改变自然属性的具体形态。但社会属性的规定作用要通过自然属性来实现，受生产力水平的制约，脱离生产力实际的领导活动是不可能达到预期目的的。

1.1.2 领导活动的要素

一般认为，领导活动包括领导者、追随者、领导目标、领导环境和领导手段。上述五个要素相互联系、彼此作用，并保证领导活动的顺利进行。其中领导者、追随者、领导环境是领导活动有效进行的必要条件，领导目标保证领导活动沿着正确的方向进行，而领导手段则保证各要素之间紧密联系并达成领导目标。因此，我们必须深入研究各个领导要素，才能把握领导活动的基本规律，保障领导活动的顺利实施。[2]

1. 领导者

作为领导活动中最重要的主体，领导者是在组织中担负一定的领导职务，拥有组织赋予的权力，肩负着组织和率领追随者实现领导目标的责任的人。领导者是领导活动的核心，对领导活动的成败起着关键作用。领导者要有领先的领导理念、正确的领导方法和高超的领导艺术，能将领导理念内化于领导目标中，并将其变成群体的共同追求。领导者是凭借对组织成员的影响力和组织赋予的权力，带领组织成员完成任务的，是职务、权力和责任的统一体。职务标志着领导者在团体中的身份，权力是组织授予领导者的支配和影响他人的力量，责任是领导者肩负的与权力相对应的工作责任和社会责任。

一位领导者对一个组织的发展究竟有多大的影响呢？"中国IT教父"柳传志重现江湖挽救联想或许能说明这个问题。

2009年，柳传志已卸任联想集团董事长一职达四年之久。而就在这一年，联想出现了巨亏——当年第三季度的财报显示，联想亏损9 700万美元。

对于联想出现巨亏的原因，柳传志解释为"金融危机的影响"，但业界普遍认为，这缘于联想收购IBM个人电脑业务的"蛇吞象"举动。2005年，联想以6.5亿美元现金和6亿美元联想股票，收购IBM个人电脑业务（还需承接IBM个人电脑业务的5亿美元债务）。这一举动震惊了世界，这是中国公司进行的第一笔此类跨境交易。完成这一并购后，联想成为中国第一个冲进"全球500强"的民营企业。但很快，高管间的文化冲突和金融危机，让联想陷入了一些麻烦之中。

"这时,联想的各位董事……都提出让我出来当董事长。在联想的成长过程中,所谓的惊涛骇浪我见过很多次……可能应对这种情况,我心里更有底一些。这样对员工、董事会、投资人来说都会觉得更踏实。"柳传志对《环球人物》杂志如是说。于是,2009 年 9 月,他重新回到了联想集团董事长的位置上。很快,他就让人们再次见证了他的神奇——截至 2010 年 3 月 31 日,联想扭亏为盈,全年实现净利润 1.29 亿美元,销售额增长 11%,达到 166 亿美元;全球市场份额同比上升 1.2%,达到 8.8% 的历史新高。[3]2011 年 11 月,柳传志再度卸去董事长职务。

2. 追随者

领导活动的目标是通过追随者的执行活动实现的。追随者是指在领导者领导下进行活动的个人或群体。作为领导活动的主要对象,追随者原则上只对自己所承担的工作负责,但其又是整个领导活动目标的一部分,所以具有两重性:追随者要服从领导者的领导,但不是绝对的盲从,也拥有监督领导者的义务和权力。追随者决定了领导活动的成败,没有追随者对领导者理念的理解,没有追随者的参与,一切领导活动都只是空谈。

有效的追随者应该努力与他们的领导者建立积极的关系,这种关系中应予关注的是基于工作的互相尊重和理解,而不是权力与服从。值得强调的是,追随者在上下级关系建立中是可以采取主动行为的。

3. 领导目标

领导目标是领导活动中不可或缺的基本要素,贯穿领导活动的始终,是领导活动的基本动力。领导目标不仅能确定领导活动选用人才的标准,还是决策方案制订的根本动因,更能检验领导活动的效果。领导目标具有鲜明的指向性,一个群体如果没有共同的目标,就不能称之为组织。

同时,领导者还需要了解,目标不仅能提供组织发展的方向,还对维护成员个人身心的稳定发挥着积极作用。据说有这样一个调查[4],有一年,一群意气风发的天之骄子从美国哈佛大学毕业了,他们即将开始穿越各自的人生领地,为了明天拼搏奋斗。此时,他们的智力、学历、环境条件都相差无几。在临出校门前,哈佛对他们进行了一次关于人生目标的调查,结果是这样的:27% 的人,没有目标;60% 的人,目标模糊;10% 的人,有清晰但比较短期的目标;3% 的人,有清晰而长远的目标。25 年后,哈佛再次对这群学生进行调查,结果是这样的:3% 的人,25 年间他们朝着一个方向不懈努力,几乎都成为社会各界的成功人士,其中不乏行业领袖、社会精英;10% 的人,他们的短期目标不断地实现,成为各个领域中的专业人士,大都生活在社会的中上层;60% 的人,他们安稳地生活与工作,但都没有什么特别成绩,大都生活在社会的中下层;27% 的人,他们的生活没有目标,过得很不如意,并且常常在抱怨他人、抱怨社会,抱怨这个"不肯给他们机会"的世界。其实,他们之间的差别仅仅在于 25 年前,一些人知道怎样规划自己的生活,另一些人则不清楚或不很清楚。

4. 领导环境

领导环境是指除了领导者自身因素,影响领导活动的其他所有条件,包括自然条件、政治、经济、文化、科技,以及组织的基本状况、追随者的综合素质等。领导环境是领导活动顺利进行的前提,毕竟任何领导活动都是在一定的自然环境和社会环境中进行的。领导活动既要利用环境,又受到环境的制约,因此领导者不仅要认识环境、利用环境,更要适应和改造环境，使环境有利于领导活动目标的实现。环境影响领导活动的成败，不同的环境需要不同的领导方式。比如，同样是军队，战争时期与和平时期的领导方式是截然不同的。

领导者应该利用自己掌握的权力去营造一个良好的领导环境。对权力的理解和分配是领导者营造良好环境的基石。传统的权力观认为：领导者的权力越大，员工的权力就越小。但随着对权力的深入理解，现代权力观认为，权力的总和是可以扩大的，领导者和员工都能感觉到自己具有一定的权力和影响力。研究表明，领导者和员工之间如果存在合作的关系，他们更容易齐心协力，实现 $1+1>2$ 的效果。合作能为权力关系带来更高的期望、更多的帮助和支持，同时还使权力关系具有较大的说服力和较少的强制性，并带来更充分的信任感和更友好的态度。

近些年，组织行为学方面的研究也证明，良好的组织氛围可以增强员工的组织公民行为和建言行为，员工更乐于为组织的长远利益负责，愿意为职责范围以外的工作付出努力以提高组织关联绩效。

5. 领导手段

领导手段是指领导者在领导活动中，为了实现领导目标而采取的基本工具，它作用于追随者，是联系其他领导要素的基本方式。领导手段在领导活动中起中介作用，是必不可少的重要因素。它既包括领导观念、领导原则、领导战略、领导政策、领导艺术等主观性的因素，也包括领导组织、领导制度以及先进的科学技术等客观性因素。领导目标的达成在相当程度上取决于领导手段是否得当。领导手段可以激发追随者的热情，调动人的积极性、主动性和创造性，限制、纠正、惩罚追随者偏离目标的各种行为，保证群体准确高效地实现领导目标。

领导手段体现的是领导者的领导理念。不同的企业、不同的领导者、不同的环境和目标，可以有不同的领导手段。为目标服务的手段受各种因素影响和限制，没有普遍适用的领导手段。例如，同样是国际化目标，联想、吉利等公司是通过国际并购实现的，海尔是通过品牌扩张实现的。大部分公司通过上市而快速发展，华为则通过员工持股和 CEO 轮值实现持续成长。华西村、南街村等的集体经济模式，独辟蹊径，实现了经济的快速发展和人民群众的高度富裕。

上述领导活动的五个要素紧密联系在一起，相互影响和制约，构成一个完整的领导活动过程。

1.1.3 现代领导活动的基本特点

在传统社会中，社会生产以自然经济和手工业生产为主，规模小，分工协作也比较少，生产力较为低下，社会进步缓慢，领导活动要面对的环境和处理的关系都比较简单，一个领导者或一种领导模式在很长时期内都稳定有效。而现代社会，信息传播迅速，工业化大生产全球分工协作，各个领域之间构成一个巨大的系统，每一环节的运作都会对整个系统产生深刻影响，凭领导者个人的知识和经验已经无法掌控，必须通过有效的团体合作，进行科学的领导。同时，人类的文化素养和自我意识进一步提高，民主和自由的价值观深入人心，人们对社会发展的目的和意义有了更广泛且深刻的认识，人类个体和群体的价值追求逐渐多样化，因此独裁、强权式的封建领导模式随之衰落。纵观领导活动的历史发展，现代领导活动具有以下显著特点。[5]

（1）由传统的经验型领导转为现代的技术型领导。传统的经验型领导，是指在传统社会中，领导者主要通过个人的知识、智慧和经验来进行领导，在具体决策时直观感知的比重非常大，在分析问题时具有非定量性的特点等，这是同传统社会的小生产方式相适应的。现代的技术型领导，是指在制定和实施决策时，都要遵循一定的程序，运用先进的科学技术和方法，如运用大数据、云计算、运筹学、经济学的方法进行决策、方案设计和评价等，具体表现为资源分配、投资组合、产品定价、盈亏平衡分析、供应链设计等。

（2）由传统的全能型领导转为现代的服务型领导。传统的全能型领导，是指在传统社会中，领导者不仅要对活动的每个环节了如指掌，还要作为追随者的导师解决其技术和思想的难题，这对领导者的能力要求非常高。传统的手工作坊式的领导必定是技术最精湛的人，而现代的社会生产中，社会分工很细，每个环节的专业性都很强，一个领导者根本不可能掌握全部的技术，而且现代教育的普及大大提高了追随者的素质，领导者不再负有导师的责任。于是，现代领导方式向服务型转变，现代领导者的主要任务是与追随者沟通，协调各环节，为追随者提供合适的环境和必要的服务，以保障各项工作的顺利进行。

1.2 领导

1.2.1 领导的定义

虽然领导现象自人类社会产生就出现了，但今天我们从学科概念的角度来讲，"领导"还没有公认的权威定义，每个人的理解都不尽相同。正如有些学者所说，领导现象是地球上最容易观察到但最不容易理解和说明的一种社会现象。

阿基利斯（Achilles）认为"领导即有效的管理"，哈罗德·孔茨（Harold Koontz）认为"领导是影响人们使之跟着去完成某一共同目标的行为"，罗伯特（Robert）认为"领导是在某种条件下经由意见交流的过程所实施的一种为了达到目标的影响力"，约翰·科特（John Kotter）认为"领导指的是有助于引导和动员人们的行为及其思想的过程"，尤瑟夫·罗斯特（Yusuf Rost）认为"领导是领导者与追随者之间的影响与被影响的关系，目的在于达到他们的共同目标"，等等。

著名学者巴斯（Bath）在《斯托格蒂尔手册》中将这些比较有代表性的意见归纳为 12 种定义：

- 领导是组织的工作核心；
- 领导是人的个人品质及其产生的效力；
- 领导是一种行为；
- 领导就是为了达到目标所发出的各种指示和命令；
- 领导是组织内部相互作用产生的一种效果；
- 领导是一种与众不同的角色；
- 领导是组织结构的建立者；
- 领导是一种使他人服从的艺术；
- 领导是影响力的施加过程；
- 领导是劝说的一种形式；
- 领导是一种基于权力的关系；
- 领导是许多要素的综合体。

近年来，国际上最有影响力的领导学教科书对领导的定义如下：理查德·L.达夫特（Richard L. Daft）的《领导学：原理与实践》[⊖]认为，当人们试图真正地改变并期望得到反映他们共同目标的结果时，领导是在领导者和追随者之间有影响力的一种关系。理查德·L.哈格斯（Richard L. Hughes）的《领导学：在实践中提升领导力》认为，领导是"对一个有组织的群体施加影响，以推动其实现目标"。安弗莎妮·纳哈雯蒂（Afsaneh Nahavandi）的《领导学》认为，领导是对一个组织内的个人和群体施加影响、帮助他们确立目标、引导他们完成所确立的目标并发挥有效性的人。

从这些定义可知，人们从不同视角定义领导，有人界定领导活动的内容和性质，有人研究领导活动的关系和过程，有人则将领导者与领导活动混为一谈。

借鉴上述定义，结合本书的写作宗旨、内容框架，我们认为：领导是在有组织的群体活动中，那些具有权力或影响力的个人或集体，激励、指挥、协调追随者实现共同预期目标的行为过程。对于这个定义，可从以下几个角度加以理解：第一，领导活动是一个群体活动，无论领导者、追随者还是活动过程，都是群体活动；第二，领导活动离不开正式权力，组织结构和等级序列的存在是领导活动进行的基本条件；第三，领导者作用的发挥需要正式权力，更需要影响力，现代领导关系是影响力关系，换言之，组织内没有正式权力，但有影响力的人也可以成为领导者；第四，领导活动虽然复杂多变，但可通过一系列职能活动实现，其中激励、指挥和协调是领导活动的重要职能；第五，领导活动具有明确的目标导向，是实现目标的过程，这个目标不但是群体共同的目标，还应该能够涵盖每个个体的目标，目标导向是领导活动的重要特征。

1.2.2 领导的本质

根据现代的研究，多数人认为领导最重要的本质是影响力。孔茨甚至直接将领导定义为影响力，他认为领导就是影响人们为实现群体目标而努力的过程。史蒂芬·R.柯维（Stephen R. Covey）也认为真正的领导者是能够影响别人的人。这种影响力是从所有领导现象中抽象出来的，是指一个人在与他人交往的过程中影响和改变他人心理与行为的能力。所有领导活动的进行、领导目标的实现，都是在领导者与追随者的相互影响中进行的，其中领导者的影响占据主导地位。

在领导活动中，领导者影响追随者主要有两个途径：一是通过组织赋予领导者的人事权、决定权和奖惩权等正式权力，领导者可以改变追随者的工作状况和前途，这种影响力具有强制性和不可抗拒性，我们称之为强制影响力（权力性影响力）；二是通过领导者的个人素质，如精湛的技术、高尚的道德、渊博的知识、多才多艺等使追随者心甘情愿地接受领导，这种影响力没有强制色彩，是领导者个人特点所致，我们称之为个人影响力（非权力性影响力）。只有在拥有强制影响力的同时具备个人影响力，才能成为一个卓越的领导者。本书后面相关章节会详细讨论领导者的影响力问题。

1.2.3 领导与管理

在人类社会相当长的时期内，领导和管理在使用上并没有明显区别。直到20世纪30年

⊖ 此书中文版已由机械工业出版社出版。

代，随着社会化大生产的快速发展和管理活动的复杂化，人们对企业领导者的行为越来越关注，并从理论研究层面逐渐将领导和管理分开，建立起领导学的基本理论框架，但在企业实践中或涉及具体内容时，两者还是经常通用。早期的管理学者一般将领导视为管理的一项职能，如孔茨认为"指导与领导是管理工作的一个方面，它引导下级人员出色地实现企业的既定目标"，斯蒂芬·P. 罗宾斯（Stephen P. Robbins）认为"管理的职能包括计划、组织、领导和控制"。而最近半个多世纪，领导才明显地"从管理中分化出来，并且具有了独立的意义"，领导学的地位得到确立。

本书认为，从实践上看，领导活动与管理活动紧密联系，不可分割，尤其在组织中的中下层更是如此，但二者的作用不同，方法也有差别。从理论上看，领导学脱胎于管理学，两者至今在理论上有共通之处，但领导学近些年发展迅速，新理论层出不穷。现有的研究表明，领导与管理在本质上有所不同。

1. 领导和管理的联系

通常，一个组织的管理者同时也是领导者，很难将两者绝对区分。一般一位管理者或领导者同时拥有管理权和领导权，一个领导活动同时也是一个管理活动，领导离不开管理，没有具体的管理活动，领导目标就不可能实现。管理也离不开领导，没有领导，管理就会失去方向。管理是领导的基础，领导是管理的前提，领导指导管理，管理保证领导，两者相互依赖、相互渗透，拥有密切而广泛的联系。

林正大将领导行为分成三个层次[6]，一是行为层次，指领导者日常的行为举止、对部属产生的影响，这是最直接的方法。

二是管理层次，随着组织扩大、人数增多，领导需要管理层次的方法来领导，基本原则如下：

- 让部属知道公司对他的期望，使用岗位说明书、规章制度、培训、个别指导来达成此项目标；
- 让部属知道公司对他的看法，定期的绩效评估、成果面谈，配合合理的奖惩办法将会更有效；
- 让部属对组织有归属感，让他认识重要的人，与不同部门的人交流，知道公司相关的信息，到陌生部门有人热情接待，这些会加强他的归属感；
- 让部属的努力得到应有的回报，可以是物质的、心理的、名誉的，或是培训机会、升迁；
- 让部属得到启发，当人们感觉到自己进步，会有深度满意感。在工作、为人处世、业务等方面得到主管的帮助与启发，这是非常重要的激励。

三是战略层次，应该创造良好的企业文化，并有明确的战略规划。"一将无能，累死三军"，有效可行的战略可以使部属产生高度的信赖，进而产生乐意跟随的意愿。同时还要设计合理高效的组织结构，部属对于不合理的组织结构与制度深恶痛绝却又无能为力，高层主管不能忽略此项工作。

由此可见，领导与管理紧密联系，基本目标相同，方法和过程上交叉重叠。

2. 领导和管理的区别

领导和管理的区别具体表现如下。

(1）层次不同。领导的根本问题是价值判断和价值选择，所以领导是管理的灵魂，是高层次的"管理"。在组织的实践活动中，领导目标是战略性的宏观目标，领导具有整体性，看重综合效益，注重长远的和宏观的方面，如制定规划、协调部门之间的关系、控制活动的整体方向等。领导关注的是方向、前景和效果，管理更关注局部，看重局部效率，注重近期的微观方面。管理目标主要是指微观目标，如产量、利润、战术性商业策略、专业化管理模式、规范化的管理条例、定量化的效益分析等，管理关注的是效率、方法和短期效果。

（2）职能不同。领导的职能主要是制定决策，以实现长远目标为中心，处理好人与人、部门与部门之间的关系，推动领导决策的顺利执行。领导者对价值更感兴趣，重点是激励人。管理的职能范围要宽得多，要合理配置资源，人、物、信息、时间都是管理的对象。管理者对事实更感兴趣，重点是采取正确的方法实现目标。

总之，领导是做正确的事，管理是正确地做事。

1.2.4 领导力与管理力

1. 领导力的内涵

（1）领导力与领导者的特质有关。我们经常会听到"他天生就是做领导的材料"这样的话，就是从特质角度观察领导者得出的结论，这意味着一些人有成为领导者的天赋，使他们与众不同，这些特质包括身体因素、个性因素和能力因素等。

（2）领导力与影响力有关。影响力是指改变别人的态度、价值观、信念或行为的力量。它涉及领导者影响下属并带领他们实现组织目标的过程，我们可以认为影响力是领导力的必然要素。

（3）领导力与追随者和情境相关。领导力在领导过程中发挥作用并体现出来，领导过程中涉及追随者、情境因素等，领导力的发挥效果直接受这些因素的影响。

领导力的最重要方面就是对价值的追求，即对长远目标的关注和追求。领导者在组织中必须明确应该做什么、不应该做什么，要引导下属去完成某项任务或实现某个目标，实现有价值的目标，是领导力作用的最终体现。明确、正确、长久的价值追求，是领导力的核心。

总之，领导力是领导者在特定的情境中带领和激励组织成员实现组织目标的能力，领导力的主要内容包括建立愿景与战略规划、建立组织关系、激励和决策。

2. 管理力的内涵

管理力的作用对象是人、财、物、技术、市场和信息等一切资源。其中，人力资源是最重要的，因为任何资源的分配、协调都是以人为中心，所以管理力的对象要以人为中心。管理力与领导者的素质和实践活动相关。管理力是在领导者具有某些素质或特质的基础上，通过理论学习和企业实践培养起来的，特别是实践活动对提高领导者的管理力至关重要。管理力与企业目标有关，企业目标单凭个人力量无法完成，需要通过管理来对企业资源进行优化配置，从而实现企业目标。

总之，管理力就是通过计划、预算、组织、控制和决策等行为对组织的各种资源进行配置，以实现组织目标的能力。

3. 领导力与管理力分析模型

领导力和管理力是领导者必备的能力，这两种能力在不同的领导者身上有不同的组合特点，在同一个领导者的不同发展层级上也有不同表现：处于中下层的领导者以管理力为主，处于中上层的领导者以领导力为主。我们将领导力和管理力作为两个维度，构建二者关系分析模型（见图1-1）。据此模型可知，由于领导者的领导力和管理力的水平高低不同，会产生四种不同类型的领导者。

Ⅰ型领导者属于变革型领导者，拥有较高领导力和较低管理力。这种类型的领导者拥有敏锐的观察力，具有很强的创新精神，常常能提出新颖的创意，带领组织适应不确定的外部环境。他们拥有远见卓识、个人魅力和影响力，能吸引追随者，使他们乐于实现领导者的愿景。这种领导者注重变革的方向，但常常忽视企业秩序的建设和执行力的提升。

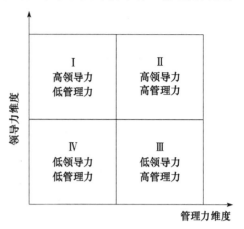

图1-1 领导力与管理力分析模型

Ⅱ型领导者是拥有较高的领导力和管理力的理想型领导者。他们能认识到领导力和管理力的关系，深知如何带领组织在激烈的竞争中生存下来并健康地发展。纵观知名企业的发展史，总有一位领袖级人物带领整个企业走向辉煌，即使退居幕后，他对企业的影响仍未改变，如联想的柳传志等。

Ⅲ型领导者是实用型的领导者，他们并没有很强的领导力，但是在保持组织的稳健发展方面拥有很强的管理力。他们不会像变革型领导者那样总是在积极变革，而是在工作中依赖并力图维持秩序化、稳定化的格局。这种领导者适合面对外部环境变化不大，或者变革后需要巩固变革成果的领导情境。一般来讲，这种类型的领导者属于中低层次的基层管理者。

Ⅳ型领导者是缺乏领导力和管理力的空壳型领导者。这种领导者在领导和管理方面都不尽如人意，但在现实生活中确实存在。当组织规模较小、外部环境非常稳定时，领导者无为而治就可以保证组织的健康发展。但是当外部环境发生变化或组织需要飞跃式的发展时，这种领导者的存在就会成为组织发展的障碍。在领导者的领导层次中，无论是高层的领导者还是中低层次的领导者，缺乏领导力和管理力都不能胜任其工作。

在实践中，优秀的企业对领导力和管理力不仅重视、明确界定，而且开展了务实有效的培养和开发。例如，联想集团的神州数码控股有限公司将领导力定义为：领导力是干部带领团队成员，挖掘大家的聪明才智、调动积极性、激发责任心，从而推动目标完成的能力。公司将领导力区分为三个层次，对不同级别的管理者的领导力要求各异。第一层：低阶管理者的领导力，要求管理者能带领团队完成目标，主要靠职权的影响力，包括考核和激励员工的职权。第二层：中阶管理者的领导力，要求管理者能够调动团队的积极性和热情，激发潜力，完成具有挑战性的任务。在这个层次，管理者不仅通过定规则来完成任务，而且营造出良好的工作氛围，让团队成员快乐工作。第三层：高阶领导者的领导力，要求领导者能够影响团队成员的价值观，使每位成员与组织目标高度一致，整个团队达到一种自我管理、自我激励的境界。此时的领导力演变成一门艺术，员工完全自愿实现组织目标。公司通过系统培训、高层领导辅导、考核、企业文化熏陶四个方面，进行领导力的培养和开发。[7]

1.3 领导学的发展

1.3.1 西方领导学的发展历程

西方领导学的发展已有上百年的历史，取得了许多重要的理论成果，但这门学科还远远没有成熟，很多方面仍有待探索。虽然从学科成立意义的角度看，领导学在 20 世纪初期已经形成，但从现代学科确立标准的角度看，近半个世纪才将领导学作为一门独立学科来研究。西方领导学的形成和发展大致分为以下几个阶段。[8]

第一时期（20 世纪初期到 40 年代末期）

这个时期的管理学非常兴盛，领导是作为管理中的一项职能被研究的，领导者就是管理者，领导行为就是管理行为。这一时期的研究侧重于对领导者品质和能力的研究，代表人物有阿尔波特（Albert）、斯托格蒂尔（Stogdill）、吉尔伯特（Gilbert）和穆恩（Moon）等人，他们认为具有某些品质和技能的人更容易成为领导者，因此他们试图找出这些"天生的领导者"所具备的品质和能力。这种研究视角开辟了面向领导主体的领导学研究领域，提出了特质理论。特质理论对选择领导者、确定培训内容、设计开发训练、提高领导效能有重要作用，却无法将品质和能力因素与领导效能建立直接的对应关系，因此这种研究也就昙花一现。

第二时期（20 世纪 40 年代到 60 年代末期）

这个时期，领导学的理论探索取得了丰硕的成果，许多重要范畴被单独提出来，为脱离管理学奠定了理论和实践基础。这一时期侧重于对领导行为的研究，代表人物有勒温（Lewin）、小法兰奇（Francky）、科奇（Couch）和斯托格蒂尔等人，他们创立了领导形态学，提出了作风理论、权威理论和行为理论。他们认为领导品质分为先天素质和后天培养两类，先天素质是有限的，后天培养才是最重要的，并对如何开发领导品质做出了有效探索。对领导行为的研究和分类，有助于更好地理解领导活动，分析活动中的复杂问题以提高领导绩效，但这一时期的研究者着眼于领导者本身，对领导环境、领导手段和领导目标的研究仍还不够。

第三时期（20 世纪 60 年代末期到 80 年代中期）

这一时期，领导学从学科意义上正式成立，有了自己的学科概念和基本的理论体系，独立于管理学科。这个时期对领导活动的各个方面进行了全面的研究，代表人物有弗雷德·菲德勒（Fred Fiedler）、维克托·H. 弗鲁姆（Victor H. Vroom）、P. W. 耶顿（P. W. Yetton）、赫伯特·A. 西蒙（Herbert A. Simon）等人，提出了权变理论、领导参与理论等多角度的理论成果。其中，最有影响的是权变理论，该理论认为权力及其影响是理解有效领导的重要手段，而领导的本质是权力带来的影响力，这种权力分为"职务权力"和"个人权力"。后来研究者发现情境因素也是决定领导效能的重要方面，于是把情境调节变量作为理论研究的基本组成部分。权变理论对领导者结合不同的情境、采用有效的权力组合来加强自身领导力提供了重要的理论支持。

第四时期（20 世纪 80 年代后期至今）

这一时期，领导学开始快速发展，虽作为一门学科还未成熟，但其研究的范围、分支学科的建立、各种理论的创建都正以前所未有的速度前进，同时对与领导学相关的领导科学及领导艺术做了严格的区分和探索。这一时期最大的特点是各种理论的综合运用，代表人物有詹姆斯·M. 伯恩斯（James M. Burns）、彼得·G. 诺斯豪斯（Peter G. Northouse）、沃伦·布兰克（Warren Blank）、沃伦·丹尼斯（Warren Dennis）、劳斯托（Laustra）等人，这一时期比较有代表性的理论是"双边领导理论"和"综合领导理论"。

"双边领导理论"以领导者与追随者的双边关系为重点，认为追随者对领导者能力的感受将影响领导活动的有效性。"综合领导理论"是将领导的各要素综合起来研究，是对"双边领导理论"的发展，它认为领导活动中各个要素对领导的有效性都有其不可忽视的作用。除此之外，还有领导能力理论、领导替代理论、魅力型领导理论、变革型领导理论、愿景式领导理论、以价值为本的领导理论等，这些理论从各个角度切入领导学研究，推动领导学逐步走向成熟。

1.3.2 我国领导学的发展历程

我国领导学自 20 世纪 80 年代初期兴起以来，已取得了巨大的成果，但也暴露出很多不足。1980 年在全国首届未来学学术讨论会上，有人提出应把领导学作为一门独立学科。1982 年 10 月，中共中央、国务院在《关于中央党政机关干部教育工作的决定》中，将科学的领导方法和工作方法列为党政干部要具有的带共同性的业务基础知识。1983 年 5 月，夏禹龙、刘吉等人编写的《领导科学基础》一书出版发行，这是我国第一本领导学理论专著，标志着我国领导学的诞生。1985 年 3 月，河南省社会科学联合会主办的《领导科学》创刊，这是我国第一本领导学专业刊物。1985 年首届"领导科学"学术讨论会召开。1985 年，《现代领导》杂志在上海市创办。从此，我国有关领导学的论文、专著、讲座、学术讨论会、研究会等纷纷出现，大大推动了我国领导学的发展。

目前全国的大部分高校都开设了领导学课程，师资力量逐渐壮大。全国共有《领导科学》《现代领导》《领导工作研究》《领导科学论坛》《领导科学报》《领导广角》等十几种领导学报刊。自 1985 年以来，全国性的领导科学学术研讨会多次召开，主题涉及学科建设、领导决策、领导工作重点等多个方面，全国省级领导科学教研机构有几十家。随着中国领导科学研究会在北京正式成立，中国领导学迈向了新的台阶。

40 多年来，经过广大领导学界人士的辛勤耕耘，中国的领导学研究取得了较多的理论成果。

首先，作为现代理论学科的领导学，基本的理论框架结构已经成形，涉及领导活动的领导目标、领导者、追随者、领导环境等各个要素的研究全面展开，领导学的分支学科如宏观领导学、领导心理学、行政领导学、微观领导学、领导技术学、领导管理学、领导哲学、领导人才学、领导文化学、领导思想史、军事领导学、企业领导学等纷纷成立。

其次，领导学的概念和基本范畴都已明确，对于领导职责、领导本质、领导评价、领导文化、领导主体、领导要素、领导作风、领导权力、领导体制、领导活动、领导作用、领导内容、领导理论、领导哲学、领导历史、领导思维、执行力、影响力、领导心理、领导行为、领导环境、领导规律、领导战略、领导预测、领导决策、领导手段、领导方法、领导力、领导伦理等都有了比较严格的定义。领导学研究的基本问题全部涉及，如领导和管理的联系与区别、领导的基本规律、领导学的基本范畴、领导学的中国特色、领导学的历史起点、领导学的学科定位、领导学发展的基本动力、领导人才的培训、领导考核机制的建立等。

最后,一支有较高学术素养的领导学研究队伍已经建立,领导学的教育层次从学士到博士逐渐健全,包括党校的专家、普通高校的学者、研究机构的研究人员、企业家等,一大批博士与硕士研究生将领导学作为专业研究领域,取得了很多新成果。特别是随着近些年实证研究和案例研究的兴起,学者们对领导行为、相关变量与领导有效性的关系进行了广泛探讨,结出了累累硕果。同时,有学者对西方领导理论进行了中国化验证,逐渐完善和丰富了中国情境下的领导理论。当然,中国的领导学还存在许多不足,比如领导学与其他学科的界限有些模糊,专门针对领导学的研究方法还不成熟,对我国传统领导思想的研究还不够精深,对国外领导学的新进展吸收得还不够快等。但总的来说,中国的领导学正在逐步完善和发展,我们相信,中国领导学将会取得更大的成就。[9]

1.4 中国特色的领导

1.4.1 中华民族的传统领导文化

中华民族有五千多年的文明史,自古以来中国人民就极为重视领导的作用,可以说中华民族的领导文化非常繁荣。不过中国古代并没有"领导"一词,也没有"领导文化""领导思想"的说法,通常使用的是"治国之道""从政之道"一类的词语,散布在经、史、子、集的文献中,收集领导思想的专门著作有《贞观政要》《帝范》《资治通鉴》《帝鉴图说》《资政要览》等书。

相较于现代领导学的内容,中国的传统领导文化有着自己独特的魅力。

第一,中国传统的领导文化比较稳定,基本上是以王权为中心,以儒家学说的观点为基本内容,融合了法家、道家等思想,强调三纲五常、仁义道德,领导文化主要以人治、法治、德治、刑治、王道、霸道、君本、民本、尊贤等内容为核心。

第二,中国传统的领导文化主要是关于治国经验教训的总结和权谋方略的运用,有着浓厚的经世致用倾向,关注天与人、义与利、和与同、君与臣、君与民的关系,侧重治国战略、权力运用、识人用人等方面,较少关注制度文明的建设,人治文化根深蒂固。

第三,中国古代领导文化的伦理道德色彩极为浓厚,政治家和思想家通过儒家学说把政治伦理化、伦理政治化,"道之以德""齐之以礼""为政以德"等都表现出道德至上的倾向。总的来说,中国传统的领导思想中伦理学极为发达,以人治为主,法治则极为薄弱。[10]

西方的研究者认为[11],在中国,组织像家庭一样,而领导者就如同一家之主,这种人际关系价值观在中国具有坚实的基础。长期以来,中国人就是依靠家族成员开创和管理组织的,人们普遍地认为一些长期工作的"家族"员工,实际上都是内部成员,会给予特别的对待。而领导者作为组织的领袖,则是家族式组织的核心。

在中国,除家族企业中的家长是一个有力的领导者之外,人们还期望其他私人公司的领导者也能扮演"家长"的角色。这种家长式的领导者引导和教育员工,并与员工保持着一定的社会距离。他们树立起威望,期望员工能顺从他们,并且尽量减少员工之间的冲突。中国家长式的领导者还应该是仁爱的,给员工无微不至的关怀。中国的领导者在道义上有义务、有责任去关心员工。仁爱、关怀、体恤下属是中国领导价值观中最为重要的观点。

中国家长式的领导者并非纯粹的独裁专制，在中国，权力、权威是与道德义务结合在一起的，用来保护和增加那些弱势群体的利益。根本上，权力并不是用来镇压和支配他人的工具，也不是满足一己私欲的手段。

当然，这种家长式的领导者肩负着重要的责任，如果犯了错误，后果将极其严重。所以，领导者必须对错误的本质有清晰的认识，尽量避免造成不必要的错误。中国古代儒家的代表人物孟子曾对君主所犯错误进行了深刻的分析。这些错误大体有以下几种表现[12]：寻找借口，推卸责任；不肯干，而不是不能干；以主观好恶破坏法度；行动与目标相悖离；用小恩小惠讨好每个人；对身边作祟的小人缺乏警惕；喜欢说别人的缺点；拖延决策，当断不断；责人者重，责己者轻；喜欢用平庸的人作为部下；诸如此类。这种入木三分的分析对现代领导者也具有重要的借鉴意义。

总之，中国的传统文化和古典文献高度重视领导艺术，对领导者个体修身养性、权谋机变等方面描述得较多，对领导体制、领导群体、领导环境和目标等领导科学方面的关注较少。

1.4.2 建立具有中国特色的领导学

我们要建设有中国特色的领导学，就要运用辩证法，分析中国传统领导文化中的精华和糟粕，把握各个历史时期的领导理论观点，吸收几千年民族文化的遗产，寻找传统的治国之道与领导现代化社会的契合点，使传统服务于现代。同时要借鉴吸收国外先进的领导理论和研究成果，结合中国的国情，探索创新，保持中国风格，建构有中国特色的领导学体系。

建立有中国特色的领导学体系，首先要结合丰富的领导实践，使自己的研究扎根于中国现实，研究时代发展出现的新问题；其次要拥有多学科的视野，结合社会学、管理学、哲学、心理学等学科成果，拓展领导学的研究范围，促进领导学的完善，并进一步推进领导学的分支研究。

▶ 复习思考题

1. 请阐释领导活动的属性。随着领导活动越来越具有规范性，从某种意义上加强了领导的自然属性，在这种情况下，领导学的社会属性的作用是否会越来越弱？如果不是，它又是怎么发挥作用的？
2. 根据我国的传统文化，请说明我国领导者与追随者之间的关系特点。
3. 深入领会领导与管理的联系和区别，举例说明这种联系和区别。
4. 领导活动要素有哪些？请说明各要素间的关系。

▶ 案例分析

张瑞敏：不能做悲剧英雄

创立三年后，雷神的年营收达到了14亿元，并在2017年9月20日挂牌新三板。海尔集团是青岛雷神科技股份有限公司的控股股东，在张瑞敏（海尔集团董事局主席、首席执行官）提出人单合一的主张八年后，海尔从一个体态臃肿的大组织变身为集合数百家小微企业的"创业平台"。之后四年的时间，这个平台上孵化出的两百多家小微企业渐趋成熟：超过100家年营收过亿元，52家引入风投，18家估值过亿元，5家估值过5亿元，2个小微估值过20亿元——雷神就是其中的佼佼者。

在近十年的争议和质疑中行进至此的张瑞敏，想必内心五味杂陈。在9月20日"首届人单合一模式国际论坛"开幕式的发言中，年届七旬的张瑞敏特意选了一条用不同的语言写满"谢谢"的领带，面向台下来自全球的海尔创业者。

不过对海尔来说，成功似乎还言之尚早。张瑞敏在与秦朔对话的时候也提到："大家预测物联网市场会在2019年或2020年引爆。海尔会不会成为全世界第一个引爆的呢？如果会，这12年真的是非常有价值；如果不会，那就相当于中场传球非常精彩但不进球，白搭了。"

很多人称张瑞敏为企业家中的哲学家，他热爱读书，以每年一百多本的阅读量更新着自己对企业管理和商业变迁的认识与思考，他的藏书多到甚至需要青岛图书馆的分类员来帮助打理。他曾经推荐过《失控》，作者凯文·凯利在这本书中提到，相对于利用一个智商超群、体积庞大的机器人进行太空探险计划，不如释放成千上万个智能平常的小机器人更为可行，尽管前者处理能力更强，但行事笨重，反应迟缓，而后者则灵活敏捷——当然，这种去中心化的分布式架构同样面临失控的风险。

这也是过去的10年间很多人对海尔的担心——失控。从2005年人单合一的推行开始，海尔经历了相当长时间的混乱，一段时间内海尔人员增加，效率降低；2013年，海尔砍掉了一万多人的中间管理层，营收一度停滞，质疑声席卷而来。"他希望成为世界级的管理大师，但是将整个海尔置于实验室中是不是太冒险了？"一位资深的家电专家曾对《中国企业家》记者指出。

就像一个自然的生态系统初建一样——从混乱无序到平衡后的自生长，海尔生态也开始慢慢焕发生命色彩：2017年上半年，青岛海尔的营业收入同比增长59%，"除购并通用家电这个因素之外，各个小微的高速增长也是一个非常重要的原因。"

张瑞敏说，模式探索要有现实回报，他不能成为悲剧英雄。

消灭"中层"管理

2013年，凯文·凯利在海尔待了两天，提出一个建议：海尔一定要变成互联网企业——互联网带来的是生态，而不应该再是科层组织。当时，海尔"人单合一"已经实践了八年的时间，"人"是员工，"单"是用户，"合一"就是把员工和用户连成一体。理念没有错，不过正如张瑞敏所说，"新酒必须装到新袋子里，不能装旧瓶"。科层制度束缚下的企业正如旧瓶，无法适应互联网时代对创新的要求。1985年张瑞敏怒砸冰箱是为了强调质量的意义，而此时他要砸掉的却是禁锢企业的科层制度。

海尔由此形成了这样的架构：只有三类员工——平台主、小微主和创客，每个员工都是一名创客，员工自由组合，在内部抢单竞聘成为小微主。张瑞敏希望每一个员工都能成为自己的CEO，但这个位置并非一劳永逸，如果项目运行过程不理想，CEO难以胜任，就会遭到淘汰。

2015年，张瑞敏把这个"科层变网络"的模式带到了维也纳的第七届彼得·德鲁克全球论坛上，一直在管理理念上先行先试的海外企业家都觉得"不可思议""太激进了"：把科层制去掉了，企业还怎么管？员工听谁的？一个例子可以做出回答，海尔原来有一个一千多人的部门，专门用来对市场部门做出评价，但效果并不明显；后来这一千多人的团队全部去掉，原来物流配送要费尽心力去跟踪用户反馈，现在不需要了，如果没有按时送到，订单全部免费，谁造成损失谁来赔——直接从企业评价变成了用户评价，责任也具体落实到个人和团队，原来互相推诿的风气被破除了。

相比于自上而下的"正三角"管理架构，自下而上的"倒三角"管理生发出了自组织、自管理的模式，张瑞敏和阿里巴巴高管曾经讨论过这个问题，并就此达成了一致意见：企业一定不要成为王国、帝国，一定要成为生态系统，因为帝国一定会垮掉。

生态的特征就是互联、共生、包容。目前，海尔以三大平台来构建这个生态，一是互联工厂COSMO平台，借助八大互联工厂实现大规模定制；二是共创共享的大顺逛平台，通过线下专卖店、网店、微店的"三店合一"，将产品和服务深入到社区（海尔目前已经发展了60万家微店，河北省一家火锅店的老板通过微店获得的收入甚至超过了火锅店）；三是社会化创业平台海创汇，集结内外部的创新力量。

"要么拥有平台，要么被平台拥有。"这句话张瑞敏一直挂在嘴边，如今已经成为海尔内部的共识。张瑞敏希望在人单合一的模式之下，使海尔成为能够吸纳更多具有交互价值的产品、服务的物联网平台。"过去12年是逐渐摸索的，现在的目标很简单，就是通过人单合一让海尔第一个在行业内实现物联网。"

放权是必经之路

相对于2005年外界的普遍不解，越来越多的企业实践证明了"人单合一"的必要性。1889年创立的米其林公司就是一例。在一百多年的发展历史中，这家企业被看作是行业创新和管理的典范，但是2012年的时候，米其林发现传统模式已经触及天花板——工厂的流程效应已经发挥到最大，再进一步提高生产力就只能依靠颠覆性的变革，因此米其林把一家工厂里的组长取消，让工人自我管理，两个月后的结果让集团总部大吃一惊，工人的主动性和责任感超出了所有人的想象，这也促使米其林将实验工厂的范围扩大到六家，并且有更多的业务部门自愿加入实验。

这暗合了张瑞敏一直以来的判断，在他看来，传统的经典管理理论有三个：泰勒的科学管理理论造就了今天的流水线生产模式；马克斯·韦伯的科层制形成了今天企业的金字塔组织；法约尔的一般管理理论构建了企业的管理职能部门布局。但今天看来，流水线适应不了个性化趋势，科层制解决不了去中心化，一般管理理论不符合互联网时代零距离的需要。"这三个理论今天已经不太适用，或者说要改变。"

但理想模型却不可能一蹴而就。米其林的负责人就指出："在哪些方面、以什么样的方式让员工自我管理？现在是不是理想模型呢？我不知道最后结果怎样，集团内部也说不清楚，但归根结底，如果我们不相信这些员工，我们就会犯错误，相信员工，像是一个大的赌注，但对我们的未来有好处。"

张瑞敏赌的正是海尔的未来。一家初创企业天生带有创新和颠覆的因子，相比之下，一家大企业则会不自觉地陷入惯性发展之中，被官僚主义捆绑。一直强调"day 1"创新文化的亚马逊创始人贝佐斯就有一个著名的"两个比萨原则"，即一个有活力、有效率的团队，人数应该控制在两个比萨够吃的范围之内。

海尔的小微生态也是如此，一个小微企业内部拥有全部的职能部门，可以根据市场和用户情况快速做出反应——这样才能真正实现人单合一。"老子的《道德经》有一句话叫'大制不割'，意思就是说，所有的机制是一个系统，是完整的，不能把它割得七零八碎，否则就看不到整体的、总的面貌。"张瑞敏说，如果一个企业管理有问题，找一个咨询公司来咨询，会找出很多原因，分别在不同的部门，这是财务的,这是采购的……所有部门都有责任,但是,根源到底是什么,可能找不到。

这一套由中国传统文化生发出来的管理哲学是否也适用于西方企业呢?"'人单合一'的本质是让每一个人发挥他自己的价值,也就是康德所说的人是目的,不是工具。这是最核心的一点,对每一种文化下的企业都应该是适用的,只不过在不同的国家可以采取不同的措施。"张瑞敏说,"根据我们与很多企业的探讨和海外实验,想要实现人单合一,第一,领导人要认同改变的必要性;第二,必须要自下而上地推进,员工要有积极性,领导要做的就是样本先行,先找一个容易做成功的,然后向其他部门和领域推进。"

而在伦敦商学院教授加里·哈默看来,其他企业不能也不应该照搬海尔的模式,"这是海尔在12年不断演变、推导中探索出来的,如果只拿出其中的一点来实践是很难成功的。"他讲了不久前和福特交流时的一个小故事,福特与丰田的对标在20年前就开始了,但直到最近才发现丰田模式的关键所在。第一个五年,福特派出学习的人员反馈说丰田效率很高,管理很好,但福特内部不相信,看到丰田的成绩之后,又认为只有在日本的文化情境下才可以发挥效果;再之后,丰田模式在越来越多的西方企业落地生根,福特看到之后开始重新学习,找到咨询公司去做调研,但没有成功;最后才发现,丰田模式之所以行之有效,关键在于给基层员工放权,但福特自身层级太多——如此漫长的过程之后,福特才发现真正需要改进的重点是什么。

这一点也构成了很多企业模式变革的障碍。2016年来海尔参观的企业超过1万家,人们都想知道"人单合一"的改革要如何启动,张瑞敏直言不讳地告知要将三权——决策权、用人权、薪酬权还给员工,"如果做到这一点大概可以有一个很好的开始,但他们却说做不到,'如果三权都没有了,用什么控制员工?'"

资料来源:梁宵.张瑞敏:不能做悲剧英雄[J].中国企业家,2017,(19):34-37.

讨论题

1. 张瑞敏是通过什么样的方式来改变海尔模式的?
2. 你认为"人单合一"的核心是什么?
3. 你认为海尔模式的改革能否持续下去直至成功?为什么?

第 2 章

领 导 特 质

▶ 本章要点

- 领导者的个性特征。
- 领导者的智力和情商。
- 领导者的价值观和道德。

 引例

李书福：从放牛娃到全球汽车王国建立者

我是个放牛娃，上小学时，我利用暑假为生产队放牛，每天0.15元，一个暑假能赚6~10元人民币，对我来讲这是一笔大钱。上小学每学期交书本费大概1.2元，学费是免交的，有了这笔钱，我比其他同学富裕多了。上初中一年级时，十一届三中全会召开，农村的土地可以承包经营，农民可以离土不离乡搞乡镇企业，甚至还允许搞个体私营经济，我真以为自己的耳朵出了毛病，天下还有这样的大好事？因此，我无心上学了，开始研究党的十一届三中全会以来的一系列文件。三年初中学业我用了两年时间就匆匆完成了，以优异的成绩考上了路桥中学尖子班。随着改革步伐的不断加快，我对高中学习失去了耐心，人在学校，心在游离，高中还没有毕业，我就开始规划参与市场经济活动的各种梦想。

第一次创业

家里有辆自行车，我向父亲要了几百元人民币买了台手提照相机开启了我的创业生涯。我走街串巷，见人就问要不要照相。由于我服务热情，照相质量也不错，很快赚了几百元人民币。不过，照相行业当时属于特种行业，由于我没有特种营业执照，多次接受教育与处罚。

第二次创业

那个时候的台州，废旧电器市场已经比较发达了，我从废旧电器零件中分离出铜、银和金，利用我家房子比较大的优势，进行家庭作坊式的生产。后来，我的这些技术被其他人学会了，因而出现激烈的供应链竞争，废旧零部件成本也越来越高，我又进入了新一轮的艰难转型。

第三次创业

随着改革开放的不断深入，中国人的生活水平也不断提高，电冰箱开始进入家庭，我开始研究生产电冰箱配件。因为公司初创，没有土地更没有厂房，我只能租用街道的厂房进行产品试制与研究。经过近400个日日夜夜的反复失败与总结，我的手掌都被折腾得找不到一块完好的皮肤，见人不敢伸手，浑身疲惫不堪。研究试生产终于成功了，但人家自己要发展工业，决定收回厂房，我只能转移到其他地方，转移到哪里呢？

历尽波折之后，家乡的工办主任为发展乡镇企业主动找到了我。在他的协调下，我租用了一个村庄的生产队仓库。生产设备的搬运，我们都是用人力手拉车，像蜗牛搬家。一辆手拉车三四个人，一共有几十辆手拉车，边推边拉。那几天碰巧下了倾盆大雨，我们一干就是往返几十公里，几个昼夜才搬完。有了营业执照后，我们便轰轰烈烈地大规模招聘员工，开始扩大产能，制作设备，研发新产品，生产的电冰箱零配件供不应求，一举成名，成为全中国最有竞争力的蒸发器、冷凝器、过滤器研究生产企业。后来由于企业发展较为顺利，我们又扩大产品种类，开始生产电冰箱、电冰柜等制冷设备，青岛澳柯玛电冰柜就是在我们这里贴牌生产的。企业欣欣向荣，成为台州最大的民营企业。

1989年，我把全部资产送给乡政府。政府接管后，我虽然一夜回归无产阶级，但浑身轻松，于是去上了大学。

第四次创业

1992年3月，我从已经送给政府的资产中回租一部分厂房，开始新的创业生涯。邓小平南方谈话在天地间又一次荡起了滚滚春潮，我的创业热血又一次被点燃。那一年我已经28岁了，研究、生产什么呢？装潢材料。

90年代，进口装潢材料在中国很受欢迎，国产装潢材料的研究、生产刚刚起步。我们研究生产的装潢材料完全可以取代进口材料且价格便宜，很受市场欢迎，又一炮打响，产品供不应求。按照我的习惯，又是自己设计、制造设备，大规模生产镁铝曲板、铝板幕墙等装潢材料。产品不但满足国内市场需求，而且出口几十个国家和地区。后来，我们的这些自主创新成果又被其他人学走了。为此，我又放弃了这个产业，开始研究摩托车。

第五次创业

吉利是全中国第一个研究生产摩托车的民营企业，企业搞得红红火火，自然又有许多企业跟着学。几年间，全国几十家摩托车公司，如雨后春笋般冒出来。市场出现了无序竞争，甚至出现了偷税漏税的不正当竞争，我又退出了这一领域。

第六次创业

接下去的故事，大家都知道了，吉利转型升级研究生产汽车，那一年，我已经35岁了。

当时大家都认为中国在汽车工业领域已经没有优势了，它早已被西方国家垄断了，中国企业只能与外国汽车公司合资或合作才有可能取得成功。但是我认为中国的改革开放政策一定会更加成熟、更加稳健，中国的现代化建设一定会持续推进，中国一定会成为世界上最大的汽车市场。因此，我决定抓住这个时间窗口，坚定地进入汽车领域。实践证明，这条路实在太艰辛，这条路也确实很诱人，时而景色秀丽，时而乌云密布，我们勇敢地在这条路上参加了没有尽头的马拉松。

资料来源：李书福. 李书福：从放牛娃到全球汽车王国建立者 [J]. 中国企业家，2018，(11)，16-17.

李书福从放牛娃蜕变为吉利汽车王国的掌舵者，经历了六次艰难的创业转型，每次创业转型都将他"顽强拼搏""敢为天下先""不达目标誓不罢休"等个性特征展现得淋漓尽致。本章将介绍有效领导者个性特质的相关内容。

2.1 领导特质理论概述

究竟什么样的人才能成为领导者呢？领导者又该具备哪些素质呢？三国魏时的刘劭著有《人物志》一书，阐述了他对鉴识人才的独特见解："性之所尽，九质之征也。然则平陂之质在于神，明暗之实在于精，勇怯之势在于筋，强弱之植在于骨，躁静之决在于气，惨怿之情在于色，衰正之形在于仪，态度之动在于容，缓急之状在于言。"大致的意思是，人物心性才情的变化有九种征象：忠奸直邪的征象在于其神，智明愚暗的征象在于其精，勇敢怯懦的征象在于其筋，坚强柔弱的征象在于其骨，浮躁沉静的征象在于其气，悲伤喜悦的征象在于其色，顽劣端庄的征象在于其仪，心思变化的征象在于其容，稳重鲁莽的征象在于其言。也就是观神识人、观精识人、观筋识人、观骨识人、观气识人、观色识人、观仪识人、观容识人以及观言识人。在刘劭看来可以作为人才、用作领导者的人必有其独有的特征。虽然他的见解在科学性上存在一些质疑，但足以说明，自古以来人们就在对领导者特质不断进行研究。从千古一帝秦始皇到大唐盛世的唐太宗，再到康乾盛世的康熙大帝，人们一直将各朝各代的领导者冠以"天子"的称号，而国外也有"伟人"之说。一代天骄成吉思汗带领蒙古大军征战四方，建立了庞大的蒙古帝国；列宁将布尔什维克不断壮大，建立了第一个社会主义国家；毛泽东带领中国千千万万贫苦大众推翻三座大山建立中华人民共和国：这些政治领袖似乎在人们心中有着不可磨灭的伟大形象。在当今商界中也有不少创造出辉煌业绩、令人瞩目的商业领袖：比尔·盖茨以其聪明和独特的眼光创造了IT巨星微软，杰克·韦尔奇更是以其独特的个人特质成就了通用电气，柳传志、任正非、张瑞敏等杰出企业家更是缔造了改革开放后我国民营企业的崛起与辉煌。这些领导者身上究竟有什么特质成就了他们的领袖人生呢？

本章将着重介绍国内外有关领导特质的研究及其各方面成果。

2.1.1 西方领导特质理论发展历程

领导者特质的研究在19世纪末20世纪初颇为盛行，该理论研究假设：领导的有效性依赖于领导者自身所具有的某些特殊个性品质。所以特质理论的早期研究集中于寻找领导者应该具备的特殊品质，以选择最适合充当领导者的人。这种理论的重点是确定有效领导者应具备的品质和特性，把个人的品质和特点作为区别领导者成功与否的标志。综合多数学者的意见，西方领导特质理论可划分为以下几个阶段。

1. 传统特质理论

传统特质理论盛行于19世纪末20世纪初，大致到20世纪40年代。这一时期的研究重点是可称之为伟人的领导者，所以此期的特质理论也称为"伟人理论"（great man theory）。伟人理论认为领导者的特性来源于生理遗传，是天生而不是后天培养的，天赋是一个人充当领导者的根本因素。这种理论赋予领导者一种神秘的色彩，让人们相信一个毋庸置疑的结论：领导者生来就与众不同。这一期的理论研究采用静态的描述、单因素分析的方法，最初研究领导者的个人特质，后将调查研究与心理测试相结合[15]，扩大了研究范围，并尝试概括与领导成功相联系的个人特质，列出人格清单。但事实上，随着研究的深入与实践的反馈，这些研究产生的结论却与初衷相反，传统特质理论受到了各方面的质疑：①据有关统计，在 1940~1947 年的 124 项研究中，所得出的天才领导者的个人特质众说纷纭，且各特质之间相关性不大，有的甚至产生矛盾；②个人特质和领导成功与否之间的联系并不紧密，领导者与追随者、卓有成效的领导者与平庸的领导者有量的差别，但不存在质的差异，许多被认为具有天才领导特质的人并未成为领导者。这种人格特质理论不具普遍性，因此很多学者停止了这方面的研究。

2. 现代特质理论

现代特质理论大致开始于 20 世纪 40 年代末，以斯托格蒂尔 1948 年的研究结论作为标志。一般来说，这一阶段应从 20 世纪 40 年代末延续至今，但有些学者倾向于将 70 年代后的魅力领导研究划分为第三阶段。现代特质理论采用多元素分析方法，注重管理实践，并用动态方法深入研究领导者素质。[15]这种理论否认了领导者与生俱来的观点，认为领导者的个性品质是在后天的实践中形成的，并可通过训练和培养造就。鲍莫尔（Baumol）教授的 10 个条件论，美国管理协会的 20 种能力论，罗伯特·孔茨的三种技能论以及戈尔曼的情商论均可归结为现代特质理论。当然，这其中还包括豪斯以及康格和凯南格的领导魅力研究。现代领导特质理论的研究思路表明领导更像是一种风格，它不但强调领导者的特质，也强调领导者的外在表现，从这个意义上讲它比传统特质理论要更进一步。

3. 魅力领导的研究

严格来讲，魅力领导（charismatic leadership）的研究属于现代特质理论，这里单独提出的目的是想引起读者的重视。魅力领导的研究大致始于 20 世纪 70 年代，一直延续至今。领导魅力的研究被认为是权变理论出现后对特质理论的回归，它既包含领导者先天特质的神秘色彩，又考虑到被领导者与情境因素，在领导理论研究中具有较大发展空间。学者们对魅力领导的研究包括：一是研究魅力领导者的个人素质特征；二是魅力领导易于产生的更有效的情境。虽然有学者认为魅力是一种关系，而非领导者个人素质，但领导者个人魅力的形成有赖于领导者的素质，其有效性的发挥是领导者素质与情境的结合。[16]目前，它仍是一个颇具争议的研究课题，其中一个主要问题是情境是否有助于领导魅力的形成和更为有效地实现领导目标。

2.1.2 中外有代表性的领导特质理论

1. 西方有代表性的领导特质研究

西方自古以来就很重视领导素质研究。亚里士多德（Aristotle）曾在《政治学》中提出，城邦中的最高领导者应具备三个条件：效忠于现行政体；足以胜任他所司职责的高度才能；适合于该政体的善德和正义。中世纪的马基雅维利（Machiavelli）在《君主论》中指出："君王应该努力使自己行为举止中表现出伟大、英勇、严肃、庄重、坚忍不拔。"另外，孟德斯鸠（Montesquieu）、托克维尔（Tocqueville）等都在领导者素质方面提出了自己的见解。下面简单介绍一些有代表性的研究成果。

（1）亨利的 12 种特质论。1949 年 W. 亨利（W. Henry）通过经验分析，总结出成功领导的 12 种特质：①成就需要强烈，把工作成就看成是最大的乐趣；②干劲大，工作积极努力，希望承担富有挑战性的工作，敢于承担责任；③用积极的态度对待上级，尊重上级，与上级关系较好；④组织能力强，有较强的预测能力；⑤决断能力强；⑥思维敏捷，富于进取心；

⑦自信心强；⑧极力避免失败，不断接受新任务，树立新目标，不断驱使自己前进；⑨讲求实际，注重现在；⑩眼睛向上，亲近上级，疏远下级；⑪对父母没有情感上的牵扯，独立生活；⑫效力于组织，忠诚于组织。

（2）**吉尔伯特的7种特质理论**。美国心理学家吉尔伯特于1954年提出了天才领导者应具备7项特质：善言辞、外表英俊潇洒、智力过人、有自信心、心理健康、有支配他人的倾向、外向而敏感。

（3）**吉赛利的13种特征论**。美国心理学家埃德温·E. 吉赛利（Edwin E. Ghiselli）在《管理才能探索》中提出了有效领导者的8种个性特征和5种激励特征。8种个性特征包括：①才智（语言与文辞方面的才能）；②首创精神（开拓新方向、创新的愿望）；③督察能力（指导别人的能力）；④自信心（自我评价较高）；⑤适应性（与群众关系密切）；⑥决断能力；⑦刚性和韧性（也称男性和女性，是指社会中两性的角色差别程度）；⑧成熟程度。5种激励特征表现为：对工作稳定的需求、对金钱奖励的需求、对指挥别人的权力的需求、对自我实现的需求、对事业成就的追求。吉赛利的研究由于有严密的科学性而受到尊重。他同时指出这些特性的相对重要性：①才智和自我实现对于取得成功关系重大；②指挥别人的权力的概念并不很重要；③督察能力基本上是指运用管理职能来指导下级的能力；④性别特征与管理成功与否没有多大关系。

（4）**斯托格蒂尔的研究**。1948年，斯托格蒂尔整理了从1904年以来建立在人格特质理论基础上的124篇研究成果，指出几个看似与成功领导相关的人格特质，并将与领导相关的因素划分为能力、成绩、责任、参与、身份、环境六大类，并指出一个特征的重要与否常与环境因素相联系。1974年他又对1948～1970年间的163篇有关领导特质研究的文章做了文献综述，该文与其他恢复领导特质正确性的文献一起，重新唤起了人们对领导特质研究的重视，并得出了一些人格特质确实会提高领导有效性的结论。这一研究成果不仅确认了1948年研究中很多的人格特质，还添加了许多新的特质，并且他再次强调环境在其中发挥的重要作用。斯托格蒂尔概括出领导者10项共同品质：才智、强烈的责任心和完成任务的内驱力、坚持追求目标的性格、大胆主动的独创精神、自信心、合作性、乐意承担决策和行动的后果、能忍受挫折、社交能力和影响别人的能力。他还将优秀领导者应具备的特质拓展为十几个方面：有良心、可靠、勇敢、责任心强、有胆略、力求革新进步、直率、自律、有理想、良好的人际关系、风度优雅、身体健康、智力过人、有组织能力、有判断力等。[17]

（5）**鲍莫尔的10个条件论**。美国普林斯顿大学鲍莫尔教授曾对企业家应具备的条件做过研究，提出了企业家应具备10个条件。

- 合作精神：能赢得人们的合作，愿意与其他人一起工作，对人不是压服，而是感化和说服。
- 决策能力：依据事实而非想象来进行决策，有高瞻远瞩的能力。
- 组织能力：善于组织人力、物力和财力。
- 精于授权：能抓住大事，把小事分给部属去完成。
- 善于应变：权宜通达、机动进取而不抱残守缺、墨守成规。
- 勇于负责：对上下级以及整个社会抱有高度责任心。
- 勇于求新：对新事物、新环境、新观念有敏锐的接受能力。
- 敢担风险：要敢于承担改变企业现状时遇到的风险，并有创造新局面的雄心和信心。

- 尊重他人：重视和采纳别人的合理化意见。
- 品德超人：在品德上为社会和企业员工所敬仰。

（6）**本尼斯的观点。**美国著名领导学家之一沃伦·G. 本尼斯（Warren G. Bennis）研究了90位美国最杰出、最成功的领导者，发现他们有如下的共同能力：具有令人折服的远见和目标意识；能够清楚地表达这一目标；使下属明确理解对这一目标的追求；表现出一致性和全身心的投入；了解自己的实力并以此作为资本。同时，他认为领导者必须具有5个基本素质：具有指导思想和长远目标；对生活和未来，尤其是事业和工作充满激情；正直；信任；求知和胆魄。

（7）**康格、凯南格与豪斯的魅力领导观。**加拿大麦吉尔大学的康格（Conger）与凯南格（Kanungo）教授认为具有领袖魅力的领导者应具备的关键特质有：①自信，对自己的判断和能力充满信心；②有远见，有理想的目标，相信未来一定比现在美好；③清楚表述目标的能力，通过清晰、准确的表达，让成员明白所要实现的目标；④对目标的坚定信念，他们具有强烈的奉献精神，愿意从事高风险的工作，承受高代价，为了实现目标能够自我牺牲；⑤不循规蹈矩的创新行为，他们的行为是创新的、新颖的、反传统的、超出规范的，这些行为在获得成功时通常令成员感到惊异而备受崇敬；⑥变革的代言人，他们被认为是激进变革的代言人，而不是传统的卫道士；⑦环境的敏感性，能够对需要变革的环境加以有效的限制，对资源进行切实可行的评估。罗伯特·豪斯（Robert J. House）也是魅力领导研究的代表人物，他提出魅力领导应具有三项因素：极高的自信、支配力以及对自己信仰的坚定信念。

（8）**柯克帕特里克和洛克的研究。**柯克帕特里克（Kirkpatrick）和洛克（Locke）1991年发表的《领导：素质很关键吗》一文，总结了巴斯、兰德（Rand）、布雷（Bray）等多位学者的研究成果，提出了一种解释领导者特质作用的新方法。他们在文章中指出：仅几个主要特质不足以造就一个领导者，但这些特质确是有效领导的先决条件。他们总结出了6种领导特质：动力，包括动机和精力；领导的欲望；诚实和正直；自信心；智力以及商业知识。

（9）**美、日相关团体对领导特质的研究。**日本企业界认为，有效的领导者应具备10项品德和10项才能，如表2-1所示。

表2-1 有效的领导者应具备的条件

10项品德		10项才能	
1. 使命感	6. 公平	1. 判断能力	6. 劝说能力
2. 责任感	7. 热情	2. 创造能力	7. 对他人的理解能力
3. 可依赖性	8. 勇气	3. 思维能力	8. 解决问题能力
4. 积极性	9. 忠诚老实	4. 规划能力	9. 培养下级能力
5. 进取心	10. 忍耐性	5. 洞察能力	10. 调动积极性能力

美国管理协会曾对在事业上取得成功的1 800名管理人员进行了调查，发现他们一般具有下列20种品质和能力：工作效率高；有主动进取精神；善于分析问题；有概括能力；有很强的判断能力；有自信心；能帮助别人提高工作的能力；能以自己的行为影响别人；善于运用权力；善于调动他人的积极性；善于利用谈心做工作；热情关心别人；能使别人积极而乐观地工作；能实行集体领导；能自我克制；能自主做出决策；能客观地听取各方面的意见；对自己有正确评估，能以他人之长补自己之短；勤俭；具有管理领域的专业技能和管理知识。[18]

2. 中国的领导特质观点

（1）古代的领导特质观点。 中国古代文献中，有大量关于古代政治领导者的领导方式及其成败事迹的记载分析。国家行政学院的邱霈恩在其《领导者素质》一书中专门列出一节，以时间为轴系统性地概括了中国古代的领导特质的诸多观点。

春秋战国时期 春秋战国时代，王道衰落，诸侯纷起。为了选拔有用之人匡世救国，各诸侯国及诸子百家纷纷提出关于领导素质的理想标准或思想观点，并将这些理论和思想应用到实践之中。很多君主、谋士都不约而同地按照一定的素质标准去识人、选人、荐人和用人，以此谋求自身的生存和发展。

最系统的领导素质理论就是孔子提出的儒家思想，它成了中国古代选贤任能的基本依据。孔子从王道的角度提出了以"仁"这个伦理道德为中心的素质内容，随后儒家学派又对此进行了阐释和丰富，使之成为内涵丰富、体系完整的伦理道德系统。它包括忠、孝、悌、慈、爱、温、良、恭、谦、俭、让、公、正、善、宽、惠、泰、智、知、诲、敏、忍、慎、讷、静、察、省、思、行、志、诚、信、义、刚、毅、勇、威、礼、乐、射、御、书、数、艺等44个方面，其中，礼、乐、射、御、书、数六艺成为孔子的正式教学内容。

孔子特别强调全面的领导素质修养，认为作为领导主体的统治者只有充分具备了这些素质，才有可能真正奉行并实施"仁政"，最后达成王道。后来，孟子也提出了仁、义、礼、智、志、气、巧、达、毅、勇等素质思想。荀子认为要"积善而全尽"，即领导者应集一切优秀品质于一身。优良的品质包括"尊主爱民""重死持义而不挠""言必当理，事必当务""乐得其道""耻不修，不耻见污""耻不信，不耻不见信""耻不能，不耻不见用""博学、深谋、修身、端行以俟其时""君子贵其全也"。这些学说构成了儒家关于领导者素质的系统理论思想。自此，儒家学说成为历朝历代领导素质理论的核心，并且依照这个理论来鉴别领导人才，建立领导人才的选拔任用机制，如科举制度。

道家则从另一个角度提出了自己的领导素质观，这些思想也成为影响千百年领导人才成长和领导者特质的主要源流之一。老子从良好人性的角度出发，提出领导者最大的特质是道德，而道德的具体表现就是"不言""好静""无为""无事""无欲""大智若愚，大巧若拙""为而不恃，功成而不处""常善救人，常善救物""自知者明""自胜者强""自知不自见、自爱不自贵""为之其于未有"。庄子认为，君主应该具有最高尚的道德，君主做到"无欲无为"，天下自然就会太平。他认为无为是君道，无为放任，有天下，才有利于治国。

道家思想深刻影响后世领导者的领导特质，并产生了很好的领导效果。西汉初年的丞相萧何、曹参都信奉黄老学说、道家思想，强调政治"无为"。萧何制定的"与民休养生息"政策在曹参任上得到了进一步奉行，使遭到战争和动乱破坏的社会生产力得到迅速恢复，促成了文景之治。

墨子则提出了以兼爱和自爱为核心的领导特质思想，认为领导者应该由优秀、完善的人来担当。所谓优秀和完善，就是具备了如下优良的特质："兼爱""所未有而取焉""见贤思齐""从善纠错""不息不慢""洁于治己"，以及不"饰过求先"、不"阿谀求进"，能够自知、自得、自劝、自恃、自力、自信、自强、自创。

管子更是以他自己亲身为相的经历，结合具体的领导问题，全面地阐述了领导者应注意的要点。在选人方面，领导者应符合三个标准：品德、功绩和才能。在用人方面，谄媚者、虚报者、虐民者及诽谤者是绝对不能使用的，因为谄媚者必假公济私，虚报者必肆行蒙骗，虐民者必使民遭殃，诽谤者必离间中伤、败坏团队。在决策上，领导者应具备"则（懂得事物发展规律）、象（了解事物发展情况）、法（有法治倾向）、化（知道教化的作用）、决塞（敢于应变、果断地处理）、心术（要懂得百姓的思想）、计数（遇大事有谋略）"等。

韩非子在《五蠹》《内外储说》等著作中反复强调"法、术、势"，为强化君主治国能力提出了许多要点。其中最主要的素质标准是：①开放，即不能守株待兔；②应变，即顺时而动；③法治，即不务德而务法；④威严，即威则国治；⑤开明，即满足民欲，果断用人。他在《八奸》中也提出了八种奸质奸相：①同床，即谋枕头风；②在旁，即巧言令色以谋迎合；③父兄，即搞宗族裙带关系；④养殃，即怂恿淫乐、放纵与堕落；⑤民萌，即收买人心，自我宣传；⑥流行，即安插巧言令色之徒为亲信帮派；⑦威强，即丰己势力以专权；⑧四方，即里通外贼以构威压之势而谋权位。

孙武在《孙子兵法》中提出，作为军队领导者的将军必须具备"智、信、仁、勇、严"五德，才有可能很好地统领军队，克敌制胜。

《逸周书·官人》是最早对领导者特质进行较为全面系统研究的代表作。它提出了人才任用的六征法：观诚、考言、视声、观色、观隐和揆德。根据六征法，划分出十类优秀领导者：①有仁者，即忠诚、光明正大、不争私利、不贪求施舍、厚道宽容、神色庄重、表情安然者；②有智者，即处变不惊、效穷能达、揩身立方者；③有德者，即富贵恭俭而能施、威严有礼而不骄；④交友者，即合志同方、患难与共、忠信不疑者；⑤顺信者；⑥有守者；⑦有经者；⑧沉静者；⑨忠孝者；⑩廉勇者。此外，还有四类低劣者：伪诈者、无诚者、华诞者和窃名者。

《吕氏春秋·论人》则是另外一部系统论述领导者特质的代表作。它提出了六验法和八观法。六验法是"喜之以验其守""乐之以验其僻""怒之以验其节""惧之以验其恃""哀之以验其人""苦之以验其志"。八观法是"通则观其所礼""贵则观其所进""富则观其所养""听则观其所行""止则观其所好""习则观其所言""穷则观其所不受""贱则观其所不为"。

总之，春秋时期的各家学说全方位、多角度地探讨领导应具备的优良素质和品德修养，认为不同的素质修养决定了领导者的层级和人生境界。

秦汉时期 秦汉时期产生了许多著名的关于领导人才素质的思想观点。

秦代李斯认为，"泰山不让土壤，故能成其大；河海不择细流，故能就其深；王者不却众庶，故能明其德。"一国之君要使国家强大兴盛，就必须具备开放的胸襟、宏大的气魄和治五湖四海的精神，兼收并蓄、广纳贤才，而不是保守封闭、小国寡民。

汉高祖刘邦认为，美名、美德、事迹、仪表、年龄和健康等方面是官员必备的素质。这些素质优良者都必须举荐为官，否则将予以严惩，如名不副实或年老多病，则不能算作合格。

汉武帝刘彻求才若渴，最早产生了"唯才是举"的思想。他认为，要建立不平常的功业，就一定要依靠不平常的人才。但这样的人才却常常被世俗误解甚至唾弃，而事实上这样的人才是大有用处的，只在于如何驾驭和使用他们而已。他命令：只要才华出众、能力超群和具有外交才干的人，都必须加以察举。

董仲舒主张：非通晓儒学者不能做官，儒家学说应该成为统治集团的政治思想和社会生活的主导理论。这一主张得到了汉武帝的支持，使儒学成为统治中国两千多年的意识形态和历朝历代官员选拔的评判标准与根据。

汉光武帝刘秀则提出：优秀的领导者必须是在上不骄、满而不溢、小心谨慎、保守名节，谨记"慎罚"的大义，而不得放纵堕散。

三国时期 三国时期关于领导人才和领导素质的理论研究与实践空前活跃，乃至达到了高峰。这些研究和实践不仅产生了著名代表人物，还深刻影响了历史进程。

曹操是最重要的代表之一。他认为：治平尚德行，有事赏功能。天地间，人为贵。士有偏短是正常的，只要是进取之士，就不可废弃。只要有才，只要有"治国用兵之术"，只要是"高才异质"，就要得而用之，勿有所遗。而不必先成廉士然后才可选拔使用，也不在乎是否"钓于渭滨"，还是"盗嫂受金"。总之，不论出身，不究经历，不拘品行，只要有才，即行举用。这就是他"唯才是举"的思想与政策，而且在实践中成为他选拔和擢用杰出人才的核心标准。正是因为"唯才是举"政策，魏国才汇集了一大批优秀人物，共创了一段有声有色的历史。

诸葛亮更是提出了完整的识人、选人和用人理论，并涉及极深的领导素质问题。他认为，一个优秀的领导者必须具备志、变、识、勇、性、廉、信等七个素质，并研制了一套考察这些素质的操作方案，其中包括思想测试和外貌审度等独到之处。他就是依靠这些理论发现并使用了很多优秀领导人才，以此构筑了蜀国的栋梁体系，继而与魏国相抗衡，敢于进行多次北伐，意图统一中国。他的《将器》就是根据人才特质识人、选人和用人的代表作。

魏国的刘劭则写了《人物志》，提出了比诸葛亮更完备的领导素质标准体系，形成了内容更丰富的领导素质思想理论。他认为，一个良好的领导者必须具备15个素质：清节、法家、术家、国体（德、法、术兼备）、器能（具备不纯的德、法、术）、臧否、伎俩、智意、文章、儒学、口辩和雄杰等（流业篇）。同时，他又从另一角度提出6个方面的素质，即感变、志质、爱敬、情机、偏短、聪明，并提出了紧密相应的考察目的和办法，即"观之以审常度""观之以知其名""观之以知通塞""观之以辨恕惑""观之以知其长""观之以知所达"（八观篇）。

在此基础上，他又提出领导人才的5个素质：①弘毅，骨直而柔，仁之质；②勇敢，筋劲而精，义之决；③文理，气清而朗，礼之本；④贞固，肌体端实，信之基；⑤通微，色平而畅，智之源（九征篇）。他还划分了12类不同的人品：强毅之人、柔顺之人、雄悍之人、惧慎之人、凌楷之人、辩博之人、弘普之人、狷介之人、修动之人、沉静之人、朴露之人和韬谲之人等（体别篇）。

这些领导者素质理论思想指导了魏国选拔领导人才的实践，为魏国选拔了大量领导人才，更为魏国的组织人事制度奠定了坚实的理论基础。正是基于此，魏国才得以形成完整的九品中正制，继而影响了后代王朝的官僚制度。

南北朝至唐宋时期 西晋以后一千多年的时间里，很多著名的思想家和领导者（统治者）对领导素质提出了独到的见解，或者从哲学的高度来深推深究，或者从实用的角度来探讨提议，或者从统治的角度来拟策施治。在这个过程中，虽然出现了像颜之推、陆贽、司马光、程颐、朱熹这样的哲学家、思想家，但在领导素质或人才素质的理论上基本没有超越春秋战国时期所达到的高度。当然，这期间在实践上，则有了很大的创新并达到了空前的高度，这主要以科举制度的兴起和发展为制度标志，拓跋宏、李世民、魏征、李吉甫、韩愈、赵匡胤、王安石等人的重大领导实践为领导标志。此外，张柬之、白居易、张浚、范仲淹、欧阳修、苏洵、包拯等都很富有代表性。他们关于领导素质的思想虽然都是儒学的衍生与光大，但大都同领导实践具体地结合起来了。

唐太宗李世民认为：人为致安之本；为政之要，唯在得人；人才有长短，不必兼通；人之所能，不必兼备。一个合格的领导者（统治者）必须做到任贤、纳谏、清明、正真、公平、俭约清廉、谨慎戒骄、仁义诚信、善始善终，等等。

他在《贞观政要》卷一"论君道第一"中说："君人者，诚能见可欲，则思知足以自戒；将有作，则思知止以安人；念高危，则思谦冲而自牧；惧满溢，则思江海下百川；乐盘游，则思三驱以为度；忧懈怠，则思慎始而敬终；虑壅蔽，则思虚心以纳下；想谗邪，则思正身以黜恶；恩所加，则思无因喜而谬赏；罚所及，则思无以怒而滥刑。总此十思，弘兹九德……"唐太宗系统地表述了一个君王、一个统帅这样的最高领导者所应具备的卓越素质。

他实行并坚持"不问亲仇，唯才是举"的政策，强调只择才行、不问亲疏、不论资历、不纠怨仇、不分地域、不拘一格、广搜博求、用人所长、舍人所短、知人善任、量才授职、任贤使能、洞然不疑。从根本上说，李世民正是依靠这样开明而睿智的人格特质、管理人才的思想理论及其实践，才得以成为饮誉万世的明君，开启了伟大的"贞观之治"。

明清时期　与历代相比，明清时期关于领导素质的思想有很大特色，既延续着传统的主流思想理论并有所深化，又有所改变和革新。特别是鸦片战争以后，中国领导理论发生了深刻而巨大的变化，即创立并推行新的素质思想、素质标准与人才政策。

传统主流思想的代表主要有朱元璋、刘基、张居正、康熙、雍正、乾隆、张廷玉、陈廷敬、曾国藩等。具有民主进步等新潮思想的代表有王夫之、黄宗羲、黄中坚、魏禧、顾炎武、龚自珍等。在否定传统思想、提倡新的素质要求和人才标准方面有洪秀全、洪仁玕等。在参照海外、引进新知以推行洋务运动方面则以林则徐、魏源、黄爵滋、郑观应、左宗棠、李鸿章、张之洞、沈葆桢、刘坤一、薛福成、陈宝琛、严复等为代表。在变革维新、提倡新观念方面则以光绪、康有为、梁启超、谭嗣同等人为代表。在立宪图变、改除科举、确立新的素质等方面则以袁世凯、周馥、岑春煊、端方、戴鸿慈、赵炳麟、徐定超、许珏等为代表。革命派则以孙中山、邹容等为代表。

上述诸家诸派关于领导素质的不同见解主张，反映了中国封建历史的延续与衰竭，也反映了中国新的历史阶段正在诞生和孕育。具体的思想学说与政策主张极其丰富，尽管其内容不一定适合现代，却不失为重要的历史鉴戒。事实上，它们是中国现代领导素质思想理论的渊源。

朱元璋认为，将军必须具备如下四种素质才能成功：①有识，即能够洞察形势成与未成之间；②有谋，即尚未行动便已占有克敌制胜之机；③有仁，即爱护下属并能够赢得下属的信赖和爱戴；④有勇，即能够披坚执锐。

王夫之认为，评论官吏的标准为"清廉、谨慎、勤劳"。官吏如不能谨慎、勤劳，但能清廉，则还勉强可用；如果这三方面都不行，则罪责也不会很大；如果不清廉而谨慎、勤劳，那么后果就很严重，危害就很大了。

曾国藩的主要观点是领导者必备八德：①勤，即无论居家、居官、居军，皆以勤字为本，勤以治事，勤则不匮。②俭，即俭以养廉，廉以服众。③刚，其见于仪度必有不可犯之英风，未有无阳刚之气而能大有立于世者；困心横虑，正是玉汝于成；好汉打脱牙和血吞，咬牙立志。④明，即事事求精，轻重长短一丝不差；明以应物。⑤孝，凡吾德意足生人感恋者，皆吾所以爱吾亲也。⑥信，即一言不欺，一事不假；行之既下，人皆信之。⑦谦，即居今之世要以言逊为直；有过人之行而口不自明，有高世之功而心不居；貌恭而不招人之侮，心虚则可受人之益；力除傲气，力戒自满，毋为人所笑，乃有进步也。⑧浑，即与人忿争，不可自求万全处；白人是非，不可过于武断。

李鸿章认为，要"力开风气，破拘挛之故习，求制胜之实济""造就人才，皆不必拘执常例"。他先后和曾国藩、沈葆桢等人一起，奏请派人到美、英、法等国去留学，学习西方先进的管理经验与理论、科学技术；他还兴办船政学堂、水师学堂、武备学堂。他强调，凡对格致、测算、舆图、火轮机器、兵法、炮法、化学、电气学等略通一二者和实际应用有成效者，分别文武，一律录用。

他本着"德才并用"和"体用兼备"的人才原则，以新的素质标准保举了一大批优秀的新式人才进入统治集团。这些素质标准包括：①学识闳通，志行坚卓，于察吏、整军、筹饷、辑夷各项均能有所裨助。②讲求经济，熟悉商务，有经世之学。③深思好学，研究事例，博古通今，器识闳远，才具智略可当一面。④廉正立身，清介自持，守道自重，操行笃实，力学砥行，久历艰苦，坚韧耐苦，勤勉通和，克己爱民，忠实果敢，谋勇沉毅，深明大体，端正明敏，治事精核，条理精密，老成干练，才略优异。⑤讲求西法，究心洋务，通晓西方语言文字，洞悉外洋情形，熟悉外交、算学、制造、驾驶、矿务、学堂、政体、政治。⑥畅晓戎机，熟知军务，虚心考求兵船纪律，习行西洋水师规制。⑦通晓吏治，善统人事。所有这一切表明，一个合格的洋务官员所应具备的素质已经大大超越了传统的素质标准与要求了。

孙中山提出，革命者必须具备如下品质：①破除帝王之思想；②自由、平等、博爱之精神；③具有独立而健全的人格；④坚持共和之精神；⑤为革命献身之精神。

综上所述，对领导特质的研究从古到今并未停止过，只是没有形成完整的理论体系。在内容上，素质标准纷繁复杂，尽管中国历史上对领导特质问题的研究并没有借助现代的科学方法，却受到了中国传统的丰富哲学资源的滋养，因而产生了大量闪耀着智慧之光的真知灼见，而且在实践中得到了较为充分的证实与肯定。这些观点对于现代中国领导特质的研究有着重要的借鉴意义。

（2）现代的领导特质研究。当代中国很多领导学领域的研究者，也纷纷发表自己对领导特质的观点，比如南开大学的常健在《现代领导科学》中将领导特质大致分为生理特征和背景、智力、情感和情绪、驱动力、价值与道德、领导技能。再如，我国香港生产力促进局（卓越管理及人力发展）首席顾问郑伟文提出：公司要变革时，领导者应具备"4E1P"特质，即能量（energy）、推动力（energize）、决断力（edge）、执行力（execute）、热诚（passion）。再如有的学者认为，领导素质是指在一定时间里实施领导的能力，是领导者在先天禀赋的基础上，通过后天学习所获得的智能与品德的总和，包括政治素质、知识素质、能力素质、观念素质和身体素质。

这些学术观点不仅说明领导特质被广泛关注，也证实中国当代的领导学研究已经达到了一定的水平，这将为领导特质的深入研究提供良好的理论基础。当代领导学研究最大的特点是并非像古代那样具体、直观、紧扣领导特质内容本身，而是强调宏观把握，并进行了一定的抽象分类和概括。[19]

正如学者常健所言："这些研究吸取了西方领导学研究的主要成果，汲取了中国传统领导思想的智慧精华，还涉及了对中国当代领导现象的一些初步研究。但总体上看，中国目前最缺乏的是用现代科学方法对领导现象进行实证研究,缺乏独立的经验研究成果,更多的是对领导概念的抽象思辨。"因此,认真学习西方领导研究的科学方法,将其运用于对领导特质的实证研究,产生出真正独立的科学研究成果,是现代中国领导特质研究的当务之急。

综合中外学者的研究结果,有研究人员列举了上百种领导者所应具有的个性特征,这些特征大致可以分成以下几类。

- 身体特征:包括体力、年龄、身高等;
- 背景特征:包括教育、经历、社会地位、社会关系等;
- 智力特征:包括知识、智商、判断分析能力等;
- 个性特征:包括热情、自信、独立性、外向、机警、果断等;
- 与工作有关的特征:包括责任感、首创性、毅力、事业心等;
- 社会特征:包括指挥能力、合作、声誉、人际关系、老练程度等。

2.1.3 领导特质理论简评

领导特质理论侧重于比较领导者和追随者、高层领导者与基层领导者、成功领导者与不成功领导者之间的个体差异,对领导特质的研究有一个显著特点:分类细致,内容极为广泛、丰富和具体,这对于完整地认识和把握领导者特质的内在构成以及具体而实质的内容提供了极好的基础,为选拔和培训领导者提供了依据。对领导基本特质的探究是值得肯定的,因为只有将领导者作为研究对象,我们才能够不偏离对领导活动本身的研究,也使领导特质理论比其他领导理论在理论上更具有直接性。[20]在大量吸收和借鉴心理学、行为学的研究成果之后,领导特质理论取得了更大发展,其理论深度、科学性、操作性都得到提高,并在改善和提高领导者业绩方面发挥了积极作用。

至今关于领导特质的研究还存在许多缺陷,例如,在领导特质的内容划分上范畴不清,内容和逻辑上存在缺陷;同时也陷于零碎散乱而系统化不足,研究者无法对领导特质达成一致意见;特质内容丰富,展开多概括少,多注重抽象研究,科学性和可操作性不足。加上研究者并不能证明领导者的一系列特质能够系统地提高组织效率,且在许多情境下有效领导行为并不依赖于某些天生的领导特质。大量研究也使我们得出这样的结论:具备某些特质确实能提高领导者成功的可能性,但没有一种特质是领导成功的保证。

总体来看,特质理论具有以下几点局限性:第一,特质理论忽视了被领导者的特点和需要,忽视了管理的情境因素,因为不同的群体文化、需要特点,不同的管理情境,要求领导者所具有的、所应表现的特质是不同的,领导效能依赖于领导者、被领导者和环境等因素的互相作用。第二,特质理论没有指明各种特质之间的相对重要性,大量的特质被罗列在一起,但何种特质发挥主要作用,何种特质发挥次要作用,这些特质的相互关系如何,尽管在过去100年中已经进行了大量相关研究,但这些研究结果具有一定的不确定性,最终没能给予有效的论证。第三,特质理论缺乏对一些元素之间的因果关系的有效分析和判断,例如,到底是领导者的自信导致了成功,还是领导者的成功导致了自信。领导特质理论侧重领导者特质和能力的确定,但缺乏对领导者特质是如何影响群体成员以及他们工作的研究。第四,不同理论的证据不一致,并且随着研究的深入和展开,被当作领导者特质的条目越来越多,而且有不断增多之势,这导致了理论上的争执与混乱。关于领导特质研究的结果繁多,对这些资料的解释就会有很大的主观性,从而降低特质理论的科学性。

阐释领导者特质作用的最新研究表明:正如我们确信无疑的,领导者至少在某些领域确实有天赋。然而,仅有这些天赋才能是不够的,个人经验、正确的抉择以及对环境的正确判断也是使这些天赋得以充分发挥的关键因素。[21]

2.2 领导者的个性特征

2.2.1 大五模型

大五模型是由韦伯(Weber)于1915年首次提出,后由瑟斯顿(Thurstone)进行独立检验。他们把数目众多的特质性词汇归纳为五个宽泛的维度,这些维度组成了人格大五模型。这五类维度包括外倾性、随和性、可靠性、情绪稳定性和阅历广泛性,且每个维度都包含了特定范围的显著特点,如图2-1所示。

```
从容 孤僻 谦逊 ←——— 外倾性 ———→ 开朗 活泼 团结
            低 (支配欲 社交能力) 高

冷漠 易急躁 ←——— 随和性 ———→ 热心 体贴 好脾气
            低 (共情能力 友善) 高

冲动 不负责 ←——— 可靠性 ———→ 负责 可信 目标导向
       低 (组织能力 可信度 合规性 成就导向) 高

忧郁 敏感 不自信 ←——— 情绪稳定性 ———→ 稳定 自信
            低 (恒定性 自我接受性) 高

兴趣狭窄 看似可靠 ←— 阅历广泛性 —→ 富于想象力 好奇 接受新思想
       低                            高
```

图 2-1 大五模型[22]

外倾性:往往在某个人试图影响或控制他人时出现。拥有高度外倾性的人往往是好交际的,有决断力、影响力,高度自信,并且是富于竞争精神、争强好胜、想获得权威地位的。相反,外倾性较低的人则对控制和影响他人不感兴趣,缺乏信心和竞争意识,并且更乐于独自工作。显然,一个合格的领导者应该拥有更高的外倾性分数。但是如果没有诸如随和性和情绪稳定性的调节,高度外倾性也会给领导效果带来危害。

随和性:这项人格维度指的是一个人如何与他人融洽相处。此维度高的人平易近人、热情、亲密并乐观向上,而此维度低的人则易表现出迟钝、冷酷、疏远和悲观情绪。由于当今社会团队合作越来越重要,领导者拥有较高的随和性分数成为客观环境的要求。

可靠性:此维度关注的是与个人工作方法有关的行为模式。极富可靠性的领导者只关注少数目标,追求的目的性强,并倾向于有计划地努力工作,并坚持到底。反之,可靠性较低的领导者则易冲动,偏离规章。研究显示,可靠性得分较高的人更可能成为有效领导者。

情绪稳定性:也称情商或自控力,指的是人们如何对压力、失败或个人批评做出反应,是个人自我调节和冷静的程度。情绪稳定的领导者较沉着,能很好地缓解压力,并冷静看待错误和失败,而缺乏情绪稳定性的领导者在遇到压力或受到批评时会紧张焦虑并大发脾气。

但也有研究指出，某种程度的焦虑可以使个人做得更好，激励他变得更优秀。

阅历广泛性：是指一个人对学习新信息、新经验做出的反应。此维度得分高的人求知欲强、兴趣广泛、善于想象，更可能是战略或全景式思考者，并通过旅游、艺术、电影、广泛阅读或其他活动寻找新体验。而此维度得分较低的人则兴趣狭窄，并不喜欢尝试新方法，固守已验证的方法做事情。有些研究表明，阅历广泛性对组织高层或完成海外任务有重要作用。因此，高阅历广泛性的人更乐于采用更具战略性的方法来解决问题或更乐于面对国外新的挑战。

大五模型为领导者和实践者提供了一个人格—领导绩效研究的有效模型，其测评结果有助于选拔不同行业的领导者，以及向领导者提供个人特质反馈意见。此研究在外倾性、随和性、可靠性、情绪稳定性方面得分较高的人更可能成为成功领导者这一结论上取得了可靠证据，而在阅历广泛性上，有些案例中得分高的人业绩好，而另一些案例中则并不如此。[22] 需要强调指出的是，很少有领导在五大维度上都得高分，很多成功的领导者也很难做到，分数高并不是成为有效领导的前提，分数低反而可能成就有效领导，这在某种程度上取决于环境因素。[23]

2.2.2 其他个性品质

1. 控制类型

控制类型，也称为控制核心，由罗特（Rotter）于1966年提出，是个人对环境和外部事件控制意识的指示器；通俗地讲，就是一个人将责任放在自己身上是由外界环境决定的。

通常，具有较强内部控制意识的人认为自己的行为足以影响所发生的事情，成功与失败都是自己努力的结果。有研究表明，内部控制强的人更愿意承担风险，且更具有成就导向而不是外部导向。同时，这种类型的人更可能尝试去影响他人，继而有更多担任领导的机遇。这也就证明了柯克帕特里克和洛克提出的动机、精力和自信是领导的核心特质。

外部控制型的人更倾向于相信外界力量决定所发生的事，他们把生活中的事件看成是运气、巧合、外界人和物作用的结果，觉得自己不能控制生活，更偏好制度化、顺从的工作，在需要主动性、创造性和独立性的工作中表现较差，不能很好地体会到领导者的成就感。

研究表明，内控型的人更可能成为一个团队的领导，其领导的团队绩效要优于外控型领导者。

2. A型性格

A型性格最早受到关注，缘于它是一种导致冠心病的风险因素，随后管理学者也对它产生了浓厚兴趣，纳哈雯蒂等人对A型性格的行为与领导行为的联系进行了研究。A型性格的人被描述为"过分地控制需求，用最少的时间做更多的事情"。其工作行为表现为：缺乏授权、喜欢单干、急于行动、制定高目标、工作勤奋、总感到有压力。A型性格的人有四种性格特征：一是时间紧迫感，他们对时间高度敏感，总是行色匆匆，对拖延没有耐心，成天抱怨时间的紧迫性；二是竞争性，他们在各方面都有很强的竞争意识，总是将自己的成果与他人对比，超越别人是他们的主要目标；三是多重行为，同时做几件事情，即使是工作和期限并未要求这样做；四是充满敌意、急躁，对一些现象言辞激烈、具有进攻性，甚至在各种交往中都常怀有恶意。A型性格的人更倾向于制定高绩效的目标，对自己和周围的人有较高预期。A型性格的人处于领导位置也可能带来高绩效和高质量，但若走向极端将成为一种负担，甚至会导致人精神的崩溃。

华为公司的狼性文化在一定程度上体现了 A 型性格的特性。华为狼性文化中紧迫竞争的生存意识，能够快速适应当今社会激烈的竞争环境，较大地提高企业业绩，使华为公司成为中国乃至世界级的卓越企业。

3. 自我反馈

自我反馈的概念是由施耐德（Snyder）于 1974 年提出的，它是衡量一个人能被读懂的程度，或者根据他所处的环境来确定行为的能力。强自我反馈的人能够根据所处环境的变化来进行抉择或调整个人行为，即他们的行为是对环境认识的结果，因此他们的行为也可能随环境变化而变化。而弱自我反馈的人或不能捕捉、理解环境变化的信息，或不能根据环境变化改变行为，即他们的行为似乎是内在意识决定的，不随环境变化而变化。

当人们开始重视日益变化的环境和不同的领导情境时，自我反馈被列为一个重要的领导个性特质。强自我反馈有助于一个领导者更好地认知和分析周围环境，有较强的行为调整能力，因此可以推断即使在环境模糊、不易解读的情况下，他们依然能成为一个高效领导者。多宾斯（Dobbins）的研究发现，与弱自我反馈的人相比，强自我反馈的人成为领导者的概率更高。对领导者而言，自我反馈仍有待于进行深入的应用研究，但毋庸置疑的是，强自我反馈可能不仅有助于领导者调整其行为，更有助于他们学习获得新技能。同时，在处理跨文化的领导情境中，强自我反馈的领导者能更好地处理不明确情境中的各种问题。

4. 权谋个性

权谋个性这一概念源于尼可罗·马基雅维利（Niccolò Machiavelli）的《君主论》中的相关情节，最终由克里斯蒂和盖斯（Christie and Geis）于 1970 年提出，主要描述一个人将自我利益和爱好凌驾于团队其他成员之上，通过影响和操纵别人获取个人私利的能力。

根据卢桑斯（Luthans）的研究，不管高权谋的人还是低权谋的人都不可能成为一个有效领导者。高权谋的人其政治权谋与处理事情的手段往往使他们获得成功，但他们太专注于个人目标。低权谋的人缺乏政治机敏性，缺乏有效领导所需要的正当的影响技巧，因此不能为组织提供必需的资源和远见卓识。那些有适度权谋的人更可能成为一个有效领导者，他们善于引领别人实现目标，但并不滥用权力，而且关注组织目标超过个人目标。[21]

2.2.3 思维风格

这里我们讨论的思维风格是区分、感知和吸收数据，制定决策，解决问题以及与他人相处的方式，可以理解为人们思考的偏好，是认知差异的一种，我们称之为左脑型和右脑型思维风格。

早期对大脑的研究认为，大脑分为左右两个半球，并对身体交叉控制。而后发现这两个半球影响思维方式：左脑与逻辑、分析思维和解决问题的线性方法有关，而右脑与创造力、直觉、以价值为基础的思维过程有关。这有力说明了存在两种不同的思考和决策制定方式，每个人都会使用左脑和右脑思维，但是程度不同。

曾任通用电气公司经理的奈德·赫曼（Ned Herrmann）将这些理论拓展为全脑理论（whole brain concept），这一理论将个人对左脑和右脑思维方式的偏好以及理论与经验的思维方式纳入综合考虑，定义了与不同思维风格有关的四个象限。个体对四种风格偏好的确定是通过赫曼大脑优势量表调查得来的，并且在很多个体身上进行过实验。

这四个象限如图2-2所示。

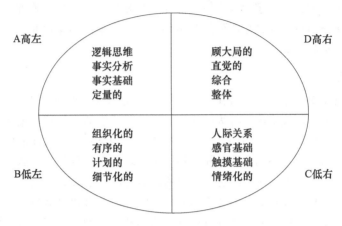

图2-2 赫曼的全脑理论

象限A与逻辑思维、事实分析、数据处理相关。由象限A支配的人是理性的、现实的、能够批判地看待问题并喜欢处理数字和技术问题。这些人喜欢探究事物是怎样工作和如何遵循逻辑过程的。由象限A支配思维风格的领导者倾向于发号施令和握有权威，重视任务和活动，并喜欢处理复杂的信息和事实。一般来说，他们相对于事实而言不会重点考虑观点和感觉。

象限B与计划、组织实施和细节回顾相关。由象限B支配的人的思维是经过很好组织的，是可靠的、系统性的。这种人喜欢制订计划和程序并按时完成。象限B的领导者很保守并且很传统，一般回避风险并且致力于维持稳定状态，因此，他们可能坚持遵守原则和程序，不管是在什么样的环境中。

象限C与人际关系有关并影响感观和情绪思维过程。C象限的个体对别人很敏感并喜欢与他人相处，也喜欢教导他人。他们很情绪化、善于表现、开朗并乐于助人。由象限C风格支配的领导者是友好的、可信任的并且会投入感情，他们关心他人的感觉超过了任务和程序，并重视员工的发展与培训。

象限D与概念形成、综合素质和事实与行为模式的整合有关，它探求整体而非细节。象限D支配的人喜欢幻想和想象，喜欢推测、打破陈规、冒风险，并可能比较冲动。这种人比较好奇，喜欢亲身经历和玩乐。D象限的领导者顾大局、有想象力并敢作敢为。这种领导者一般会给予追随者很大的自由和灵活度。

对领导者来说，每种思维风格都有利弊。个体即便在某个象限存在强烈偏好，也是四个象限的某种结合。到达组织顶层的领导者的大脑一般发展比较对称，有较多思维选项可供选择，较宽层次的思维风格有利于领导者应对变化大、复杂的人或事物。[22]

2.2.4 导致领导失败的特质

对失败领导特质的研究能对领导者起到很好的警示作用，这些研究认为导致领导者高失败率的重要原因之一是存在一些严重影响领导效力的人格特质。

表2-2是霍根测评系统公司总结出的11项导致领导失败的黑暗人格特质[22]：情绪化、多疑、谨小慎微、冷淡、闲适、大胆鲁莽、恶作剧、活泼多变、富于想象、勤勉、老实本

分。其中某些特质，比如勤勉，也许被认为是一种美德，然而拥有这一特质的人具有完美倾向，在管理上事必躬亲，不愿调动员工，不能进行有效授权，这些必将严重影响领导的效力。

表2-2 黑暗面人格特质

情绪化	具备这些倾向的领导者很难构建团队，因为他们戏剧性的情绪波动、情感爆发不利于持续完成项目
多疑	拥有这一黑暗面特质的领导者存在一种不正常的怀疑他人的态度，不断质疑其追随者的动机和正直诚实程度，并对下属不忠的各种迹象极为警觉
谨小慎微	这些领导者害怕犯愚蠢的错误，故不做决策或采取行动，使其下属产生疏离感
冷淡	在面对高压力时，这些领导者变得极端冷漠，不愿与他人交流，很少露面，并且对下属的福祉毫不关心
闲适	这些被动型领导者只根据自己的安排付出努力，他们可能搁置或不执行与自己的安排不同的要求
大胆鲁莽	由于自我欣赏的倾向，这些领导者往往会写下大量的计划。但他们强烈的权力意识、不愿与他人分享成功、在自己犯错时责怪他人，以及无法从经验中学习，都使他们的追随者伤痕累累
恶作剧	这些领导者往往很有魅力，但往往以破坏承诺、规则、政策和法规来取乐。如果被抓住，他们也相信可以凭三寸不烂之舌使自己免于任何麻烦
活泼多变	拥有这一倾向的领导者相信自己"活力四射"，有一种超乎寻常的引人关注的需要。他们极度期望受到关注，因而无法分享成功、保持对他人的关注或者完成工作
富于想象	追随者将质疑存在这一倾向的领导者的判断力，因为他们的思路很奇特，往往不断改变主意，做出奇怪或外行的决策
勤勉	由于他们的完美倾向，这些领导者在管理上事必躬亲而不愿调动员工，无法对目标进行有效排序，也没有能力进行有效授权
老实本分	这些领导者通过巴结上级来应付压力。他们缺乏主心骨，不愿拒绝不合现实的要求，不为员工做主，结果只能使员工倦怠

三国时期的诸葛亮就是一个具有勤勉特质的典型案例。他受刘备遗诏托孤，扶立蜀汉后主刘禅继位后，被封为武乡侯，领益州牧，建立丞相府以处理日常事务。当时，全国的军、政、财，事无大小皆由诸葛亮决定，赏罚严明。对外与东吴联盟，对内改善和西南各族的关系，实行屯田，加强战备。建兴五年上疏刘禅，率军出驻汉中，前后六次北伐中原，多次因粮尽无功。建兴十二年，终因积劳成疾病逝于五丈原中，将后事托付姜维。诸葛亮的一生踏踏实实，兢兢业业，事必躬亲，受命以后夙夜忧虑，一心振兴蜀汉，统一中国。其"鞠躬尽瘁，死而后已"的高尚品格，千百年来一直为人们所敬仰，但其领导之道却值得我们深刻反思。随着当今社会的发展，日常事务联系越来越繁杂，如果领导者过于勤勉，就会事无巨细、缺乏授权，从而导致无暇顾及组织战略问题，最终影响组织整体绩效。

有些研究者认为每个人至少有一项黑暗面人格特质，这些特质通常只有在高压力、危急时刻或放松状态下才更可能显现出来，很难通过人格测评工具来察知。与黑暗面相对应的行为很多时候之所以被组织容忍，是因为这些领导者精明能干、经验丰富或具有无人能取代的技能，然而这些特质最终将会严重影响组织生存，所以领导者需要识别自身存在的黑暗面人格特质，寻找更好的管理压力的方式，以提高自身适应性，将负面影响降到最低。

斯蒂芬·斯特恩在《世界经理人》杂志上发表的《领导者的七种致命性格》一文中，

围绕著名管理学家与心理学家曼弗雷德·弗里斯（Manfred Kets de Vries）的新书 Leaders on the Couch，分类阐述了会对企业产生负面影响的七种领导者的不当行为和不良性格。他说，"很多人都有多面性，具有多种性格。我所列举的这些例子只是为了帮助读者看清那些不能一眼看出的性格要素。"[24]

自恋型领导者 自恋型领导者通常能够找到自我，但他们的下属必须失去自我。过度自恋往往导致自我主义，拒绝考虑别人的处境，看不到人与人之间的界线。企业领导者过于自恋的性格加上他拥有的权力会导致毁灭性的后果。自恋型领导者可能具有以下特点：自大，对成功和权力充满无限幻想，相信自己是独一无二的，要求别人无限崇拜他们，权力意识强烈，对特别优待抱有不合理的期望，利用他人来达到自己的目的，忽视他人的感受和需求，有傲慢的行为和态度。

控制型领导者 控制型领导者总是事无巨细亲力亲为。规章制度、指令计划都是控制型领导者的行事准则。控制型领导者可能给人以严格而投入的印象，但对控制的需求使他们停步不前，固执僵化，不懂得灵活变通。在企业中，控制型领导者在一定程度上造就了官僚作风。然而，随着责任的增大，他们变得犹豫不决。控制型领导者具有以下特点：严苛，缺乏灵活性和自发性；是工作狂；是非对错太分明，爱教训他人；有自虐和自我贬低的倾向；冷酷无情，易怒，易有挫折感，急躁；心神不宁；害怕犯错；精神紧张，内向、冷漠；因循守旧，严肃、刻板。

忧郁型领导者 忧郁型领导者总认为自己事事不顺，表现不佳，而且不会成功。他们犹豫不决，缺少自发性和创造性。他们很悲观，对困难估计过高，对自己的能力又估计过低。他们把工作看成令人生厌的苦差事。他们不仅对自己要求苛刻，对其他人也施加了很大压力。忧郁型领导者具有以下特点：常有无助感，觉得自己没用；食欲不振，体重下降；萎靡不振，长期疲劳；冷漠；注意力不集中；沉闷无趣；常产生内疚、自责、沮丧的感觉；常常想到死亡或自杀。

暴躁型领导者 暴躁型领导者工于心计，时刻想着报复他人，稍有不顺就迁怒他人，并想出种种理由来责备下属。暴躁型领导者偏爱权力，全然不顾他人的感受。暴躁型领导者具有以下特点：固执己见，心胸狭窄，顽固不化；专横、偏执，不能容忍异己；精力充沛，好竞争，权力欲强；严格自律，事事追求完美；崇尚暴力；攻击性强；苛刻、严酷、专横跋扈；易怒；爱侮辱或贬低他人；畏惧他人的权势。

偏执型领导者 偏执型领导者常常过于孤僻，以至不屑于进行具有建设意义的现实验证。他们过于注重细节，很少从宏观上看待问题，往往只看到其中隐含的意义和隐秘的关联。偏执型领导者具有以下特点：过于敏感；对他人缺乏信心；好争论，易怒；自以为是；吹毛求疵；精神紧张，无法放松；无法宽恕别人对他的侮辱、伤害和轻视；爱小题大做。

魅力型领导者 如果拥有超级个人魅力的领导者是个妄想狂，那么他给下属的指令将会带来毁灭性的后果。那些使魅力型领导者引人注目的因素，即精力充沛、情绪乐观、完美无瑕和激情四射，也有可能导致狂躁的行为。高昂的情绪过后必定会进入一个低谷期，飘飘然的领导者就有可能给企业带来很大的风险。魅力型领导者具有以下特点：深深地吸引身边的人，令他们着迷；帮助人们超越自己平时的做事方式；促使人们做出好的或不良的举动；能将下属紧密团结起来；可能做出自我毁灭的行为；易狂躁；可能将企业带入迷途；当情绪高涨时判断能力低下。

神经质型骗子 神经质型骗子相信自己的观点，非常怀疑自己有能力重复过去的成功。

尽管人们认为他们非常成功并且很有才能,他们却担心总有一天会暴露自己的无能。神经质型骗子的另一个缺点就是事事追求完美。神经质型骗子具有以下特点:总是担心自己达不到公司的期望;是工作狂;不擅长帮助员工发展;事事都要咨询他人;是绝对的完美主义者,总为自己设定很高的目标;认为每天的工作都是对自己的考验;认为自己总是在欺骗他人相信自己的才智;认为自己的好运不会持续;认为自己的无能和欺骗总有一天会暴露。

2.2.5 迈尔斯-布里格斯分类指标

迈尔斯-布里格斯分类指标(Myers-Briggs Type Indicator,MBTI)是迈尔斯扩展了著名心理学家卡尔·荣格(Carl Jung)关于性格类型的理论研究设计的一套测试工具,是美国最流行的性格测试之一,用以衡量和描述人们在获取信息做出决策和生活取向等方面的偏好,被广泛用于组织的团队建设和领导培训,但一些学者对此持保留意见。这种测试指标用四维双向坐标把人的个性分为四大类,通过类别的不同组合描绘出个人的具体特征,这四大类维度如下。

外向/内向:这方面指人们从何处获得人际关系力度和思想活力。性格外向者倾向于与他人互动,而内向者倾向于从个人感受上获得活力。

意识/直觉:这方面指人吸收信息的方式。意识偏好者通过五种感官收集信息,从事实和细节得出直接感受。直觉偏好者则很少依赖直接感受,不是从事实和细节得出直接感受,而倾向于依赖诸如联系、预感之类获得信息。

思考/感受:这方面指一个人做决策时受情绪影响的程度。感受型倾向于其价值观和对于对与错的感受,并且考虑所做决策对他人感受的影响。思考型倾向于依赖逻辑,并且做决策时更客观。

认知/判断:这方面指个体对未知事物的态度和做决策的速度。判断偏好的人喜欢确定和结论,更希望有期限和目标的限制,并倾向于在现有数据内制定决策。认知偏好的人喜欢模糊,不喜欢有期限,在决策最终制定前收集大量数据,并有可能在最后决策时多次改变主意。

各种不同偏好的组合得到16种独特的个性类型,本章最后将提供一个测试来确定你的MBTI个性类型。MBTI更多应用于不同类型的人制定决策的不同方式以及不同类型的人如何进行相应的培训。在其与领导有效性的联系上,基于有限研究,思考和判断似乎是两个重要的偏向,但这并不意味着拥有其他偏好的人不可能成为出色的领导者。另外,某些人深信MBTI,将之视为感知他人的过滤器,然而,人格类型并不是完全稳定的,有超过半数的人再次测试时类型上会发生变化。[22]

2.3 领导者的智力与情商

2.3.1 智力

中国是最早在智力与领导之间建立起正式联系的国家。封建社会各朝代均有一些选拔官员的标准化测试,科举制度就是其中的一个典型。美国在第一次世界大战时将智力测验作为领导者选拔的工具,随后上百年的研究证实:拥有一般智力的人在人类事务中作用重大。有研究表明智力水平较高者能更快速地学习,提出更好的推断设想、愿景、方案,并能更快地独立工作。但智力与领导有效性之间的关系却模糊不清，时时变化，有关智力的不少先期研究都认为，它与领导有效性的联系较弱。真正将智力作为一个主要因素来研究两者之间关系的主流领导理论，至今仅有认知资源理论（cognitive resource theory, CRT）。接下来，我们先说明智力的结构问题，再就认知资源理论做一下简要介绍。

1. 智力的结构——智力三元理论

智力三元理论（triarchic theory of intelligence）的提出者是斯滕伯格（Sternberg），他认为存在以下三种基本智力类型。

（1）分析型智力。它是通用的解决问题的能力，现有的标准化能力测试可以对它进行测评。分析型智力较高者在快速学习、观察事物联系、根据陌生信息做出推断假设方面表现突出。

（2）实用型智力。它让我们知道在特定领导情境下，问题该如何解决。现实中，有很多人在标准化测验中得高分，在生活中却表现平平。而有些人标准化智力测验得分不高，却可以充满创意地解决实际问题，这些都归因于实用型智力的高低。

分析型智力和实用型智力的比较如下。

- 实用型智力比分析型智力更关注知识和经验，并且它与专门领域有关，所以专门领域的知识和经验的积累增进，有助于实用型智力的构建。
- 在熟悉的情境中，实用型智力的作用要远大于分析型智力，但在一个陌生的新奇情境下，分析型智力可能会发挥更大作用。
- 高水平的实用型智力可在一定程度上补充分析型智力的不足，拥有丰富工作知识与经验的领导者，即使分析型智力较低，仍能解决复杂问题并做出高质量决策。
- 其他条件不变时，分析型智力高的领导者能更快构建实用型智力，但当某一领域精通后，分析型智力的作用就下降了。

（3）创造型智力。有的学者将之定义为创作出新奇和有用的作品的能力，新奇和有用这两个标准是创造型智力的构成要件。随着世界变化速度加快，创新思维对领导有效性的影响越来越大。著名的企业家和政治家的创新思维水平普遍较高。

这里需要注意以下三个问题。

第一，分析型智力与创造型智力的关系。斯滕伯格和卢巴特（Lubart）的研究得出的结论是：二者的相关性可达到 0.5。可见分析型智力与创造型智力是相关的，但关系不甚明显，一定程度的分析型智力对于创造性的形成是必需的，但较高水平的分析型智力却不能确保领导者富于创造性，创造力似乎也存在于专门领域。

第二，创造型智力是较难评估的。创造型智力是一种发散性思维，其测验有多种可能的答案，而且其表现并不稳定，存在周期性。

第三，创造型智力的构成要件。阿马比尔（Amabile）与斯滕伯格等学者认为创造型智力的构成要件有 7 项，如表 2-3 所示。

表2-3 创造型智力的基本条件

协同能力	传统上所说的创造力有助于人们以全新方式看待问题，或发现新的联系和模式
分析型智力	有助于人们评估解决方案
实用型智力	为全新解决方案的开发提供知识和经验基础

(续)

思维方式	是个人偏好运用自身能力的方式，拥有适应性思维方式者偏好于修改现状，而拥有创造性思维方式者偏好于创造全新解决方案
人格因素	自信、独立性强、外倾性与经验开放性较高
内在激励	对问题本身感兴趣时，更能创造性地解决问题
环境因素	高支持性的领导、时间压力小、团队稳定、凝聚力水平低，更有助于创造性方案的提出

最后，还要提出几点需要特别注意的地方：

- 斯托格蒂尔、巴斯、菲德勒等众多学者的研究有力证明：领导效力与分析型智力存在正相关，而分析型智力与领导成功之间的相关性并不是很显著。在常规不变的情境或对专业知识要求较高时，实用型智力往往更重要。
- 在某些情境下，分析型智力也可能与领导效力存在曲线相关关系。对此存在以下两种解释：巴斯等人认为若领导者与追随者之间在分析型智力方面差异过大，沟通将受阻，领导者高智力妨碍下属对他的理解。菲德勒与吉布森（Gibson）则认为：不太精明但很有经验的领导者比精明却缺乏经验的领导者在压力下更有效。
- 关于创造型智力，领导者自己并不一定要富于创造性，关键在于形成使他人发挥创造力的环境。[23]

2. 智力与压力和经验——认知资源理论

迄今为止，认知资源理论是把智力作为一个主要因素来研究智力和领导有效性之间关系的主流领导理论。这一理论是由菲德勒和约瑟夫·E. 加西亚（Joseph E. Garcia）于1987年开发的，它研究经验水平、压力条件以及组织绩效的关系，提供了一个在压力下领导者行为的改变如何影响组织绩效的理论框架。

两位研究者首先对认知资源理论的三个重要概念——智力、经验和压力进行了描述。智力是指一个人在受思想指导的活动方面表现出的综合效力（或全部能力），可以通过标准化智力测验来度量（分析型智力）。经验代表一个人的习惯性行为模式、长期习得的知识和为有效地处理任务及相关问题而获得的技能（实用型智力），经验可以为人们在压力条件下提供一种应急计划。压力是与上级冲突的结果或与绩效评估相关的忧虑状况。在此基础上，认知资源理论就智力、经验、压力和群体绩效的关系提出了以下假设或预测：

第一，如果领导者属于指导型，他的智力可能对团队绩效起到一种积极作用，即领导者的高智力会使群体得益于他的指导，所以在群体执行一项复杂任务时，领导者的智力与群体绩效显著相关。

第二，压力可以使智力与绩效之间的关系变得适中，即在无压力或低压力下，领导者的智力会带来好的绩效，但是在高压力下，领导者反而会借助经验来解决问题。

第三，在高压力情况下，领导者的经验与绩效成正相关，在无压力条件下则可能相反。在高压情境时，有经验的领导者会依靠其已拥有的可靠方法解决问题，提高群体绩效。而在无压力下，有经验的领导者可能会过于依赖其成功的经验，从而无法创造性地解决问题。

简单地说，认知资源理论告诉我们，在高压力情况下，经验有助于获得更高的组织绩效，而在没有压力或低压力的情况下，经验对组织绩效的影响则相反，此时智力会帮助领导者提高绩效。其原因有以下两点：第一，经验丰富的领导者由于经历过此事，拥有更多技能，在高压条件下更知道如何处理，所以智力较差但经验丰富的领导者将会取得更高的绩效；第二，经验亦可导致惯性行为模式，在面对新问题需要创造性新方案时，即使没有过多压力，有经验的领导者也会依赖已用过的旧方法。所以也可以理解为，高智力水平的、缺乏经验的领导者在低压情况下有更好的绩效，因为他们不受旧的行为模式的约束。

认知资源理论的假设或预测在现实生活和工作中得到了比较广泛的印证，比如在危急时刻，我们一般选择有经验的人承担任务，不管他的资历如何。而在安全和稳定的环境下，我们倾向于选择受过良好教育、聪明的人，希望他的聪明才智能够保障组织的后续发展。再如，很多组织将拟要提拔到重要岗位的后备人选安排到组织中的重要岗位或特定环境中进行锻炼，使其积累经验。

认知资源理论为现代领导活动提供了一些有价值的启示，一是现代组织结构普遍在进行精简和压缩，组织目标也更富竞争性，领导的绩效受到更严格的考察评价，导致领导活动的压力增大，所以现代领导者应不断拓宽其知识和经验领域，尤其是后者。二是领导者要意识到自己给下属带来的压力程度，如监视的严密程度和绩效等级的重要作用等。如果压力过大，下属必然会使用应急计划来完成任务，会影响全新的、不同的问题解决方案的产生。三是在选择领导者时，应考虑他所处职位的压力。高压力的职位要选择经验丰富的人担任，当然也可以选择受过良好教育、有潜力的聪明人，但此时组织要采取措施来减轻他的压力，或帮助他提高压力承受能力，比如放宽某些绩效标准，让他参加一些压力管理项目的训练等。在低压力岗位上，有经验的人会感到厌倦无聊。

当然，认知资源理论也存在一些问题，一是它割裂了智力与经验，忽略了存在既聪明又有经验的领导者的可能。事实上，组织中有很多具有丰富经验和高智力水平的领导者，他们在高压情境中运用丰富的经验，在低压情境下发挥其高水平的智力。二是认知资源理论忽略了领导者对压力的容忍度。现实中存在一些领导者，他们有较高的情绪稳定性或适应性，比其他人有更高的承受压力的能力，他们经验不足却往往在高压下表现非凡，这一问题仍需进一步研究。

2.3.2 情商

情商（emotional quotient，EQ）是情绪商数的简称。1995 年丹尼尔·戈尔曼（Daniel Goleman）提出"情智"（emotional intelligence）的概念，是指与人际交往能力相关的智力。对情智水平的测验结果被称为"情商"，以区别于标志理智能力的"智商"。自 1995 年《情商》一书出版后，情商开始成为热门话题，大量的相关书籍、培训项目、测评工具应运而生。几乎所有研究者均认为情商与领导有效性之间存在着正相关的关系，尤其是魅力型或变革型领导。然而，情商仍是一个富有争议性的话题，单就其定义而言就有多种见解，其与人格的关系更是无法厘清，而其是否具有可开发性也众说纷纭。这里先借用戈尔曼等人的观点，对情商做简要介绍。

1. 情商的组成

戈尔曼认为：一个人取得成功更多源于自我激励水平、面对挫折坚持不懈的能力、管理情绪的能力、适应能力、移情能力以及和他人相处的能力，而非分析型智力。他认为情商具有以下五种基本成分。

（1）自我意识：是指可以认识并触摸到自己的感觉和情绪。自我意识强的人，在指导自己如何与人交往、体会他人情感以及运用个人情感解决问题方面表现要更好。

（2）自我控制：指能够处理忧虑、焦急、恐惧和愤怒等情绪，使自己的感情保持平衡，不否认也不压抑它，而是给予充分理解。这种理解可以帮助领导者清醒地思考，有效地处理问题，从而表现得更加出色。一个领导者若具有高度自我意识，并可以很好地控制自我情绪，就会自信心十足，赢得尊敬和信任。自我控制个人情感可以改变其思考问题的角度，认清情感对自己的影响，超越直觉的限制，客观考虑他人的需求。

（3）自我激励：是指在挫折、失败面前满怀希望，保持积极、乐观心态的能力。领导者往往具有核心影响力，那些能以平衡的心态，积极主动、斗志昂扬地去追求组织长远目标的领导者，更能鼓舞并激励身边的人，使整个组织充满活力。

（4）共情能力：亦可称为同理心，表现为善解人意，是指领导者可以理解他人情绪、设身处地换位思考，在他人不告知的情况下亦能通过他人的说话语调、身体语言、面部表情来体会其感受。善解人意的领导者把其下属看作有感觉、有想法、有见解、有能力、有梦想、有特殊需要的完整的人来对待，从而赢得更多下属的信任。

（5）社会技巧：指的是与人交往、建立和保持正面人际关系，并能在理解他人情感下影响他人的能力。它可以帮助领导者理解人际关系、解决争端、化解矛盾，并用共同愿景与共同目标团结组织成员。

善解人意的领导者运用社会技巧可以帮助下属成长，满足他们的需求，实现自己的目标。能够与他人共鸣，控制人际关系，有助于领导者激励和鼓舞员工，建立和谐团队。高情商的领导者能够感知并控制自身情感，对工作和事务保持持久的热情，即使遇到困难也不放弃，长期保持一种平衡乐观的心态。他们可以清楚地理解他人，换位思考，通过化解冲突来发展和谐的人际关系，引导员工建立目标意识，发扬团队精神，全身心地投入工作，以提升组织绩效。

高智商的领导者用头脑领导他人，高情商的领导者用心引领他人。

2. 情商的两大模型

彼得·萨洛维（Peter Salovey）和约翰·梅尔（John Mayer）首次使用"情商"这一术语，他们通过研究高智商的人无法成功的原因，认为其失败源于缺乏人际敏感性与技巧，并将情商定义为有助于人们识别其自身情感和对他人感受的一组精神能力。巴昂（Bar-On）将情商与个人有效性关联起来，认为情商是一种度量个人有效性的方式，并将其定义为处理日常情境与事务所需的15种能力。阿伯曼（Aberman）对情商的定义为：思想、情感和行为保持一致的程度。戈尔曼拓展了这些定义，并著有《情商》（*Emotional Intelligence*）和《情商实务》（*Working with Emotional Intelligence*）。他将情商看作一个人自我意识、自我控制、自我激励、共情能力以及社会技巧的总和，前面已介绍。表2-4可以帮助你对比这些人的情商模型。

能力模型关注情绪如何影响领导者的思维、决策、计划和行事方式，并将情商定义为四种不同但相互关联的能力，分别为：①准确感知自己以及他人情绪的能力；②产生情绪以促进思考和行动的能力；③准确理解情境的产生原因及传达的意义的能力；④约束自己情绪的能力。这四种能力领导者可能并不会同时具有，在这些不同的方面也存在差异。能力模型作为大五模型和智力三元理论的补充，研究者可以借之确定情商是不是一项单独的能力，以及较之大五模型是否更具预测领导效力的能力。

戈尔曼和巴昂对情商的定义可划为混合模型一类，此类模型提供了一个更为全面宽泛的情商定义，认为情商不仅包含前面提出的多种能力，也包括一些其他属性，领导者要想具有高情商，多多少少应具备表2-4中所列的属性。

表2-4 情商的能力模型与混合模型

能力模型	混合模型	
卡鲁索、梅尔、萨洛维	戈尔曼等	巴昂
感知情绪	**自我意识** 情绪意识 准确的自我评价 自信	**个体内部成分** 自信 情绪自我觉察 自我尊重 独立 自我实现
运用情绪	**自我控制** 自我约束 值得信赖 负责尽职 适应力 创新精神	**人际成分** 共情 社会责任感 人际关系
理解情绪	**自我激励** 成就动机 承诺度 主动性 乐观主义	**适应性成分** 现实检验 灵活性 问题解决
管理情绪	**共情能力** 理解他人 发展他人 服务导向 多样性 政治意识	**压力管理成分** 压力容忍度 冲动控制
	社会技巧 社交能力：推动变革 影响力：建立联系 沟通能力：协调与合作 冲突管理：团队能力 领导能力	**一般情绪状态** 乐观主义 幸福感

　　混合模型在公司中的受欢迎程度远高于能力模型，其推广了一种观念：非认知能力是领导成功的重要预测指标。但其存在以下局限：其一，戈尔曼等研究者坚持认为情商在领导成功问题上远比智力更重要，但未有研究可证明这一点，因为领导者具有高情商、低智商，他不会成功，同时具备这两方面素质才是最有效的领导者。其二，戈尔曼、巴昂等人否认人格的存在，不承认人格与领导有效性关系的研究成果，坚持主张自己的发现是全新的，但事实上混合模型与大五模型非常相似，并且有研究表明混合模型在预测重要工作成果时并不比大五模型更好。其三，若情商本质上就是人格特质，由于人格特质很难改变，则其可通过培训干预而改变的可能性就很值得怀疑。但如果像能力模型一样，将其视为一种独特能力，则值得做进一步研究。[23]

2.4 价值观和道德

2.4.1 领导者的价值观

价值观在一段时间内相对稳定，并对态度和行为都会产生一定影响，是个体最基本的信仰，它可以使个体做事情时选择自己偏好的方式。我们衡量事情对与错、好与坏，高兴与否，都是价值观在发挥作用。

与领导活动密切相关的价值观有两种，即手段型价值观（instrumental value）和结果型价值观（end value）。手段型价值观是关于适合达成目标的行为类型的信仰，如帮助他人、坚守诚实和展示勇气等。结果型价值观（亦称终点价值观）是关于值得追寻的目标或结果的一种信仰，比如，某些人认为生活中值得奋斗的重要目标是安全、舒适的生活等。每个人都有手段型价值观和结果型价值观，但由于文化氛围以及家庭背景等诸多因素的差异，造成其优先顺序上存在不同。

价值观可以在很多方面影响领导者和领导能力。首先，领导者个人价值观会影响他对事态和问题的洞察力。例如，重视事业成就、满怀抱负的领导者会把组织中的问题或下属的错误视为成功的绊脚石，而秉持顺从价值观的领导者可能认为这是一个帮助下属成长、推动组织发展的机会。其次，价值观也会影响领导者与他人的关系。重视服从和礼貌的领导者很难接受一个自我信赖、独立、有创造力并且有点倔脾气的追随者。最后，价值观影响领导者的选择和行为。例如，信念坚定、敢作敢为的领导者，在大家并不赞同时仍能按他认为正确的选择做出决策，考虑最终目标的价值观会帮助领导者确定工作中的选择和行为。

信奉结果型价值观的领导者，以"结果能够为手段辩护"为信条，而遵守手段型价值观的领导者，可能更关注过程的合理与正义。我们通过实践观察和反思可以发现，不同性质类型的组织，其领导者的价值追求与组织绩效之间有一定的关系。军队、企业等组织的优秀领导者追求结果的倾向性更强，但是，如果政府管理者和大学校长也是如此，可能就会出现很大偏差。

2.4.2 态度

态度是一种关于人、事件或事物的正面或负面的评价。态度虽然比价值观更容易转换，却反映了个体的基本价值观、背景和人生经历。领导者的态度包括对他自己和对下属两个方面。

1. 领导者对自己的态度

自我定义（self-concept）指的是个体对自己的态度，包括自尊以及个体在通常情况下对自己是正面还是负面的评价。正面自我定义的人高度自尊，而负面自我定义的人自尊较低。通常，正面自我定义的领导者在各种情形下都很有效力，而负面自我定义的领导者则缺乏安全感和自信，并且容易在组织中造成一种限制他人成长和发展的氛围，而这些往往会破坏他们自己的事业。

2. 领导者对下属的态度

领导者对他人的态度在很大程度上决定了其与下属的相处方式。而这个态度也就是通常意义上的人性态度——人们是否值得信任，能在多大程度上成长和改变。这里借助道格拉斯（Douglas）的人性假定来讨论。道格拉斯认为对人性存在两种假定，称为 X 假设（theory X）和 Y 假设（theory Y）。X 假设认为人基本是懒惰的，没有动力工作，并且有逃避责任的倾向。Y 假设认为在适当情形下，人们更愿承担责任，在寻求解决方案时运用想象力和创造力。认同 X 假设的领导者认为人们是可控制、可强制的，并可用威胁、恐吓等手段使之尽最大努力，且更关心任务导向和产出水平。而认同 Y 假设的领导者更多表现出员工导向，并关心与下级的关系。

2.4.3 道德

1. 令人担忧的商界道德

市场经济在当今社会占据了主导地位。市场经济是法治经济，而法律往往是道德的底线，市场主体极易为了利益维持在道德的最低水平线上。而企业是社会组织中的一个细胞，它必然需要承担一定的社会责任，而且这一要求日益提高。这里将道德特别作为一项领导者特质提出，是想强调现阶段道德在领导效力方面发挥的重要影响。如果组织领导者以自私自利、贪得无厌为原则进行经营，那么很多员工就会对不道德行为习以为常。所有关于领导者最需要的品质的调查报告最终都表明，诚实和正直至关重要，然而，大众对商界领导者的印象却实在令人担忧。公众在不道德和不负社会责任的商业行为的影响下，对商界愈加失望，而领导者理应对这些导致道德沦丧的行为和制度负责。众多组织在道德问题中沦陷了，当大众越来越重视道德问题时，组织领导者是不是一个道德型领导者，必然成为一个热门话题。

领导者引导着下属的道德取向。领导者可能由于业务范畴和道德范畴的矛盾而进退两难。对领导者来说，融合硬性经济指标和软性道德指标，创建盈利且真正为大众谋福利的公司，做一名道德型领导者，是一项重大的挑战。

道德型领导者并不意味着忽视经济效益、生产成本这些方面，而是在其行为中明是非、走正路，追求公平、诚实、善良、正义，将理性经营措施与正确对待他人以及社会效益结合起来，努力做到兼济天下。

2. 道德发展的不同层次

一个领导者做出道德抉择的能力与他的道德修养层次有关。关于道德的一些研究认为道德分为三个层次。[22]

（1）前惯例层次（preconventional level）上，人们关心的是获得额外奖赏和避免受罚。他们服从权威，逃避不利于个人的后果，这一层次的人仅仅是受到个人利益的驱动。现代心理学相信，没有得到充分的爱和教育的孩子，在后来的生活中，往往希望用金钱和物质来补偿这种需要，并且通过非凡的成就来获取他人的认同，对世界的基本倾向是得到自己能够得到的。有这种倾向的人如果得到了领导的位置，将会倾向于独断专行，并利用手中的权力来达到个人晋升的目的。

（2）惯例层次（conventional level）上，人们学会让自己的行为符合那些对良好行为的期望，这些期望来自同事、家人、朋友和社会。这个层次的人遵守公司文化中的规章条例、标准尺度和价值观念。如果规章条例不许偷窃、不许欺骗、不许背信、不许违法，那么普通层次的人就会照着去做。他们恪守着大社会制度下的行为标准。但是，如果行为标准认同向政府虚报账目的行为，或赞成为达目的不择手段，那么普通层次的人也会按照这一标准去做。

很多时候，即使公司从事非法业务，许多管理者和员工也只会盲目地唯命是从，同流合污。

（3）超凡或原则层次（principled level）上，领导者遵循自身的原则，一般为是非标准。这一层次的人甚至会拒绝遵守不符合这些原则的规章和法律，认为自身价值尺度比公司和团体中其他人的期望来得重要。他们会权衡对自身利益、他人利益和公众利益的考虑，行为独立而高尚，不考虑他人的意愿。这一层次的领导者颇有远见，敢于授权，献身于为他人服务和更伟大的事业中。

大多数成年人处于第二层次，当然也有一些尚未超越第一层次，仅有少数人达到了道德的第三层次。第三层次的人行为独立而高尚，不在意组织内外其他人的看法，他们以公正无私的心胸，在普遍性标准下评判个人利益与公共利益，进而解决道德问题。

▶ 复习思考题

1. 对比东西方领导特质理论，分析各有什么特点和作用。
2. 分析如何在领导实践中运用个人的个性特征开展领导活动。
3. 比较智商和情商对领导者的作用，谈谈对你的启发。
4. 结合本章知识和个人见解，谈谈当今商界领导者最应具备哪些特质。
5. 根据领导特质理论的发展概况，谈谈你对领导特质理论的评价。

▶ 专项技术测试与反馈

MBTI 性格测试

测试导语

以下有成对的 32 道题，请你考虑一下你喜欢成对中的哪一个，1A 还是 1B，2A 还是 2B……如果你非常喜欢 1A，就给它 5 分；如果你很不喜欢 1B，就给它 0 分，但 1A 和 1B 的分数加起来应等于 5。如你给 1A 4 分或 3 分，那就得给 1B 1 分或 2 分（4 + 1 = 5，或 3 + 2 = 5）。注意分数必须是整数，不能出现 2.5 分、3.25 分等情况。另外这里只有"喜欢"与"不喜欢"，没有"正确"与"错误"。

测试开始

1. A. 了解了别人对问题的想法之后，才做出决定
   B. 不和他人协商，就自己做出决定
2. A. 他人说你有想象力，富有直觉
   B. 他人说你重视事实，判断准确
3. A. 根据个人感情以及对他人的了解，设身处地地为他人着想
   B. 根据现有客观资料对情况做系统的分析
4. A. 如果有人愿意承担任务，那就作为任务来安排
   B. 力求任务明确，保证有人承担
5. A. 愿意安静地思考问题
   B. 愿意与人周旋、活跃、有干劲
6. A. 用所熟悉的有效方法把工作做完
   B. 设法用新的方法完成工作

7. A. 根据以往的生活经验和是非观念做出结论
   B. 根据逻辑进行谨慎的分析，最后得出结论
8. A. 避免按照固有的计划办事，不给事情规定最后期限
   B. 安排好了的事情就不再变动
9. A. 遇到问题，不与别人沟通交谈，喜欢独自承担或思考
   B. 喜欢和别人谈话或讨论，不愿独处或独自考虑问题
10. A. 考虑可能出现的问题
    B. 应付现实
11. A. 被认为是一个重感情的人
    B. 被认为是一个爱思考的人
12. A. 做决策时周密地考察事物，并长时间地从各个角度来考虑
    B. 收集所需信息，考虑一下后迅速而坚定地做出决策
13. A. 别人很难了解自己的想法和行动
    B. 常常和别人一起参加各项活动
14. A. 喜欢抽象的、概括的或理论性的规划
    B. 喜欢具体的或真实的叙述
15. A. 帮助别人了解他们自己的情感
    B. 帮助别人做出正确的决策
16. A. 不断随现实的变化寻找新的选择，改变原有的选择
    B. 事先对问题的发展和变化有所了解并做出预测
17. A. 自己的思想和感情一概不外露
    B. 随时与别人沟通自己的思想和感情
18. A. 习惯于整体地看待事物
    B. 注重事物的细节
19. A. 用资料与数据、分析与推理来做决策
    B. 用常识和经验来做决策
20. A. 根据事情的进展逐步定出计划
    B. 一有必要，就在行动前制订出计划
21. A. 愿意结识新朋友、了解新事物
    B. 愿意独自一个人或与熟悉的人在一起
22. A. 注重印象
    B. 注重事实
23. A. 信服可以证实的结论
    B. 信服通情达理的说法
24. A. 把有关的具体情况都尽量写在本子上
    B. 尽量不用笔记本做记录
25. A. 在小组内充分地讨论一个未曾考虑过的新问题
    B. 自己冥思苦想一个问题，然后把结果和别人谈
26. A. 准确地执行精心制订的详细计划
    B. 想出计划，搭好架子，但不一定实施计划

27. A. 偏重感情的人
    B. 重视逻辑的人
28. A. 在一时冲动之下随意做出一些事情
    B. 事先清楚地知道自己所要做的事情
29. A. 成为人们注意的中心
    B. 显得沉默寡言
30. A. 有不与实际完全吻合的想象
    B. 查看实际的细节
31. A. 乐于用理性来分析情况
    B. 乐于体验充满情绪的场景或讨论
32. A. 按安排好的时间开会
    B. 等一切就绪时开会

计分标准

根据测试导语中的计分标准来填写下表。

I——内向		E——外向		N——直觉		S——察觉	
题分	评分	题分	评分	题分	评分	题分	评分
1B		1A		2A		2B	
5A		5B		6B		6A	
9A		9B		10A		10B	
13A		13B		14A		14B	
17A		17B		18A		18B	
21B		21A		22A		22B	
25B		25A		26B		26A	
29B		29A		30A		30B	
合计		合计		合计		合计	

F——情绪		T——思考		P——感知		J——判断	
3A		3B		4A		4B	
7A		7B		8A		8B	
11A		11B		12A		12B	
15A		15B		16A		16B	
19B		19A		20B		20A	
23B		23A		24B		24A	
27A		27B		28A		28B	
31B		31A		32B		32A	
合计		合计		合计		合计	

测试结果

在上表成对的两栏I与E、N与S、F与T、P与J中,按以下分值情况评估各维度的特征。

20~21分:说明该维度的特征较为平衡;

22~24分:说明该维度的某一极特征稍占优势,相对应的另一极特征则稍显弱势;

25~29分:说明该维度的某一极特征有一定的优势,另一极特征在一定程度上处于弱势;

30~40分：说明该维度的某一极特征明显占优势，相对应的另一极特征则明显处于弱势。

各类型的特征分别为：

内向 – 外向（I-E）

I——内向高分者：在决策时不大考虑周围的约束或刺激；习惯于独处，沉默寡言，不喜欢别人打扰，不容易记住别人的姓名和面貌。

E——外向高分者：总想与周围的人群、事物协调，为人开朗，善交际，喜与人共事，有多方面的兴趣，对进程缓慢的工作感到不耐烦，不介意别人打扰。

直觉 – 察觉（N-S）

N——直觉高分者：习惯于凭印象办事，只要认为可能成功的事情就去做，不喜欢烦琐细节；考虑问题或讨论问题时，多半会做出直觉的、跳跃性的反应，会本能地把细节抹去；很容易做出决定，不要求确凿的依据或充分的理由。

S——察觉高分者：喜欢具体、真实的事物和此时此刻可以感觉到的东西；对抽象概念或理论没有耐心，也不完全相信直觉；思想细致、准确，不太会犯错误，但易丢掉总体概念。

情绪 – 思考（F-T）

F——情绪高分者：敏感、多情、热心肠、易共情，常设身处地为他人着想，多凭个人感情及自身价值观对人和事做出判断；对人及其感情的逻辑分析更感兴趣；对进行和解或形成和谐的局面感兴趣，有益于获得身居高位的机会或达到非个人的目标。

T——思考高分者：注重根据事实依据和逻辑分析对生活、人与事做出判断，避免片面地凭感觉和经验做出决策；对主观感受、移情作用和好恶态度不大感兴趣，可能较少考虑个人的感情、需要和价值观。

感知 – 判断（P-J）

P——感知高分者：总想多了解情况，不轻易做出判断；有灵活性，能适应情况，希望看到问题的各个方面，有时会犹豫不决，态度不明朗；事情多时，抓不住头绪，感到沮丧；即使事情办完了，也要回顾一下看是否办得妥善；常常随波逐流，不致力于改变生活现状。

J——判断高分者：显得果断、坚定、自信；一旦做出决策、定好目标，就不会轻易改变；完成一项任务接着开展下一个项目，环环相扣；必要时懂得放弃，转向新的任务。

心理评析

各类型可能有的优缺点见下表。

类型	可能有的优点	可能有的缺点
内向 I	独立、单独工作 勤奋 多思考 考虑周到，不蛮干 谨慎地提出概括性论据 行动时小心翼翼	对外界有误解、不合群 不坦率 会失去行动的机会 常被别人误解 要安静才能工作 不喜欢别人打扰
外向 E	了解外界 善与别人交往 坦率 有行动、有作为 对事物有所了解	较少独立性 没有别人就难以工作 需求多样化 感情容易冲动 对日常工作有点不耐烦

(续)

类型	可能有的优点	可能有的缺点
直觉 N	能看到可能发生的事情 能看到事情的结果 富于想象、直观 能提出新见解 能处理复杂的事情 能解决新问题	不注意细节和准确性 不注意实际 对令人厌烦的事没有耐心 对有些事不顾逻辑 有时会视而不见 匆匆得出结论
察觉 S	注意细节 讲究实际 能记住事实和细节 能处理令人厌烦的细节 能忍耐 小心，有系统性	看不到可能发生的事情 顾及细节而失去全面 不相信直觉 不搞新玩意儿 对复杂的事情感到苦恼 不喜欢畅想未来
感情 F	考虑别人的情绪 了解需要、价值观 对调解工作感兴趣 感情外露 喜欢劝说、鼓动	不按逻辑考虑事情 不客观 不大会做组织工作 不去鉴别，一味认可 感情用事
思考 T	讲逻辑，重分析 客观 有组织地工作 有批判和鉴别能力 公正、坚定	不大理会人们的情绪 误解别人的价值观 对调解不感兴趣 感情不外露、对人不大热情 不喜欢劝说
感知 P	妥协、折中、等待变革 看问题全面 灵活、适应性强 根据所有数据做决定 不轻易下判断	优柔寡断 不做计划、缺少秩序 不能控制情况 工作时易分散注意力 不能完成规划或方案
判断 J	果断 善于计划、讲究秩序 善于控制 迅速做出决定 做工作从不半途而废	固执、不灵活、适应性强 用不充分的数据做决定 轻易下判断 受任务或计划的控制 希望工作不受干扰

资料来源：邢群麟．世界上最经典的1 500道心理测试题（修订版）[M]．北京：中国言实出版社，2008：46-51.

▶ 案例分析

陈爱莲："匠心" 万丰

陈爱莲是一个不折不扣的完美主义者。在公开场合，只要她出现，都会穿着鲜艳亮丽的长裙，画着浓淡相宜的妆容，优雅而精致。在中国的制造业企业家群体中，她绝对是一道独特的风景。

和陈爱莲所在的浙商群体一样，她低调、敢闯，也时刻感受到危机感。如何找到切入口进入市场，如何在激烈的竞争中赢得一席之地，如何在不同经济周期控制风险，以及如何选择转型和国际化的契机……陈爱莲带领万丰集团寻找这些命题的答案，也浓缩了一个"中国制造"转型升级的典型样本。每次转型，万丰都进入一个比以往更大的市场，新的风险和挑战也会随之而来。对陈爱莲来说，转型如果成功，那么她将万丰打造成一家百年企业的梦想就往前又踏出了一大步，而如果失败……"万丰不会失败！"陈爱莲斩钉截铁地说。

植入"匠心"

1995年正月，万丰摩轮产品供不应求，陈爱莲安排工人加班加点超负荷生产，赶制出价值60万元的1 470件产品。出厂检验时，这批产品被发现有极其细微的裂纹，但仍达到行业产品标准，不影响正常使用，好多厂家抢着要。陈爱莲却做出了一个令许多人不解甚至震惊的决定：全部报废！她随即召开现场质量分析会，要求生产人员、质量检查人员、车间主任一个个上台检讨，对责任人做出了严肃处理。陈爱莲告诫大家：企业如果生产劣质产品，就是对社会资源的浪费，对社会的犯罪。要知道这是刚刚起步的万丰集团，60万元的损失很可能让企业陷入困境。彼时的中国制造，对质量也并没有如此苛求。但陈爱莲显然看得更远，她要让精益求精的工匠精神，融入每一位员工的内心深处，成为公司的灵魂。

这种远见对一家还在"夹缝"中艰难挣扎的企业殊为不易，但发生在陈爱莲身上，却似乎并不令人意外，她的骨子里天生就有一股不服输的劲。

在陈爱莲还是个年轻姑娘的时候，新昌县给她所在的乡分了一辆拖拉机。在当时，拖拉机绝对是一件稀罕物。陈爱莲此前就已报名参加了手扶拖拉机驾驶员培训班，她的表现比班上绝大多数的男学员都要出色，培训第二天就敢上车操作。但问题是，按照当时不成文的规矩，拖拉机手的名额其实"内定"给了一名退伍转业军人，陈爱莲显然没有机会了。但她没有放弃，瞒着家里人来到县城，找到了负责这件事的县农机站站长，软磨硬泡，终于打动了站长，硬生生地又拿到了一个名额。

陈爱莲似乎从来没有想过失败。想清楚了就去做，并且一定要做成，这是她一贯的风格。

万丰摩轮的品质在千军万马的"厮杀"中得到市场认可，陈爱莲率领团队频频走出国门，汲取先进技术和管理经验。有一次，她率领技术骨干团队前往日本，专门考察冈谷钢机株式会社等12家百年企业。"有些企业的董事长、总经理所表现出来的生产经营管理水平并不都是很出色，有几个总经理甚至还不如当时万丰的车间主任水平高。"陈爱莲回忆。但打动陈爱莲的是，这些百年老店都有各具特色的企业文化，其中最突出的一点就是特别注重"匠人匠心"，这成为每家企业的血液和骨髓，根植于每名员工内心深处。那次考察回来后，陈爱莲下决心将"匠心之魂"锤炼并深深融入企业文化，并把"为客户提供满意的产品和优质的服务"作为企业的使命。

"我们后来总结了三句话：没有战略就没有方向；没有文化就没有灵魂；没有创新就没有未来。"陈爱莲说。

并购转型

在万丰每一次转型升级中，陈爱莲都是最主要的发起者和推进者。她对自己的战略眼光非常自信，每次都能准确地找到万丰应该转型的方向。"这可能就是一种天赋。"她说。

"我们陈主席非常注重博采众长。"和陈爱莲共事多年的万丰集团前党委副书记徐志良说。在他看来，陈爱莲特别擅长洋为中用，走由拿来主义到自主创新之路，最直接的体现就是收购兼并。

2013年11月，万丰集团斥资15.3亿元，将镁合金行业的全球领导者加拿大镁瑞丁收入麾下。当时业界都说这笔买卖万丰亏了。陈爱莲不这么认为，她说真正做企业的，目光不能盯着眼前一点利益。"镁瑞丁的产业价值非常强，不仅可以做强，更可以做大做久！"她所说的产业价值，主要体现在产业发展的生命周期中，企业在行业中的地位及未来的市场前景。在陈爱莲看来，镁合金产业后期的增长潜力巨大，特别是在中国，由于航空航天领域对镁合金材料的需求旺盛，至少还有三五十年的高增长期。

万丰的智慧工厂，是陈爱莲另一个一定要做成的项目。

从2014年开始，"机器换人"成为工业领域的一个热词。陈爱莲敏锐地捕捉到这一信息，她根据万丰的实际，亲自动笔画了一张"智慧工厂"概念图。当她在董事会上抛出这张概念图后，大家都傻了。因为按照她的这种图纸，智慧工厂屋顶要有太阳能，地下要有天然气，中间是机器人，整个生产过程全由计算机控制。

当初，对于陈爱莲这个智慧工厂的创意，董事会上很多人都接受不了，但她明确告诉大家：未来"机器换人"是大趋势，工厂一定要转型，这个事情万丰必须做，而且要走在行业前列，做成样板，成为全球行业细分市场的领跑者。于是，经过专家团队及技术人员论证设计，董事会专题讨论、决策后，智慧工厂项目很快落地生根。

智慧工厂最核心的内容是"机器换人"，但焊接机器人技术门槛较高，是国内装备行业的软肋。陈爱莲决定再次实施"中国资源嫁接全球动力"。她派出以万丰集团总裁吴锦华（陈爱莲二儿子）为首的收购团队，在全球范围物色优质标的，自己则在国内坐镇指挥，快速决策，短短5个月内，万丰就以3.02亿美元的价格，全资收购具有80年历史的全球焊接机器人领跑者——美国PASLIN公司，使万丰的工业机器人至少提前10年登上了国际舞台，直接与库卡、ABB等国际同行同台竞技。

每整合成功一家海外企业，陈爱莲就会让中国国旗和万丰旗帜在该企业高高飘扬，她的这份民族自豪感与生俱来。"万丰要真正树立工业4.0全球行业细分市场的一个标杆，继续引领行业发展。"陈爱莲说，"到'十三五'期末，万丰要完成汽车部件传统产业的全面切换，实现智慧工厂全覆盖。"

通航起飞

三年前，陈爱莲开始悄悄布局一个全新的领域——通用航空。当时，这还是一个很少有人关注的细分市场。

2016年5月，国务院发布《关于发展通航的指导意见》，中国通航作为一个产业真正迎来了春天。根据这份文件，这个产业五年之后将会被培育成为规模万亿的产业。随着低空空域管制放开，这个产业将迎来爆发式增长。

而此时，万丰已经在这个万亿产业领域投下上百亿元。在国外，万丰并购控股了位居世界三强的钻石飞机工业、捷克DF飞机制造等公司；在国内，总投资百亿元、建设面积5.5平方公里的万丰航空小镇一期工程已经完成，二期工程正在兴建当中。

"我们陈主席的战略眼光，总是契合时代脉搏，并走在时代的前列。"航空板块总裁刘剑平是在万丰进入航空工业时加盟的，他对于陈爱莲在公司的地位和作用深有感触。他是航空专家，但对于陈爱莲却很佩服，认为她一眼就能看到哪些事情是可以做成的，哪些是做不成的。"你说这是灵性也好，是阅历也好，反正陈主席就有这种能力。"

前瞻性来自哪里？"没有战略就没有方向，我们始终与国家保持同步，每五年制定一个规划。"基于对战略的把控，陈爱莲说自己从未在迷雾丛林中迷失方向。陈爱莲说，万丰坚持的永远是领跑战略，从不愿意做跟随者，"要么不做，要做就做全球行业细分市场的领导者。"

更大梦想

当然，陈爱莲也并不总是这么"固执"。陈爱莲坚持认为，"最重要的还是团队，靠我一个人怎么行？"虽然有些时候执行团队也有一些人跟不上自己的脚步，但她认为这是很正常的，自己理应走在所有人的前面。

其实，陈爱莲对自己的要求，比对下属的要求严格得多。她要求身边的下属每天看书一个小时，而她自己每天看书的时间要远远超过一个小时。这些年来，她先后就读过浙江大学、复旦大学、北京大学等知名大学的各种课程，已拥有硕士、博士等多个学位。她还计划到美国哈佛大学深造，进一步学习企业国际化先进理念和管理模式。

陈爱莲其实是一个很有人情味的老板，就连她身边被逼着修改了二十多遍演讲稿的工作人员也不否认这一点。陈爱莲希望自己在公众面前的演讲尽善尽美，但她会感谢工作人员的付出，不时自己掏腰包给大家买各种"小礼物"——有的时候会是手机或笔记本电脑。

陈爱莲还很关心万丰员工的薪酬收入。每年万丰都会就员工的工资做一个跨区域、跨行业的调查比较，如果发现万丰员工的工资明显比外部低，人力资源总监就会被认为失职。陈爱莲的想法很简单，既然万丰是高端制造企业，那么员工工资就理应比其他一般制造企业要高。此外，万丰还保证员工的工资每年至少普涨8%。再加上人才公寓、汽车奖励等一系列针对员工的福利措施，共同组成了万丰独特的企业文化，其核心之一就是"快乐工作，幸福生活"。而在"快乐工作，幸福生活"的背后，其实还隐藏着陈爱莲一个更大的梦想。

她的目标，就是将万丰打造成能传承百年的伟大企业。理解了这一点，你也就理解了她为什么对自身的形象如此看重，也能理解她为什么要将所有压力都背负在自己身上，不让负能量的东西干扰她实现自己的梦想。

百年企业需要至少传承三代人，陈爱莲已经开始有意识地培养接班人了。她的大儿子陈滨、二儿子吴锦华已经进入万丰集团，迅速成长为在分管领域能独当一面的"领头羊"。有时候，她觉得自己现在交班也可以。对于儿子们，她更希望他们传承的是责任和使命，传承的是企业家精神。但她也像天下所有的母亲一样，希望留给儿子们更好的东西。"我要把平台搭好，没有负债，今后十年都不会有大的风险，然后就可以交给他们了。"

资料来源：胡坤，陈爱莲："匠心"万丰[J]. 中国企业家，2017，(19)，24-33.

讨论题

1. 请总结归纳陈爱莲的个性特质。
2. 分析陈爱莲对企业发展的影响，她的个性特质起了什么作用。

第 3 章

领 导 行 为

▶ 本章要点

- 西方经典领导行为理论。
- 中国领导行为特点及理论。
- 360度反馈工具。

引例

孙陶然： 经营企业是为了追求伟大

拉卡拉集团董事长孙陶然认为："在创业公司，创始人、董事长、CEO应该是一个人，我们谈CEO的领导力实际上是谈领军人物、一把手的领导力。"下文即是他的思考与灼见。

领导就是带领和引导

汉字很神奇，领导这两个字已经写得很清楚了，"领"和"导"，就是带领和引导。什么是带领？带领就是确定企业的方向和路径，简单来讲，企业的战略部分就是我们"领"的这一部分；"导"呢，就是执行，就是引导你的队伍走向你想让他们走的方向。

企业的执行靠两点，一是班子，二是队伍。我认为企业管理如果高度总结凝练，就是建班子、定战略、带队伍。其中的建班子和带队伍，管的是执行，就是领导的"导"的部分；定战略管的是企业的经营，就是领导的"领"的部分。

领导的三大战术任务和三大战略

领导是干什么的？我们可以这样来理解，所谓的领导，有各级领导，有董事长，有总裁，有部门经理，有二级部门的经理，还有小组长，只要是管人的人都叫领导，只是领导大小的问题，那么所有的领导战术上的任务就是三件事：

第一件事，把方向。就是帮下级把握方向，别让下级走偏了。

第二件事，做备胎。就是给下级做后援，如果下级干不了、处理不了，要给予指导，指导也干不好就换人，无人可换就自己上。

第三件事，做协调。就是协调各个下级之间的配合。

这是领导的三大战术任务，我们很多人做领导，不清楚自己的战术任务，经常亲自冲上一线，我就遇到过技术出身的总裁热衷于亲自冲到研发一线，亲自去写代码，这是错误的，虽然我强调领导要亲临一线，但并不是越俎代庖。

领导的战略任务是什么呢？就是建班子、定战略、带队伍。

让你的每一个下属都变成胜任的人，这是作为领导的第一战略任务，不但要选择一个胜任的领军人物，还要搭配出一个胜任的班子。定战略是为组织制定出正确且高明的目标、打法、资源和激励方案。

经营目标应该是成为一家伟大的企业

我认为每一个企业家都应该给自己设定一个使命，就是让自己的企业成为一家伟大的企业。什么是伟大的企业？伟大的企业，或叫成功的企业，我给三个标准：

第一个标准，数一数二。要在自己的细分领域做到数一数二，这是一个硬指标。如果不能在最细分的领域做到数一数二，就不是成功的企业，更不是伟大的企业。

第二个标准，可持续成长。最有价值的企业，是每年可持续成长的企业。我们作为企业的一把手，追求的不应该是企业今年增长100%、增长300%，明年增长10%甚至下滑，这种暴饮暴食式的增长不应该是我们追求的，我们追求的应该是这个企业每年都可以比上一年增长30%。

第三个标准，受人尊重。好的企业一定受自己的员工尊重，受同行尊重和受社会尊重，需要企业坚守道德底线，并做很多正能量的事情。有很多企业很大，名气很大，但是我们提起来嗤之以鼻，我们不尊重它，而且我相信即便它们侥幸做大了也必然不能持久。

能不能做到细分领域的数一数二，能不能健康可持续成长，企业是否受人尊重，这是一个伟大企业的标准，也应该是每一个企业的领军人物追求的终极目标，跟行业无关。

资料来源：孙陶然. 孙陶然：经营企业是为了追求伟大[J]. 中国企业家，2018（16）：18-19.

孙陶然带领的拉卡拉集团于2019年4月在深交所上市，成为国内首家登陆A股的第三方支付公司，他能取得如此成功与其高效的领导行为密切相关。本章将介绍领导行为如何影响领导效能的相关内容。

3.1 西方关于领导行为的经典研究

3.1.1 勒温的研究

美国著名心理学家库尔特·勒温（Kurt Lewin，1890—1947）等人通过实验研究发现，团体的领导者通常使用不同的领导风格，这些不同的领导风格对团体成员的工作绩效和工作满意度有着不同的影响。勒温等研究者把领导者表现出来的极端的工作风格分为三类：专制型、民主型和放任型。

1. 专制型领导

专制型的领导者只注重工作的目标，仅仅关心工作的任务和工作的效率，而对团队的成员不够关心。领导者根据其个人的了解与判断来监督和控制团队成员的工作，这种家长式的作风导致上级与下级之间存在较大的心理隔阂：领导者对追随者缺乏敏感性，追随者对领导者存有戒心和敌意，下级只是被动、盲目、消极地遵守制度，执行指令，容易使群体成员产生挫折感和机械化的行为倾向，团队缺乏创新与合作精神，而且成员之间易产生敌对行为。

2. 民主型领导

民主型的领导者注重鼓励和协助团体成员的工作,关心并满足团体成员的需要,营造一种民主与平等的氛围,领导者与追随者之间的心理距离较近。在民主型的领导风格下,团体成员自主决定工作的方式和进度,工作效率比较高。团队工作的各种意见和建议将会受到领导者鼓励,而且很可能会被采纳,一切重要决策都会经充分协商讨论后做出。在这种领导风格下,团队成员的工作动机和自主完成任务的能力较强,责任心也比较强。

3. 放任型领导

放任型的领导者采取的是无政府主义式的领导方式,对工作和团体成员的需要都不重视,无规章、无要求、无评估,工作效率低,人际关系淡薄。领导者满足于提供任务布置和物质条件,对团体成员的具体执行情况既不主动协助,也不主动监督和控制,听任团队成员各行其是,对工作成果不做任何评价和奖惩。在这种团队中,非创造性的活动很多,工作的进展不稳定,效率不高,成员之间存在过多的与工作无关的争辩和讨论,人际关系淡薄,但很少发生冲突。

勒温通过研究认为,放任型领导的工作效率最低,只达到社交目标,而完不成工作目标;专制型领导虽然通过严格管理达到了工作目标,但群体成员没有责任感,情绪消极,士气低落,争吵较多;民主型领导工作效率最高,不但完成工作目标,而且群体成员关系融洽,工作主动积极,有创造性。

3.1.2 双维度理论

1945 年,美国俄亥俄州立大学商业研究所试图找出领导的有效性与哪些行为因素有关。一开始,研究人员列出了 1 000 多种领导行为的因素,通过逐步概括和分类,最后将领导行为的内容归为两个独立的维度:结构维度和关怀维度,两种领导维度涵盖所有领导行为的 85%。

结构维度是指领导者对达成工作目标和完成任务的强调程度。领导者既规定了他们自己的任务,也规定了下级的任务,包括:组织结构设计,制定工作计划和程序,明确权力、责任和关系,建立信息沟通途径,确立工作目标等。

关怀维度是指领导者对下属的友善和支持程度,包括尊重下属意见,给下属较多的工作主动权,关心他们的思想感情,满足他们的需要,平易近人,相互信任,作风民主。

研究所依照这两方面内容设计了调查问卷,对领导者行为进行描述问卷调查。他们在结构和关怀两个方面分别列出了 15 个问题,发给企业员工,由员工来描述领导者的行为如何。调查发现,结构和关怀不是两个彼此对立的领导行为,不是注重了一个方面就必然忽视另一个方面,领导者的行为可以是这两个方面的任意组合,即可以用两个坐标的平面组合来表示,如图 3-1 所示,它区分了四种类型的领导行为。

该理论认为:Ⅲ型领导者,比其他三种类型的领导者更能使下属取得高工作绩效和高满意度,但并不总能产生积极效果。比如,当下属从事常规性工作时,会导致高抱怨率、高缺勤率和

图 3-1 领导行为四分图

高离职率,下属的工作满意水平也低。一般说来,Ⅱ型领导行为会带来更多的旷工、事故、怨言和离职。也有人认为,在生产部门中效率与结构之间的关系成正比,而与关怀的关系成反比,在非生产部门中情况恰恰相反。总之,俄亥俄州立大学的研究表明,这四种领导行为哪一个效果好,结论是不确定的,虽然有许多研究证实了上述结论,但也有相反的证据存在。这种情况的出现是因为这个研究没有考虑领导者所面临的环境和下属问题。

3.1.3 密歇根大学的研究

与俄亥俄州立大学的研究同期,密歇根大学调查研究中心也进行着相似性质的研究。该中心没有试图去描述领导者在工作环境下表现出的多种行为,而是设法找出对有效团队做出贡献的领导行为,即确定领导者的行为特点及其与工作绩效的关系。该中心得出四类与团队绩效有关的领导行为:领导支持、相互促进、强调目标和工作促进。

密歇根大学的研究小组也将领导行为划分为两个维度,称之为工作中心维度和员工中心维度。强调目标和工作促进是工作中心维度的行为,领导支持和相互促进是员工中心维度的行为。这两个维度与前面介绍的俄亥俄州立大学研究提出的结构维度、关怀维度相近。但是,与俄亥俄州立大学研究不同的是,密歇根大学的研究者认为,工作中心和员工中心两种领导模式是完全对立的,严格地说领导行为只能是两者之一,不可能同时具有两者特征。

员工中心维度的领导者被描述为重视人际关系,他们总会考虑到下属的需要,并承认人与人之间的不同。相反,工作中心维度的领导者倾向于强调工作的技术或任务事项,主要关心的是群体任务的完成情况,并把群体成员视为达到目标的工具,如表3-1所示。

表3-1　工作中心维度和员工中心维度分类

工作中心维度	员工中心维度
传播信息	征询意见
忽视他人的处境、思想和感觉	认识到他人的处境、思想和感觉
交流呆板、程式化	交流富有弹性和开放性
打断他人	仔细倾听他人
提出要求	提出请求
重视与任务有关的事实、数据和信息	重视与人的需求有关的感觉、感情和态度
通过获取技术能力来强调产出	通过获取个人能力强调产出
一般通过书面形式进行交流	一般通过口头方式进行交流
实行"闭门"政策	实行"开门"政策

密歇根大学研究者的结论对员工中心维度的领导者十分有利,他们与高群体生产率和高工作满意度成正相关,而工作中心维度的领导者则与低群体生产率和低工作满意度联系在一起。

密歇根大学后来的一项研究也承认,领导支持、相互促进、强调目标和工作促进可以由追随者来完成,而非领导者的专利,组织中的其他人也可以通过完成这些任务来提高整个组织的工作能力。

3.1.4 领导行为六元论

丹尼尔·戈尔曼与理查德·博亚特兹及安妮·麦基三位作者,在对世界级的企业进行数十年的跟踪分析中发现，情商是表现领导能力的一种关键因素，领导者可以通过一定的流程来评估、开发和维持其自身的情商能力，同时激励鼓舞员工，提升领导力，使企业获得更大的利润。同时，他们针对不同的情景构建了六种领导风格。

- 远见型领导，动员大家为了共同的想法而努力，强调愿景，并号召为之奋斗，惯用语会是"跟我来"。这种领导方式适用于在组织需要变革，制定新的愿景和明确的方向时。
- 关系型领导，以人为中心构建和谐氛围，与下属建立深厚感情，保持和谐关系，采取员工优先的态度，最适合恢复组织凝聚力或在高压下激励员工。
- 民主型领导，喜欢通过大家参与来达成共识，惯用风格是"你怎么看"，适用于需要笼络员工或征求员工意见时。
- 教练型领导，发展人才以备将来之需，为未来培养员工，惯用语是"试试看"，多为鼓励员工，适用于培养人才，发展下属长期能力的情景。
- 示范型领导，树立高标准并自己带头实现，惯用语是"学我的样，快！"适用于需要立刻出成果，或证明标准可行的情境。
- 命令型领导，需要别人立即服从，多会对员工说"照我说的做"，主要用于组织发生危机、转型或处理问题员工的时候。

3.1.5 领导方格理论

在俄亥俄州立大学和密歇根大学研究的基础上，罗伯特·R. 布莱克（Robert R. Blake）和简·S. 莫顿（Jane S. Mouton）于1964年就企业中的领导方式提出了领导方格理论，用来测试和培训管理者，如图3-2所示。这一理论从两个维度来说明领导者的行为：关心人和关心生产。这两个维度的分数都是从1到9，其组合代表了不同的领导倾向，每一个倾向反映了"对使用权力和权威将个人与生产相联系所持有的一套独特的假设"，第1格表示关心程度最小，第9格表示关心程度最大。图3-2中共有81个小方格，分别表示"关心生产"和"关心人"这两个基本因素以不同比例结合的领导方式。

他们认为，在企业领导工作中往往出现一些极端的方式，或者以生产为中心，或以人为中心，或者以X理论为依据而强调监督，或者以Y理论为依据而强调相信人。为避免趋于极端，克服以往各种领导方式理论中的"非此即彼"的绝对化观点，他们指出：在关心生产和关心人的领导方式之间，可以有使两者在不同程度上互相结合的多种领导方式。

（1，1）贫乏型管理：对必需的工作付出最少的努力，仅维持恰当的组织成员关系。

（1，9）俱乐部型管理：对员工的需要关怀备至，创造一种和谐、友好的氛围和工作基调。

（9，1）任务型管理：使工作条件的安排达到高效率运作，使人的因素影响降到最低程度。

（5，5）中庸型管理：保持必须完成的工作和

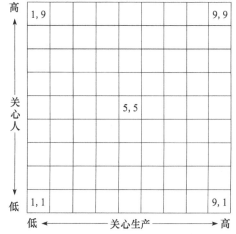

图3-2 领导方格理论

维持令人满意的士气之间的平衡,以实现组织绩效。

(9,9)团队型管理:工作的完成来自员工的奉献,由于组织目标的"共同利益"而形成相互依赖关系,从而创造信任和尊重。

(9,9)团队型管理方式表明,在关心生产和关心人这两个因素之间,并没有必然的冲突。其他研究证明,(9,9)团队型领导方式最有利于企业的绩效。所以,企业领导者应该客观地分析企业内外的各种情况,把自己的领导方式改造成为(9,9)型管理方式,以达到最高的效率。

3.2 我国的相关理论研究

受文化影响,对有效领导的认知,中国和西方存在着巨大的差异。有学者认为在中华文化背景下,员工态度和行为更易被领导者行为所影响,员工绩效更为显著。大量的研究表明,中国人崇尚等级、重视人与人之间的联系。尤其是人际关系,不仅仅因为其具有工具性价值,更因为其在中国人的自我概念中发挥着重要作用。另外,中国人尊重权威与领导。领导对员工行为的评价,对于员工如何评价自己、调动自己的工作积极性会产生重要的影响。比如,领导表现出关心员工的需要、给他们提供资源和支持、鼓励他们克服困难去实现目标,那么下属很可能认为这个领导关心他们并且相信他们的能力,他们会因此建立起更积极的自我概念,结果他们会更努力地工作。

3.2.1 中国领导行为的特点

我国的领导行为受几千年中华文化的影响,表现出与西方几乎完全不同的特点。在选拔任用、考核评价领导者方面,更重视道德品质因素。在领导活动过程中,重视对权力的控制,很少采取真正授权的方式调动下级积极性。一些相关研究成果也证实了这方面的特点。

中国科学院心理所经过探索得出中国领导行为的三因素,即工作绩效、团体维系和个人品德。其中用如何处理公与私的关系来评价个人品德,这是考虑到公与私的标准具有稳定性,基本上不受时代和政治的影响。他们还编制了CPM领导行为评价量表(C——自己、P——工作、M——他人),并对其信度和效度进行了检验。与俄亥俄州立大学的研究不同的是,CPM理论突出了个人品德的因素。[25]

在不同文化的领导行为评价模式中,既有相同的成分,也会有不同的成分。前者反映了管理的共性内容,后者反映了由于文化的差异而形成的特质性。中国与西方的文化背景相异,国情不同,对领导行为的评价也会有所不同,这种不同正反映了中国文化与西方文化的差异。自古以来,中国人评价一个人总是以"德才兼备"作为标准,而且首先看重德的方面。在研究我国的领导行为时,还必须考虑到领导者的"品德",因为中国人总是从"德"和"才"两个方面来评价人,强调"德才兼备,以德为先",因此中国领导模式与西方领导模式的最大区别,就在于中国领导模式中增加了"品德"因素。凌文辁等人认为,CPM模式更符合中国的国情和文化,在中国,一个领导者只有正确地处理好对工作、对他人和对自己的关系,才能最大地发挥领导的作用。

授权作为领导行为,在西方研究中被普遍认为是一种重要的激励方式,但是中国学者的研究发现,授权在中国的领导过程中并没有显示其重要作用。对文化差异的研究发现,中国属于权力距离较高的国家,员工对领导表现出较强的服务意识。受中国传统等级制度和儒家伦理思想的熏陶，上下级之间的从属关系已经深植人心，因此在基层工作的员工并不看重领导的授权，例如领导是否给员工足够的自由空间发挥其才能，是否允许下属在执行任务时拥有自主空间等与授权相关的领导行为，并不影响员工的情感承诺和持续承诺。对中国文化与领导行为关系的研究也指出，中国领导者不善于授权，而员工也不太善于接受授权，他们不习惯被授权后的自主决策和承担责任的压抑感觉。

研究发现，"对任务的控制"与员工的情感承诺显著相关也说明了这一点，与授权相比，中国的基层员工更喜欢接受来自领导的直接指导，领导对工作的直接指导可以帮助他们解决在工作中遇到的实际问题，提高他们对领导的信任程度和满意程度，从而进一步影响了他们对组织的情感承诺。

华为是一家电信网络解决方案供应商，业务涵盖移动、核心网、网络、电信增值业务、终端领域。华为的带头人任正非曾是解放军的一名团级干部，也因此带有军人作风。华为最初的管理模式仍沿用革命化的团结大动员、唱军歌式的集体行动那一套，这看起来与华为所要打造的新锐的网络技术、透明而现代化的高科技企业目标，是如此的格格不入。在管理理念中也略带"血腥"，认为做企业就是要发展一批狼，因为狼有让自己活下去的三大特性：一是敏锐的嗅觉；二是不屈不挠、奋不顾身的进攻精神；三是群体奋斗。任正非将自己的性格融入管理文化，培养出一批永远饥饿的"狼"，不断获取国际电信设备越来越大的市场份额。更让人印象深刻的是任正非缔造的华为"狼文化"。采取"先辞职再竞岗"，任正非通过这种方式保持着危机意识，并且始终将他的危机意识传递到公司上上下下。任正非的领导风格被一些人推崇，也被一些人批判，但是不可否认的是华为的快速发展。华为与众多世界领先的运营商建立了伙伴关系，大量国际水平的科学家和企业高管纷纷加盟。华为成为中国企业创新的领头羊，也成为国际相关业务市场上的领先者。

3.2.2 中国的内隐领导理论

很多学者从社会文化角度探讨了中国内隐领导理论，并研究设计了内隐领导特质量表，总结出了中国内隐的领导特质。外显理论是基于对领导者外部行为的观察和经验的研究，而内隐领导理论来源于人们内心关于领导的概念化，即"领导者应该是什么样的"。外显理论基于行为论，而内隐理论立足于人格特质论。内隐领导理论的因素结构分为四个维度：个人品德、目标有效性、人际能力和多面性。

（1）个人品德，要求领导者要诚实正直、廉洁无私、以身作则、能接受他人的批评。由此可见，中国人首先是用道德标准来判断领导的，"德"是领导的首要特质。

（2）目标有效性，在中国人的领导概念中，也包括与有效地完成工作目标有关的特质。领导者被认为应该有远见卓识、深谋远虑、观察敏锐、思想解放，而且要有魄力、善于决策、办事果断。他们精明能干、能力出众、方法科学、善用人才，这些特质将有助于他们所领导的组织目标的实现。

（3）人际能力，是与社会成熟性有关的领导特质。领导者应老练沉稳、坦率开朗、善于社交、有说服力。另外，中国人似乎不只关心领导者的人际技巧，也注意外表的魅力。因此，领导者要有风度、有好的体态、举止文雅等，这些特质会使领导者具有吸引力，有利于处理好人际关系。

（4）多面性，是指领导者应掌握有关专业知识和技能，而且多才多艺，兴趣广泛，既富有想象力，又有冒险精神。此外，领导者还要有幽默感，使人感到愉快。这一特质代表着领导者才能的广度以及有关的心理品质,既有助于组织目标的实现,又有助于处理人际关系,从而增强领导效果。

北京大学王辉教授、中欧国际工商学院忻榕教授和美国亚利桑那州立大学徐淑英教授,三位学者系统地调查了中国企业 CEO 的领导行为,研究分析了这些行为对企业业绩的影响。

三位学者通过问卷调查的形式采访了来自不同行业、不同企业的 65 位中高层经理。问卷是一个开放式问题——你们公司的 CEO 表现出何种领导特征?每位回答者必须列出至少 5 个答案。为使调查结果更加精确可信,研究者邀请了 542 名在职 MBA 学生,判断每个条目是否符合其所在企业 CEO 的领导行为。

综合两次调查的结果,研究者归纳出了中国企业 CEO 最常见的六种领导行为:设定愿景、监控运营、开拓创新、协调沟通、关爱下属和展示权威。由于前三种领导行为都与 CEO 制定战略决策、发展组织结构、监控和协调生产等经营管理的角色密切相关,都是以经营管理的任务业绩为导向,因此被归结为"任务导向型"的领导行为。而后三种关注的是 CEO 如何在企业中维持和谐的人际关系,以此激励员工为实现企业的目标而努力工作,因此被归纳为"关系导向型"的领导行为。

中国 CEO 领导行为与企业业绩的关系研究表明,如果一个企业的 CEO 能为企业设定一个引人入胜的愿景、合理监控企业运营、在管理理念上不断开拓创新,表现出这三种任务导向型的领导行为,就会直接对企业的业绩产生很大的正面影响。但是,协调沟通、关爱下属和展示权威这三种关系导向型的领导行为,对企业的业绩并没有显著的直接影响。

虽然关系导向型的领导行为对企业业绩没有直接影响,却强烈地影响到员工对企业的态度。其中,协调沟通和关爱下属的 CEO 会使员工感受到强烈的公平感,也会使员工更明显地感知企业对他们的承诺、支持,从而提高他们的工作积极性和满意度。

这些行为研究印证了中国特定的文化环境下人际关系和谐的重要性,表明了以人为本,注重"人"的管理理念在中国深入人心。

3.2.3 中国古代传统的领导行为

中国古老的哲学著作《老子》指出:"知者弗言,言者弗知""多闻数穷,不若守于中"。意思是说聪明的领导人是不乱讲话的,过多的指手画脚只会加速失败。现代领导学也认为,领导者在工作中不宜对下级的活动横加干涉,评头论足。虽然领导者的个人言论通常并不像按正式途径下达的指令那样有权威性,但它对下级仍有很大的心理影响。下级可能会受领导者不当言论的影响而感到无所适从,迷失工作方向;或有所顾忌,不敢放手去干,甚至做出错误的行动,影响整个事业的发展。无论是经营的制胜之道,还是领导的大智慧,其实都是一个文化的过程。中式领导力的实现方式,其实就是中国文化精髓的体现。管理大师彼得·圣吉(Peter Senge)曾经说过:"中国传统文化的演进途径与西方文化略有不同。东方的传统文化仍然保留了以生命一体的观点来了解万事万物运行法则,以及对奥妙宇宙的万有本源所体悟出的精明而深广的古老智慧结晶。"这段话准确概述了中式领导力的特质。

1. 躬亲庶务型与委任责成型

躬亲庶务即事必躬亲,指帝王尽最大可能亲自处理或独自包揽政务。委任责成是指帝王委政宰相及有司而责其成功,不独自处理政务,也不插手有司事务。虽然这两种领导模式看似完全对立,但在中国历史上它们却被统治者循环使用,并行不悖。

谏臣张玄素曾很直率地对唐太宗李世民说：万乘之主，欲自专庶务，日断十事，而有五条不中者，何况万务乎！以一人之力，每天十件事也许五件事就给断错了，何况万千的烦琐事呢？这是从经验、见识、才能等方面考虑，此外，还有情绪问题。这种种原因，无不触动皇帝采用委任型的领导模式。委任责成的领导模式有很多好处，它用不着皇帝操劳过度自不必说，尤其重要的是，它可以使皇帝处于主动地位。但是，委任责成最难做的就是把任务交给什么样的人。

为了在两种领导模式中取其平衡，中国历史上就出现了有趣的现象。前一个皇帝是躬亲庶务型，后一个皇帝就是委任责成型；或者同一个皇帝前期是躬亲庶务型，后期则为委任责成型。

2. 操术任使型与推诚委任型

中国历史上第一个建议君主采取操术任使型领导模式的人是法家代表人物申不害，此种模式基于"人性恶"的设定。操术任使是"使掌权者以权术控制、驾驭属僚，辨别属僚并以逆诈手法监督属僚的权力行使方式"。韩非子认为每一个独立的个体参与到组织活动中去都带有私心，"相为则责望，自为则事行"，怀着相互依赖的心理，就会彼此埋怨。推诚委任型领导模式强调的是一种与操术任使型领导模式截然不同的价值观，它更重视君臣之间的推心置腹，真诚合作，寻求君臣的一致性、和谐点。推诚委任指掌权者用诚信感染、推动下属效力，以行使监督权和指挥权的权力行使方式。这正符合了儒家倡导的"以仁治天下"的管理理念，他们相信臣子对君主的绝对忠诚是可以实现的，关键在于君主的行为。

管理大师彼得·F. 德鲁克（Peter F. Drucker）说过，"组织不能依赖天才"[26]，故在现代管理中，我们呼唤推诚委任型的领导者。但企业领导者一旦对部下完全推诚，那么领导者也许马上就会"撕心裂肺"了。很多时候，企业费了大把的时间和金钱培养员工，员工却只是把企业当作踏脚石，学到本领就马上跳槽。

企业领导者到底是推诚委任还是操术任使呢？在领导力困境中，新一代的领导者依然在艰难地寻找出路。但综观成功的领导者，有一点是不变的，那就是诚与术的结合。成功的领导者应该具备两张面孔，一张面孔保持谦虚真诚，一张面孔保持敏感诡谲。

3. 温和感化型与严厉督责型

温和感化型领导模式的基础是"人性本善"，即它承认人们向善的本性。只要权力主体将心比心，用真心对待权力客体，诱发客体固有的善质，并创造促使客体向善的条件，那么就能感化权力客体，使客体做出善的行为。

严厉督责型领导模式以外在的强制力量为特征，认为人所崇尚的只有"力"，只有"力"才能抑制人性向恶的本能，所以必须严格监督，以强制的力量使下属不敢不服从上司。人性恶的一面显示了严厉督责型领导模式的合理性。

从行为导向来看，如果领导乐于发号施令，指手画脚，干涉别人做事的过程，下属就会自然养成唯命是从、因循守旧、机械做事的习惯，失去主观创造性，从而变成算盘珠子，你拨一拨，它才会动一动。这恰恰是组织最大的悲哀。[27]

4. 清静无为型

老子说："太上，不知有之；其次，亲而誉之；其次，畏之；其次，侮之。"在这里，老子提出评判领导者优劣的四个标准。在他看来，太上型领导者是领导的最高级别，这种领导给民众的印象是"不知有之",犹如这个领导者不存在。领导者真正做到了无为而治,身教不言。他虽隐于众,却能以无形的影响力和感召力规范民众的行为,使民众以为是自己要那样干的,而非受领导支使所为。

著名管理大师曾仕强分析老子"无为"思想时曾说,无为当然不是无为,而是无不为,但只有站在无为的立场来无不为,才能够"不求有功,但求无过"地尽力而为。

"一阴一阳之谓道。"阳,严厉监督;阴,温和感化。硬管理有利于建立秩序,软管理有利于推动协同、和谐发展。一阴一阳才是领导者执行中的管理模式,阴阳互动,软硬并用,企业才能生生不息。[28]

3.3 360 度反馈工具

360 度反馈或称多元评估反馈工具,以其民主参与、多元反馈的特点成为一种非常有效的现代管理评价方法,在企业和其他各类组织的规范管理过程中广泛应用。

3.3.1 360 度反馈的特点

传统的考核多是自上而下,由上级主管对下属工作进行单向评定。而 360 度考核,考评者不仅有其上级主管,还包括与之密切接触的其他人员,如同事、下属、客户,以及本人自评。它是一种从不同层面的人员中收集考评信息,从多个视角对员工进行综合绩效考评并提供反馈的方法,或者说是一种基于上级、同事、下级和客户等信息资源的收集、评估绩效并提供反馈的方法。360 度,顾名思义,就是多角度或全视角。这种方法的出发点就是从所有可能的渠道收集信息,如图 3-3 所示。

360 度考核有下列特点:

- 全方位、多角度、误差小。
- 分类考核、匿名考核。
- 通过开放式问题搜集到更多的评价意见。

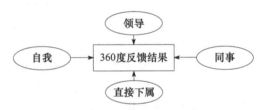

图 3-3 360 度反馈示意图

3.3.2 360 度反馈遵循的原则

为了让 360 度评估在绩效考评方面带来最大收益,必须遵循以下几个重要原则:

(1)要根据企业的实际情况,以及被考核者的不同岗位,设计个性化的考核表格,这样才更有针对性。

(2)评价后应及时向被考核者反馈结果,进行有效沟通,并提供解决问题的方法和资源支持。

(3)在实施中应确保考核者的匿名性,以消除考核者(主要是同事和下属)的顾虑,保证考核结果的客观、真实。

与传统的绩效考核方法相比,360 度反馈具备明显优势,于是一经提出便迅速被广泛采用,目前已经成为普遍的考核方式。尽管各企业应用的具体方法不同,但均应遵循上述原则,另外还要注意以下问题:一是参与考核者的选择和培训,参与考核的人应该是作风正派、有原则的人,同时确保他们理解考核的真正目的和了解被考核者的情况,能够正确填写问卷。

二是考核结果反馈和使用，领导者应该本着不断发展、完善的理念，将360度反馈工具作为提升员工能力和促进组织发展的工具。三是要循序渐进，逐步培养组织积极健康的考核文化，使硬性的外部考核内化为员工的自觉行动。

▶ 复习思考题

1. 对比分析各个西方领导行为理论，找出异同点。
2. 总结归纳中国传统领导行为的突出特点。
3. 尝试分析领导行为与领导有效性之间的关系。
4. 分析一个经历或了解过的反馈事例，并总结经验与教训。

▶ 专项技术测试与反馈

任务取向的态度和行为

指导语 指出你对下列描述的赞同态度。你可以将下面的描述同情境联系起来，比如运动、社区活动或者学校活动，只要你在其中对其他人的活动负责即可。如果你想不出一种情境，就试图假想你会怎么做或者怎么想。

	非常赞同	非常不赞同
1. 我密切关注生产报表的指标，并向小组解释。	————	————
2. 我经常向一些群体发送邮件，向他们提供有关工作程序的信息。	————	————
3. 我清晰地阐明了我们团队需要达到的具体质量目标。	————	————
4. 我保持明确的绩效标准。	————	————
5. 当我开会时，与会人员可以遵循明确的议程。	————	————
6. 只有当我的团队完成或超出生产目标时，我才会对一周的工作感到满意。	————	————
7. 如果计算机不能真正提高生产力，人们就不应该在办公室把他们的时间花费在计算机前。	————	————
8. 对于没有达到标准的工作，我会毫不留情地批评。	————	————
9. 我每周花费大约20%的时间来制订自己的计划或帮助团队成员制订计划。	————	————
10. 我花费大量的时间来解决自己的技术问题或者帮助团队成员来做这类事情。	————	————

解释 如果你对上述第8、9或10题做出了"非常赞同"的反应，那么你具有强烈的任务取向。如果你对第4题或者更多的题目做出了"非常不赞同"的反应，那么你的任务取向的态度和行为低于平均水平。

技能开发 任务取向的重要性在于它直接关系到目标的达成。尽管如此，任务取向必须同人际取向和人际技能相平衡，才能取得最大的效果。[29]

你是一名有效的领导吗

指导语 你若有如下感觉，请在下面 5 点量表的相应数字上画圈。如果你现在还不是一名管理者，请假想你是一名管理者将会怎样做。

1. 我会等到事情有所定论。	1 2 3 4 5	我真的喜欢改变。
2. 我的大部分员工会议是关于内部程序和预算的。	1 2 3 4 5	我花费大量时间讨论有关客户的问题。
3. 我尽量找到事情的出路。	1 2 3 4 5	高层管理者应该率先行动。
4. 我会等待上级的命令。	1 2 3 4 5	让我们现在就行动吧。
5. 我会寻求在我的工作描述之外的职责。	1 2 3 4 5	我只履行我的工作描述中的内容。
6. 我怎样才能提高效益、增长价值？	1 2 3 4 5	我会按照我的预算来计划行动。
7. 我的下属要学会"挑战组织系统"。	1 2 3 4 5	我仔细检查下属的工作。
8. 没有别人的肯定我就无法完成工作。	1 2 3 4 5	只要没有人说"不"，我就可以做到。
9. 我会为自己的错误负责。	1 2 3 4 5	我通常为我的错误找借口。
10. 我通常不会冒险，因为我有可能失败。	1 2 3 4 5	尽管可能失败，我也会尝试。
11. 我会让事情进展更快。	1 2 3 4 5	我不能让事情进展太快。
12. 我需要了解其他部门在做什么以及它们需要什么。	1 2 3 4 5	我保护自己的部门。
13. 我主要同那些和我有工作关系的人交谈。	1 2 3 4 5	我会超越组织的界限，和别人共享信息和资源。
14. 我通常只依靠自己和部门里的人来完成工作。	1 2 3 4 5	我会跨越部门的界限来完成工作。
15. 我只信任公司里的少数人。	1 2 3 4 5	我乐于和其他部门的人分享我的想法和资源。

记分和解释 通过下面的方法来测量你是不是一位有效的管理者：对于第 1、2、4、8、10、13、14、15 题，将分数简单相加即可。对于第 3、5、6、7、9、11、12 题，需要反向记分，即 1 变为 5，2 变为 4，4 变为 2，5 变为 1，然后再相加。总分达到 60 分，意味着你已经成为一名有效的管理者。如果得分低于 45 分，那你就需要继续努力了。

技能培养 通过仔细思考每个条目，将它们作为你现在或今后可以利用的智慧宝藏，你可以从这些测验中得到更多有用的东西。例如，第 10 题涉及的冒险问题，它可以提醒管理者：勇于冒险是一种有效的领导行为。[30]

▶ 案例分析

守正出奇刘强东

企业家的人生观和价值观必然影响到企业的经营，而企业想要立百年基业，企业家想要青史留名，也与企业家的商业智慧和管理思想有关。企业家的思想好像行船之舵，直接决定企业的发展路径和发展模式。所以，对于企业家管理行为的了解，应从了解企业家的价值观与管理哲学着手。

以"正"为核心的管理理念

刘强东对自己的评价一直都是简单、正直、随性，对于京东的企业文化他也表述得很清楚，其核心用一个字来概括就是"正"。作为京东企业文化核心的"正"的理念体现在京东管理的各个方面，比如对于产品坚持"正直、正品、正价"，对于个人利益坚持"不贪、不腐"，对于经营管理坚持"合法、合规"。"正"对刘强东而言是创业的初衷，也是他坚持的梦想。在"正"的理念支撑下，诚信成为京东的经营之本，京东的企业愿景是"成为全球最值得信赖的企业"。诚信经营、回馈社会成为京东坚持的发展道路。除了对顾客负责，京东还对各方利益相关者负责。京东的社会责任可主要概括为四个方面：京东要做一个合法的企业；能够把员工教育好；强调京东自身的价值观；给员工一个有尊严的工作，让员工通过合法手段改变自己的命运，对社会有信心。

对于怎样才能将"正"的理念内化为京东每一位员工的行为，京东怎样才能让几万人达成共识，完全靠个人魅力是无法走通的，尤其是随着企业的发展，要想靠个人魅力影响几万人是不可能的，所以沟通成了唯一可行的方式。

在与京东高管的沟通中，刘强东强调京东高管一定要"认同京东的价值观"，他希望通过沟通让高管看到京东的理念，平衡现实和预期，经过与高管的双向选择为公司创造更大的价值。与高管坦诚沟通也"吓跑"过一些高管，但在刘强东看来，这种沟通更像一个筛选机制，把不适合京东的人淘汰掉，而留下那些完全认同京东价值观的高管。

在与普通员工的沟通中，刘强东愿意花更多的时间，他与普通员工的沟通是开诚布公的、坦诚的。刘强东在随机检查配送站的时候，会临时抽检员工的工作，在管理人员不在场时与员工坦诚对话。这样的沟通方式刘强东坚持了很多年，从最基层获取了有用而真实的信息，也了解到了最基层员工的工作和生活状态。而这样的沟通方式也让员工了解到了一个最真实的领导者，了解到刘强东最真实的理念和价值观。

通过与高管、基层员工的充分沟通，刘强东逐渐地让员工了解京东的价值观，也让员工践行京东的价值观和经营理念。而在沟通中，刘强东也能够充分了解员工的需求，并进一步满足员工的需求，提升员工的工作满意度。

商业模式创造价值

如何让企业顺利按照既定的战略目标和管理理念去运营？刘强东从创业经历中发现一个基本规律，叫"一拖三"模式，即不管是在哪个行业，凡能够取得成功的企业，都很注重以下四个方面，而且这四个方面的成效基本上能够作为判断一个商业模式是否有价值的标准。

1. 团队

在刘强东的观点中，人是最重要的。大部分创业企业死掉的关键原因是团队建设没跟上，创始人应对公司的夭折承担绝对责任。

2. 用户体验

不管做产品还是做服务，做硬件还是做软件，在互联网行业还是传统行业，最核心的比拼是用户体验。综观经济发展的历史，世界上任何一家公司的成功都是因为其提供了更好的用户体验，比如微软、IBM还有苹果。

3. 成本

刘强东认为，任何一种商业模式，如果不能够把这个行业的成本降低，最后都是有问题的。刘强东的观点是，京东成本比毛利更重要，京东只有把运营成本大幅度降低才有持续的能力为消费者提供低价。

4. 效率

在效率方面，刘强东更关注公司的现金流。京东的成本与竞争对手相比已经降低了很多，这取决于京东高效率的运营。按照这个原则，在优秀团队的基础之上，只要把用户体验、成本、效率三者中的任何一项做好，同时另外两项又没有减损的情况下，基本上就可以算作成功。

管理：保证用户体验的实现

管理是一门艺术，是一门平衡的艺术。有人曾说，不需要平衡的决定就不是"决定"。管理活动在很多时候是对企业资源的配置和平衡。平衡不是平均主义，也不是取悦每一个人，而是有原则地取舍、很周到地集中。

随着京东逐渐地发展壮大，刘强东在管理中需要平衡的关系也越来越多，对外有顾客、竞争者、投资者、股东，对内有各层级的管理者和各种制度，如何做到平衡，这是对刘强东提出的挑战，也是对京东的挑战。在刘强东的管理思想中，"制衡"便是管理的艺术所在。在企业外部，要对竞争对手、合作者和顾客各方的利益进行制衡；在企业内部管理中，要对投资者、高层管理者的各方利益进行制衡；而在企业内外部利益的平衡中，要根据"顾客利益至上，财务利益次之"的原则进行管理。

对于企业管理所需要的态度和方式，刘强东与俞敏洪的观点有着共同之处，他认为管理就像农民耕种，要踏踏实实，勤勤恳恳。对于管理不投机取巧，也不试图一劳永逸，这是刘强东的管理态度。

以技术成就智慧电商

在当今电商企业的发展中，技术造就"智慧"，而"智慧"创造优质的用户体验。对电子商务发展而言，企业的"智慧"就体现在基于信息技术的信息管理、物流管理和财务管理等方面。

京东作为最大的综合性电商平台，为创造前所未有的用户体验进行了大量的技术创新。按照京东的发展目标，京东将以技术为驱动建立先进的供应链服务、开放服务业务和数据金融业务，全面深入发展各项业务。而对用户来说，京东技术平台的进步会给用户带来更好的购物体验——用户的购物体验更为神奇、自然和便捷，配送更为迅捷。而这也实现了京东的愿景——让生活变得简单快乐。

京东在未来的发展中将以"智能化"为核心创造更多的价值。人工智能、物联网、AR/VR等技术的高速发展对各个行业来说既是机遇也是巨大的挑战，技术创新将会继续大幅降低行业成本，全面提升运营效率，甚至颠覆现有商业模式。在未来，京东将把集团所有的产品、业务、服务全面技术化，构建一个以云计算、人工智能、机器人技术为核心的智能化商业体。

"大数据"因互联网技术的广泛运用而成为这个时代的一个显著特征，并赢得了"时代金矿"的美誉。作为中国最大的自营式电商企业，京东拥有产业链中最全面、价值最高的数据，这些数据覆盖了用户从浏览、下单、配送到售后的整个过程。对京东而言，技术创新就在于如何将大数据中的商业价值发掘并实现出来，大数据不仅支撑了京东的高速成长，更会成为京东经济新的增长点。京东通过一系列机器学习、深度学习的算法，对数据价值进行深度挖掘和分析，结合业务和商业系统的应用，不断提升自身及合作伙伴的运营效率，并为用户带来更好的体验。

创新是企业发展的唯一途径

为了满足用户的最大需求，京东提供给顾客延展的服务、整合的产品功能以实现复合式的创新。京东的自主经营为顾客提供放心便捷的购物体验；POP平台为用户提供多重价值；自建物流配送体系提升用户体验；京东移动端为用户带来更便捷的购物体验；O2O业务给用户以多样化的服务。此外，京东还有很多方面的创新在行业中独树一帜，为顾客提供更便捷的服务，提升用户的体验。

在刘强东的观点中，坚持用创新的方式去创业，必定会提升中国互联网企业在全球的话语权，为全球互联网繁荣创造中国价值。京东未来还会在零售、物流、金融、保险领域进行深入的创新和发展，为用户创造价值，为国家创造价值。

资料来源：崔瑜. 守正出奇刘强东 [J]. 企业管理, 2018, (09), 40-42.

讨论题

1. 分析刘强东的领导风格。
2. 讨论京东的商业模式及其发展演变过程。
3. 刘强东是如何影响企业发展的？
4. 尝试分析企业将来会遇到的问题及应对策略。

第 4 章

领导者的权力、能力和影响力

▶ **本章要点**

- 权力的来源、使用后果。
- 权力的腐败、分享与制约。
- 领导者的能力要素。
- 影响力的种类、构成及作用途径。

 引例

领导者维护权威的正道

领导者的权威因权而生,是权力、影响力的集中体现。从一定意义上讲,领导者的权威就是领导者的"面子工程",说话一言九鼎,决策一锤定音。但很多时候,下级就是不买账,与领导顶着来,挑战领导权威,让领导骑虎难下,造成尴尬局面。这时候领导就需要通过一定的方式来维护自己的权威。

一是以德养威。只有用品德涵养的威望,才更加持久、更有品质。作为领导干部,要养才德、政德、公德、私德、官德、民德。要把德当成一种修为来提升、一种习惯来涵养、一种境界来锤炼,时时养德、事事养德、处处养德,以此养出干部的好形象、好作风、好声誉。

二是以信扬威。诚信是做人之本、成业之基。作为领导干部,诚信是自己平时攒起来的,要说话算数,办事靠谱,不空许诺、不

打"白条"。要让下属充分认可其人品,愿意与其打交道、交朋友,不做拍脑袋决策、拍胸脯保证、拍屁股走人的"三拍"型干部。

三是以洁立威。正己方能正人,律己方能律人。只有自己清正廉洁,说话才有底气,办事才能硬气。作为领导干部,既要做到言洁——不说肮脏话,又要做到行洁——不办龌龊事。要自觉摒弃贪腐思想,树立廉洁形象,决不让不洁之言损了好名声,不洁之举毁了好形象。

四是以公树威。其身正,不令而行;其身不正,虽令不从。只有公平公正,说话才有人信,办事才有人服,管人才有人听。作为领导干部,要时时处处事事出以公心、秉持公道,说话办事一碗水端平,一把尺子量人,一个标准对人,绝不能以势谋人、看人下菜碟。

五是以能壮威。威信是干出来的,不是

说出来的,更不是吹出来的。说起来头头是道,干起来有模有样,在下属心中才有威望。作为领导干部,要不断加强学习,努力提高自身素质,站起来能说,坐下来能写,遇事会协调,做到以才服人、以技服人,这样才能把威望树起来,让威望高起来。

六是以绩助威。树立威望,要拿出实实在在的干货,否则威望就是镜中花、水中月。群众看干部,下属评领导,就是看其有没有真本事,有没有实业绩。作为领导干部,既要谋在前,又要干在前,更要冲在前,带领下属一起干、一起苦、一起乐,用实实在在的工作创造无愧于党、无愧于人民、无愧于历史的业绩,做到以绩服人。

七是以智显威。领导干部干工作既要实干苦干,又要会干巧干。要善用巧力,达到四两拨千斤的效果,以此彰显高超的工作方法与艺术。作为领导干部,面对纷繁复杂的工作任务,要学会"弹钢琴",统筹安排各项工作任务,既用力干,更用智取。

八是以法护威。必须依法维护正当的权威,坚决不允许挑战、突破权威的底线。领导干部既要敬畏权威,又要维护权威,将维护权威、捍卫权威放在重要位置。对于那些将权威当儿戏、把权威当玩偶,漠视、挑战权威的人,领导干部要拿起法律和制度武器,绝不手软。

九是以实积威。实诚的人心地善良、做人本分、做事踏实,给人以安全感、信赖感。作为领导干部,要实字托底,说实在话、做实在人、办实在事,以实干实效实绩取信于人,不玩玄乎套,不要小心眼,有话说在明处,有事摆在桌面上。只有这样,说话才能让下属信服,办事才能让下属佩服。

十是以诚增威。诚信是立人之本、成事之基,只有说话算数、办事有谱,下属才信服你、跟从你;否则,说话不靠谱、办事不着调,下级就会疏远你、远离你。作为领导干部,要把诚字记在心上、扛在肩上,诚心办事,诚信交友,给人留下实在厚道、诚实可靠的印象。

资料来源:王娜. 领导者维护权威的正道与奇道[J]. 领导科学,2018,(10):34-36.

领导者的权威是权力、能力和影响力的集中体现,领导者权威的建立和巩固将极大提高领导效能。本章将介绍领导者权力、能力和影响力的相关内容。

4.1 领导者的权力

权力是领导学中最重要的一个概念,但是想要真正领会权力和影响力的意义是非常困难的。权力是组织中一种无形的力量,它经常用来定义一个人所拥有的影响其他人并实施指令或做一些他们本不会做的事情的能力。另一个定义强调权力是达成权力持有者的目标或是他愿意看到的结果的能力。达成所希望的结果是权力在这个定义里的基础。权力(power)是指组织中某个人影响其他人并得到所希望的结果的能力。任何领导者,当他被正式授予某种领导职务时,就意味着他便拥有了与此职务相应的权力。这种权力随其职务的开始而开始,终止而终止,所以称为职权或领导权,具有明显的法定性质和强制性,并受法律保护。这是他的工作性质决定的,否则就无法履行他的领导职能。正因为这样,领导者在使用这种权力时,必须符合法律规范,绝不可随心所欲。

4.1.1 领导者的权力来源

1. 与个人相关的权力来源

领导者的权力经常被认为与个人的特点有关，组织中的职位也会影响一个领导者的权力。在大多数讨论中，领导者的权力来源于如表4-1所示的五种形式。前三个合法权力、报酬权力、强制权力被认为是职位权力，在很大程度上是由组织的政策和程序规定的。一个人在组织中的职位决定了他拥有权力的多少，尤其是考虑到奖励和惩罚追随者、影响他们行为的能力。

表 4-1　五种形式的领导者权力

职位权力	个人权力
● 合法权力	● 专家权力
● 报酬权力	● 指示权力
● 强制权力	

但是，职位权力和领导能力并不等同，一个人可以拥有正式的职位权力，但有效的领导者并不仅仅靠正式的职位去影响他人来达到目的。后两个专家权力和指示权力，主要来源于领导者的专业知识和人格特点。[22]

- 合法权力（legitimate power）。合法权力是指组织对职位所授予的权力。
- 报酬权力（reward power）。这种权力是从决定其他人报酬的权力中派生出来的。
- 强制权力（coercive power）。与报酬权力相对的权力就是强制权力，它通常指惩罚或是建议惩罚的权力。
- 专家权力（expert power）。一个领导者具有其追随者所做工作的专业知识或技能，从而带来的权力被称为专家权力。
- 指示权力（referent power）。这种权力来自领导者的人格特征，他会博得下级员工的认可、尊敬、羡慕和效仿，所以也可以称为典范权力。

2. 与组织活动相关的权力来源

前面讨论的五种权力源自领导者的正式职位或个人才能，这些来源决定了领导者影响力的大小。但是在组织中，还有一种权力的来源已经得到了证实。战略上的偶然事件学说证实了权力来源不是与确定的个人或是职位联系在一起的，而是与领导者在整个组织中所扮演的角色相关。[31]在这个方面，权力的来源主要有各部门间的依赖性、对信息的控制、组织的中心性和对不确定性的处理，如图4-1所示。

（1）各部门间的依赖性。在许多组织中，领导者权力的一个重要来源就是各部门之间的依赖性。材料、资源以及信息都会在一个系统内部的各个部门之间流动。在这种情况下，接受资源的领导者的权力就小于提供资源的领导者。如企业的生产部门对人力资源部门、设备管理和维护部门有依赖性。

（2）对信息的控制。尽管向追随者授权的趋势越来越流行，信息的共享也越来越广泛，但有些人大多数时候仍然能够比其他人获得更多的信息。对信息的控制（包括获得信息的渠道、如何分配信息以及向谁分配信息的权力）

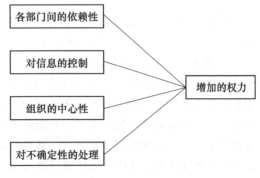

图 4-1　与组织活动相关的权力来源

是领导者一个主要的权力来源。大多数领导者意识到，信息是一个主要的商务资源，通过控制收集哪些信息、如何解释这些信息以及如何分享这些信息，可以影响如何做出决策。从某种意义上讲，一个人在组织中的职位决定了他获取信息的途径。高层领导者通常会比低层领导者或雇员获得更多的信息，他们可以有选择地公开一些信息来影响其他人，并且影响决策制定和采取的措施。但是，对信息的控制也可以成为一些低层管理者或雇员权力的来源。那些获得领导者制定决策所需信息的雇员必然会拥有一定的权力，例如，高层领导者很可能会依赖运营经理对复杂的运营数据所做的分析和解释。

（3）组织的中心性。中心性（centrality）反映出一个领导者或一个部门在组织的活动中发挥的作用。衡量中心性的一个指标就是领导者所在部门的工作对于整个组织最终产出的影响程度，即中心性反映出对组织做出的贡献，贡献多就享有更多的权力。例如，在一个像联想、华为那样的高科技导向型的公司中，工程师有着较强的权力，因为组织需要他们保持公司产品的技术领先性。与此相反，在一个市场导向型的公司中，工程师就具有较少程度的权力。在大学中也是如此，学生和教师的质量、学术研究成果是重要的资源，那些为学校提供更多资源、创造出高水平研究成果的院系和教授通常拥有较大的权力。

（4）对不确定性的处理。环境发生的轻微变化会给领导者带来不确定性和复杂性。面对不确定的事件，在领导制订方案的过程中，很少能获得有用的信息，因此组织会面临不可把控的风险。部门经理若能很好地处理突发的不确定事件，就会拥有更多的权力。比如当市场研究人员准确地预测出了新产品的市场需求变化，他们就能获得权力和威望，因为他们减少了一个关键的不确定性。对各类组织来说，地震、海啸和突发大火属于不确定性事件，新产品和新市场、罢工和医疗事故也属于不确定性事件。领导者如能妥善处理这类事件，就会拥有更多的权力。特别强调的是，在我国当前社会转型时期，改革试点等变革性任务是一种特别重要的"不确定性"机会，积极的领导者应随时抓住组织面临的改革机遇，乘势而起。

4.1.2 权力使用的后果

领导者使用各种各样的权力去影响其他人，做那些为了实现组织目标必须做的事情。大量的研究和实践证明，权力的使用主要带来三类不同的结果：顺从、抵抗和承诺，如图4-2所示。

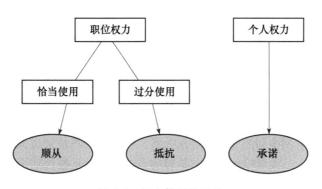

图4-2 权力使用的后果

当人们成功地使用职位权力（合法权力、报酬权力、强制权力），其后果为顺从。顺从

(compliance)意味着无论是否同意领导者的指挥,他们都会遵循。他们会服从命令,执行指示,尽管他们可能并不喜欢。问题在于,很多情况下,下级员工做了足够多的工作去使领导者满意,但是并没有充分发挥他们的潜能。此外,如果职位权力尤其是强制权力的使用超过了人们认可的合法水平,那么人们可能抵抗领导者的影响。抵抗(resistance)意味着员工会故意、努力避免执行指令或是企图违背命令。因此,一个仅仅依赖职位权力的领导者的效力是有限的。

下级员工对个人权力(专家权力和指示权力)使用的后果通常是承诺。承诺(commitment)意味着下级员工采纳领导者的观点,并热心地执行指令。很明显,承诺要好于顺从和抵抗。虽然顺从对那些例行公事来说已经足够了,但是在领导者正在推行变革的时候,承诺是特别重要的。变革会带来风险和不确定性,下级员工的承诺能够帮助领导者克服由变革带来的恐惧和抵抗。成功的领导者会同时行使职位权力和个人权力来影响其他人。

4.1.3 权力的阴暗面:腐败

大权在握可以使领导者对别人施加影响,也可以帮助自己的团队、部门或组织完成目标。权力是实现领导有效性的关键要素,但是,近年来一些掌握大权的领导者贪污受贿之风日趋严重。这使我们的注意力集中到高层管理者缺乏责任感这个问题上。权力滋生腐败仍然是一个需要认真讨论的话题。

1. 腐败的原因

领导者的个人特征和组织因素是造成权力腐败的根源,如表4-2所示。

表4-2 腐败的个人和组织原因

领导者个人特征	组织因素
• 自我主义膨胀,傲慢而专断	• 组织文化
• 僵化固执,缺少灵活变通	• 执行任人唯亲而非任人唯才的人事政策
• 好大喜功,求名心切	• 奖励的随意性太强,缺乏科学的奖励标准
• 用人太狠,盘剥压榨	• 组织结构采用集权化模式
• 为人冷酷无情,不善与人沟通交往	
• 不择手段,追逐权力	
• 邪恶无德,暴戾恣睢	
• 溜须拍马,谄媚上司	

(1)领导者个人特征。研究人员通过研究发现了易导致领导者滥用权力的个人特征。那些被他们称为邪恶或"病态性自恋"的执行官,一般都禀赋超群,但却自我主义膨胀。这些人专断独行、僵化固执、追逐权力、暴戾恣睢。他们善于谄媚上司,深得老板的宠信,却对下属残酷凶狠,毫无怜悯之心。他们好大喜功、求名心切;对于个人职务待遇锱铢必较,绝不吃半点亏。这些个人特征使他们容易滥用权力和欺凌下属。威吓同事或用物质诱惑拉拢同事的行径,不仅会破坏同事间的互信和合作关系,也会给组织带来毁灭性的灾难。在他们的统治圈里只有两类人,一类是唯他们马首是瞻的人,另一类是被他们用病态心理甚至偏执狂的心态视为严加提防和怀疑的人。那些效忠他们的人得到重用(至少是暂时的),那些与他们意见不合的人则遭到歧视、诽谤、打击,最终被扫地出门。

不幸的是,这些类型的执行官往往在仕途上春风得意,在通往组织领导层的阶梯上一路攀升，其中的原因就在于，他们把野心当成了个人能力的体现。一旦登上了权力宝座后，他们会在身边安排一批平庸低能的人，作为维系自己权力的骨干。他们狼狈勾结、党同伐异，无情地打击那些和他们意见相左的人，同时又对上司逢迎拍马、巧妙操纵，以牟取更大的权力。

（2）组织因素。即使一个人受其个人特征的支配企图滥用权力，但能否如愿以偿，要取决于组织是否提供条件，其中，组织文化是一个重要因素。组织文化容忍、接受、鼓励和奖励的内容及对象，是决定一个腐败领导者能否生存的必要条件。聘用标准、高级管理层的管理特点和方式、对短期资金收益指标的关注程度，也是决定腐败领导者能否生存或飞黄腾达的重要因素。组织的中心化、集权化、等级化、内部沟通匮乏的程度越高，权力滥用就越不容易被发现和揭露。相反，这些因素还会推波助澜，使权力滥用变本加厉。中心化结构扩大了领导者和下属之间的距离，使决策过程缺少协商和意见的反馈环节，让领导者变成孤家寡人，并加大了下属举报权力滥用的难度。

（3）权力腐败环路。领导者个人特征和组织因素的结合构筑了一个权力腐败环路，如图4-3所示。造成下属服从的原因是：他们认识到领导者正在加大或即将加大他们的权力使用力度，而在运用这些权力时，领导者既不会做出解释也不会受到处罚。其他原因则是，下属赞同并接受领导者的决策，或钦佩领导者的专业能力。还有一些简单的原因，即下属害怕受到处罚，想从领导者那里搞到资源或得到奖赏。如果下属始终俯首听命，领导者就会产生自己决策一贯正确的自负，并使他们的自我主义进一步膨胀。

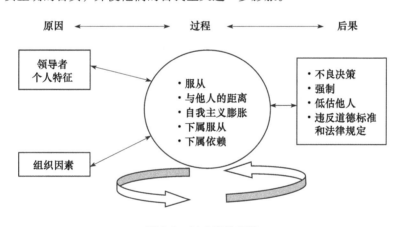

图4-3　权力腐败环路

权力、服从、领导者与下属之间的实际和心理距离是导致领导者自我主义膨胀的原因。实际上，由于许多组织将等级制作为组织构架，因此掌权者与追随者相互隔离。尽管近年来这种情况有了很大的变化，但领导者仍然有自己单独的楼层和办公室，有专用的停车场和餐厅等特权。此外，他们把大量的时间都用在了和其他权力拥有者打交道上。所有这些权力的象征增强了领导者权力的合法性。出于保护领导者宝贵时间的考虑，也出于他们要和其他权力拥有者一起制定决策的需要，则进一步加大了这种距离或隔离。由于这些身份符号为领导者提供了释放自我主义的巨大空间，因此他们很容易走向腐败。

如果人们对领导者的服从是出于恐惧、奉承、讨好或个人懦弱无能等原因，那么服从者一般会把迎合领导者的荒诞想法或奉承讨好作为影响领导者的手段，来获取个人或部门所需要的资源。依赖领导者谋求自己工作和生存权利的做法，使得服从者只能选择无条件服从。

敢于和领导者争辩是正确的,但却采取一种圆滑的甚至兜圈子的方式来表达自己的意见。我们中的大多数人已经目睹或自己也有这种政治行径,这被认为是获得所需资源的必需手段。但是,这种拍马屁的行为会进一步增强领导者自视非凡和看重自己头衔的不良意识。

2. 腐败的后果

领导者过度的权力和与之伴生的腐败,会对组织造成一系列的严重后果。首先,也是最常见的后果:制定不良的决策。由于缺乏相关的信息,领导者与组织其他人的距离,可能使其做出不良的决策。下属过滤信息、报喜不报忧、隐瞒自己的错误、过分渲染组织的美景,这样做的后果将会使领导者失去与组织及顾客接触的机会。由于下属的服从,领导者可能认为下属没有独立自主的行为和决策能力。这样,领导者会逐渐认为自己是组织中重大事件的唯一决策源,进而会少用说服办法,多用强制手段来使下属服从,造成对下属的低估和诋毁。

领导者下意识地认为,下属是一群能力差的人,离开了自己的指导,他们就一事无成。领导者将继续全面控制,不允许下属染指自己的决策。如果下属服从决策,甚至予以鼓动,领导者就会强化不需要共享权力的信念,把下属的服从看成是他们软弱和无能的证明,并进一步推行决策制定中心化。

在其他因素基础上单独形成的道德意识,很容易使领导者落入制定不道德决策的陷阱。这类领导者认为,他们可以不受一般道德规范的约束。凡是落在权力腐败环路内的领导者,都是鲜活的反面典型,从长远来看,他们的信誉和有效领导的能力将丧失殆尽。解决冲突和分歧的友好协商以及双赢策略被行政命令所取代,他们排斥不同意见,这样反过来又将导致糟糕的决策,导致下属的抵制和反抗,使下属不愿意承担任何风险。如果权力腐败环路的循环不停止,就会不断地扩大范围,最终给组织带来可怕的后果。

3. 解决方法

尽管没有防止腐败领导者出现和权力滥用的灵丹妙药,但是下面的一些因素对解决这一问题也许有所帮助。

- 开展坦诚而广泛的交流与反馈。下属或其他人向领导者或组织的其他掌权者提供反馈的力度越大,腐败领导者就越容易暴露,终止滥用权力的概率就越高。
- 让领导者参与日常活动。和下属及顾客的日常活动越紧密,领导者腐败的潜在性就越小。
- 减少下属对领导者的依赖。下属的独立性越强,就越能减少腐败环路形成的条件,无论他们是有意的或无意的。如果一个人的报酬、晋升和工作完全依赖于上司的主观意见和评价,他就更可能服从上司。
- 使用客观的绩效评价标准。有了客观的绩效评价标准,不管是精确的考核还是直接得到相关的反馈,都是削减领导者权力、确保信息准确的一种方法。下属要从顾客利益以及顾客反馈的角度出发,而不是从领导者的个人利益出发。
- 让外部人员参与决策制定。通过对外部人员公开决策程序,组织能获得客观意见,避免近亲繁殖。外部人员新鲜的观点能够打破腐败环路。比如,外部人员出席公司董事会,有助于使执行官的薪水和公司的绩效保持一致。
- 变革和监控组织文化。防止权力腐败的最困难也最有效的解决方法是组织文化和结构的变革。这种变革的重点是绩效、生产力和为顾客服务,而非领导者的满意度。

4.1.4 依赖的作用

权力的一个重要方面就是依赖的功能。这就是说,个体 B 对个体 A 越依赖,个体 A 对 B 就拥有越大的权力。组织中的人拥有权力是因为其他人在信息、资源、合作等方面依赖他们。依赖的人越多,这个人的权力就越大。例如当出现大量的好工作时,人们就不愿再忍受傲慢的或是没有能力的老板,因为他们觉得可以找到另外一份工作,也即他们对老板的依赖性减少了。组织中的依赖性主要与一个人所控制的资源相关,当资源明显具有三个特性——重要性、稀缺性和不可替代性时,依赖性最强。

4.1.5 通过政治活动增强权力

想要增强其权力的人必须确保他们所做的工作得到其他人的赞赏。获得并使用权力在很大程度上是一个政治过程,当存在不确定性和分歧时,可利用政治(politics)策略,包括开展活动以及运用权力和其他资源,以得到所需的未来结果。政治行为可能发挥积极的或是消极的作用。在组织中出现不确定事件或分歧是非常自然的事,对那些无法通过正式政策和职位权力处理的事务来说,政治策略就是完成这类任务的方法。

领导者通过一系列使用政治策略的方法来提高其个人权力。首先,为其他人做一些使他们需要报答的事情,可以从中获得一定的权力。领导者寻找各种途径使自己能够对其他人有所帮助,可能是帮助某人完成一件烦人的工作,或是对追随者的个人问题表示同情和关注。他们会尽可能地帮助别人,以使别人感恩戴德。领导者增强其权力的另一种方法是争取更大的责任,如为委员会服务或主动请求参与有难度的项目,这样就能使他们与组织里有权力的人建立联系,在员工中建立威信。当低层领导者被认为有高层朋友时,他本身的权力也就得到了增强。领导者还可以通过培养追随者的友谊感和忠诚度来增强其个人权力。如果领导者很友好、很体贴,对其他人表示关注,表现出信任和尊敬,公平地对待每个人,他就能获得指示权力。领导者会倾向于雇用那些与其观点一致的员工,这样就增加了领导者的指示权力。

另一种政治方法被称为印象管理,是指领导者努力去控制其他人对其的影响。换言之,领导者努力去创造一种拥有更多权力的印象。例如,培养一种你自己的行为举止习惯,当你走进一间屋子的时候,通过一系列细致的、视觉的暗示,包括从如何选择得体的衣服到如何走进屋子的每一个细节,来展示你的影响力。还有,注意语言的使用,微妙的名字省略可以给人这样一个印象:领导者属于上流人士。巴结奉承也是印象管理的一种形式,它可以帮助一个人显得有洞察力和讨人喜欢。印象管理包括各式各样的策略,最基本的是要体现你内在的素养。但是,印象管理是把双刃剑,如果你被察觉到不真诚、欺骗或是傲慢无理,这些策略就会带来相反的结果。

4.1.6 权力的分享与制约

权力的分享就是正确处理好集权、分权与授权的关系,以及在此基础上对权力的控制。集权就是权力集中于一人或少数人、一个或少数机构之中。其优点是权力集中,决策效率高,并在执行中不会遇到阻碍和障碍,有利于迅速达到目标。集权在古代或专制国家中很常见,即使在现代社会,某种情况下仍然有一定作用。当然,不恰当的集权一是会导致领导成本过高,决策权向上级集中;二是会导致职能上的重叠,使下级成为多余。为解决上述弊端,最好的解决办法是分权。

分权就是将权力进行合理分配,使其分散,使权力相互牵制和约束,防止某一机关或某一个人独断专行,以保障领导集团的总体利益和各成员的应有权利。分权的好处有:一是有助于领导者实现有效领导。领导者只有把琐事和日常事务交给下属去办,才能把有效的时间和精力用在主要的重大工作上,从而为更好地行使权力提供保证,提高领导效能。二是分权还可以巩固和扩大领导者权力。权力的巩固在于逐渐取得所有下属对其权力的承认和接受。对权力予以分配,可以先使权力分配对象承认和接受领导者的权力,而这些人又会影响其的下属承认和接受领导者的权力,这种影响辐射将以指数递增。三是分权还是一种融用人用权于一体的领导艺术,用人是领导的最高艺术,用权是领导者所有领导活动的保证,是用人的前提,会用权才会用人。领导者在进行权力分配时,实际上是用人又用权。

授权是分权的一种特殊形式。正确、恰当地授权对调动下属的主动性、积极性、创造性很有好处。一般说来,授权的本领是评价领导能力的决定性标志之一,授权意味着领导者具有最充分有效地发挥下级潜能的本领。授权的主题是放弃,把权力分给那些需要用它来完成工作的人。这种权力分享增强了人们对能力的自信心,增强了人们的效率意识。

权力的运用还有另一面,就是权力的滥用及腐败,正如我们之前提到的。为此,要合理用权还必须建立对权力的制约。就权力本身而言,它具有双重价值导向:对有些人来说,追求权力旨在为自己谋取私利;对另一些人来说,掌握权力则意味着可以施展自己的抱负,为社会服务。所以,权力本身并不是什么罪恶,只有对权力失去控制,在其作用过程中有悖社会利益时,它才成为一件坏事。权力对人们的诱惑力是客观存在的,权力确实对人有腐蚀倾向,那些身居高位而不受限制的掌权者更易受到权力的诱惑。但是,有效的领导离不开权力,领导活动都是围绕权力和倚仗权力进行并展开的。权力既能给领导活动带来正效应,也能对领导活动产生负面影响;既能成就一个人,也能毁掉一个人;既能使国家昌盛,也能使国家衰亡;既关乎组织前途,也关系每个人的生存。权力的魔力直到今天也很难说清和破解。

4.2 领导者的能力

领导者是时势造就的,无论团体与组织,无论国家与民族,当需要一个领导者时,那些具有特殊能力的人便挺身而出,担起重任,所以他们又是历史的创造者。你的能力如何呢?你能否被某个团体和组织的历史所光顾,抑或被一个国家和民族所青睐?你也许正是一个潜在的伟大领导者。领导者都具备哪些共有的能力特征呢?这些就是本节要讨论的内容。

4.2.1 几种关于领导者能力的说法

1. 领导者的能力素质取决于环境

多年来,研究领导学的人一直在设法找出领导者的共同点,结果往往徒劳无功。1948年,斯托格蒂尔广泛详尽地审阅了所有相关报告后,发现过去的研究并未能成功地指出领导者特征。此后若干年,菲德勒和其他研究者则发现,有效的领导特质取决于领导者置身的环境。这些素质不一定出现在每个领导者身上,而且素质的重要性也会随环境的不同而改变。下面我们将引用斯托格蒂尔、巴斯、埃德温·P. 霍兰德(Edwin P. Hollander)等领导学者归纳的重点来说明领袖或领导者的某种个人能力。

（1）身体的活力和耐力。如果要列举领导者的各种素质，一般人不太可能提到精力旺盛或身体耐力，但是它们的确十分重要。高阶层领导者都有相当大的耐力和活力。就算一个社区组织的领导者也比普通人更能耐久，他们能在辛苦工作一天之后，继续召开会议，精力充沛地主持冗长而激烈的辩论，在市议会里代表群众踊跃发言。领导者可能身患残障或宿疾，但在任何重要时刻他们都精力充沛。

（2）智慧和付诸行动的判断力。很多人虽然聪明，却缺乏判断力，"没有任何事比头脑精明的蠢材更糟糕"。有判断力的领导者能评估合作者和反对者的潜力，综合评估环境情况，之后再做出决定。

（3）承担责任的强烈意愿。这个素质能让你在社会环境里发挥主动精神、担负决策重任，在别人不愿插手时奋勇向前，在面临不确定情境时更是如此。

（4）了解追随者的需要。领导者必须了解与他们共事的各路英雄。正如某足球教练所说："我必须比我的球员更了解他们自己，否则怎能让这些人全力发挥？"

（5）与人相处的技巧。这一点显然和前述第2和第4项素质有关。善于与人相处技巧的核心是社会观察力入微——正确地评估追随者愿不愿意朝既定方向迈进，知道冲突或困扰正在暗中破坏群体行动的意愿，充分激发已有的动机，了解旁人的感受。某公司雇用一个中级主管，用他的唯一理由是他有良好的语言才能，事后却证明他几乎完全无法与人相处。他轻诺寡信，为人傲慢却缺乏勇气，对上司逢迎谄媚，对同僚粗野无礼，而且好与下属发生口角。

（6）实现梦想的欲望。没有任何人在熟知领袖事迹，或是广泛阅读领导者生平后，还会遗漏掉这个事实——领导者把压力变成梦想，无论是政治家还是企业家。

（7）善于激励他人。这种能力能让群众采取实际行动、使人口服心服并增强人们的信心。可想而知，沟通是激励型领导者的利器，所有领导者都很看重沟通。

（8）勇气、果敢、坚定不移。领导者需要勇气——不只是匹夫式的一时之勇，而是恒常之勇；不光是有冒险的意愿，还能一而再再而三地冒险；要在长期的压力下恪尽职守，在被打败之后继续奋斗，最主要的是坚守道德和追求的勇气。

（9）赢得并维持信任。某些领导者赢得他人信任的能力相当独到：用杰出的技术能力或高尚的道德情操，也可以是点滴的关怀和对承诺的兑现，都可以赢得信任。信任是有效领导的重要基础。

（10）管理、决定、设立优先次序的能力。英国教育家埃里克·阿什比（Eric Ashby）曾经指出："优柔寡断是有传染性的。"因此领导者必须当机立断，而且偶尔执行一两样传统管理工作——规划未来目标、设立优先次序、设计行动方针、挑选得力助手以及指派代表等。虽然很多领导者并非一般所指的管理者，但他们都具备某些管理技巧。

（11）自信心。有人浪漫地认为，最好的领导者不是自行崭露头角的，而是被发掘的。事实上，很多年轻的领导者都是主动推销自己的——如果有必要，他们会一再这么做，他们用一连串大胆的行为博取注意，他们对自己能否发挥实际影响力深具信心，也自信别人会肯定他们。冒领导者所冒之险需要信心，对付敌意也需要信心。

（12）权力、支配、进取。能成功扮演领导角色的人，一般都有强烈发号施令的欲望。他们表现进取的方式不一定和外表强悍的刻板印象一致——有些人可能沉默寡言而不受注目。不过，不管外在风格如何，他们都希望个人的作为能在历史上留下雪泥鸿爪。

（13）适应力与采取行动的弹性。一些领导人能够不假思索地迅速放弃一套失败的战略，改用另一种方法,第二种方法行不通,立刻再换另一种。不论是战争、外交还是内政,他们很少会把着一个固定不变的方法不放。目标不变,但策略却需要有弹性。

2. 美国学者潘威廉的看法

美国学者潘威廉在《组织行为学》一书中,将领导者的能力素质概括为:

- 有预见力。领导者必须能够展望要取得的目标,而这个目标是一般人无法预见的。领导者必须能够透过现实看到未来,而且理想必须能够为人所接受的,即是理想而不是空想。
- 善于沟通。领导者不仅要有能力展望远大的理想,还必须能够"为别人创造理想",即把自己的理想有效地传播给别人,这也是领导者的力量所在。一个人干不了大事,许多人在一起就没有干不了的事情,这也是现代组织能够激发创造力和推动社会资源总量增长的关键原因。个人理想可能只是白日梦,多数人共同的理想就是即将到来的现实。
- 授权予人。领导者同下属分享权力。领导者不仅要让人分享理想,而且要让人分享责任和权力。好的领导者并不是独裁者,至少从长远来说是如此。
- 理解自我。好的领导者明白,在他能理解和激励别人之前,先要理解自己以及以什么激励自己,他对自己的性格、使命与责任要有清晰的判断。

3. 领导者的五大能力素质

最近几年领导学研究者显示了更大的兴趣来运用这个分类,以完善对有关领导者能力的大量混乱文献的阐述(Goodstein & Lanyon, 1999; Hogan, Curphy & Hogan, 1994)。表4-3显示了这五个宽泛的能力分类是如何反映领导者众多的特殊素质的。[32]

表4-3 五大能力品质代表的特殊能力素质

五大能力素质	特殊能力素质
应变	外向(待人友好) 能力和活动等级
尽责	权力需求(果断的) 可靠
愉悦	个性正直 成就需求
调整	愉快和乐观 自然(同情的、帮助人的)
智能	亲和需求 感情稳定 自尊 自我控制 好奇和探询 开放心态 学习向导

4. 其他几种领导者具备的基本能力

面对知识经济的挑战,由于对象、条件、环境等因素复杂多变,领导者应具备的能力也必须是多方面的。除上述几种说法之外,这里我们介绍以下几种基本的领导能力。

(1)观察思维能力。思维是一种内在能力,也是各种领导能力的核心和基础。它不仅影响领导者自己,而且影响甚至决定着他所领导事业的兴衰成败以至全体下属的命运。如何提高领导者的观察思维能力,尤其要尽快提高创新性思维能力,已经成为每个现代领导者不断开拓前进和在激烈竞争中立于不败之地的关键因素之一。

(2)组织指挥能力。所谓组织指挥能力,就是指领导者按照既定的目标任务和决策要求进行统筹安排,组织和率领下属为实现既定目标和任务团结奋斗,履行其基本职能的能力。衡量这种能力的标准,主要是看其能否最大限度地调动下属的积极性,最有效地指挥下属的行动以及利用一切积极因素和有利条件，机动灵活地运用各种手段方法，处理好各种内外关系和问题，使既定的总体目标得以顺利、圆满地实现。

（3）协调控制能力。所谓协调控制能力，包括协调能力和控制能力两个方面。控制能力又分为自控能力和他控能力，即领导者控制自己和控制追随者两种能力，两者缺一不可。领导协调能力的内容很广，主要有环境的协调、组织之间的协调、组织内部的协调、组织外部的协调、上下级之间的协调、领导班子内部的协调等，其中最主要的是人际关系的协调。

（4）创新应变能力。领导者要具有开拓创新精神，善于机动灵活地对原来的策略、计划、形式和方法等进行调整，创造性地解决问题以适应环境的快速变化和新趋势。

（5）智力开发能力。所谓智力开发能力，包括认知能力、行为风格、专业技能和社会经验等。此外，必须有选择、有针对性地加强在职人员的培养，使其智力资源不断增值。最成功的领导者不断启发员工的智力和潜力，把下属培养为领导者，把领导者变为变革者，使事业后继有人、基业长青。

（6）情报捕捉能力。当今信息时代是一个快节奏时代，各种因素复杂多变，充满竞争与机遇，所以要做好现代领导工作，仅仅埋头苦干是不够的，必须不断提高捕捉信息情报的能力，这是现代领导者进行科学预测和决策的依据与基础。这就要求领导者做到以下"五要"：一要成为真正的内行；二要有丰富经验；三要思维敏捷；四要有较强的综合分析能力；五要"眼观六路、耳听八方"，勇于开拓创新。

（7）科学决策能力。决策是领导工作的核心，是一切事业兴衰成败的关键。决策能力就是领导者需要具备的核心能力。毛泽东有一句名言："领导者的责任，归结起来，主要地是出主意、用干部两件事。"所谓"出主意"就是制定和实施决策。

（8）统揽驾驭能力。领导者必须加强对全局性问题的研究，提高各级领导干部统揽驾驭全局的能力。这就要求其有高瞻远瞩的战略眼光，不能只考虑局部和眼前的得失，要重视解决事关全局的一系列矛盾，并善于发现和解决制约全局发展的薄弱环节。

4.2.2 领导者的能力结构

按照著名管理学家罗伯特·孔茨1974年的研究，领导者的技能由以下三个方面构成。

（1）技术技能。它对于组织中实际创造产品和提供劳务的基层或一线管理人员来说最为重要，这些能力包括方法、程序和技术等方面。我们可以很容易看到设计工程师、市场研究人员、会计师和计算机程序员的业务能力，业务能力在这三类能力中是最具体的，而且在学校和职业培训计划中强调得最多。随着管理人员在组织层次中逐步上升，业务知识的重要性逐步下降，对其他能力的需求则开始增加，这时领导者越来越多地依赖下属的业务能力。

（2）人际技能。人际技能和激励沟通、处理冲突、协作精神等能力有关，涉及领导者和与之接触的人们之间的人际关系。对任何层次领导者来说，交际能力的重要性是一样的。领导者必须对人们的态度、感情和需要做出灵敏的反应，估计人们对领导者的言行将做出怎样的评价。

（3）概念技能。它对组织中的高层领导者来说是最为重要的，是领导者将事物关系抽象化、提出新的思想观点的能力，它要求领导者具有长远规划、广泛思考和培植关怀精神的能力，这些能力通常包括分析能力、逻辑思考能力、创造能力以及预见能力。在一个组织中，并不是所有管理人员都具有概念形成能力，但是概念形成能力确实是领导者向上晋升的必要能力。如果一个基层管理者不能将他涉及的业务工作深刻理解并转化为相关概念，包括长期规划、广泛联系或发展趋势等，那么他不大可能晋升为高层领导者。

以上三种技能在不同层级领导者能力结构中的配置，如图4-4所示。

高层领导者	概念技能	人际技能
中层领导者		
基层领导者	技术技能	

图 4-4　不同层次领导者的能力结构

从图4-4可以直观地看出，不同层次领导者所需具备的技能结构不同，对高层领导来说，概念技能最重要，技术技能最不重要，基层领导者则恰好相反，而人际技能对于各个层次的领导者都一样重要。

本书认为，由于现代领导环境的巨大变化，组织内部和外部竞争加剧，变革幅度和频度增大，全球化一体化程度提高，组织间的联系沟通和相互影响越来越密切等，必然要求现代领导者的能力结构发生相应的变化。一方面，概念技能对高层领导者变得更重要，但对中低层领导者来说，其重要程度也在大幅提高，因为现代组织中民主、参与、授权等类似词汇正引导着领导潮流。而技术技能对于高层领导者的重要性在下降，但是在我国，目前技术途径仍然是领导者晋升的重要途径，职业经理人的市场途径还远不成熟，所以中低层领导者要充分重视技术技能。另一方面，虽然人际技能在各层次领导者技能中都占有重要地位，但是并不是相等的。从人际技能的作用和影响范围看，高层领导者的人际技能要比中低层领导者更重要。鉴于上述讨论，本书认为，现代不同层次领导者的能力结构可用图4-5表示。

图 4-5　现代不同层次领导者的能力结构

4.3　领导者的影响力

影响力是指一个人的行为使其他人的态度、价值观、信仰或行动产生变化的能力和效果。领导者的影响力如果运用得好，会成为吸引下属以至周围人员敬佩、信赖和追随的一种无形的精神力量。众所周知，在我国两部高手云集的古典名著《水浒传》和《三国演义》中，宋江和刘备的武力在众弟兄中都是最差的，然而最有威信、最受众弟兄敬重和佩服的，也正是他们两位。究其原因，除他们的聪明才智之外，主要就是他们拥有这种无形的人格魅力和精神力量。对现代领导者来说，它们也是十分重要的，甚至具有关乎事业成败的决定性意义。在现实的领导工作中，人们也不难看到（或感觉到）这样两种截然不同的现象：一种现象是，有的领导者虽然职务不高、权力不大，工作的开展却得心应手、指挥自如、一呼百应、充满活力，干群关系很融洽和谐，自然地成为强有力的领导核心，领导者很有号召力，工作成效自然也好；另一种现象与之相反，有的领导者虽然职务较高、权力较大，而工作却步履维艰,号令无人听,做事无人帮,干群关系不和谐,有的下属即使听从了他的号令也很勉强和被动,毫无积极主动性可言,整个工作局面像一潭死水,毫无生气,甚至导致事业日趋衰败。其根本原因主要是领导者缺乏积极的影响力,这就是本节要讨论的中心议题。

4.3.1 权力、权威和影响力

影响力是领导学中的一个常用语,简单说,就是一个人在与他人的交往过程中,影响和改变对方心理与行为的能力。这种影响力人人皆有,只是随交往对象、场所、时间的不同而不同。美国学者奈格尔(Nagel)曾提出,影响力是行动者之间的一种关系:一个或更多行动者的需要、愿望、倾向或意图影响另一个或其他更多行动者的行动或行动倾向。在这里,影响力首先是一种能力,这种能力的意义在于它能影响他人的心理和行为;其次,这种影响力必须发生在人与人相互交往的过程中,离开了人际交往也就无所谓影响力;最后,影响力的发生及其作用效果总是同需要与满足需要的情况联系在一起。

那么,决定影响力大小的因素是什么呢?有人认为,只要当上官,有了权力,也就有了影响力。职位越高,权力越大,影响力也就越大。这实际上是把职位权力完全等同于影响力。其实,决定一个人在与他人交往中影响力的大小,是由个人的许多因素决定的,如地位、权力、知识、能力、品格、资历、金钱等。

心理学家埃齐奥尼(Etzioni)的研究认为,就权力对人们的影响来说,可以分为强制性权力、报酬性权力和规范性权力三种类型:①强制性权力是指军队、法庭、监狱等部门所行使的权力,这种权力将引起成员含有敌意的反应,伴随着否定的情绪;②报酬性权力是指企业或组织在经济动机和金钱的报酬下行使的权力,这将引起成员心理上的权衡反应,人们并不会感到是一种负担;③规范性权力是基于某种行为规范而行使的权力,如宗教团体、学术团体等,它以令人尊敬和佩服的力量影响他人,这种权力可以使成员产生发自内心的反应,带有强烈的肯定性情感。埃齐奥尼主张对员工实施规范性权力,尽量减少行使强制性权力,以更有效地、持久地改变人们的行为。

马克斯·韦伯提出合法性权威的三种类型:①传统型权威建立在对习惯和古老传统的神圣不可侵犯的要求之上,是一种由族长、部落首领之流来行使权力的统治类型;②魅力型权威建立在某位英雄人物或具有某种神授天赋的人物的个人魅力上,先知、圣徒和革命领袖便是标准的范例;③法理型权威建立在对正式规则和法令的正当行为的要求之上,这种权威类型的典型形式是科层制。这三种权威具有不同的基础,如表4-4所示。

表4-4 韦伯的权威基础

权威类型	要求服从的基础
传统型权威	服从我,因为我们的人民一直这样做
魅力型权威	服从我,因为我能改变你们的生活
法理型权威	服从我,因为我是你们法定的长官

现在传播比较广的是著名社会心理学家弗兰奇(French)和雷文(Raven)的五种权威:①奖励权,指领导者控制追随者所期望获得的奖励和报酬的权力;②强制权,指领导者控制追随者所期望避免的各种惩罚的权力;③法定权,指领导者具有的由组织机构正式授予或法律规定的法定地位和权力;④专长权,指领导者具有的由追随者尊敬、钦服和追随的知识、经验与技能所产生的影响力;⑤个人影响权,指领导者具有的由追随者敬佩、模仿和学习的

思想、品格、道德、作风所产生的影响力。

西方管理学家通常根据权力来源把领导权力分为两种类型：地位权力和个人权力。地位权力是由组织中的职位本身所具有的权威产生的影响潜力，个人权力是由领导者个人的某些特性或素质所产生的影响潜力。

现代组织理论的创始人巴纳德把权威分为两个方面：一方面指客体方面，即从接受一项指示的人这一方面来考虑。他是否把某种指示当作权威性的命令来接受，取决于四种条件：①他确实了解这种指示；②当他决定接受这种指示时，他确信这与组织的目标是一致的；③他确信这种指示从总体上符合个人利益；④他在心理上、生理上是足以胜任这项指示的。另一方面是指主体方面，即从组织协作系统方面考虑，只有在一个确定的组织系统中，权威才有意义。①权威只对本组织系统中的成员有作用；②行使权威的人必须在一个组织中有一定的地位；③组织必须有明确的职权系统、信息系统，以保证客观权威的实现；④行使权威的人必须是称职的。

从上述观点来看，权力、权威和影响力三者界限不清，但共同之处在于，它们都涉及对他人的影响，或将影响力视为权力或权威的一个方面，或将权威等同于影响力。其实，仅就领导活动而言，权威和影响力都离不开权力，权威和影响力的基础是权力；同时，权力的建立、运用与维持又离不开权威和影响力。权力、权威和影响力的共同之处是影响，不同的是权力对他人的影响突出"权"，权威对他人的影响突出"威"，而"权"和"威"都是影响他人的巨大力量。

有的领导者有权也有威，有的领导者有权无威，还有的则无权有威。从这个意义上说，把权威等同于影响力有一定道理。但总的说来，领导者要使领导活动卓有成效，有权有威才是根本，才会有真正的影响力，即使有权无威，其影响力也是客观存在的，只不过是程度大小问题；而无权有威的影响力仍是相对有限的，无权无威的影响力则是微不足道的。

有权力的人可以有影响力，在此基础上才有权威；没有权力的人同样也可以有影响力，但这种影响力由于脱离权力或仅仅是仰仗掌权者的权力，还不是真正意义的权威。所以，西方学者通常把权威定义为"实施影响和行使权力的权力"，它是根据组织中正式的职位来确定的，是一种职位占有者影响另一种职位占有者的行为的权力。它与影响力还是有区别的。影响力是一种能力，权威则是一种权力，一种对其他人施加影响的权力。对权力和权威来说，影响力只是手段，无所谓合法性；而权威具有合法性，合法的权威是有一定的范围和界限的。权威的范围称为权限，权限的大小首先是由组织制度确定的，是根据领导者的工作职责划定的，领导者只对自己所辖的组织具有权威，对其他组织则没有权威。

所以，在权力、权威和影响力中，对领导者而言，影响力是实实在在的，它是领导活动卓有成效的必要条件，领导从本质上说是一种影响力的展现。

4.3.2 影响力的种类及其构成要素

根据权力在影响力中的性质，通常把它分为权力性影响力和非权力性影响力两种。这两种不同类型的影响力各有其不同的构成要素。

1. 权力性影响力

权力性影响力又称强制性影响力，这种影响力的特点在于它对人的影响带有强迫性，它对人心理和行为上的影响主要表现为被动、服从。构成权力性影响力的要素主要包括以下几个方面。

(1) 传统。传统是指人们对领导者的一种传统观念，它是由人们的某种偏见造成的。几千年来，"君权神授""真命天子""三纲五常"等传统观念使人们对领导人物形成了这样一种概念：领导者不同于普通人，他们有权、有才干，比普通人高明。这些观念逐步演化为某种形式的社会规范，使人们对领导者产生一种敬畏感和服从感，长此以往，人们从小就被打上了深刻的印记，给领导者无形中增强了影响力。这种影响力普遍存在于领导者行为之前，不管是谁，只要获得领导职位，就很自然地、多多少少地获得了这种力量。

(2) 职位。担任一定职位的领导者都拥有相应的权力，而权力使领导者拥有了控制下属的力量，领导者凭借权力可以左右追随者的行为、前途，由此使追随者产生敬畏感。一般说来，在其他条件等同的情况下，领导者职位越高、权力越大，别人对他的敬畏感越甚，他的影响力也就越强。

(3) 资历。领导者的资格与经历也是产生影响力的因素。资历与历史有关，它反映了一个人的生活阅历与经验。通常，人们对资历较深的领导者会产生敬重感，资历确实在一定条件下会影响领导活动的有效性，不过，也不能将资历绝对化，其影响力的持久性还取决于领导者在实际领导活动中的表现。

2. 非权力性影响力

非权力性影响力又称自然性影响力，它与权力性影响力的不同在于：它不是外界赋予的那种奖励和惩罚别人的手段，而是产生于个人自身的因素，也就是人们常说的个人威信。生活中常有这样的现象，一个没有任何官职的人，他的话可能要比某些领导者的号召更有影响力，或者一个职位较低的领导者比另一个职位较高的领导者的威信更高，原因就在于前者自身的因素所造成的非权力性影响力具有较大的信服性。非权力性影响力的特点在于：它对别人所产生的心理和行为影响并非基于惩罚或奖励，而是建立在使人感到正确、应该等基础上，它不会使对象在心理上感到是一种压力，而是通过潜移默化的自然过程变为他人的内驱力，并在行为上表现为主动、自愿。构成非权力性影响力的要素主要包括：

(1) 品格。品格主要指一个人的道德、品行、人格作风对人的影响。品格是一个人行为的本质，好的品格能使人产生敬重感，形成一种感染力，从而给人以巨大的影响力。领导者不管职位多高、权力多大，如果在品格上出了问题，其影响力就会大幅下降。

(2) 能力。领导者才能出众，能使人们对其产生敬佩感，吸引人们自觉接受其影响。职位高的人不见得有很强的影响力，反而是那些能力出众的领导者更具魅力。

(3) 知识。培根说过"知识就是力量"，知识反映了一个人对自身和客观世界认识的能力，领导者知识渊博，容易使人们对其产生信任和依赖，而一个人们信赖的领导者必然具有很大的影响力。

(4) 感情。感情是人们对一个人或事物好恶倾向的态度反映。如果领导者与下属及他人之间的情感关系是良好的，彼此便会产生亲切感，有了亲切感，相互的吸引力就会增强，彼此的影响力也会提高。

权力性影响力是一种基本的、合法的权力，但这种影响力在作用过程中完全是以任务为中心，很少以人为中心，常常不考虑人们对权力作用的心理接受程度。在这种情况下，人们行为上可能服从了，但内心也许根本不服。而非权力性影响力对作用对象所产生的心理影响是自然的，并能有效地激发人们的自觉性、主动性，所以，非权力性影响力比权力性影响力更有力量。从根本上说，非权力性影响力的大小决定着领导者影响力的大小，也就是说，非权力性影响越大，领导者影响力就越大，反之亦然。所以，领导者要提高影响力，关键在于努力提高非权力性影响力。

4.3.3 影响力的作用途径

在领导活动中，领导者可以借助影响力，通过不同的途径与方式去影响他人，由此改变对方的心理和行为。

（1）权力控制。权力具有强制性，领导者拥有权力，也就能对他人实施奖惩，由此产生一定的影响力，对作用对象进行心理与行为控制。当然，在不少情况下，由于对这种权力控制缺乏心理上的认同基础，因而以此为基础的影响力常常不能持久。

（2）诱导说服。诱导说服可以影响作用对象做他本来不会选择去做的事，它的影响力在于信息的真实性与准确性，一旦被人接受，就会在其心理与行为方面产生持久的影响。

（3）榜样效应。俗语说，"喊破嗓子，不如干出样子""榜样的力量是无穷的"。由于榜样效应不含任何强制性成分，对受到榜样感染的对象来说具有自由选择的绝对权力；也就是说，对作用对象来说，他们所做出的这种选择完全是主动的、自觉的，故由此产生的行为效果必然是积极的。

4.3.4 维护影响力的政治策略

很多影响力是存在于人与人之间的，而且是一对一的。这就是说，领导者要使用权力影响其他人需要一定的技巧，这是社交的影响力，包括结盟、奖励和鼓励。另一种影响力有着广泛的感染力，如对组织这一整体的影响力，或是对组织外的人的影响力。

在组织内部，领导者使用各种各样的政治策略来达成一切目标，所有这些策略都涉及个人权力的使用，而不仅仅依赖合法权力或是奖惩手段的使用。领导者经常组合使用影响力策略，并且使用策略越多的人通常被认为拥有更多的权力。以下列出了六种对领导者来说十分重要的影响力策略。

1. 使用理性说服力

最常使用的影响力技巧就是理性说服力，这意味着使用事实、数据和逻辑论据去说服他人接受某个想法或请求，是完成任务或是达成目标的最好方法。不管是向上影响上级还是向下影响追随者，或是平级之间的影响，理性说服力都非常有效，大多数人相信事实和分析。当领导者具备技术知识和相关的专门技能（专家权力）的时候，理性说服力是最有效的，尽管指示权力也经常被使用。某些理性观点在很多时候并不能用事实和数字来支持，因此人们必须相信其领导者的可靠性，才能接受他的观点。

2. 对理想、价值和情感的要求

与理性说服力的逻辑方法相反，这个策略是用情感要求来影响其他人。领导者试图通过激发强烈的情感或将建议、请求与追随者的需求、理想、希望和梦想联系在一起，从而获得拥戴和承诺。这种策略经常被具有特殊领导气质的领导者所使用，他们具有令人折服的天赋、鼓舞你做那些你认为不可能的事情的能力。任何领导者都能学会在情感层面上感染别人，让他们感受到独特的重要性及有用性，让他们充分发挥自己的技术和能力，或是

让他们参与一些令人兴奋的或发人深省的事情。这种影响力对领导者来说非常重要，因为领导者主要就是靠理想、价值和情感的要求来召集周围的人。显然，这种策略在很大程度上依赖领导者积极的倾听和敏锐的洞察力，因为领导者必须了解追随者的希望、价值观和愿望。

3. 使用信号行动

领导者激发人们情感的一种方式就是使用惯例、传奇及其他抽象的事物。隐喻和传奇的使用可以使领导者释放感情，创造出热情和承诺。除此之外，领导者还可以使用身体信号、口号和仪式来劝说其他人采取一系列他们所希望的行动，从而实现更高的目标。

4. 建立联盟

建立联盟是指花费时间与追随者交谈，向其他领导者解释存在的问题以及叙述领导者的观点。大多数决策往往不是在正式的会议中得出的，领导者彼此交换意见，达成对提议的变革、决策或策略的共识。有效的领导者是那些经常与其他人打成一片，愿意以两人或三人的小组形式会面，从而解决关键问题的人。建立联盟的一个重要方面就是建立积极的社交联系。社交联系建立在爱好、信任和尊敬的基础上。信任感、可依赖性以及促进与其他人合作来实现期望的结果，正是领导者所希望的策略使用。

5. 扩展网络

一个领导者的关系网可以通过努力与他人建立联系或拉拢反对者而得到扩展。建立新联系的首要方法就是雇用、调任和晋升。与人们保持一致或是把那些赞同领导者希望结果的人放在关键的位置上，可以帮助领导者达成自己的目标。拉拢就是将反对者引入自己的关系网或同盟中，如果反对者被拉拢进来，他们就会被影响。我们党取得革命胜利的"三大法宝"之一"统一战线"，就是建立同盟、扩展网络的成功模式。

6. 使用决断力

表现出决断力并不等同于发出指令并希望追随者服从。领导者可以通过清楚地表达出他们想要的并为此提出请求来获得影响力，如果领导者不提出请求，则很少能够得到。政治策略仅仅在领导者的观点、目标和希望的变革被清楚地表达出来，使得组织做出回应的时候才有效。领导者可以使用他们的勇气来决断，说明他们所确信的东西来说服其他人。一个明确的建议可能会被完全接受，因为其他人没有更好的选择。同样，一个明确的变革建议或确切的决策选择，在其他选择缺乏详细说明的时候，会经常博得赞同。有效的政治行为要求足够的说服力和承担风险的能力，至少要努力实现期望的结果。

▶ 复习思考题

1. 分析一下学生会或社团领导者的权力来源。
2. 对信息的控制如何给一个人带来权力？你是否曾经使用这一策略来影响朋友或身边人的决定？
3. 你认为一个合格的领导者应该具备哪些能力？随着领导职位的上升，这些能力是否应该做一些变化调整？用什么方法进行调整？
4. 试讨论不同等级的领导者所需的技能。
5. 影响力的种类有哪些？它们的构成要素分别是什么？

专项技术测试与反馈

个人权力概况

下面是一个描述领导者在组织中指导追随者行为的列表。阅读每一条描述，思考一下你喜欢用哪种形式去影响其他人。在最准确地反映你感觉的数字上做标记。使用下面的数字作为你的答案。

1——强烈反对；2——反对；3——既不同意也不反对；4——同意；5——十分赞同。

为了影响其他人，我比较喜欢：

1. 增加他们的工资水平。　　　　　　　　　　　　1 2 3 4 5
2. 使他们感到有价值。　　　　　　　　　　　　　1 2 3 4 5
3. 给他们不愿意做的工作任务。　　　　　　　　　1 2 3 4 5
4. 令他们感到我支持他们。　　　　　　　　　　　1 2 3 4 5
5. 令他们感到他们需要现实承诺。　　　　　　　　1 2 3 4 5
6. 令他们觉得自己被接受。　　　　　　　　　　　1 2 3 4 5
7. 令他们感到自己很重要。　　　　　　　　　　　1 2 3 4 5
8. 给他们一些很好的技术上的建议。　　　　　　　1 2 3 4 5
9. 令工作对他们来说比较困难。　　　　　　　　　1 2 3 4 5
10. 与大家分享我的培训和经验。　　　　　　　　 1 2 3 4 5
11. 影响加薪。　　　　　　　　　　　　　　　　 1 2 3 4 5
12. 令工作环境不愉快。　　　　　　　　　　　　 1 2 3 4 5
13. 引起对工作的反感。　　　　　　　　　　　　 1 2 3 4 5
14. 令人觉得他们应该满足工作的要求。　　　　　 1 2 3 4 5
15. 给他们提出一些中听的、与工作相关的忠告。　 1 2 3 4 5
16. 提供特别的福利。　　　　　　　　　　　　　 1 2 3 4 5
17. 影响晋升。　　　　　　　　　　　　　　　　 1 2 3 4 5
18. 令他们有完成任务的责任感。　　　　　　　　 1 2 3 4 5
19. 给他们提供必需的技术知识。　　　　　　　　 1 2 3 4 5
20. 令人认识到他们必须完成任务。　　　　　　　 1 2 3 4 5

评分

按照下面的程序计算你在这20个问题中的得分：报酬权力——将你在1、13、16和17题的答案相加；强制权力——将你在3、9、11和12题的答案相加；合法权力——将你在5、14、18和20题的答案相加；指示权力——将你在2、4、6和7题的答案相加；专家权力——将你在8、10、15和19题的答案相加。

得分：报酬权力＝＿＿；强制权力＝＿＿；合法权力＝＿＿；指示权力＝＿＿；专家权力＝＿＿。

解释

在这五个方面的权力中，若其中一个得到高分（16分以及超过16分），则表明你喜欢使用该形式的权力来影响其他人；若其中一个得到低分（8分以及低于8分），则表明你不喜欢用这种形式的权力去影响其他人。得分代表了你的权力概况。

资料来源：Modified version of T. R. Hinkin and C. A. Schriesheim, "Development and Application of New Scales to Measure the French and Raven Bases of Social Power," Journal of Applied Psychology 74 (1989), 561-567, copyright (c) 1989 by the American Psychological Association, as appeard in JonL. Pierce and John W. Newstrom, Leaders and Leadership Process: Readings, Self-Assessments, and Application (Chicago: Richard D. Irwin, 1995), 25-26

▶ 案例分析

江南春：从脆弱到固化，新物种惊险一跃

我自己是从老物种变成新物种的过程中成长起来的，过去五年中，分众传媒也见证了很多新物种的崛起。在崛起的过程中，有的半路夭折，有的迅速成长为巨无霸公司。从脆弱到固化的背后有什么原理？我想先讲讲我对商业战争的看法。

《孙子兵法》的启示：道、天、地、将、法

孙子不是冒险激进的人，他有低风险偏好。《孙子兵法》讲了很多计，其实孙子的计主要讲的是"计算"，而不是"计谋"。《孙子兵法》求胜不求战，打仗劳民伤财。在孙子的"计算"上有五个要素：道、天、地、将、法。

"天"是天下、天时，是时间窗口。每个企业崛起，每个新物种崛起一定有一个大势，有一个时间窗口。"地"是渠道布局，各式各样的渠道布局，渠道布局的渗透性、广泛性影响企业崛起的速度。"将"即带领团队，团队是决胜的关键词。"法"代表运营管理效率和激励基础。

天、地、将、法，这四个字都无比重要，但中国人打仗把"道"放在第一位。"得道多助，失道寡助"，得人心者得天下，人心向背决定存亡。这是中国古人总结的战争的要素。

中国商战的核心要素：用户心智端

今天的中国产能过剩，所以要做供给侧改革。如何应对产品过剩时消费者做出的消费决策，是每一个创业公司必须回答的问题。

面对如此多的竞争对手，在消费者心目中如何取得优势？关键在于品牌有没有在消费者心中植入这种理由。真正决胜的奥秘不在生产端、渠道端，而在消费者的心智端。

取得了消费者认知，构建了认知优势，把消费者心智中的认知优势、心智中的份额转化为市场份额就只是一个时间问题。

什么是企业的成本？人员成本、场地成本吗？其实最大的成本是顾客成本。

所有消费者都有惯性，新物种实现崛起要在消费者心目中建立新的认知、培养新的习惯。这非常不易。企图凭低价在短期获得优势的策略无法建立核心优势，因为消费认知并没有植入消费者脑中。

成功的公司要么封杀、开创了一个新品类，要么占据了一个新特性。

阿里巴巴等于电商，腾讯等于即时通信，饿了么等同于外卖……

新物种诞生后，有无利润取决于什么？取决于品牌在消费者心智中是否拥有一个词的专属权。品牌在这个专属权的清晰度，决定品牌的利润率。奥迪等于"公务""科技驱动"，宝马是"驾驶乐趣"，沃尔沃是"安全"，吉普是"越野"。如果品牌不具备和竞争对手的差别，就必然陷入价格战、流量战。

如何找到占据消费者心智的"那个词""那句话"？

市场上有四种战争方式：封杀品类、占据特性、聚焦品类、开创新品类。

譬如，老大代言品类，"上天猫就购了"，封杀品类；老二京东告诉你"多快好省"，占据特性；老三是聚焦垂直品类，在某一个领域做得更专注、更专业，比如"唯品会，一个专门做特卖的网站"；老四直接做微商，开创新品类。

封杀品类有什么要素？神州租车是第三个做租车的公司，第一个是一嗨租车，拥有1 000辆车，神州租车仅有600辆车。技术领域一嗨占优势。神州想要自己在消费者心中占据位置，便告诉大家："要租车找神州。"成为一个品类的发动者、开创者。当时它总共融了1.5亿元人民币，最后800万元用来投放广告。

租车，要看场景是什么。会租车的场景，第一是本地租车，公寓楼、写字楼、开车上下班；第二是去外地，搞定机场交通。所以思路是打通公寓楼、写字楼。我们以非常快的速度，抓住了时机让神州远超竞争对手。神州专车在2014年上市的时候，达到9万余辆车，这个数字是第二至第四名的总和。

当神州开始做专车的时候，时间窗口发生了转变。神州变成了老二的位置。

"老二对打老大"，再说"专车找神州"还可行吗？不可行了。

神州专车要问自己生存的理由是什么。神州是自己买车，买20万辆车就花掉大量的钱，没有优势。于是神州做"专业司机""专业车辆""安全"的特性。

特性不是随便选的，选择特性是要把竞争对手最强势的地方变成最弱势的地方，反向定义竞争对手。

好的广告语：三条标准

产品的名字像姓名学一样，能让商业优势马上形成，比别的产品好记一点，传播更容易一些。名字起得好是"革命"的根本。

"饿了别叫妈，叫饿了么"，你会发现，现在很多产品的名字都是蔬菜、水果、动物，像瓜子、毛豆、苹果……所有这些好的名字基本都在3岁小朋友的认知范围，因为这些名字在消费者心目中原来就已经存在了，当你调用了消费者原有的常识，它的传播力就会很大。

打一个好的主广告，有三条标准：顾客认不认？员工用不用？对手恨不恨？

比如"国酒茅台"，所有做酒的人听到这句话，恨不恨？恨死了。这等于变相地在说其他品牌都是地方酒业，我茅台才是国酒。

几年前我在做广告的时候，遇到想不出的广告语我有一个方法。

第一，逼死老板，一句话说出你产品的差异化，说出消费者选择你、不选择别人的理由。

第二，寻找销冠，产品在1 000个网点中的10个网点销售得特别好，就扮演顾客找销冠聊一聊，看销冠进行了怎样的宣传。

第三，寻找忠诚客户，忠诚客户在推荐你产品时是怎么推荐的，研究一个最忠诚的客户是怎么推荐的。选择你而不选择别人的理由，要找出来。

竞争中要先想明白，什么优势能占据消费者心中的位置，公司的所有资源怎么帮助实现这个词的战略。

心智产权，帮助企业指数级增长

新物种崛起的过程中，有无数竞争对手完全跟风，如何实现从脆弱到固化？只有在消费者心智当中才能固化，因为同质化不可避免，不要觉得有技术壁垒就高枕无忧，在中国很少有技术壁垒阻挡别人进来的情况。

五年看下来，我大概总结了所有实现惊险一跃的方法论，一共有五点。

①找到差异定位；②抓住时间窗口；③采取饱和攻击；④占据心智优势；⑤引爆主流人群。

德鲁克先生讲过，企业有两个并且只有

两个基本功能：创新（创造差异化的产品与服务）、市场营销（成为顾客心里的首选品牌）。很多企业开创了差异化价值，却没有抓住时间窗口。

什么叫时间窗口？我们只知道杨利伟是中国第一个升空的宇航员，第二、第三个升空的宇航员没有人知道，因为他们差吗？是他们没有抓住时间窗口。

在时间窗口要做饱和攻击，最重要的是压制住竞争对手，率先抢占优势。比如，飞鹤"更适合中国宝宝体质"，确认了市场认知。一旦抢占了某个位置，别人再强调这个词就等于帮你做广告。同质化是必然的，技术永远保持领先，难度很高，所以抓住时间窗口一定要饱和攻击。

广告是企业给顾客发信号，信号必须强、必须贵，不强不贵等于无效。广告要讲排场的，耀武扬威才能建立品牌的势能。

如果在消费者心智中，一个新物种的惊险一跃没有从脆弱到固化，没有抢占心智产权，它未来的优势会在未来价格战、流量战面前荡然无存。孙正义说："要做遥遥领先的第一，不然你失去利润只是个时间问题。"

资料来源：江南春. 江南春：从脆弱到固化，新物种惊险一跃 [J]. 中国企业家, 2018, (13)：22-23.

讨论题

1. 讨论分析江南春对商业战争的看法，这体现了他怎样的能力？他看待问题的艺术性体现哪些方面？
2. 总结归纳江南春对广告业务的体会，尝试分析其适用特点。

第5章
领导者道德与伦理

▶ 本章要点

- 价值观的形成。
- 个人道德发展层次。
- 领导者道德素质与伦理理论。

 引例

稻盛和夫的企业道德经营思想

稻盛和夫是当今国际知名的企业家,他艰难、辉煌的创业史正在激励着无数企业家,影响着千万企业的建设和发展,尤其是他独到的企业道德经营思想,可谓是当今时代企业经营理念之瑰宝,是实现企业道德性经营、增强企业核心竞争力不可或缺的精神境界。

一、企业经营的生命力源于道德哲学思维

稻盛和夫认为,管理和建设一个企业,不能没有经营哲学思维。在他看来,所谓"经营哲学",就是企业经营的一种思维方式。他同时强调:"思维方式"可以为正,亦可以为负。

在稻盛和夫那里,这种企业经营哲学的思维方式的"正",在一定意义上就是道德哲学思维。他认为,"哲学这个词如果难懂,也可以换成人生观、伦理观或理念、道德",具体内容包括理智、正义、公正、勇气、诚意、谦卑、亲善等。企业发展的生命力及成功之道"就在于指定一套放之四海而皆准的道德标准,并为大家带来快乐"。

二、企业的本质在"敬天爱人"

稻盛和夫以其特有的道德哲学思维概括了企业的本质。"企业的本质在于:一方面要使利润最大化,另一方面又要满足顾客所有的需求!"在更深的理念上,企业的本质在于"敬天爱人"。"所谓敬天,就是依循自然之理、人间之正道——亦即天道,与人为善。换言之,就是'坚持正确的做人之道';所谓爱人,就是摒弃一己私欲,体恤他人,持'利他'之心。"

如何"敬天"?在稻盛和夫那里,这个"天"指的是大自然的法则;对人类来说,即是"人间之正道"。"敬天"需要遵循企业发展规律,尤其是既要坚持客观经济规律,又要不负人心。怎样"爱人"?"最理想的情况莫过于我们摒弃自私、凡事助人为乐,并且单纯地希望增进人类和社会的福祉。"

三、企业建设之根在德治

企业是社会的企业，是人的企业。稻盛和夫认为，企业发展从根本上来说离不开德治，要"以德为本""依德而治"。

首先，企业家要把职工（伙伴）的幸福追求放在首位。稻盛和夫说："驱使我想要提升公司业绩的原动力只有一个，就是希望员工们在未来的日子里，永远生活安定、永远幸福。"其次，企业家要"尽力使企业根植于人心之上"，高度重视与职工建立起有意义的关系。"身为高层管理者的我们，一定要有一颗纯洁的心以吸引同质的人，并维系彼此间的关系。"最后，企业德治不是只限于企业内部，也涉及外部关系治理。稻盛和夫说："如果维护员工的生活是普遍之爱的话，那么关照交易企业的利益或支持经济的发展也是普遍之爱。从企业获取的利润中交纳税金，让社会有效使用，另外通过捐赠等方法为社会做贡献，这些也是普遍之爱。企业必须与社会共生才能持续生存发展。"

四、企业家的人格魅力在修养与器量

在稻盛和夫看来，企业家人格魅力主要体现在人格素养和身体力行上面。第一，企业家应该摒弃据私心、求私利之"小我"，追求一心一意为他人、为社会之"大我"。第二，企业家应该勤于修炼，不骄奢淫逸，以身作则地朝着企业建设的目标拼搏奋进。第三，真诚地与利益相关者展开有效的合作。第四，坚持与人为善，加强换位思考。第五，更重要的是，"要求经营者相应地拓展自己的器量，也就是说，经营者要有意识地做出努力，不断提升自己的品格、哲学理念和所谓'思考方式'"。

资料来源：郭方天. 稻盛和夫企业道德经营思想[J]. 江苏社会科学，2018，(06)：151-155.

稻盛和夫的经营哲学是当代企业经营理念之瑰宝，它表明企业家的价值观与道德水平决定了企业的战略方向和对社会的贡献度。本章主要介绍领导者道德与伦理的相关内容。

5.1 道德伦理与价值观

5.1.1 伦理观与价值观

面对各个层面的道德问题，最优秀的领导者能予以认识并面对，他们坚持做正确的事，而不只是看是否有利。当然，做正确的事这一说法听上去似乎很简单，其实不然。有时，甚至在正确的行动显而易见时，做正确的事也需要极大的道德勇气。但在其他一些时候，领导者所面对的复杂伦理问题似乎没有简单的、好坏分明的答案。不论何时何地，或是处于哪一种情况下，领导者都为其他人做出了道德示范，不管他们做得是好是坏，他们都成为整个群体或组织的模仿对象。不尊重事实的领导者无法激发他人对事实的尊重，只关心个人晋升的领导者也无法激发他人的无私精神。

加德纳（Gardner，1990）与伯恩斯（Burns，1978）强调了道德在领导中的中心地位和重要性。加德纳说，对领导者的判断最终都必须依据价值观框架来进行，而不仅仅是考虑其有效性。他将领导者与追随者或选民的关系提到了道德高度，认为领导者应当将如何对待他人看成是目的本身，而不是将其看成是达到目的的手段。因此，领导者应当内化一整套强有力的伦理观——关于正确行为的原则或道德价值观体系。可见，伦理观与一个人的价值观念息息相关。

1. 价值观的内涵

什么是价值观呢？价值观是阐述个人认为很重要的一般行为或事态的构想、概念。当帕特里克·亨利（Patrick Henry）说"要么给我自由，否则就让我死去"时，他表达的是赋予政治自由的价值。持续研究和学习的机会可能就是一个人在学术界谋职的基本价值观或"事态"。一个看重个人道德的人可能被迫从一家不遵从伦理规范的公司中辞职。由此看来，价值观在一个人的整体心理构成上发挥着相当重要的作用，并会在多种情境中影响个人的行为。在工作环境中，价值观能改变有关加入某一组织、对组织的归属感、与同事的关系以及离开某一组织的决策（Boyatzis & Skelly, 1989）。对领导者而言，意识到同一工作单位中的个人可能拥有完全不同的价值观是非常重要的，特别是因为我们无法直接观察到价值观的存在。

2. 价值观的形成

根据马赛（Massey, 1979）的研究，每个人的价值观体现了不同因素的影响，包括家庭、同伴、教育体制、宗教、媒体、科学技术、地理环境和时事等，如图5-1所示。尽管一个人的价值观在一生中会发生改变，但价值观在青年时代就相对牢固地确立了。

如果将构成领导技能的积木组成一个金字塔，那么价值观应该位于金字塔的底部，而兴趣、动机、终身目标、人格特质、偏好、智力等也是如此。位于金字塔底部的所有属性都是相对持久固定的，它们构成了其他不太持久、变动较多的领导属性的基础。在此之上是知识和经验，通过学习和工作得到丰富。再往上，在金字塔的顶端是领导技能和任职能力，这些都可以通过实践来开发。

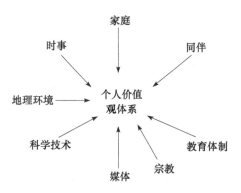

图5-1 影响个人价值观发展的部分因素

5.1.2 价值观与领导

按照英格兰和李（England & Lee, 1974）的研究，价值观通过六种不同方式来影响领导者。其一，价值观会影响领导者对即将到来的情境和问题的感知。将职业成功看得高于一切的领导者可能将与工作相关的问题看成是帮助下属或其他工作单位的一次机会。其二，领导者的价值观会影响到其提出的解决方案和有关问题的决策。如果领导者相信为人勇敢、坚持个人信念十分重要，他们就更可能在没有考虑到组织中"政治正确"的情况下，提出一些解决方案和决策。其三，价值观在人际关系中发挥着极端重要的作用，它们影响着领导者对不同的个人和群体的感觉。例如，重视个人控制的领导者可能发现与那些情绪外露的追随者很难相处，可能宁愿与这些追随者保持较为疏远的关系。其四，价值观常常会影响领导者对个人成功和组织成功的感知，并会影响其赢得这些成功的方式。关注竞争性、独立和想象力的领导者在评估领导的有效性时可能与重视帮助他人、逻辑性及愉悦感的领导者存在差异。其五，价值观为领导区分正确与错误、道德行为与不道德行为提供了基础。其六，价值观也会影响领导者在多大程度上接受或抵制组织压力和目标。特别重视服从上级的领导者从不质疑组织的目标，而相信独立思考很重要的领导者常常质疑，甚至积极抵制某些组织目标在其工作单位的实施。

由此可见，价值观在不同程度上影响着领导者的道德伦理思想，影响其处事原则和领导方式。因此，树立正确的价值观对领导者来说至关重要。

5.2 领导道德与伦理的起源和发展

5.2.1 领导伦理的起源与发展

领导的道德与伦理是领导活动中经常遇到的问题，也一直令领导者和追随者都感到困惑。古往今来，领导道德与伦理始终是学者和政治家讨论的一个具有理论价值和实践意义的热点问题。人们对这一问题的重视恰恰反映出领导道德与伦理对领导活动乃至整个社会生活不可低估的影响。思想家拉贝莱就告诫：学术无良知就是灵魂的毁灭，政治无道德就是社会的毁灭。由此推知，领导问题首先是一个道德与伦理问题。

人类在居于洞穴之时就已经开始关注领导伦理问题了，从那以后，我们的历史书中就充满了君王好或坏、伟大或残暴、强有力或软弱无能的描述。虽然记载伟大的领导者及其高尚品德的文献汗牛充栋，关于领导伦理方面的基础理论研究却很少见诸文字。从20世纪70年代开始，学术界开始了对一般意义上的商业伦理的研究，但这些研究几乎都没有提及领导伦理，即使在一些管理学书籍中也很少提到。这些都表明：这一领域的理论研究还处于萌芽阶段。

以西方的传统观点，领导伦理的发展可以上溯到柏拉图和亚里士多德时代。亚里士多德在分析国家的起源与目的时，也将"善"作为国家追求的道德目标。伦理一词来自希腊语"ethos"，也有学者将其译为"道德"，意思是习惯、行为和性格，涉及个人或社会认为是合适的、合乎需要的那些价值观和伦理观，它还涉及个人的动机和德行。伦理理论给人类提供了一套规则系统，指导我们在特定条件下判断是非善恶，以此为基础来判断什么样的人可以被称作道德高尚的人。它说明，伦理问题的实质就是道德问题。

伦理意味着个人或社会能够带来愉悦和正当的各种价值与道德。此外，伦理还与人们的美德及其动机有关。伦理理论提供引导人们对"正确与错误"以及"好与坏"进行评判的规则和原理。它提供了理解何谓有道德的、体面的人的基础。对领导学来说，伦理与领导者做什么和谁是领导者有关。它关心的是领导行为的本质及其美德。领导者的所作所为及其对环境的反应是受其伦理制约的。对领导伦理可以在以下两个层面上进行审视：一是领导者的行为，二是领导者的人格（见表5-1）。

表5-1 领导伦理理论的范围

领导者的行为：
(1) 结果（目的论的观点）
- 道德的利己主义
- 功利主义
- 利他主义

(2) 责任（义务论的观点）

领导者的人格：
以美德为基础的理论

关注领导者行为的伦理理论包括两种观点：一种观点强调领导者行为的结果，另一种观点强调驾驭领导者行为的责任与法则。目的论者试图从对结果和付出的对比中回答"什么是正确的"。在对结果的评估上有三种研究取向值得注意：一是道德的利己主义，即一个人应该尽最大努力为自己创造最大的好处，企业领导者大都属于这一类型，他们通过利润的最大化展现出合乎道德的利己主义。二是功利主义，即为更多的人创造最大的好处，公共组织的领导者一般会在功利主义的行为中获取更多公民的支持。三是利他主义，即领导者的行为应该是道德楷模，对他人利益表现出最大的关心，即使他人利益与领导者自身的利益相冲突。义务论的观点明显有别于目的论。义务论来源于古希腊语"deon"，其含义为责任，即行为的道德性不在于结果，而在于行为本身是不是好的。告诉事情真相、履行诺言、公平、尊重他人的行为才是真正的善行，这一善行与结果无关。义务论关注领导者的行为以及基于道德规范和道德责任所做出的正确事情。

与目的论和义务论关注领导者行为不同的是，以美德为基础的理论关注领导者的人格。这一理论认为，领导者也是人，其美德存在于他的心灵与人格之中。这一理论还相信美德与道德能力不是天生的，而是经过后天实践获得的，人们可以在接受家庭和社会的教育过程中成为一个有道德的人。美德论来源于古希腊和柏拉图、亚里士多德缔造的西方传统。古代中国也有非常丰富的类似看法。这一理论试图使人们通过道德训练成为优秀的人，不是告诉人们做什么，而是告诉他们是什么，帮助他们成为有美德的人。

5.2.2 今日的道德领导

有几位研究者的报告显示，具有较强价值体系的个人的行为可能更符合道德要求。这一结论乍看起来不过是证实了一件显而易见的事，但某些特定类型的情境增加了个人做出不道德行为的可能性，不论此人的价值体系如何。这种情境可能是高度竞争性的，并且没有受到监督。事实上，当缺乏正式的伦理准则来约束行为时，或者不道德行为实际上得到了奖励时，不道德行为更有可能出现。

1. 关于领导道德层面的实证研究

近年来，众多公司因为违反道德准则或法律规章而被告上法庭。例如西门子行贿丑闻，司法部门已对其可能涉及4.2亿欧元贿赂的丑闻进行调查。德国检察机关称西门子现任或前任员工通过设立境外秘密账户，从事腐败交易以换取合同。除了西门子，还有不少德国企业卷入腐败丑闻，而且是德国经济界的领军企业。据德国之声报道，像大众、宝马等都传出了"收买企业员工委员会"或大规模行贿等丑闻，"而且据以往的经验，这些曝光的丑闻还只是冰山一角"。这些企业有的来自欧美日等发达国家，有的来自发展中国家，既有世界知名品牌，也有世界500强，都拥有较好的口碑。近年来国内频繁发生食品、药品安全事件，甚至危及人的生命，这是严重的企业道德责任缺失。名列《财富》杂志"美国500强"第七名的安然公司，其董事会、监事会和公司高级管理人员竟会出现疏于职守、虚报账目、误导投资人以及牟取私利等不道德行为。计算机世界也为潜在的道德沦丧开辟了新的通路，如一些知名公司向其他企业泄露应当保密的顾客信息等。

对工作场所中不道德行为或实践的态度研究，产生了一些令人震惊的结果。例如，1989年哈里斯民意测验（Harris Poll）报告说，在接受调查的工人和管理者中，有很多人相信商业界会故意出售不安全的商品，使雇员的健康和安全处于危险之中，并危害环境，如图5-2所示。

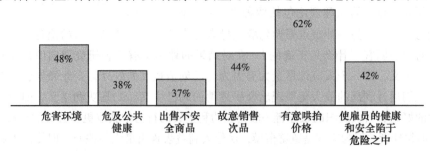

图5-2 关于不道德商业实践的调查

当企业的领导者以自私和贪婪为准则，很多员工就会对不道德的行为习以为常，而那些鼓励员工走正路的公司（其领导以身作则）在道德方面的问题就少得多。一般来说，在公司里，道德的表现往往是上行下效的。所有关于领导者最需要的品质的调查报告最终都表明，诚实和正直是至关重要的。遗憾的是，公众对商界和政界领导者的印象令人沮丧。公众厌倦了不道德和不负社会责任的商界行为，领导者应对道德沦丧的文化和制度负责。

2. 领导者的进退两难

可见，今日领导者的道德领导处在进退两难的境地。在公司里，领导者引导着追随者的道德取向。不管怎样，领导者可能会由于业务范畴和道德范畴的矛盾而进退两难。正如哲学家彼得·克斯顿（Peter Kersten）所指出的那样，"我们怎样才能在残酷的商业竞争中保持人类的高贵精神？我们怎样才能在获胜的同时不会蜕变为那种被竞争逼疯的傻瓜或因此而不顾及他人的笨蛋呢？"

商界中包含的是硬性的、可以测算的事实——市场研究、生产费用、管理存货、股票价值、盈亏报告和理性分析。相反，道德范畴涉及的是一些"软性"的、无从测算的领域，如人类的内涵、目标、品质、意义和价值。对于商界范畴，我们可以进行剖析、判断、比较，但无法就道德范畴进行解释、比较和评价。当代社会的激烈竞争、快速发展和相互攀比，产生了一种拆散两者的力量，但现在对于它们合二为一的必要性的认识日渐提高。商业不可能与如何对待别人这一人类基本问题割裂开来。个人和公司以及其他组织面对着同样的道德伦理问题。就像亨利·福特所说的那样，"很长时间以来，人们一直认为工业的唯一目标是创造利润。他们错了，工业的目标是为大众谋福利。"今天对领导者的挑战，是融合硬性和软性、理智和道德，创建既盈利又真正"为大众谋福利"的公司。

道德型领导并不意味着忽视盈亏、生产成本这些方面，每天人们都在把理性的经营措施和正确对待他人重要性的认识结合起来。表 5-2 把两种领导者的性格特征做了比较，一种是理智地谋求自身利益原则，另一种则使用道德手段。理智型领导者大都独善其身，道德型领导者则兼济天下。道德的领导方式是公司道德化的根本途径，成为道德型领导者的第一步是认识道德发展的不同阶段。

表 5-2　理智型领导者和道德型领导者之间的比较

理智型领导者	道德型领导者
1. 基本只关心自己，关心自己的目标和事业发展	1. 同等地关心自己和他人，关心别人的发展
2. 利用权力达到个人目的或施加个人影响	2. 利用权力为他人服务
3. 筹划个人前途	3. 协调个人构想与他人需要和期望之间的关系
4. 公然指责或批评反对意见	4. 仔细思考批评并从中受益
5. 要求追随者无条件接受命令	5. 鼓励追随者独立思考并对领导者的观点提出质疑
6. 不顾及追随者的需要	6. 教导追随者，发挥他们的特长，支持他们，分享对别人的肯定
7. 依靠适合的外部道德水准来满足个人利益	7. 依靠内心的道德水准来满足组织和社会的利益

5.2.3　成为道德型领导

领导是道德的还是非道德的呢？如果领导仅仅是一系列行为实践，与是非对错没有半点关系，那么他就是非道德的。但所有领导行为都可以被用作正义或邪恶的手段，因此具备了道德特色，领导者可以选择是采用一种误导别人的方式还是激励鼓舞别人发挥他全部潜质的方式。道德型领导（moral leadership）是指在其行为中明是非，走正路，追求公平、诚实、善良和正义。领导者对其他人有深刻影响，道德的领导方式给予别人活力并提高其生活。不道德的领导者则损人利己。道德型领导方式使人们比没有领导时做得更好。

一个领导者做出道德抉择的能力与他的道德修养层次有关。图 5-3 展示了一个简化的个人道德进化模型。在前惯例层次（preconventional level）上，人们关心的是获得额外奖赏和避免受罚。他们服从权威，逃避不利于个人的后果，这一层次的人仅仅是受到个人利益的驱动。有这种倾向的人如果得到了领导的位置，将会倾向于独断专行，并利用手中的权力来达到个人晋升的目的。

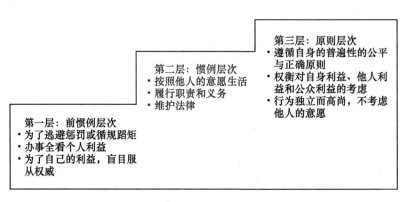

图 5-3　个人道德进化的三个层次

在惯例层次（conventional level）上，人们学会让自己的行为符合那些对良好行为的期望，这些期望来自同事、家人、朋友和社会。这个层次的人遵守公司文化中的规章条例、标准尺度和价值观念。恪守着大社会制度下的行为标准。但是，如果社会制度认同向政府虚报账目的行为，或者赞成为达目的不择手段，那么惯例层次的人也会按着这一标准去做。

在原则层次（principled level）上，领导者遵循自身认为正确的原则，一般为是非标准。这一层次的人甚至会拒绝遵守不符合这些原则的规章和法律，他们视自身价值尺度比公司和团体中其他人的期望来得重要。

大多数成年人属于第二层次，其中一些还没有超越第一层次，只有大约 20% 的成年人达到了道德进化的第三层次，虽然对大多数人来说，他们有能力做到这一点。

第三层次的人行为举止独立而高尚，不在意组织内外其他人的看法。在解决道德矛盾时，他们公正无私，用具有普遍性的标准进行评判，权衡个人利益与公共利益。研究者最终发现了高层次的道德进化与工作中道德行为之间的直接关系，这些行为包括诚信无欺、乐于助人，以及对不道德或非法行为的揭露，不惜被视为告密者。[33]

领导者可以通过对这些道德层次的理解，促进自身和追随者的道德进化，开办道德培训课程，把人们的道德理性提高到新的水平。当领导者处于道德进化的第三层次时，他们会坚持更高的原则，致力于鼓励别人独立思考，加深和拓宽对道德问题的理解。

5.2.4　领导伦理的原则

关于领导伦理原则的探讨源于亚里士多德。如前所述，亚里士多德认为，美德能使人在社会中很好地生活。根据他的描述，有伦理的人应当具备以下美德：勇气、节制、宽容、自我控制、诚实、好交际、谦虚、公平和正义。医学伦理学、商业伦理学、咨询伦理学等从各自学科的视角对此进行过探讨。美国学者彼得·诺斯豪斯（Peter Northouse）归纳出领导伦理的五大原则，即尊重、服务、公正、诚实、团队建设，并认为这种归纳虽然不能涵盖领导伦理的方方面面，但还是为领导伦理理论的发展完善打下了基础。

1. 尊重

康德指出：我们有尊重他人的责任。尊重他人意味着永远把他人当作目的来看待，而不是当作达到某种目的的手段。伯恩斯也指出：领导者应该培养他的追随者，让他们意识到自己的需要、目标和价值观，并且帮助他们进行整合。一言以蔽之，尊重他人的领导者始终承认人的价值。

2. 服务

服务原则无疑是利他主义的。为他人服务的领导者是利他的，他们把他人的利益放在第一位。有道德的领导者有责任去照料他人，为他人服务，在做出决策时要考虑是否对他人有利，避免损害他人的利益。领导学文献中有大量的关于服务原则的论述。这些学者都认为，关照他人是伦理型领导的一个组成部分。彼得·圣吉在关于学习型组织的论述中也主张，学习型组织的领导者的重要任务之一是为组织中的共同目标服务。这里讲的服务是指阐明并培育高于个人观念的组织目标，这意味着要摒弃以自我为中心，把自己的观念与组织内其他人的观念进行整合，有效率的领导者会把自己的观念看成是组织观念的重要部分。总之，服务代表着要为他人谋求更大利益的理念，它要求领导者在把服务原则付诸实践时必须以他人为中心，必须在工作中把他人的利益放在首位，必须以有利于他人的方式行事。

3. 公正

有道德的领导者认为平等地对待每个下属是基本原则。领导者要在决策过程中把公平放在核心地位，没人会受到特别的优待或被另眼相看。即使有人受到特殊对待，也必须以明确的、合理的、充分的、符合伦理规范的理由为前提。约翰·罗尔斯（John Rawls）提出，对公平问题的关注应该体现在为实现共同利益而紧密合作的行动上，这与某黄金法则很相似：你希望别人怎么对待你，你就怎么对待别人。如果我们希望获得平等的信任，我们就要平等地信任他人。由于利益和资源总是有限的，资源的争夺不可避免，公平问题变得非常棘手，容易出现为制定公平的分配方案而引发的人际冲突。这时，领导者建立一套利益分配的规则就显得尤为重要，这些规则的本质将会体现领导者及其所在组织的伦理基础。

4. 诚实

要当一个好领导就必须诚实。人们通常以为一个不诚实的领导者是靠不住、信不过的，大家对他说的话失去信心，进而会对他所代表的组织失去信心。大家不再尊敬他、信任他，领导者的威信也就荡然无存。

戴拉·考斯特（Dalla Costa）在《伦理责任》一书中清楚地表达了他对诚实的看法。他认为诚实并不仅仅意味着不能欺骗，对领导者来说，诚实具有以下含义：①不要答应你不能兑现的要求；②不能歪曲事实；不要不履行职责；③不要文过饰非；④不要逃避责任；⑤不要接受"商业压力下的适者生存排除了我们对他人尊严和人性的尊重"这一观点。除此之外，一个组织能够认识到诚实的必要性，以及对诚实行为给予奖励也是很重要的。

5. 团队建设

领导往往被定义为影响他人达到共同目标的过程，这个共同目标就是领导活动明确的伦理维度，意味着领导者不能把目标强加给别人，而应确立与每个人的工作意图都和谐一致的目标。伯恩斯把这种理念作为他的变革型领导理论的核心，认为一个变革型的领导者试图把团体带入共同的利益里——无论对领导者还是追随者都有利，领导过程必须以领导者–追随者关系为基础。一个有道德的领导者重视团体内每一个人的意见和想法，关心集体，流露出对他人伦理上的关注。也有学者认为，有道德的领导者应该关注社会伦理，领导者及其追随者除关注他们共同确定的目标以外，还要关注社区和社会的目标。伯恩斯也说，变革型领导者和变革型追随者会趋向于投入大的社会情境中，努力去建立层次更高、范围更广的伦理目标。所有的个人与团体的目标最终都注定要融入社会的共同目标和利益中去。

5.3 领导道德与伦理理论

5.3.1 中国古代领导伦理理论

在中国古代，人们尤其把修身视为官员道德养成的一个极为重要的方面，即"修身为本"。一个官员良好道德品质的形成，一方面需要接受道德教化，另一方面也需要自身的修养与锻炼。《论语》记载，孔子的弟子子路问什么是君子，孔子说："修己以敬。"子路又问："如斯而已乎？"孔子回答："修己以安人。"又问："如斯而已乎？"孔子又回答："修己以安百姓。修己以安百姓，尧舜其犹病诸！"孔子告诉我们的首先不是如何安天下，而是如何做最好的自己。"修身"，是对家国、对社会负责任的第一前提。孔子和他的弟子力争做"最好的自己"，目的是更好地履行对家国、对社会的责任。

孟子也说："人有恒言，皆曰'天下国家'。天下之本在国，国之本在家，家之本在身。""君子之守，修其身而天下平。"可见，孟子所阐述的儒家管理思想以德治为目标，通过"修身"（内修）和"齐家、治国平天下"（外治）两条途径具体实施的。"修身"和"齐家""治国平天下"所表述的管理思想有着内在的联系。"修身"被儒家看作是进行社会管理的逻辑起点，主要是指个人道德修养的重要性以及如何修养，没有"修身"，"齐家"和"治国平天下"就无从谈起。

荀子进一步论证说："争之则失，让之则至，遵道则积，夸诞则虚。故君子务修其内而让之于外，务积德于身而处之以遵道，如是，则贵名起如日月，天下应之如雷霆。"对领导者来说，修身与治国是双向关系。一方面，修身是施行德治的前提；另一方面，德治也是修身的必要条件。国家治理得好，正义在社会中占主导地位，有德之人才能在社会中行得通。否则，一个不尚仁、不尚德的社会，不能给人提供修身的条件，即使修身做好了，在社会中也一无是处。上述双向关系的实现都离不开领导者的开明和提倡。

可见，中国古代有远见的政治家、思想家都十分重视领导道德与伦理问题，把官吏的道德看作是国家兴亡的根本。

5.3.2 西方领导伦理理论

现在许多关于领导道德的思考受到西方一些学者的影响，这些学者所用的事例通常涉及政治领导者、社区领导者、宗教领导者和非营利组织的领导者。下面本书对比较有影响力的学者如何描述道德领导做一个简要的评论。

1. 海费茨的领导伦理观

海费茨（Heifetz）认为，领导道德与伦理的核心在于领导者如何帮助追随者应对冲突以及从中影响变革。因为员工的价值、组织的价值和社会的价值是交织在一起的，领导者应该运用自身的权威帮助追随者在应对价值冲突的过程中，形成变革工作环境和社会文化的能力。领导者为员工提供包含信任、培养和相通性的持久性环境（holding environment）。在一种支持性的氛围中，员工在面对困难的时候能够有一种安全感，特别是领导者要运用权威使员工具有关注、检测、处理和解决问题的能力。总之，帮助员工应对变化和个人成长是领导者的职责。

2. 伯恩斯的领导伦理观

作为变革型领导理论的提出者，伯恩斯认为领导者应该在关注追随者需要、价值和道德的基础上，帮助他们向更高层次的道德责任迈进，这是其主要任务。这实际上指出了领导是在道德维度上展开的，而这恰恰是其他领导理论范式所忽视的。伯恩斯也认为帮助员工在一系列的价值冲突中快速成长是领导者的重要职责，领导者与追随者的联系是提升两者道德水准的关键。因此，变革型领导不仅涉及单个追随者的道德升华，也涉及集体的努力去实现社会改革。在这个过程中，领导者和追随者都将产生变化，他们不仅考虑什么对他们有利，还要考虑什么将使集体的利益更大，诸如他们的组织、社会和国家。

3. 格林利夫的领导伦理观

1970 年，格林利夫（Greenleaf）提出了"服务式领导"的概念，也有人称"公仆型领导"，并于 1977 年出版《公仆领导》一书，其观点近年来日益流行。公仆领导思想带有强烈的、无私的道德色彩，强调领导者要想下属之所想，关怀下属，实质就是服务。按照格林利夫的观点，服务于追随者是领导的主要责任和道德领导的本质。服务包括培育、保护和授权部属。一个服务式领导者必须注意追随者的需要，帮助他们变得更健康、更聪明和更愿意接受其责任。只有在理解追随者之后，领导者才能决定如何最好地服务于他们的需要，正是在这个意义上，不少人称其为"公仆型领导"。格林利夫认为只有天生的公仆才会成为领导者，事实上，一个人成为领导者的过程首先就是当公仆的过程。公仆型领导者必须站在好的和正确的立场上，在任何时候都应当反对社会的不正义和不平等，甚至社会的弱势群体和边缘成员也必须得到尊重和欣赏。这种类型的领导者必须授权追随者，而不是用权力支配他们，通过完全的忠诚和公开、保持行动与价值的一致性来显示对追随者的信任，以建立追随者对其的信任。格林利夫相信，这些领导者的追随者受到激励，自身也会变成服务式领导者。人们应当准备自己去领导和接受随时出现的机会，结果将是更多的人作为服务于社会的道德载体。

以上三种领导伦理理论的共同主题是：上下级关系是领导道德伦理的核心。另外，他们都强调领导者要密切关注下属员工的个人要求。吉利根和诺丁斯分别在 1982 年和 1984 年提出人道的概念，主张人与人的关系是道德的起点，在机构里人道尤为关键，是建立信任和合作关系的主要基础，他们的观点与上述三种领导伦理理论极为类似。从 20 世纪 70 年代以来，人们对领导道德水平的要求越来越高。领导伦理理论对思考领导道德和实践领导道德起到了指导作用。

如上所述，道德与领导者、下属之间存在关联，道德评判标准对于行使领导职能至关重要，负责任的领导者应保持尽可能高的道德标准。

5.4 领导道德与伦理行为

5.4.1 领导道德与伦理的行为构成

海克曼（Hackman）和约翰逊（Johnson）认为，领导者在对他人施加影响的时候会面对许多不同的道德和伦理困境，并特别指出了众多领导者必须考虑的复杂道德问题中的几个。一是诚实。为了自己的私利或团体的利益，领导者也会进行欺骗，尤其在领导者要求下属完成几乎不可能完成的任务时。领导者要求下属以明显不可能的方式做事情是道德的吗？二是责任。领导职位与社会地位和物质权力联系在一起，除物质利益之外，领导者也许还会得到诸如地位、特权或尊重这样的社会利益。一个领导者利用自己的职位获得个人权力或特权，这种方式是道德的吗？领导者是否总是应该考虑集体的利益？在考虑自己的行为在多大程度上影响他人的时候，领导者应该承担多少责任？三是权力。领导者必须决定自己想对他人施加多大的权力。支配或命令下属做事情符合道德标准吗？当一个下属在道德上反对领导要求的时候，领导者还要求他服从，这是道德的吗？四是忠诚。在追随者因为执行领导者的政策而遭到责难时，领导者在道德上有维护追随者的责任吗？海克曼和约翰逊认为，回答上面所提出的道德问题是很困难的，我们对什么行动是准确的也许存在分歧，但是，因为道德批判对于领导实践非常重要，所以我们有责任做出合理的决定，并且按照自己的选择来行动，这就需要了解道德行为的构成。

关于道德行为的构成，美国明尼苏达大学道德发展研究中心的詹姆斯·雷斯特（James Rest）和其同事提出，道德行为是四个内心交流过程的结果。第一部分是道德敏感性。道德敏感性包括认识到我们的行为会影响到其他人，确定可能采取的行动方式以及每种可能的策略会产生的后果。第二部分是道德判断，即要确定应该采取第一部分中所确定的哪一种行动方式。第三部分是道德动力，即做正确事情的愿望通常会与其他价值观点如安全、财富、社会认可等发生冲突。与其他方面相比，若优先考虑道德价值，就会产生道德行为。第四部分是道德行动，即实施阶段。反对、疲劳以及其他因素会对道德行动造成很大的阻碍，要克服这些阻碍，需要较好的性格和较强的人际关系技能。雷斯特指出，尽管他列出了道德行为四部分的构成要素，并且按照逻辑顺序来描述它们，但在现实生活中，这些要素并不一定按照这个顺序发生。比如说，一个人如何确定道德是非（第二部分）常常决定了他所具有的道德敏感性，对一个人来说是偏好问题，对另外一个人来说可能属于良心问题。他举例说：午饭吃汉堡包还是沙拉，对大多数消费者来说不是一个道德选择问题，对许多素食主义者来说却是，他们拒绝吃肉，因为他们认为把动物杀死作为食物是不道德的。

海克曼和约翰逊还指出，当一个人的内心过程出现故障时，就会导致道德失败。有时领导者虽然表现出道德敏感性，能够做出道德判断却没有遵守，是因为：①其他价值考虑变得比道德价值更加重要；②缺乏实施决定所需要的意志和技能。雷斯特认为，最高形式的道德推理是建立在像公正、合作和尊重他人这样的广泛原则基础之上的，因此我们可以提高自己的道德能力，而且教育水平与合理的决定之间存在强大的联系。

5.4.2 领导者道德与伦理行为的发展阶段

作为领导者如何对待伦理困扰或道德困境与道德推理有关。道德推理是指领导者做出有关道德或不道德行为决策所使用的程序，它不是指个人本身的道德品质或他们所赞同的价值观，而是指他们解决道德问题的方式。在道德推理过程中，价值观发挥了重要的作用，因为个人之间的价值观差异往往会导致关于道德或不道德行为在判断方面的差异。

1. 个人道德发展的六个阶段

科尔伯格（Kohlberg，1984）提出，人们通过其道德推理过程中的一系列发展阶段实现进步，每个阶段都反映出比前一个阶段在认知上更复杂的道德情境分析过程，而各阶段的顺序是固定不变的。对道德推理的评估是用道德困境来进行的，比如，某人偷窃一种定价过高的药品来救治他垂死的妻子，在道德上是否正当。并且，对一个人所处的道德推理阶段的判断，是基于他如何解释他的答案，而不是基于他所给出的特定答案本身。显然，关于道德伦理问题，不同的人会有完全不同的观点。

前面我们曾提到个人道德发展的三个层次，按照科尔伯格的观点，在这三个层次基础上，人的道德发展还可以细分为六个阶段，每个层次分为两个阶段，道德水平逐次提高，如表5-3所示。

表 5-3 个人道德与伦理行为的发展阶段

层　　次	阶　　段
1. 前惯例层次 在这一层次上，个人对道德行为的评判标准主要建立在自利的考虑之上，如避免惩罚或得到奖赏	阶段一："坏"行为是那些会受惩罚的行为 阶段二："好"行为是那些会得到具体奖赏的行为
2. 惯例层次 在这一层次上，道德行为的评判标准主要是建立在赢得他人的赞同上，并遵从常规、惯例行事	阶段三："好"行为是指其他人赞同的行为；"坏"行为是指其他人不赞同的行为 阶段四："好"行为与社会制度所建立的标准保持一致；违规会带来负罪感和耻辱感
3. 原则层次 在这一层次上，评判标准主要是基于普遍、抽象的原则，这些原则甚至可能凌驾于特定社会的法律之上	阶段五："好"行为与经民主参与程序而确立的社会标准保持一致，关注保持自尊和平等尊重 阶段六："好"行为与个人的良心有关，良心是建立在个人对道德原则负责地做出选择和承诺基础上的

在第一层次，前惯例层次，也称为道德成规前期，个人对道德行为的评判标准主要建立在自利的考虑之上，如避免惩罚或得到奖赏。在第二层次，惯例层次，也就是道德成规期，道德行为的评判标准主要是建立在赢得他人的赞同上，并遵从常规、惯例行事。在第三层次，原则层次，也称为道德自律期，评判标准主要是基于普遍、抽象的原则，这些原则甚至可能凌驾于特定社会的法律之上。

科尔伯格认为，人们在各个固定不变的阶段实现道德发展上的进步，并不意味着每个人实际上都能达到最高阶段，成年人很少能做到这一点。

2. 群体和组织层面的道德发展阶段

理查德·L. 休斯（Richard L. Hughes）等进一步论述了群体与组织层面的道德推理和伦

理行为，提出将处于不同发展阶段的个人组成一个群体时，整个组织也可能存在道德意识的典型阶段，其表现与个人的道德发展阶段类似。从整个组织来讲，道德发展中的道德成规前期是指组织以成员普遍存在的恐惧和操控为特征。生活是一个道德丛林，唯一重要的事是生存，不管这种生存是通过背信弃义、操控还是欺诈来实现。在处于道德成规期的组织中，好行为的定义是：使他人满意、服从适当的权威并遵从规则。组织中的道德风气的最高阶段是道德自律期，它以高度原则性的、公开的决策规范为特征，包括"尊重正义和有建设性、创造性的少数人的权力：寻求一致同意，而非依赖多数人投票原则"。

怎样将组织的道德推理从一个阶段提升至另一个阶段，取决于五个相互配合的步骤：①改善领导者－追随者的关系质量，从而为道德行为和创举提供真正的支持；②提出明确的道德方针和体系，以便迅速处理不符合道德的做法；③确定一名组织巡察官，指定他负责道德冲突方面的事务；④设立一个面向组织中所有成员的正规伦理教育项目；⑤最重要的是，确保正式领导者和非正式领导者都能成为高标准的道德行为模范。这类建议反映出人们日益认同一个观点，即做出符合道德的行为是组织的责任，而不只是个人的责任。并且，道德行为的标准也不能完全等同于合法行为，有些做法是合法的，但可能不符合道德要求，因此，领导者不应该仅仅满足于确保组织成员不违反法律。

5.4.3 影响领导者道德行为的因素

影响领导者道德素质的因素主要有以下几个方面。

1. 个人特征

每个人在进入组织时，都有一套相对稳定的价值准则。这些准则是个人早年从父母、老师、朋友和其他人那里发展起来的，是关于什么是对、什么是错的基本信念，所以组织的领导者通常有着非同寻常的个人准则。需要注意的是，尽管价值准则和道德发展阶段看起来相似，但它们其实不一样。前者牵涉面广，包括很多问题，而后者是专门用来度量独立于外部影响的程度的。

人们还发现有两个个性变量影响着个人行为，这两个变量是自我强度和控制中心。自我强度用来度量一个人信念的强度。一个人的自我强度越高，克制冲动并遵守其信念的可能性越大。这就是说，自我强度高的人更有可能做他们认为正确的事。我们可以推断，对于自我强度高的领导者，其道德判断和道德行为会更加一致。控制中心用来度量人们在多大程度上是自己命运的主宰。具有内在控制中心的人认为他们控制着自己的命运，而具有外在控制中心的人则认为他们生命中发生什么事都是由运气或机会决定的。从道德角度看，具有外在控制中心的人不大可能对其行为后果负责，更可能依赖外部力量。相反，具有内在控制中心的人则更可能对后果负责并依赖自己内在的是非标准来指导其行为。与具有外在控制中心的领导者相比，具有内在控制中心的领导者的道德判断和道德行为可能更加一致。

2. 结构变量

组织的结构设计有助于领导者道德行为的产生。一些结构提供了有力的指导，而另一些使领导者模糊。模糊程度最低并时刻提醒领导者什么是"道德的"之结构设计有可能促进道德行为的产生。正式的规章制度可以降低模糊程度，职务说明书和明文规定的道德准则就是正式指导的例子。不断有研究表明，领导者的行为对个人的道德或不道德行为有着最重要的影响。人们密切关注领导者在做什么，以此作为可接受行为和所期望的标准。一些绩效评估系统仅评估结果，另一些则既评估结果也评估手段。若只根据结果来评价，人们会不择手段地追求结果。与评估系统密切相关的是报酬的分配方式，如果奖惩依赖于特定的结果，领导者就会感到取得结果和降低道德标准的压力变大。在不同的结构中，领导者在时间、竞争和成本等方面的压力也会不同。压力越大，越可能降低道德标准。

3. 组织文化

组织文化的内容和强度也会影响道德行为。最有可能产生高道德标准的组织文化是那种有着较强控制能力以及风险和冲突承受能力的组织文化。处在这种文化中的领导者，具有进取心和创新精神，意识到不道德行为会被发现，并且对他们认为不现实或不合意的需要或期望进行自由、公开地挑战。

与弱组织文化相比，强组织文化对领导者的影响更大。如果组织文化是强的并支持高道德标准，它就会对领导者的行为产生重要和积极的影响。而在弱组织文化中，领导者更有可能以亚文化准则作为行为的指南，工作团队和部门标准会对弱文化组织中的道德行为产生重要影响。

4. 问题强度

道德问题本身的强度会影响领导者的道德行为，它取决于以下六个方面：

- 某种行为对受害者的伤害有多大或对受益者的利益有多大？例如，如果裁员，应该首先裁谁。
- 有多少人认为这种行为是邪恶的或善良的？例如，对偷税漏税和动物保护的看法。
- 行为实际发生并造成实际伤害或带来实际利益的可能性有多大？例如，核武器应该掌握在谁的手里。
- 在行为和引起预期后果之间的时间间隔有多长？例如，延迟退休的政策是立即执行还是五年后执行。
- 你觉得行为的受害者或受益者与你在社会上、心理上或身体上的距离有多远？例如，裁掉坐在你对面的同事。
- 道德行为对有关人员影响的集中程度如何？例如，你否决一个人的意见还是否决十个人的意见。

综上所述，受伤害的人数越多，人们越认为一种行为是邪恶的，行为发生并造成实际伤害的可能性越高，行为的后果出现越早，观测者感到行为的受害者与自己的距离越近，问题强度就越大。这六个因素决定了道德问题的重要性，道德问题越重要，领导者越有可能采取道德行为。

5.4.4 领导道德与伦理的评判

对领导道德问题进行伦理上的评判是一个非常棘手的问题，因为从最低限度讲，人们的思想认识程度不同，标准也不一样。美国学者加里·尤克尔（Gary Yukl）在《组织领导学》一书中，将评判领导道德与伦理的标准列为以下几项，如表5-4所示。

表 5-4　评判道德领导的建议标准

标　准	道德领导	不道德领导
领导者权力和影响力的运用	服务于追随者和组织	满足个人的需求和职业目标
处理众多相关者的分散利益	在可能时试图平衡和整合他们	偏向于提供最大个人利益的部分
发展组织的一个愿景	在追随者表达的需要、价值和思想上发展一个愿景	试图推销个人的愿景作为组织成功的唯一方式
领导者行为正直	以与公开价值相一致的方式行动	做那些有利于达到个人目标的事情
在领导者决策和行动中的冒险	愿意单独冒险或行动以实现使命或达到愿景	避免领导者涉险的必要决策或行动
沟通相关信息	对实践、问题和行动的相关信息做出完整和及时解释	运用欺骗和歪曲手段使追随者对问题与进展产生偏见
对追随者的批评和不同意见的反应	鼓励批评性评价以发现更好的解决方案	不鼓励和阻拦任何批评及不同意见
发展追随者的技能和自信	大量使用教导、指导和训练以发展追随者	不强调发展，维持追随者的软弱和对领导者的依赖

显然，这些标准看起来是可行的，但它们没有考虑到评判道德领导的复杂性和矛盾性，因此具有一定的片面性。各种标准如何使用仍是一个值得讨论的问题。总之，对于道德领导还是应从动机、手段和结果上进行评判。

1. 动机方面的评判

动机是行为的出发点。康德特别强调，一个人的行为之所以被称为善的，能够有道德上的价值，唯一的根据就是它从善良意志出发；一切不是从善良意志出发的行为，不论其效果如何，都不能认为是善的。康德特别憎恶从利己主义出发，把个人幸福作为判断善恶标准的伦理学说，认为从利己的动机和个人的贪欲出发都无助于培养人们高尚的道德情操，不能形成一个人的道德行为。反之，若承认利己动机的合理性，只会把人们引向邪恶，是对道德尊严的亵渎。康德的善良意志绝不是基于一种非理性的道德冲动，而是出自对责任的理性认识并且付诸意志努力。

对领导者行为进行伦理评判的困难并不在于判断其某个行为是否道德、动机如何，而是怎样去判断一个人的行为动机是道德的。人们心里想什么、思想觉悟高低是无法直接观察到的，只能依据其言谈举止，而言谈举止是受价值观影响的。对价值观的表达，可以以整个组织为单位，也可以以个人为单位。很多组织采用宣传本组织核心价值观的正式陈述，以确保价值观被广泛了解和实践。维特根斯坦（Wittgenstein）认为，一个人心里想什么证明不了什么，而必须看他实际在追求什么，看他选择做什么，动机和效果不能互相证明。在这里，他指出了判断行为善恶的简便之路。

美国心理学家施密特（Schmidt）和波斯纳（Posner）的研究表明，相对来说，公共部门和私营部门的管理者更关注他们对组织的义务，而较少关心他们对社会的义务。德国著名社会学家马克斯·韦伯的研究则表明，管理者在做出涉及道德的决策时，经常用大多数人的意见来取代有关公正的普遍原则。尽管在某些领导岗位上，关于人们做出的符合道德的实践存在某些玩世不恭的态度，但对正确和错误具有强烈信念的经理人似乎是更优秀的领导者。吉斯里（Jisri）和戈登（Gordon）都提出，领导者的个人价值观与领导的有效性正相关。要想评判领导者的行为是否符合伦理要求，只能依据效果去评判其动机，这既符合人认识事物的一般程序，也是对人的认识能力负责。而动机与价值观联系在一起，可见，领导者的行为是否符合伦理要求，又受价值观的影响和制约。

2. 手段方面的评判

由于领导活动的特殊性，在具体的领导行为中，手段和目的是基本统一的，但也常常发生分离甚至相悖，即为了达到崇高目标而采取了不正当的手段。马基雅维利甚至认为，为了目的可以不择手段，"胜者为王，败者为寇"，故只有目的才能证明手段的合理性。在领导活动中，目的和手段的关系经常处于一种模糊和微妙的状态，有时过于注重手段的道德完整性反而不容易达到所希望的目的，而在一定程度上忽视道德的完整性有时反而容易实现领导目标。马基雅维里清楚地认识到了这一点，才提出实现政治目的可以不必拘泥于道德的完整性，在他看来，在普遍的利己主义条件下，维护社会的稳定和国家的统一是政治上无须证明的先验目的，因而为了实现这一目的而采取一切可能的手段来维护统治者的权力也毋庸置疑是正确的、正当的和高尚的。

现代多数研究认为，不能用目的的合理性来证明其手段也是合理的。因为对目的本身是否合理人们很难准确把握，至于行为是否合理更是既无法确证也无法保证。其实，目的和手段是一个有机的统一整体，没有离开目的的纯手段，也没有离开手段的纯目的，其中一方违反了道德都有损于这一行为整体的道德价值。

3. 结果方面的评判

韦伯在名为"作为职业的政治"的著名演讲中，提出政治领域中意图伦理和责任伦理的划分。意图伦理是指关怀人类的最终目的的伦理，责任伦理是指关怀行为之最终结果的伦理。意图伦理主张一个人行为的伦理价值在于行动者的心情、意向、信念的价值，它使行动者有理由拒绝对后果负责，而将责任推诿于上帝或上帝所容许的邪恶。责任伦理认为，一个人行为的伦理价值只能落实于行为的后果，它要求行动者义无反顾地对后果承担责任，并以后果的善来补偿或抵消为达此后果所使用手段的不善或可能产生的副作用。韦伯认为，政治家应遵循责任伦理而不是意图伦理，因为后者以道德上的优越性为政治行为的出发点，以道德来衡量政治的每一个阶段和每一次行为，结果往往不是造成政治上的激进主义就是导致政治上的浪漫主义，从而导致政治目标的落空。只有从责任伦理出发，既考虑意图的合理性，又考虑政治行为可以预见的后果并对其负责任，才能在现实政治中取得真正的成就。

许多组织设计了绩效测评体系，用以评价领导行为的结果。但在达利（Darley）看来，在这些设计用于度量绩效的制度中，道德伦理问题几乎是与生俱来的。他认为，在确定一个群体或个人的奖罚时，定量化的绩效度量方法使用得越多，它给管理对象带来的做出不道德行为的压力就越大，也就越有可能使其意欲调整的群体或个人的行为模式和思想扭曲、败坏，这种用标准来控制的制度将释放出大量的个人技巧，人们会使标准的结果最大化。然而，他们可能是以标准设置者不愿见到的方式或破坏标准效度来做到这一点的。人们编制数据，而这些数据的含义与过去不一样了。以上内容就是有名的"达利法则"。重温达利法则，看看我们的现实情况，是否已经背离了我们的原始目的？

领导学自诞生以来，由于过多的研究集中于领导的有效性，忽视了对其评判标准的研究。近些年领导道德与伦理研究的兴起，证明人们对领导者的道德修养和责任给予了更多的关注。首先，领导伦理为领导者如何实践领导内在的道德要求提出了许多建设性的构想。其次，它拓展了我们理解领导这一现象的范围，把领导者和追随者从狭隘的组织体系中解放出来，使我们在更为宽阔的视野中认识到领导的道德维度，这与行为论所强调的结构维度、关怀维度相比，无疑是具有超越性的。领导是一种包含价值的行为，是一种展现古老的道德传统的创造性行为。当然，领导伦理的研究还处于起步阶段，缺乏更具信服力的理论和研究成果的支持。但是，领导伦理通过对领导道德维度的研究，规定了领导活动赖以展开的起点，也规定了它的航向，从而使领导成为一种展示崇高道德和影响民众价值判断的积极力量。

5.4.5 领导道德与伦理的未来研究

领导道德与伦理是领导活动中经常遇到的两个问题，也是令领导者和追随者都感到困惑的两个问题。古往今来，领导道德与伦理始终是学者和政治家讨论的一个具有理论价值和实践意义的热点问题。人们对这一问题的重视恰恰反映出，领导道德与伦理对领导活动乃至整个社会生活具有不可低估的影响。对领导道德与伦理事务的经验研究是相当新的一个课题，对这个课题还有许多需要知道的东西。卡恩（Kahn，1990）提出了一个研究问题的议程，它将有助于显著缩小规范概念（定义道德行为）和情境概念（影响道德行为的条件）之间的距离，目的是提供知识、强化组织中道德行为的理论和实践。相关研究问题的事例包括：用于构造和沟通道德问题的语言，道德交流可能发生的条件，道德矛盾和分歧可能的解决过程，道德原则适应条件变化的过程，以及领导者影响道德意识和对话的方式。

▶ 复习思考题

1. 目的论和义务论的领导者所持的观点有何不同？
2. 解释商业和道德之间的两难局面。作为学生，你在生活中是否遇到过同样的问题？你是如何处理的？
3. 简述西方三种不同的领导伦理理论。
4. 绝大多数成年人都处于道德伦理发展阶段的哪个层次上？
5. 影响领导者道德素质的因素有哪些？论述并举例说明。
6. 理解达利法则的内容。结合实例谈谈对你的启发。
7. 领导伦理需要遵循哪些原则？

▶ 专项技术测试与反馈

道德型领导

假设在一个组织或公司里，你担任或得到一个领导者的职位，想象你作为领导者的道德水平。下列陈述中哪一个能用来形容你的领导特色？

1——非常少；2——一些；3——一般化；4——很多；5——非常多

____ 1. 我首先满足别人的需要，而不是自己的。
____ 2. 我营造了一种团队的气氛。
____ 3. 我是正直和诚实的模范。
____ 4. 我给予人们很多指导。
____ 5. 我让别人知道我的价值观和理念。
____ 6. 我信任并了解别人。

_____ 7. 我使别人对其工作产生一种主人翁意识。
_____ 8. 我鼓励别人发展,不要求任何回报。
_____ 9. 我的选择反映出很大程度的道德目的。
_____ 10. 我为别人做出道德水准和价值观的表率。
_____ 11. 我交出权力以表示对他人的信任。
_____ 12. 我甘愿冒着真正的个人风险来实现我的设想。
_____ 13. 我冒着个人的风险来捍卫我的信念。
_____ 14. 即使我会失去很多,我也敢说"不"。
_____ 15. 我对自己的信念非常肯定。
_____ 16. 我的行为都是为了追求更高的价值。
_____ 17. 我经常给别人的主张和行为唱反调。
_____ 18. 我尽快告诉别人真相,哪怕它是消极的。
_____ 19. 我公开反对组织中的不公正、官僚主义、自以为是和腐败。
_____ 20. 我敢于反对讨厌的人。

评分

每一个问题都与道德领导有关。把20题的得分加起来作为你的总分。

解释

这张问卷与道德领导有关系。它暗示了在你的领导方式中,包含的道德价值观以及支持这些价值观所冒风险的程度。如果你的总分超过了80分,你会被认为是一名勇敢的道德型领导者。低于40分的成绩表示:要么你在逃避道德方面的问题,要么你还没碰到挑战你道德勇气的情况。40分和80分之间的成绩说明你正在靠勇气来进行道德型领导。把这种好的行为坚持下去,但一定要继续改善。你的得分与你对自己的长处和短处的了解一致吗?与别的同学比较一下得分情况。你将如何提高自己的分数?

▶ **案例分析**

方太茅忠群: 孔子堂里做生意

在"子弹"横飞的家电"战场",当"儒家文化"遇上"狼性文化",这场仗该怎么打?方太董事长茅忠群试图在《论语》中找到"兵法"。

以往每逢五一、十一等重大节日,国美和苏宁卖场里的竞争就达到白热化。一个个家电品牌拉横幅、降价促销、扯着嗓子吆喝,销售人员使出浑身解数拉拢顾客。激烈时,一个眼神、一句话都能引发同行之间的谩骂和厮打。竞争手段更是五花八门,到对手的门口敲锣打鼓吹喇叭还算委婉,更有甚者还会花钱雇些老太太,假扮成顾客去挑刺儿,胡搅蛮缠一通后,对手的生意也被搅黄了。

这要搁别的品牌,估计早就干起架来,但方太不能这么做,销售人员不仅被要求不能骂人,还得做到"彬彬有礼、仁者爱人"。这些规定都包含在方太每天早晨的读经培训系统里,但方太集团董事长茅忠群觉得还不够,还得在方太的每个零售终端专卖区再放上一本《论语》,提醒一线人员要有尊严、有节操地销售。

就连茅忠群自己,也时常把"舍"字挂在嘴边,在厮杀喊打的家电业,一直"往后退"的茅忠群,反倒"舍"出了第一个破百亿的厨电企业。

一

前方传来的消息还不明确,但火药味越来越浓了。

2006年,国美在苏宁的大本营南京准备开一家门店,邀请方太参加开业仪式。当时还任总裁的茅忠群痛快地答应了。那两天国美、苏宁几个电话打进来盯着这事儿,茅忠群才意识到已经卷入两家的争斗中了。终端巨头拼杀,使家电企业和渠道的关系一下变得微妙起来。出席渠道商的开业仪式,就不免卷入渠道竞争的漩涡中。

在互联网时代之前,市场销售主要围绕渠道展开。2006年、2007年,家电连锁渠道发展到巅峰。能不能和渠道搞好关系,很大程度上影响着一家企业的生死存亡。去还是不去?这时茅忠群的父亲,时任方太董事长的茅理翔站出来表态:"既然当初你已经答应别人要去,那就坚守诚信。"

当时家电行业几乎都被卷入那场争斗里,等到国美门店开业当天,厨电行业只有方太和樱花两家企业出现,其他家老板都因故未能出席。之后,方太副总裁陈浩去了苏宁总部和对方商谈。陈浩接受采访时曾回忆:"我当时觉得绝对不能断绝关系。"后来为了"消气",方太答应苏宁自家产品可以打折,最后公司亏了几百万元。

那几年面对强势的渠道,有的品牌在博弈过程中逐渐掉队或退出,方太的态度是"积极跟进",因此在一二线市场取得了很大份额。与此同时,茅忠群也在调整战略,建立自己的专卖店渠道和工程渠道。几年下来,方太在全国成立了3 100多家专卖店。

除了面对渠道的压力,方太成立早期,也曾几次面临行业的价格战。

1999年,浙江三十多家厨电企业联合掀起了猛烈的价格战,市场上抽油烟机的价格一降再降。那时方太刚起步没多久,知名度也不大,销售连续五个月不增反降。一线的销售人员希望茅忠群也能降价,天天给他打电话,甚至半夜都要传递压力给他,茅忠群竟然没什么反应。大家转变策略,跑去找茅理翔。看到市场情况这样,茅理翔也有些着急,但还是没能劝动儿子。茅忠群硬挺了过去,不仅没降价,还在第二年推出了一款价格更高的产品。

到了2003年,厨电市场价格战再起,茅忠群还是坚持自己的判断,始终没参与其中。

在创办方太之前,茅理翔做的是点火枪生意,把飞翔集团做到了行业老大的位置。但后来点火枪厂商越来越多,开始打价格战,从1美元一支降到0.3美元,基本上就赚不到钱了。父亲的经历给了茅忠群很大冲击,他觉得打价格战是没有好处的,尽管后来方太几次面临相同境况,茅忠群都坐住了。

二

茅忠群正面临创立方太以来最艰难的一个决定。

2009年,方太投入千万,推出了一个名为"米博"的热水器品牌,开始尝试多品牌发展。但当时,西门子、A.O.史密斯、海尔等企业已经对重点城市市场完成了瓜分,竞争激烈,米博节节败退。有人建议茅忠群砍掉米博,专注于厨电领域。茅忠群最初的想法是"热水器市场很大,做加法也不是一件坏事",但后来发现还是会分散精力。经过半年思考之后,他最终决定舍掉米博。

等到2010年方太开始往三四线市场下沉,可以考虑做多品牌的时候,茅忠群反而不动心了。当时家电行业进入三四线市场,一种做法是在同一品牌下开发一个相对低端或相对便宜的产品,另一种就是若担心低端品牌影响高端定位,那就再做一个新品牌。

行业内其他厂商纷纷调整策略,一些连

锁渠道的高管希望方太也能如此。但内部讨论了一两年之后，茅忠群决定不做价位偏低的产品。一方面，价格一旦降低，就会遇到像华帝、美的这样的对手，相比之下，方太在渠道上并不占优势。另一方面，茅忠群也不愿动摇方太在市场上的定位，在他看来，做高端就要敢于把中低端市场都舍去，"连看都不要看"。正因为抱着这样的想法，在方太发展早期，一家国际知名的电器公司曾经找上门来，希望方太能为其做代工，报酬也很优厚，但茅忠群拒绝了。

多年以后，再次面临市场的诱惑，茅忠群的态度依然是不做促销，同一产品同样的价格往三四线市场卖。为了适应新市场，方太在渠道方面做出了一些改变。一边继续跟着苏宁、国美这样的社会化渠道往乡镇走；另一边也在三四线市场开更多的专卖店，把渠道扁平化，降低渠道费用。

2017年，方太成为专业厨电领域第一家破百亿的企业，其中很大一部分增量正是来自三四线市场。主管市场的陈浩也意识到："即使现在方太做到行业第一，但在其中的占有率也只有百分之十几，尤其在三四线市场可能更低。"

如今，其他家电细分市场的产品价格逐年降低，厨电行业却成了"利润高地"，除了细分市场的老板、华帝，大型家电巨头如美的、海尔也进入了厨电领域。美的在2014年开始发力厨电业务，用了不到三年营收就超过100亿元。方太的一些高端产品，美的也在做。

在家电专家刘步尘看来，美的和海尔在厨电领域的布局力度非常大，而且这两家都已经是千亿规模的企业，"方太长远的竞争对手不是老板电器，而是美的、海尔这样的综合型企业"。

三

每天早晨上班之前的15分钟，是方太所有员工的"读经一刻"，公司给员工购买了《论语》《大学》《中庸》等传统书籍，还定期在一楼的"孔子堂"系统讲解这些内容。

用传统文化治理公司？茅忠群从2008年就这么干了。

作为一名工科生，茅忠群之前也没学过传统文化，2004年学了四年之后，他觉得从中受益不少，就试着开始在公司推广，还想和现代管理结合起来。

2008年，茅忠群把传统文化当中的核心思想融入企业的使命、愿景和价值观中，也就是回答"方太为何存在"的问题。那时，"国学热"还没兴起，传统文化作为企业经营管理资源之一还没受到重视。《大道与匠心》一书中描述过当时的情况："行业内普遍持怀疑和观望态度，甚至企业员工里也有人认为每天早上花15分钟读经有点'儿戏'，耽误正常工作。"

茅忠群的理解里，教育只有变成行为习惯才叫成功。因此他一开始的做法是不搞强制，潜移默化地影响员工。

2014年文化落地的框架基本形成，茅忠群总结了一套"两要五法"的工具，把顾客、员工、经营管理、企业、社会都关联起来。与此同时，他把企业的文化功能从党建部移到人力资源部，公司上下每个系统、部门都根据这套工具制定工作计划，就连方太的薪酬福利体系都是以"仁义礼智信"为标准建立的。公司还把价值观判断纳入了绩效考评体系。在一线的服务、销售人员除了读《论语》，还自创了服务"三字经"。但方太的管理不仅仅依靠传统文化，内部还有严格的KPI考核。

按照茅忠群的说法，方太的管理是"中西合璧"。茅忠群前十年学的都是西方管理，还曾在中欧国际工商学院攻读过西方管理学。早期方太也大量引进世界五百强的职业经理人，但其中价值观的差异让他困惑，同样的工具和方法，被中国企业拿来以后，效果却并不明显。

后来，以稻盛和夫为代表的日本企业管

理方法启发了他，茅忠群意识到，企业管理既要制度，也需要价值观。

在方太，茅忠群会推荐员工读传统典籍，也会开给秘书一张全是西方管理的阅读书单。在茅忠群的办公室，能看到墙上挂着"无为而无不为""仁智勇"的大字，也能在书架上看到大量历史、西方管理书籍。

如果和方太的中高层交流，会发现一个现象，在他们的表述中，不时会冒出几句圣贤先哲的名言来。而茅忠群自己，早年还听张学友、唱越剧，现在连车里播放的都是《论语》。

身边的人描述他"没什么兴趣爱好，除了买书看书"。茅忠群每天早晨五六点就起床，先花半小时诵读或看《国学经典》，剩下的时间阅读其他书，这个习惯坚持了十几年。每次从方太总部宁波飞到北京的旅途中，他也能看完一本书。

方太对外的品牌传播和营销策略也都侧重传统文化，在刘步尘看来，"这很容易赢得中国公众对它的品牌好感，消费者也会从情感上认同方太。"

四

采访茅忠群当天，76岁的茅理翔还在楼下的孔子堂给人讲课。平日里，方太员工在食堂吃午饭时，也会遇见老董事长和夫人牵着手走进电梯。

外界常常会混淆，以为方太也是"二代接班"，事实上，当初是父子俩共同创办了公司。

1993年，茅忠群研究生毕业之后加入父亲的飞翔集团。为预防日后创业出现问题，他和父亲约法三章：第一，另起炉灶，老员工不要，亲戚不能进；第二，公司从乡镇搬到开发区；第三，方向性的决策，他说了算。

第二年，茅忠群提出想以抽油烟机切入厨电市场，而父亲希望做微波炉。后来，茅忠群用一份调研报告说服了茅理翔，因为当时中国抽油烟机厂虽然有250多家，但大多仿造国外，不适合中国家庭炒菜的习惯。这也是日后方太能在高端市场打败西门子的原因之一。

到了给公司起名时，父子俩又有分歧了，茅理翔想沿用"飞翔"，但儿子觉得太平淡。受香港地区烹饪主持人方任丽莎的启发，茅忠群提议用"方太"。担心改名批不下来，父子僵持不下，还吵了一架。后来，茅忠群的母亲出来做思想工作，"方太"才确定下来。

茅理翔出任董事长，茅忠群担任总裁，他们的关系也由父子变成了"合伙人"。在公司，父子俩有明确分工，茅理翔主要对外，处理政府关系、党建等，茅忠群则负责内部管理，尤其是研发和营销。

"合伙"没多久，父子间第三次争论又爆发了。1995年年底，茅忠群正领着一帮技术人员忙于开发新产品，但公司的春节晚会要求员工积极参加，精力分摊不过来，茅忠群问父亲晚会能不能取消。

这一次，茅理翔坚决不肯让步。后来，他在接受媒体采访时谈起儿子日后对文化观念的变化："忠群不仅十分重视文化，而且把文化放到了使命驱动的最高战略地位。"

再往后的分歧就是方太面临的那次价格战，曾给父子两人都当过秘书的徐望觉得这正是两代企业家不同的地方，"茅总这样的二代群体从小就不缺钱，他们对钱没那么敏感，这种情况下胆子就比较大，能坚持不打价格战。如果是一代的话，不会有这种效果。"

父子俩的不同还体现在性格上，茅理翔是一代浙商，创业时有气魄、善于交际，到了第二次创业做方太时，他给员工的印象是"比较热情，善于表达，能激起大家的激情"。

相比之下，儿子的性格就沉静多了。尤其是现在，学了多年传统文化后，更难见到茅忠群情绪外露的时候。秘书眼里，领导的这种"温和性格"也是相对而言的，"如果是触碰到原则性的问题，他还是很平和，那不就成老好人了吗？"

从1996年开始，经历了"带三年、帮三年、看三年"之后，茅理翔在2002年提前淡出方太，彻底让儿子管理企业，自己则研究起了现代家族企业。

父亲眼里儿子早就"青出于蓝"了，但对茅忠群而言，"小而美"已经不再是方太的最终目标。"优秀的企业满足人的欲望，伟大的企业引导人向善。"茅忠群希望方太能做后者。

然而现实的问题摆在眼前，面对日后厨电市场的竞争格局，茅忠群的"舍"字战略能否让方太一直继续"得"下去？

资料来源：李佳，张莹. 方太茅忠群：孔子堂里做生意[J]. 中国企业家，2018，(05)：68-71.

讨论题

1. 方太集团的价值观是什么，是如何形成的？尝试分析讨论价值观对企业各方面的影响。
2. 结合社会现实，讨论企业价值观和伦理的重要性。

第 6 章

追随者的激励

▶ **本章要点**

- 激励的含义和原理。
- 几种主要的激励理论及其运用。
- 激励理论的思考及发展。

 引例

对 "90 后" 员工的激励策略

"90 后"是"80 后"的派生词,现已成为助力企业发展的主力军。不过,"90 后"员工有其特殊的心理,对职场有自己的认识与需求,故员工激励措施也应有所差异。

一、"90 后" 员工的心理特征

1. 容易以自我为中心。"90 后"普遍是独生子女,备受父母的关怀与宠爱,容易形成以自我为中心的性格。为此,他们更注重个人利益;不善社交,喜欢独处;有自己的主见与看法,不轻易盲从。在工作中,这种性格的员工比较容易自我,不愿听从领导的严格命令与安排,也容易因为得罪人以致同事关系不融洽。不过,他们并不迂腐,有创新精神,能为企业带来活力与朝气。

2. 追求精神满足。"90 后"成长于物质生活相对富足的时代,大部分人没有遭遇吃不好穿不暖的境况。另外,他们大都接受过系统教育,有一定的知识与文化,对精神生活有更高的要求。因而,他们工作不仅仅是为了赚钱谋生,还为了实现自己的个人价值。如果工作目标与价值实现相冲突,那么有一部分人会放弃当前工作而重新选择。

二、"90 后" 员工的职场需求

1. 工作要实现自我价值。"90 后"员工会选择那些能体现其自我价值的工作,并会为之付出不懈的努力。在工作中创造价值惠泽他人,自我需要能得到充分满足。在自我价值实现的过程中,他们能够不断获得幸福感与成就感,而这又会驱使他们更加奋进。

2. 工作要不断完善自我。"90 后"员工虽然被认为相对自我,但也善于学习总结,希望不断完善自我。他们喜欢体验新鲜的事物,不喜欢那些单调乏味的工作,更喜欢富有挑战性的工作。智联招聘的调查显示,81% 的 "90 后" 不仅希望工作具有挑战性,还希望能在忙碌工作中获得晋升,具有积极进取的工作态度,而只有不到 20% 希望从事安逸的工作,只求平稳。

3. 工作要能给人带来快乐。"90 后"员

工是为兴趣而工作，享受在自由的环境，喜欢快乐的工作氛围。相对地，他们很反感形式主义、同事间钩心斗角，也很抵触企业非人性化的规章制度。为此，他们会更偏爱具有现代化的企业制度、人性化的管理方式、和谐融洽的同事关系等特征的企业。

三、"90后"员工的激励措施

1. 制定长期的职业规划。"90后"员工参加工作的时间并不长，他们多数对自己的未来发展没有规划。为此，在迷茫时期，他们会选择尝试不同的工作与岗位，通过不断体验来甄别出职业方向。那么，企业如果想留住"90后"员工，必须与他们充分沟通以了解其发展意愿，立足长期来帮助其制定职业发展规划。人力资源部门在相关工作中要承担重任并不断创新。此外，至少有两项原则要遵守：一是长期职业发展规划要能实现他们的自我价值；二是长期职业发展规划要契合他们的特点以不断完善自我。

2. 提供合适的工作内容。"90后"员工不愿碌碌无为、无所事事，他们希望接受具有创新性和挑战性的工作。为此，在为"90后"员工安排工作内容时，企业要做到下述三点。首先，要做到因人而异。根据兴趣与特长，提供相匹配的工作岗位与内容。其次，要做到相互尊重。建议充分听取意见，在双向沟通的基础上确定具体的工作任务。再次，要强化过程激励。在工作过程中，要实时了解工作进展与取得的成绩，并及时给予物质或精神方面的激励。

3. 营造良好的工作环境。"90后"员工有更高层次的心理需求，要求快乐和谐的工作环境。工作环境包括硬环境与软环境。相比较而言，他们会更加注重软环境的好与坏。比如，关于工作时间，他们更倾向于弹性工作制；关于上下级关系，他们更喜欢教练式、专业化的领导，而非官僚式、命令式的领导。为此，企业在提供良好硬环境的同时，要着重营造良好的软环境，让"90后"员工感受到平等尊重、团结互助、相互信任的组织氛围，这将是企业留住他们的最关键的环境要素。

资料来源：张菊."90后"员工激励策略研究[J].才智，2019，(09)：246.

如今90后员工已经成为职场的主力军，因受所处时代和社会环境影响，他们有着鲜明的个性特征和职业诉求，如何有效领导、激励90后员工的工作积极性，充分发挥他们的优势成为企业迫切需要解决的问题。本章将介绍激励的相关内容。

6.1 激励概述

6.1.1 激励

激励我们早已耳熟能详，随手就可以找出激励的例子，比如父母总是会以好吃的食物或心仪已久的玩具作为诱导孩子认真学习的手段，高级主管许诺下属某个职位作为完成任务的奖励，显而易见这都是激励。作为心理学的术语，激励指的是持续激发人的动机的心理过程。通过激励，在某种内部或外部刺激的影响下，使人始终维持兴奋的状态。

将激励这一概念用于领导活动，就是通常所说的调动人的积极性的问题。从理论上来讲，广义的激励就是激发和鼓励，就是调动和发挥人们的积极性、主动性、创造性。狭义的激励是一种能使个体将外来刺激内化为自觉的、适当的、健康的努力，是促使个体完成目标的行为一直处于高度努力状态的某些外在因素。也可以这样认为，激励是通过高水平的努力实现组织目标的意愿,而这种努力以能够满足个体的某些需要为条件。

对个体的工作状态来说,激励效果的外在表现有三个方面:个体工作的积极性、个体工作积极性的持续时间、个体工作的满意度。

6.1.2 激励原理

激励作为过程是从需要未满足开始的,因目标实现、需要满足而告终。

激励过程包含三种基本变量之间的相互关系(即刺激变量,需要、动机、个性等机体变量,行为反应变量)。因此人的行为激励过程,就其本质来说,就是由刺激变量(目标、诱因等)引起机体变量(个体需要与动机等)产生激活与兴奋状态,从而引起积极的行为反应,实现目标,提高工作绩效。

动机激发的心理过程模式可以表示为:需要引起动机,动机引起行为,行为又指向一定的目标。这说明,人的行为都是由动机支配的,而动机是由需要引起的,人的行为都是在某种动机的驱动下为了达到某个目标的有目的的活动。

这四者之间的关系如图6-1所示。

当然,仅仅认识到需要、动机、行为、目标之间的关系是不够的,在对追随者进行激励的过程中,目标不能成为激励的终点,相反,目标的达成应该是作为一种信息的反馈,使追随者明白只要继续这样做下去,就会有更好的绩效回报,从而产生新的需要、动机,并付诸行动,形成一个激励的循环,如图6-2所示。

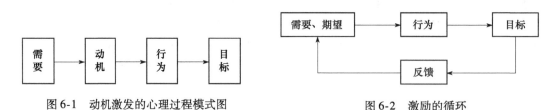

图6-1 动机激发的心理过程模式图　　　图6-2 激励的循环

所以说,领导者应该了解追随者的需求到底是什么,是美味佳肴、友情还是表扬或金钱等,领导者只有真正掌握了追随者的需要,才能将这种需要变为追随者不断奋斗的内在驱动力或是压力,从而激励其以种种行动来满足这些需求。大量研究表明,高效的追随者激励与组织绩效、公司盈利是相辅相成的。

领导者的工作内容之一就是将追随者的激励和公司目标的实现统一起来,从而提升公司业绩,因此,有必要对激励理论加以认真的研讨。

6.2 激励理论

6.2.1 需要激励理论

管理学者余世维曾讲过这样一件事,在日本有一个三得利(Suntory)啤酒厂,有一天副厂长的父亲去世,这个厂的总经理就去吊唁。按常理来说,总经理只要表达一下哀思就可以了,但总经理在送完花圈之后并没走,相反,他和副厂长站在一起向其他前来吊唁的人鞠躬。这事过后,副厂长感慨地说:"看来,我这一辈子要死在三得利了!"

基于需要的激励理论突出的是追随者需要的内容,即什么东西能激励追随者,这种理论意味着领导者要想高效地激励追随者就必须"对症下药",只有切实了解追随者想要或是他们乐意通过努力工作取得的东西,领导者才能有效地激励追随者全身心地投入工作中。

1. 需要层次理论

亚伯拉罕·马斯洛(Abraham Maslow)在1943年出版的《人类动机的理论》一书中首次提出需要层次理论,认为人类有五个层次的需要:生理需要、安全需要、社交需要、尊重需要和自我实现需要。

生理需要,是人类维持自身生存的最基本要求,如对水、食物等方面的要求。生理需要是推动追随者最强大的动力,只有这些最基本的需要满足到维持生存所必需的程度后,其他需要才能成为新的激励因素。安全需要体现的是人们对自身安全以及良好社会秩序的需要,例如追随者通常有保障自身安全、摆脱丧失财产威胁、避免职业病的侵袭等方面的需要。社交需要是追随者对社会交往的需要,对友谊、情感和爱情等的需要,表现为渴望被同事所接受,希望被组织和同事认可。尊重需要是指追随者希望得到其他人的注意和认可,渴望得到对其工作绩效的欣赏,这反映的是追随者愿意被人认可的意愿、责任感的增强、为组织做出贡献的渴望。尊重需要可以分为内部尊重和外部尊重,内部尊重因素包括自尊、自主和成就感等,外部尊重因素包括地位、认可和关注等。自我实现需要是追随者最高层次的需要,它是实现追随者个人理想、抱负,发挥个人能力,完成与自己的能力相称的一切事情的需要。也就是说,追随者只有在做他们认为称职的工作,才能使他们感到最大的快乐。马斯洛提出,为满足自我实现需要所采取的途径是因人而异的。自我实现需要是努力实现自己的潜力,使自身越来越成为自己所期望的人物。

马斯洛将这五种需要分为高低两级,其中生理需要、安全需要属于低层次的需要,它们通过外部条件就可以满足;而社交需要、尊重需要和自我实现需要是高层次需要,只有通过内部因素才能满足,如图6-3所示。一般来说,等级越低的需要越容易得到满足,等级越高满足的概率就越小。同一时期,追随者可能有几种需要,但是只有占支配地位的需要才对行为有决定性的影响。任何一种需要都不会因为更高层次需要的发展而消失。各层次的需要相互依赖和重叠,高层次的需要发展后,低层次的需要仍然存在,只是对行为影响的程度大大减小。

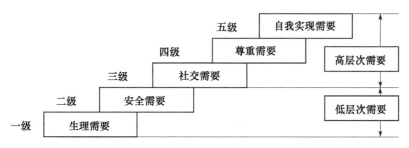

图6-3 马斯洛需要层次示意图

依据马斯洛需要层次理论,领导者激励员工的首要任务是了解员工的需要,一切激励政策的制定都必须基于员工的需要,且考虑员工需要的层次性、阶段性、多样性。尤其是当今时代,随着个体综合素质的提高、个体价值意识的普遍觉醒,领导者更要关注员工高层次需要的满足。马斯洛的需要层次理论得到了人们的普遍认可,主要原因是该理论简单明了,具有内在的逻辑性。但是，这一理论尚未得到实证研究的检验，马斯洛本人没有为他的理论提供实验证据，一些试图寻求其有效性的研究也无功而返。这说明，人的需要及其满足是一个相当复杂的系统过程。

2. ERG 理论

美国行为科学家、耶鲁大学心理学教授克莱顿·奥尔德弗（Clayton Alderfer）在《生存、关系及发展：人在组织环境中的需要》（1972）、《关于组织中需要满足的三项研究》（与本杰明·施奈德合著，1973）等著作中修正了马斯洛的需要层次理论，把追随者的需要归结为三种，即生存（existence）的需要、相互关系（relatedness）的需要和成长发展（growth）的需要，因而这一理论被称为 ERG 理论。第一种生存需要与追随者基本的物质生存需要有关，它包括马斯洛提出的生理和安全需要。第二种需要是相互关系需要，即追随者对于保持重要的人际关系的要求。这种社会和地位的需要的满足，是在与其他需要相互作用中达成的，它们与马斯洛的社交需要和尊重需要分类中的外在部分是相对应的。最后，奥尔德弗把第三种成长发展的需要独立出来，表示追随者谋求发展的内在愿望，包括马斯洛的尊重需要分类中的内在部分和自我实现需要层次中所包含的特征。

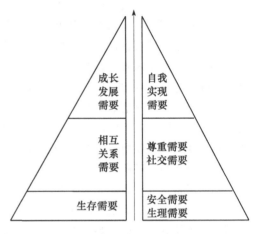

图 6-4　ERG 理论与需要层次理论对比

如图 6-4 所示，除用三种需要替代了五种需要以外，奥尔德弗的 ERG 理论作为马斯洛需要层次理论的拓展，认为追随者的满足既可以是"满足－前进"，也可以是"受挫－倒退"。所谓"满足－前进"，与马斯洛的观点类似。"受挫－倒退"是指当较高层次的需要得不到充分满足时，追随者有可能退而求其次，去追求较低层次的需要，用大量的较低层次需要的满足来弥补受挫感。比如员工晋升方面受挫，他就会转而追求高工资待遇或更舒适的工作岗位。

可见，马斯洛的需要层次理论适用于一般情形，而 ERG 理论则针对追随者的工作需要，更具实用性。领导者在应用 ERG 理论时，应注意把握"满足－前进"和"受挫－倒退"现象，正确对待追随者的个人需要，设法为追随者提供能满足其高层次需要的环境和条件，促使追随者不断向上努力，而不是相反。同时，要对追求高层次需求受挫的人予以关注，并采取适当措施，如安抚、疏导以及相应的工作调整等，尽量减少挫折感，尽快恢复情绪和信心，减少负面作用，特别注意不要产生破坏性后果。

3. 双因素理论

弗雷德里克·赫兹伯格（Frederick Herzberg）在其 1959 年发表的《工作的激励因素》一书中提出了双因素理论。

赫兹伯格曾调查了这样一个问题：人们想从工作中得到什么。他让人们详细描述他们感到工作异常好和异常坏时的情形，当被调查者对工作满意时，他们总是把成就、认可、工作本身等归于自己；而当被调查者不满意时，他们总是抱怨内部因素，如公司政策、监督、与主管的关系等。

根据调查总结，赫兹伯格认为：满意的对立面是没有满意，不满意的对立面是没有不满意。因此，影响追随者工作积极性的因素可分为两类：保健因素（不满意因素）和激励因素（满意因素），这两种因素是彼此独立的，并且差异很大，它们以不同的方式影响追随者的工作行为（见图6-5）。

```
满意_____（有）激励因素（无）_____没有满意
没有不满意_____（有）保健因素（无）_____不满意
```

图6-5　双因素理论示意图

保健因素，就是那些造成追随者不满的因素，它们的改善只能消除追随者的不满，给工作场所带来平和，而未必具有动机作用，不能给追随者带来真正的满意，即这些因素只能安抚员工，不能激励员工。这类因素包括工作条件、人际关系、公司政策、薪水、监督、地位、保障等，由于它们只带有预防性，只起维持工作现状的作用，因而也被称为维持因素。激励因素，是那些使追随者感到满意的因素，唯有它们的改善才能让追随者感到满意，予其较高的激励，调动其积极性，提高劳动生产效率。这类因素包括工作成就、认可、工作本身、责任、晋升和成长等。

领导者的资源不是无限的。根据赫兹伯格的理论，提高追随者努力水平的关键就在于适当满足其保健因素，以消除不满，同时使工作中的激励因素最大化，提高员工的满意度。也就是说，领导者应该在消除不满意因素的基础上，使用激励因素来满足追随者的高层次需要，使他们在工作中做出贡献的同时得到最大程度的满足感。因此，从赫兹伯格对激励因素和保健因素的划分来看，有远见的领导者不能一味地关注薪酬等物质激励和工作环境的改善，要更加关注对工作的设计和精神层面的激励。

4. 麦克利兰的三种需要理论

美国行为科学家戴维·麦克利兰（David McClelland）于1966年在《促使取得成就的事物》一书中提出了他的需要理论，这个理论主要关注三种需要：成就需要、权力需要、合群需要。

成就需要是指，追随者具有获得成功的强烈动机，他们追求的是个人成就而非报酬，这样的追随者会对自己的行为结果和他们想要解决的问题承担相应的责任；权力需要是影响和控制其他人的欲望，这样的追随者往往关注的是"能够控制影响他人行为的方式"；合群需要是指对于建立并保持良好人际关系、受人喜爱的渴望，这样的追随者关注的是"建立、维持和恢复与他人之间积极的感情关系"。

对领导者来说，麦克利兰理论应用的重点是那些具有高成就需要的追随者，他们总是渴望把事情做得比以前更完美、更有效，他们喜欢工作目标具有适度挑战性，喜欢自己寻找解决问题的办法，并希望准确得到关于自己工作业绩的反馈。领导者周围高成就需要的追随者越多，组织成长和发展的速度就越快。对于这样的追随者，领导者要敢于将那些"最难啃的骨头"交给他们。但是，研究也发现，高成就需要者未必就是一个优秀的管理者，尤其是对规模较大的组织而言。原因在于，高成就需要者更关注自己的成就，而一个优秀的管理者应该帮助他人实现目标。另外两种需要未得到像成就需要那样广泛的研究。麦克利兰认为，合群需要、权力需要和管理的成功密切相关，最优秀的管理者是那些权力需要较高而合群需要较低的人，权力需要旺盛的人往往有较快的晋升速度。合理激励合群需要强的追随者，有利于在组织中建立良好的人际关系，他们是组织里成功的整合者，领导者应该鼓励他们从事使不同的人和部门进行合作的工作。激励权力需要强的追随者，有利于对组织施加影响，从而使沟通和协调更加顺畅。

6.2.2 认知理论

认知理论关注的是如何调动追随者自身的能动作用，关注组织中的追随者是否有明确的目标，是否在期望成果与努力程度关系明晰的情况下付出自己最大的努力等。

1. 目标设置理论

目标设置理论是由美国心理学家 E. A. 洛克（E. A. Locke）在 1967 年提出的。这个理论认为人的任何行为都是受某种目标的驱使，因此，目标会通过提起注意、激励努力、坚持努力、寻找把任务做好的方法等心理过程，对追随者的行为起到激励作用。目标设置理论可以通过图 6-6 展示如下。

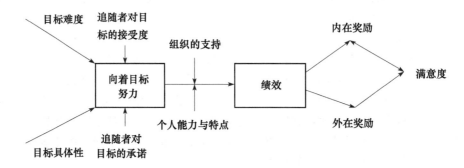

图 6-6　目标设置理论示意图

- 目标难度是指目标的挑战性和达到目标所需的努力程度。洛克认为，有难度但又可实现的目标是最有效的。
- 目标具体性是指目标的清晰度和准确度。具体的目标是最有效的。
- 追随者对目标的接受度。这是指追随者接受目标（认为是自己的）的程度。
- 追随者对目标的承诺。这是指追随者对达到目标的兴趣和责任感。

从图 6-6 中可以看出，目标难度、目标具体性、追随者对目标的接受度、追随者对目标的承诺这四个因素共同决定了追随者追求目标的努力程度。而追随者向着目标的努力，加上组织的支持及其个人能力与特点，则会共同影响追随者的绩效。组织根据绩效给追随者相应的内在和外在奖励，从而最终决定了追随者的满意度。总的来说，目标设置激励理论认为，有目标比没目标好，具体、可操作、分阶段的目标比空泛的、号召性的目标好，有一定难度的目标比随手可得的目标好，能被人接受的目标比无法接受的目标好。

领导活动的实践证明，目标设置理论是极为有效的。领导者应时刻牢记，目标是与追随者个人密切相关的一项指标，特别是当追随者具有较高的参与任务的欲望时，让其本人参与到目标的设置中来是非常重要的，这样可以大大地提高目标作为工作努力方向的可接受性，从而提高追随者工作的主动性。在目标设置的过程中，要对追随者的成就和奖励进行及时反馈，因为缺少了反馈的目标设置很难改善追随者的绩效。另外，领导者还应将组织目标与追随者的个人目标结合起来，并使个人目标有实现的可能，以最大限度地提升追随者工作的积极性。

2. 期望理论

期望理论试图厘清人们做什么与他们将得到什么成果、奖励之间的联系。它主要有两个功能性假设：激励出的绩效是个人有意识选择的结果，人们会做那些他们相信会带来最大的（或最有把握的）奖励的事。因此，期望理论是理解激励的一种高度理性的方式。它假定人们的行事方式是为了使其获得重要成果的预期最大化，而且如果影响这些预期的因素可以量化，就可能对人们的行为进行可靠的预测。在这一模型中，有三项影响因素需要量化，前两项因素用概率估计（预期），第三项因素是预期的积极、消极结果的矢量。期望理论认为，如果领导者能够了解追随者确定其特定行为能否带来有价值的奖励的过程，他们就能激励追随者。

第一项概率估计是努力-绩效期望。如同所有的概率一样，它介于事件完全不可能发生和必定发生之间：用10分位数表示，从0.0到1.0。在这里，追随者估计自己如果付出所要求的努力，能达到期望绩效的可能性有多大。第二项概率估计是绩效-成果期望。在这一情况下，假定追随者达到了理想的绩效水平，他们将估计自己得到奖励的可能性。在整个过程中，这是必需的一个步骤，因为事实上人们做了工作却未得到奖励的情况相当常见。最后，假定前面的条件都得到了满足，追随者必须确定可能的成果形式，即经算术加权计算后的总和（价位）足够大，值得为之付出时间和努力。简单地说，预期理论认为，如果以下三个条件都得到满足，人们就会有动力去完成一项任务：①如果他们付出足够的努力，就能恰当地完成任务；②如果他们完成了任务，就会得到奖励；③他们重视这一奖励（见图6-7）。

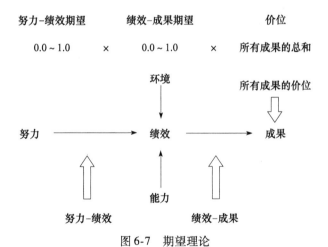

图6-7　期望理论

我们可以举一个例子来说明图中的三个关系。如果公司营销部的业务员相信，更加努力工作可以带来更高的个人销售业绩，其努力-绩效预期就会提高。而且，如果他还相信提高个人销售业绩会带来职位的晋升和工资的提高，那么绩效-成果预期也高。如果业务员将晋升和加薪看作个人的最大成果，他就会被高度激励。相反，如果他认为受经济不景气影响，无论如何努力工作都不会完成销售业绩，或者即使完成了业绩指标也不会受到奖励，或者他根本就不看重晋升和奖金，他就不会努力工作。

实际上期望理论是把追随者的需求和目标个人化，而领导者所要做的就是把组织目标与个人目标结合起来，在满足追随者需求的同时实现公司的目标，保证期望模型中三个要素的值都比较高，而且任何一项的值都不能为零。

依据期望理论，领导者激励下属时需要采取三个步骤。首先，领导者必须通过明确追随者的努力与完成任务之间的关系，来提高下属的努力－绩效期望。领导者要和下属讨论需要做什么和需要花费的时间、资源等。其次，领导者需要提高下属的绩效－成果期望，充分明确下属完成任务后从组织取得的成果、获得的奖励回报等，这可能包括年终奖、职务晋升、组织成本节约或市场份额提高等。最后，领导者需要阐明与成功完成任务有关的所有潜在价位。这一点对追随者可能并非显而易见，因此领导者需要清楚地描述正反两个方面，但应当强调目的的积极方面。

3. ProMES 理论

能被用于个人、群体和组织层面的另一项激励的认知理论，被称为生产率度量和强化系统。与期望理论一样，ProMES 是一种非常理性地看待激励问题的方法，并且关注追随者在选择做出具体行为时的决策程序。在这一程序中，当追随者看到以下因素之间的清晰联系时，就会有更高的激励水平：他们表现出的行为，他们生产出的产品和服务，他们得到的评价，他们获得的奖励，他们的个人需要。为了激励下属，领导者设置目标并提供关于追随者行为的反馈，阐明并提供关于这些行为正在如何为团队和组织创造出有价值的产品与服务，并且他们描述这些产品和服务如何进一步与追随者的绩效评估、奖励和个人需要相联系。

ProMES 理论是一种在很大程度上受数据驱动，建立在规则之上的激励理论。员工必须就他们生产出的产品和服务得到定期反馈，并得到与绩效评估和奖励有关的工作信息反馈。按照 ProMES 理论，领导者和追随者必须一同工作来开发出对工作群体生产率的度量方法、评估和奖励方向。这一过程有助于澄清追随者需要完成什么任务、以何种质量和频率完成这些任务。设计出对这些任务的反馈类型、频率和格式也是这一程序的一部分（反馈信息往往通过多种图表来提供）。人们留意使追随者的行为与团队或组织的目标一致。普里查德（Pritchard）及其同事在九个不同国家的数十个制造业、服务业、销售业和军队等组织中进行 ProMES 实证研究，其结果给人以深刻印象。在大多数情况下，ProMES 带来了生产率的提高，而且远远超过了个别的组织干预（如目标设置、培训或人事选择）所带来的生产率改善。普里查德相信，这些结果源于 ProMES 处理了激励程序中的全部联系这一事实。如果奖励就是问题所在，那么给予奖励会是激励性的，但在奖励不受重视，或是人们做什么与他们生产出什么之间没有清晰联系时，奖励不会是特别有效的激励手段。

4. 公平理论

公平理论又称社会比较理论，它是美国行为科学家 J. 斯坦西·亚当斯（J. Stancy Adams）在《工人关于工资不公平的内心冲突同其生产率的关系》（1962，与罗森鲍姆合著）、《工资不公平对工作质量的影响》（1964，与雅各布森合著）、《社会交换中的不公平》（1965）等著作中提出来的一种激励理论。该理论侧重于研究工资报酬分配的合理性、公平性及其对员工生产积极性的影响。公平理论认为，个人不仅关心自己经过努力所获得的报酬的绝对数量，也关心自己的报酬和其他人报酬的关系，也就是说人们被激励去寻求根据其绩效所期望的公平报酬。他们对自己的投入与产出和其他人的投入与产出的关系做出判断。在投入（如努力、经验、受教育水平和能力）的基础上，对产出（如工资水平、加薪、认可和其他因素）进行比较，当人们感到自己的产出－投入比和其他人的产出－投入比不平衡时，就会产生紧张感,这种紧张感又会成为他们追求公平和公正的激励基础。

如表6-1所示,如果我们的比率与相比较的其他人的比率相等,就是公平状态。当我们感到比率不相等时,我们就会经历公平紧张。亚当斯认为,这种消极的紧张状态能提供一种动机,使人们采取行动以纠正这种不公平。

表6-1 公平理论简析表

比率比较	感觉
O/I_a [①] < O/I_b [②]	由于报酬过低产生的不公平
$O/I_a = O/I_b$	公平
$O/I_a > O/I_b$	由于报酬过高产生的不公平

① O/I_a 代表追随者的产出-投入比。
② O/I_b 代表相关的其他人的产出-投入比。

当处于公平状态时,追随者一般会保持自己目前的投入水平,以获得现有的收益水平。如果他希望提高自己的收益水平,则会相应地提高自己的投入水平。不公平的状态则有两种情况,一种情况是追随者认为自己的产出-投入比小于参照对象,即报酬过低不公平;另一种情况是追随者认为自己的产出-投入比大于参照对象,即报酬过高不公平。那么,公平理论在实际应用中到底效果如何呢?有研究证据指出,对这种理论的总体结构和预测结果,还是接受多于排斥。对追随者来说,公平理论指出人们试图让投入和产出之间的比率达到平衡,这与"不患寡而患不均"的思想有异曲同工之妙。追随者一旦感觉到不公平,组织就会陷入危险的境地。

领导者要想了解追随者如何衡量他们的投入与产出的话,就要研究组织内的公平现象。公平是一个主观概念,对公平与否的判断深受个人因素的影响,包括教育背景、社会阅历以及其他个性特点。公平也是一个文化现象,与组织性质有关,尤其是受组织内部文化的影响,比如对差距的容忍和接受程度。最为复杂的是,公平是个体横向比较的结果,受个体归因偏差的影响,必然会出现"这山望着那山高"的现象。所以,领导者实践上要注意,可以通过一些客观的制度规范标准来限制下属主观比较的偏差,同时教育下属端正公平观。领导者要根据组织目标塑造合适的组织公平文化。

6.2.3 强化理论

强化理论主要研究人的行为结果对目标行为选择的反作用,通过对行为结果的归因来强化、修正或改造员工的原有行为,使符合组织目标的行为持续反复地出现。

强化理论也叫行为矫正理论或操作学习理论,是美国心理学家斯金纳(Skinner)首先提出来的,他认为,人或动物为了达到某种目的会采取一定的行为作用于环境。当这种行为的后果对他们有利时,这种行为就会在以后重复出现;不利时,这种行为就会减弱或消失。也就是说,人们会学习实施那些能带来自己所期望结果的行为,如果行为产生的不是自己想要的结果,他们就不会学习这种行为。将这个理论应用于激励,就意味着只有当高水平的绩效和目标的实现能够为人们带来他们想要的结果时,人们才会受到激励,努力地去完成工作、实现目标。也就是说,领导者可以通过把特定行为的绩效和特定结果挂钩,以此激励组织成员做出有利于组织目标的行为。

根据强化的性质和目的,可以将强化分为四种类型:正强化、负强化(或规避)、惩罚和自然消退。前两者可以增强或保持某种行为,后两者则会削弱或减少某种行为。

正强化是一种增强行为的方法。在一个组织要求或提倡的行为出现后,立即对行为人予以奖励或给予其所期望的结果,这种期望的结果我们称为正强化物,例如工资、表扬或晋升等。组织期望的行为一般是指能够对组织绩效有所贡献的行为,如生产高质量的产品或优质的服务,通过正强化物与组织绩效相联系,领导者可以刺激人们实现组织所期望的行为。

负强化也是一种增强行为的方法，是指预先告知某种不符合要求的行为或不良绩效可能引起的后果，使员工按要求的方式行事来避免令人不快的后果。企业一般都会事先规定员工迟到、早退和旷工的处理办法，如扣减工资奖金或降低绩效等级等，员工为了避免被扣减工资奖金或降低绩效等级，就会准时上班，保证出勤率。

惩罚是一种削弱、减少某种行为的方法。当下属正在实施危险行为，或正在实施非法或不道德行为时，领导者以惩罚为手段，让他们承受不想要的结果或是负面的结果，以制止该行为的再度发生。惩罚的手段很多，包括口头批评、降低工资、停职、降级和解雇。惩罚有副作用，可能会激起对方的愤怒和敌意。

自然消退是指在某种情况下，追随者由于受到刺激，可能做出一些实际上会损害组织绩效的行为。领导者通过不提供其所期望的结果，特别是撤销预定的奖酬，来减少这种行为的发生，或者领导者对某种行为不予理睬，以示轻视，从而使这种行为自然消退。

按照强化的方式可以将强化分为连续强化和间隙强化。连续强化是对每一个组织需要的行为都予以强化；间隙强化是经过一段时间间隔才强化一次。间隙强化按时间间隔和数量比例的稳定性又可以分为固定间隔（比例）强化和变动间隔（比例）强化。

领导者要注意，为了使强化达到预期效果，必须采取正确的强化方式。连续的、固定的正强化，虽然有及时刺激、立竿见影的效果，但是久而久之，人们对这种正强化有越来越高的期待，或者认为这种正强化是理所当然的。领导者要不断加强这种正强化，否则强化作用就会逐渐减弱甚至消失，例如员工固定的奖金一般要逐年增加。而间断性的、时间和数量都不固定的正强化对于长时间保持某一行为的作用更大。领导者应该根据组织需要和个体的行为习惯，采取不定期、不定量的强化方法，使每次强化都能达到最大效果。应以连续负强化为主，即对每一次不符合组织需要的行为都及时予以负强化，消除人们的侥幸心理，确保不良行为不再出现。在实际强化过程中，除要注意上述强化方式外，还要考虑以下原则方法：一是要依据强化对象的需要制定强化措施；二是要渐进式、分阶段设立强化目标；三是要及时、准确反馈；四是要以正强化为主、负强化为辅。

强化理论的不足之处在于，较多地强调外部因素或环境刺激对个体行为的影响，认为人们仅仅注重行为带来的后果，忽略了诸如目标、期望、需要等个体内在因素和主观能动性对环境的反作用。

6.3 激励理论观察

6.3.1 激励实务

前面介绍的几种激励理论，能够让领导者从需要、认知、行为等方面了解如何去激励追随者，但是落实到真实的企业管理中，形成具体的激励措施，也是领导者需要关注的方面。下面介绍几种有效的激励实务策略。[34]

1. 收入

在人才流动过程中，经济因素占有很大比重。收入的多少，不仅可以体现为物化的东西，更重要的是在某种程度上对个人价值予以肯定，从而实现员工的自我满足感，所以领导者有必要建立合理完善的收入报酬激励方法。

2. 提高工作满意度

设计一个充满吸引力的工作，增加员工的工作满意度，也是激励员工努力工作的手段之一。为员工创造一个优美、安静的办公环境，如优良的办公设备、舒适的就餐和体育锻炼空间等；在公司内形成尊重员工劳动的气氛，尤其是领导者，不能轻易否定员工的劳动成果。须知，培养员工积极性就好比堆雪人，要毁了它，一盆水足矣，但要恢复过来，可就不是一日之功了。

3. 提升亲和力

提升亲和力实质上是将领导的触须延伸到员工的私人领域，通过人际关系的交往来增强凝聚力，达到激励员工的作用。比如创办内部报刊，为员工提供一个发表意见、交流心声的园地；尽量丰富员工的业余生活，有计划地举办一些活动，如歌咏比赛、电影包场、参观等；员工生日时送上生日祝福或生日礼物，会让员工深切感受到公司大家庭般的温暖融和之情，这比空洞的说教更具震撼力。

4. 增强员工保障心理

为员工提供充实的生活保障，增强员工保障心理，对于增强员工工作积极性起着强大的基础性作用。比如为员工提供住房补贴或无息住房贷款等，使员工能更安心于工作；完善休假制度，这是员工生活中一项很重要的内容。在休假制度中，不仅应包括国家法定节假日，还可根据公司实际和员工服务年限给予相应的休假待遇。

5. 提供个人发展机会

企业可以向员工提供更多的晋升机会或更多的培训，提供学习新知识、新技能的机会，使员工不断充实自己，向更高层次发展。比如鼓励员工参加继续教育，尽可能获得各类证书，并对成绩优良者给予一定的奖励；分派员工进行专业培训；通过部门岗位轮换、安排灵活的工作任务和拜师学艺等方式为企业员工提供学习新知识、新技能的机会。

6.3.2 关于激励理论的思考

以上我们介绍了一些激励理论，但事实上，其中许多得到支持的理论只不过使事情变得更复杂了，那么我们如何看待如此众多的激励理论呢？上面所讲的激励理论与现代社会的发展契合吗？激励理论的发展又该何去何从呢？

1. 激励理论的整合

对领导者来说，无论是需要理论、认知理论或是强化理论，都是可以交叉运用的，因为这些理论相互之间并不矛盾，一个理论的有效性不能自动地使其他理论失去有效性。实际上，上述理论是相互补充的。所以，如何随机地把这些理论联系起来以理解它们的相互关系才是问题的关键。

美国行为科学家爱德华·E. 劳勒（Edward E. Lawler）和莱曼·W. 波特（Lyman W. Poter）1968 年在《管理态度和成绩》一书中提出了综合激励理论，认为一个人的努力程度取决于效价和期望值，而绩效主要取决于个人的努力程度、完成该工作所需要的特定能力以及他对该工作认知程度的影响；绩效实现后会带来各种奖酬；绩效的取得与否或难易程度又会影响个人今后对该工作期望值的认识；个人最终的满意程度取决于所得到的报酬以及个人对公平程度的认知,而这个满意程度又会影响到下一轮工作中对效价的认知程度。

图6-8既可以表示波特-劳勒综合激励理论,也可以视为激励理论的整合示意图。从图中我们可以发现,需要理论、强化理论和公平理论其实都是互相联系、互相影响的。所以,在对追随者的激励过程中,设置了激励目标、采取了激励手段,不一定就能获得所需的行动和努力。要使追随者满意,领导者就要尽力形成激励→努力→绩效→奖励→满足这样的良性循环,这取决于奖励内容、奖惩制度、组织分工、目标导向行动的设置、管理水平、考核的公正性、领导作风及个人心理期望等多种综合性因素。所以,对追随者的激励要做到环环相扣、综合激励,任何一个环节出了问题都会影响激励效果。

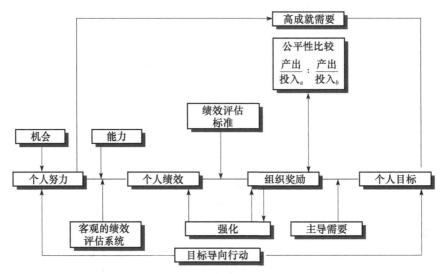

图6-8 激励理论的整合

2. 激励理论走向展望

从根本上来说,我们介绍的激励理论是以对人的心理特征和以此为基础的行为特征为出发点的。这些理论可以说是建立在需要这个理念上的,有了需要才可能形成激励理论,因此,"需要"成了我们研究激励理论的工具。但是,这些激励理论自身也存在难以解决的矛盾。特别是"需要"这个概念,属于人的内心世界,而这恰恰是难以观察、评估和衡量的。同时心理特征处于动态变化中,各种激励方法实施的可重复性差,使得领导工作难以把握。在以数字化方式生存的当下,整个社会的发展日益走向多元化,不再有统一的模式,相应激励理论的研究也迫切要求跨出传统需要论的认知框架,从新的领域和视角进行研究。正是在这样的背景下,最近几十年来,随着经济全球化和信息技术的进步,特别是随着多学科的介入和研究方法、工具的丰富,对激励问题的研究视野已大大地延伸和扩充,方法也进一步丰富和完善,并呈现出以下几个特点。[35]

(1) 研究的视角和思路已经跨出经典激励理论局限于心理过程的研究,转而侧重于从制度和机制的角度来研究问题。制度经济学及博弈论、经济机制设计理论、信息经济学、委托代理理论和企业理论等多个分支学科在这方面取得了突出的成就。制度经济学认为,有效的产权制度可以促使产权主体使用产权来谋取自身利益,产权制度还规定了个人动机应如何实现,确定了人们生产劳动和产品分配的规则,并能确保创新利润归于创新者。学习型组织理论支持了共同愿景的激励方式。组织资本理论从全新角度透视了组织激励与协调机制,组织资本采用分享型、参与型、文化型的投资方式投资，寻求提高效率的组织激励与协调途径。心理契约理论强调，要建立员工与企业之间良好的心理契约关系，通过强化道德感来激发人的主动性、积极性和创造性。随着企业组织结构趋于扁平化、虚拟化，组织边界模糊，群体激励、跨文化激励等成为激励理论的热点问题。

（2）分别从多个领域进行研究。特别是在企业领域，委托－代理关系正受到人们的关注。在这种理论下，委托人授权代理人为他们的利益而从事某种活动，这实质是建立一种激励与约束机制，使代理人能够在实现自身利益最大化的同时尽可能地维护委托人的利益，保证代理人目标和委托人的目标一致，同时使委托人有充分监督代理人的积极性，以维护委托－代理关系的正常运转。

（3）研究手段和研究结果数量化。以往的研究分析一般只停留在描述性分析上，对多种因素影响的实践结果缺乏有效解释。随着计算机的普及，数量分析、博弈论等方法越来越多地被应用于管理理论与实践，从而能够更深入精确地解释激励方法与效率的关系。比如收入分享、目标激励、锦标竞赛、加强监督四种不同激励方法会产生的不同效果，通过对这些效果的数量分析发现，锦标式竞赛方法是较好的一种激励方法。用博弈论分析团队工作，就有力证明了"搭便车"现象。用最优效用分析方法探讨支薪制与现代代理制激励哪种更好，应采用怎样的激励方法使代理人各方面都尽最大努力。

（4）激励的人本主义回归成为大势所趋。研究一下我们所提到的激励理论就可以发现，这些理论都是将人放在一定的组织中进行研究的，没有逃出组织的约束。而且这些理论往往都有行为主义的烙印，对人心理的分析往往是静态的，把受激励的人看作是获得的工具。实际上，现代社会的发展已经要求激励理论向着人的主体性地位回归，只有在人的动态本质基础上，当把人看作一种发展目的和实现发展目的手段的统一体时，我们的激励理论才能褪去行为主义的烙印，把人从组织的窠臼中拯救出来，激励理论也才能进入一片新天地。

（5）从个体激励到团队激励。随着企业管理模式的变革，团队管理成为越来越多的企业为了适应市场变化而采取的新管理模式。在团队管理中，团队更加注重对团队成员的激励，并希望在不同的阶段，通过不同的激励手段的使用，促进团队成员之间的合作，最终实现团队的目标。如何实现团队的有效激励，何种激励理论对团队激励更加有效，成为团队激励中不可回避的问题。基于团队的激励模式的重要性，而现有的团队激励理论尚不能很好地满足现实实践的要求，因此，对团队激励理论的进一步研究仍是将来研究的重点。[36]

复习思考题

1. 分析需要理论、认知理论和强化理论之间的关系。
2. 怎样运用期望理论对下属实施有效的激励？
3. 你在实际生活中是否运用过目标设置理论？
4. 用麦克利兰的三种需要评估一下自己，并谈谈对你有什么启发。
5. 描述一下自己是否受到过不公平对待，并结合公平理论解释其中的原因。

专项技术测试与反馈

一、什么能够激励你

对下面的 15 句话圈出和你的感觉最接近的数字。结合你现在的工作或过去的工作经历思考一下你的答案。1 表示非常不同意，5 表示非常同意。

1. 我非常努力改善我以前的工作以提高工作绩效。 1 2 3 4 5
2. 我喜欢竞争和获胜。 1 2 3 4 5
3. 我常常发现自己和周围的人谈论与工作无关的事情。 1 2 3 4 5
4. 我喜欢有难度的挑战。 1 2 3 4 5
5. 我喜欢承担责任。 1 2 3 4 5
6. 我想让其他人喜欢我。 1 2 3 4 5
7. 我想知道在我完成任务时是如何进步的。 1 2 3 4 5
8. 我能够面对与我意见不一致的人。 1 2 3 4 5
9. 我乐意和同事建立亲密的关系。 1 2 3 4 5
10. 我喜欢设置并实现比较现实的目标。 1 2 3 4 5
11. 我喜欢影响其他人以形成自己的方式。 1 2 3 4 5
12. 我喜欢隶属于一个群体或组织。 1 2 3 4 5
13. 我喜欢完成一项困难任务后的满足感。 1 2 3 4 5
14. 我经常为了获得更多的对周围事情的控制权而工作。 1 2 3 4 5
15. 我更喜欢和其他人一起工作而不是一个人。 1 2 3 4 5

参考答案：为了确定你的主导需要（即什么能激励你），将你的答案得分分别填入对应的题目序号后面。

```
         成就          权力          关系
      1 (    )      2 (    )      3 (    )
      4 (    )      5 (    )      6 (    )
      7 (    )      8 (    )      9 (    )
     10 (    )     11 (    )     12 (    )
     13 (    )     14 (    )     15 (    )
```

总分：把每一栏的得分加总，每一项最终得分会落在 5~25 分之间，得分最高的那项便是你的主导需要。

二、人们想从工作中获得什么

根据对你的重要程度给下面的12个工作因素打分。在 1~5 之间选择一个数字填在每一个因素后。

```
      很重要    有些重要    不重要
        5       4  3  2      1
```

1. 一件有趣的工作（   ）
2. 一位好上司（   ）
3. 对我工作的认可和赏识（   ）
4. 发展的机会（   ）
5. 满意的个人生活（   ）
6. 一项有声望或地位的工作（   ）
7. 工作责任（   ）
8. 良好的工作条件（   ）

9. 合理的公司规则、规章、程序和政策（　　　）
10. 通过学习新东西得到发展的机会（　　　）
11. 一项我可以做好并获得成功的工作（　　　）
12. 工作稳定性（　　　）

参考意见与讨论：这个问卷扩展了赫兹伯格的激励－保健理论的两个维度。为了确定保健因素或激励因素对你是否重要，把你选择的分数填在下面的题号后。

保健因素得分：2（　　　）、5（　　　）、6（　　　）、8（　　　）、9（　　　）、12（　　　）
激励因素得分：1（　　　）、3（　　　）、4（　　　）、7（　　　）、10（　　　）、11（　　　）

把每一项的得分相加并比较，对你最重要的是激励因素还是保健因素？现在分成5个人或6个人的小组，比较你们问卷的结果。

（1）你们的得分是否相似？
（2）你们组的结果和赫兹伯格的发现是否接近？
（3）在分析的基础上，你们得出的结论对激励有什么意义？

三、你对公平是否敏感

下列问题是关于你希望和你可能为其工作的任何组织保持一种怎样的关系。每一个问题的两个答案 a 和 b 共 10 分，给最符合你情况的答案最高分，给你不喜欢的低分。如果你喜欢，你也可以给两个答案同样的分数。如果你愿意也可以写零分。记住对每个问题都要用 10 分回答。在下面每个字母前的空格上写下你的分数。

在我可能工作的任何组织中：
1. 对我更为重要的是：
    _____ a. 从组织中获取；
    _____ b. 给予组织。
2. 对我更为重要的是：
    _____ a. 帮助其他人；
    _____ b. 维护我自己的利益。
3. 我更为关心：
    _____ a. 我从组织中得到什么；
    _____ b. 我为组织贡献什么。
4. 我做的艰苦工作应该：
    _____ a. 有益于组织；
    _____ b. 有益于我自己。
5. 在和组织打交道中我的个人哲学是：
    _____ a. 如果你不保护你自己，没有人会管你；
    _____ b. 付出比得到更好。

将你在下列项目的得分累加起来：1b、2a、3b、4a和5b，你的总分将会在0～50分的区间。研究者将公平的敏感度分成三组，定义如下：仁慈者：他们宁愿自己的产出－投入比低于其他人；公平敏感者：他们希望自己的产出－投入比是平等的；特权者：他们宁愿自己的产出－投入比高于其他人。

根据 3 500 多份反馈回来的材料，研究人员发现低于 29 分的可被归类为特权者，29～32

分者为公平敏感者，32 分以上者则为仁慈者。

这些又意味着什么呢？首先，并非所有的个体都是公平敏感者；其次，公平理论的预言在公平敏感者一组中是最正确的；最后，仁慈者实际上宁愿保有较低的产出－投入比，并且与其他两组相比趋向于提供更多的投入。

▶ 案例分析

碧桂园的双享机制和群狼战术

2018 年 7 月 16 日，一张碧桂园漳州御江府誓师大会的照片在微博上传开。为了"15 天冲刺 4 000 万元"，员工集体喝了鸡血。其后碧桂园回应称，照片只是摆拍，杯子里的鸡血是假的，并且已经批评了该项目。

这一幕虽然荒诞，但又难免令人震惊。碧桂园集团对于高周转的要求，传导到项目上，效果不仅没有弱化，反而使人癫狂，其组织行为能力竟已至此。原因其实不难理解，员工拍照时喝的鸡血虽假，但碧桂园通过双享机制，给员工打的"鸡血"，却是实打实的。

双享机制包含两个部分，首先是 2012 年推出的成就共享计划，其次是 2014 年末推出的同心共享计划。前者拿出项目利润的 20% 分配给员工，以奖金的形式兑现；后者则是让员工跟投项目，当项目的小老板，和大股东同股同权、同责同利。

碧桂园前 CFO 吴建斌在其个人微信公众号中记录了 2014 年初到该公司时看到的情景。"碧桂园绵里藏针下的进取欲、占有欲、成功欲，使每个人的眼睛发亮，亮得如太阳的光芒一样。特别是在几周内，经历了几次发放'成就共享'奖金的场面，获奖人高举一张张印制好的大支票，上面写着几百几十万元，那比说什么伟大梦想和崇高理想都来得刺激。"

中国人民大学教授周禹将这种激励模式称为高现值激励。周禹是中国对事业合伙人制度研究较深的学者，也是合伙人制度理论体系的建立者。在他看来，这种现货激励的好处是对人力资本的变现性非常高，可以在短期内起到强激发效应，"但这是一种兴奋剂激励模式。兴奋剂会让组织肌体在短时间有爆发力，跑得快，但也会让组织和细胞产生强依赖，长期如此，整个肌体是不健康的、不可持续的。"

周禹认为，对越有能力创造价值的人，应当越加载担当机制，赋予长效激励机制，始终让长期的价值创造和过程责任的充分担当作为所有增值分享的前提。

员工"打了兴奋剂"是什么样的？吴建斌的观察是："全公司上下沸腾，很多人亢奋得像打了'鸡血'一样。此种状态，在区域总、项目总身上表现得淋漓尽致。"

激励的效果非常明显，自 2012 年开始，碧桂园团队成为土地市场最凶的"猎食者"。但当市场下行时，风险就凸显了。2014 年，吴建斌发现，前期百花齐放式拿的地，很多遇到了销售困难。但区域总裁并不需要承担拿错地的风险，反而只要一两个项目表现不俗，就可以拿到成就共享奖金。

为了弥补成就共享的缺点，碧桂园又推出了同心共享计划，从 2014 年 10 月开始，所有新获取的项目，总部关键员工和区域关键员工都要强制跟投，非关键员工可自愿选择，就是强调企业与员工风险和责任共担，利益共享。碧桂园为各层级员工规定了不同的跟投额度，没本金也没关系，杨老板可以借给你。据说杨国强非常关心关键员工的跟投情况，冷不丁会过问一下，当得到足额跟投的答复时,他就很满意。

但成就共享计划也被保留下来了,双享机制在不同层面发挥着作用。财务部门每个月都会给员工发一张表,是每个人最新累积奖金金额,数字一直在跳动。2017年开年,碧桂园的6名区域总裁获得了上亿元奖金。这都是刺激员工荷尔蒙的兴奋剂。

兴奋剂是会让人上瘾的。周禹有些担心:"这种刺激感过于强化之后,它会把员工的注意力最后迁移到强外部激励上,最后对工作、对客户、对事件本身的关注度,会被非常凶狠地替代和剥夺掉。"

是不是应该有一个"笼子",将员工的个人欲望关在一定的尺度范围内?当记者提出这个观点时,莫斌不太能接受:"双享机制不是要把欲望关在笼子里,而是要释放所有人的潜力。"

碧桂园之所以能成为全球最大,是多重因素共同作用的结果,双享机制就是其中之一,它非常重要,其意义也绝不仅仅是释放人的潜力。

地产开发具有很强的地缘特征,很多时候集团层面是鞭长莫及的。在一定程度上,跟投机制可以克服管理半径过长的问题。区域总裁、项目总裁都把身家投了进来,他们至少要对自己负责。所以,碧桂园采取了充分授权的管理方式。

"资金的使用、人才的录用都是区域总裁说了算,2018年甚至连买地也完全授权了,只要按照公司的要求,你认为可以买就买。"碧桂园湖南区域总裁助理蓝维维表示。

有时候,这种授权的尺度之大,被授权方自己都会觉得太刺激。"有时候拍块地,现场会超授权,超五六千万元都没事。你享受过这种刺激吗?这就是无限授权。"另一位碧桂园区域公司管理层说。但他也会有压力,会害怕,怕预判不够,项目做不下来怎么办。

在房地产行业里,碧桂园拥有一支最具狼性的团队,但高激励政策绝不是保持这种狼性的唯一策略。长期存在的内部竞争,让这池水无时无刻不被搅动着。在集团划分的多个大区中,核心城市会被归入多个区域,土地投资人员跨区域重合竞争,有时甚至会同时出现在一场土地竞拍中。

根据上述区域公司管理层的描述,这种群狼战术让他们像"插花"一样跑来跑去。有时候跑着跑着,集团会突然来个锄弱扶强,那些规模小的区域公司就没有了。所以大家都有很强的焦虑感,一路奔跑下去。"最痛苦的,不是怕做不过同行,而是怕做不过兄弟。"

另外,碧桂园有一个"未来领袖"计划,杨国强一直引以为豪,以40多万的年薪在全国招聘了超过1 122名博士生,选拔率26∶1。根据此前媒体报道,碧桂园的博士选拔标准是,情商和智商同高,较少愿意投入科研工作,而希望快速实现人生价值。

如果说碧桂园采取的是群狼战术,那么这1 122名博士就是一群最聪明的狼,他们被放到了一起,当然不可能每个人都成为头狼。截至目前,未来领袖共产生了16个区域总裁,其中最具有标杆意义的,是2007年加入碧桂园的程光煜,目前已经是集团副总裁兼营销中心总经理。

碧桂园现有员工超过10万名,招纳1 122名博士,就好像在池子里放进了1 122条鲶鱼,他们会激活整个池子的生态。当谈到"未来领袖"时,一名海归硕士对他们的职业前景表现出羡慕,但你从他的脸上捕捉不到任何服输的信号。

资料来源:王芳洁,李艳艳. 碧桂园高高在下[J]. 中国企业家,2018,(16):24-35.

讨论题

1. 碧桂园的双享机制是什么,有效性体现在哪里?
2. 碧桂园群狼战术的"狼性"如何激发出来?
3. 查阅资料,分析碧桂园激励方式的局限性。

第 7 章
追随者队伍建设

▶ **本章要点**

- 追随者及其类型。
- 工作满意度。
- 授权。
- 建设团队。
- 接班人的培养和选择。

  引例

领导与下属 "相交甚欢" 的 "五常" 之道

仁、义、礼、智、信宣扬的与人相处之道，对于提高个人修养，改善人际关系，有重要的借鉴意义。领导在处理与下属的关系时，不妨在"五常"之道上下点功夫。

以仁为本

一是"人性管理，爱他人"。作为单位的管理者，领导要有"老吾老以及人之老，幼吾幼以及人之幼"的仁爱之心，关心下属生活之疾苦、事业之发展，将上下级关系以亲情相处，不摆架子，不打官腔，将刚性管理柔化为人性关怀。唯有如此，才能赢得下属的尊重与支持。二是"推己及人，敬他人"。与人相交，若要以仁德服人，不仅要洁身自好，提高修养，还要能换位思考，为他人着想。对待不同的下属，要站在下属的位置上思考问题。三是"上以厚下，怀他人"。所谓独乐乐不如众乐乐，睿智的领导一定会把下属的利益放在高处，宅心仁厚，以长者心容幼者误，忧下属之忧，乐下属之乐。

以义为先

义者，道义、情义、正义。一是"义字当先，担道义"。"兵有误，将之过"，英明的领导在关键的时刻总能义字当先，勇于将责任扛在肩上，把错误揽在身上，如此，对下属虽无重责却胜万千刑罚，这样的领导如何能不众望所归？二是"义在利先，重情义"。领导与下属，不是纯粹的劳动合作关系，领导应把下属当作并肩战斗的战友和兄弟，才会有所向披靡、势如破竹之气势。三是"义为治先，行正义"。兵安兵位，将安将职，帅方能运筹帷幄，决胜千里。领导在其位，谋其政，治下有方，下属才能各安其职，各尽其能。

以礼为重

礼蕴含善良、和谐、秩序的价值观念，

是建立和谐人际关系的核心。一是"知礼，严于律己"。古人讲得好，官德乃为官之本，本固则德厚，德厚则威高。上好礼，则民莫敢不敬。二是"行礼，宽以待人"。知礼不行礼，则无礼。领导在与下属交往时，要以礼待人，就要慎言、慎行、容错。三是"明礼，心存善念"。与人为善乃和之根本，领导与下属相交，主动权在很大程度上掌握在领导手中，领导要常给下属鼓励的微笑，才能让下属心情舒畅，才能走进下属的内心。

以智为政

智，聪明睿智、智谋、才智，知识渊博之意。领导以智治下，应有以下"三要"。一要已有"智"，领正路。领导是单位的决策者，有"智"是基本素养，要能观大势，谋大事，明是非，正方向，有所为有所不为。二要识人"智"，集合力。尺有所短，寸有所长，智慧的领导要能深入了解下属，知其长短、优劣，在工作中合理配置，扬长避短，让下属各尽所长，各司其职。三要助人"智"，共成长。领导要将下属的成长与发展放在心上，设身处地为下属的未来指道路、引方向，下属兵强马壮，领导才能率军驰骋沙场。助人也是自助，领导有助人之智，才能给下属带来"满满的幸福"，才能与下属共同进步。

以信为源

信，指诚实、信任、守规。领导何以能得道多助，以信为源，应做到以下三点。一是守真，以信接人。领导要能以信接人，谨守真心。信任下属，切不能事必躬亲，抢了下属的活，让下属无所适从。二是守诺，言而有信。领导在下属之"上"，一言一行皆在下属眼中，有什么样的领导就会有什么样的下属，领导守诺有信，下属也会言而有信，上行下效即为此意。三是守信，诚以待人。领导诚以待人，下属才能以诚相待。真心为下属办事，将"诚"之意体现在与下属交往的点点滴滴中，这样才能有以诚报诚、以心交心、以情换情的效果，领导也才能真正走进下属心里。

资料来源：张道明，张凯，田乾坤. 领导与下属"相交甚欢"的"五常"之道[J]. 领导科学，2018，(21)：36-38.

有效追随者能够帮助领导者塑造高效的领导行为，高效的领导行为能够潜移默化地影响、培养出优秀的追随者，两者相辅相成，彼此成就。本章将介绍追随者及队伍建设的相关内容。

7.1 追随者概述

严格来讲，领导学中的追随者不等于员工，其有特定的内涵，而且这一概念随着领导学的发展逐渐丰富。简单说，追随者是员工中的骨干、中坚力量。曾经有人说过，成为优秀领导者的条件是要有一流的追随者。一个领导者可以拥有很多员工，但并不见得拥有很多追随者。追随者是决定领导绩效高低的重要变量，因为再好的决策都需要追随者去实现，再好的领导意图都需要追随者去贯彻。

7.1.1 追随者的内涵

现代领导理论认为，追随者分为个体追随者和群体追随者。个体追随者既具有支持领导者实现组织目标的意愿,又具有依靠其交际技能与他人保持一致和创造良好氛围的能力。这些个体没有个人英雄主义作风,在追逐集体目标与个人目标之间保持道义和心理平衡,具有为了完成更伟大的目标而积极参与团队工作的能力。群体追随者是指领导者所构建的具有一定规模并经过制度设计为每个人提供角色定位的一种组织。不论是个体追随者还是群体追随者,他们都是领导活动中执行具体决策方案和实现组织目标的行动者。同时在组织中,一个人可能同时扮演追随者和领导者双重角色。

有效追随者是我们最为关注的焦点问题。一个成功的组织不仅需要优秀的领导者,也需要有效的追随者。那么,有效追随者的内涵是什么呢?

(1) 具有自我领导与自我管理能力。能够自我思考,独立工作,不需要领导者时时刻刻的指导,也就是说有效追随者的成熟度是很高的。

(2) 具有较强的目标承诺感。有效的追随者除思考自己的生活之外,还会对一些事情做出承诺,如一个目标、一件产品、一个团队、一个组织、一种想法。大多数人都喜欢跟除体力投入之外还有情感投入的同事合作。

(3) 凭借自身的能力充分实现目标。有效的追随者尽力发展自身的技能并为了达到最佳效果而努力,他们掌握对组织有用的技能,对自己设置的绩效目标比工作要求和群体的要求还高。

(4) 具有诚实、勇敢和值得信赖的道德品质。有效的追随者是独立的、批判性的思考者,他们的知识和评价均值得信赖。他们有很高的道德标准,信誉良好,敢于对自己的错误承担责任。

正如领导者要凭借权变能力来处理与下属的关系一样,追随者也要凭借有效的权变能力来处理与领导者的关系,以强化他们在领导者心目中的重要性,以更好地发挥追随作用。例如,对不拘小节的领导者来说,工作细致的追随者可能得到他们的喜爱;对刚正不阿的领导者来说,灵巧、诡秘的追随者可能会引起他们的不满。因此,有效的追随者除有其一般性的内涵之外,还取决于他们如何通过有效的方式将其有效性展现在领导者的面前,这对追随者来说显然是一种很大的考验。

7.1.2 追随者分类

罗伯特·E. 凯利(Robert E. Kelley)描述了五种追随者的风格[37],这几种风格被划分为两类。第一类范畴包括独立性和批判性思维与依赖性及非批判性思维的对立。一个具有独立性和批判性思维的思考者,对人们为实现组织目标所做出的贡献十分留意。他能够认识到自己的行为和行为的价值,可以站在领导者的角度上衡量一些决定产生的影响,给出有建设性的批评、创意和改革方案。相反,一个具有依赖性和非批判性思维的思考者,除被告知的东西之外,根本不考虑其他任何可能性,他对组织的壮大没有任何贡献,只知道想都不想地接受领导者的主张。第二类范畴是积极表现和消极表现的对立。积极的个人全心全意地参与到组织中去,投身超出工作职责范围的事务中,表现出一种主人翁意识,主动解决问题,做出决定。消极的个人则需要领导者持续不断的监督和鞭策,消极常常被视为懒惰,除被要求的事之外什么也不做,并且对附加的责任避之唯恐不及。

根据追随者在这两类特征方面的表现情况,可以将追随者分为五种:落落不群的追随者、墨守成规的追随者、实用主义生存者、被动的追随者和有效的追随者,如图 7-1 所示。

```
                    独立性和批判性思维
         ┌─────────────────────────────────────────┐
         │  落落不群的追随者              有效的追随者  │
     消   │                                          │  积
         │              实用主义生存者                │
     极   │                                          │  极
         │                                          │
         │   被动的追随者              墨守成规的追随者 │
         └─────────────────────────────────────────┘
                    依赖性和非批判性思维
```

图 7-1　追随者类型

　　落落不群的追随者虽然并不主动，却是很有主见的批判性思考者。他们有能力思考，却仅关注组织和别人的缺点，而不是积极地参与解决问题。他们往往喜欢揭伤疤，敢于指出组织目标、决策与程序上的不恰当之处，所以被认为有能力却有点愤世嫉俗，他们会因此阻碍自身的发展或给人留下不好的印象。他们认为自己是有异议者、健康的怀疑主义者和真正具有组织观念的人，领导者则把他们视为麻烦制造者、愤世嫉俗者、败事有余者、刚愎自用者、怀有敌意的对手，而不是团队工作者。落落不群的追随者有可能是从受到挫折和打击的有效追随者转化而来，如果不是这样，那他们有可能是有效追随者的前身，领导者有责任帮助他们转化为有效的追随者，指导他们加强自我反省、积极参与解决问题，降低反叛程度。

　　墨守成规的追随者积极地参与组织活动，却不具备独立的、批判性的思维能力。他们根本无视工作的本质，唯命是从。他们习惯于服从命令，并且积极地执行命令。由于墨守成规的追随者过于积极，且从不考虑按要求办事的后果，一旦他们执行的命令与组织所奉行的价值相抵触，情况将会变得很危险。因为他们对执行的命令没有任何批评性的估价，缺乏对上司的质疑，他们把自己视为负责任的奉献者。这种风格常常来源于严苛的制度和独裁的环境，在这种环境中，领导者把下级的建议看成是对他们的挑战和威胁。

　　实用主义生存者是那些对组织目标负责但不喜欢兴风作浪的人，从另一个角度来说，他们也是见风使舵，尽量减少风险的人。他们不喜欢出风头，倾向于做二流人物并把自己拴在组织的命脉之中。他们与权力中心保持一定的距离，因此很难将他们的立场与观点辨认清楚，他们留给别人的印象是在肯定与否定之间模棱两可。就其积极的一面来说，他们做事情恰如其分，知道在组织体系中如何工作以顺利地完成任务，执行来自中层管理人员的命令而与更高层的领导者保持距离，是游戏规则的执行者。不幸的是，他们往往被视为在玩政治游戏，通过交易使自己的利益最大化，不喜欢冒险并倾向于掩盖痕迹，是忠诚于书面规则而不是归附于精神灵魂的官僚。在组织濒临绝境的时候，他们会不择手段。

　　被动的追随者既没有独立的、批判的思考，又没有积极主动的参与。他们看领导者脸色行事，如果没有鼓动，他们是不会主动完成某项任务的。由于缺乏积极性和责任感，他们倾向于从领导者那里获得持续不断的指导和监督，而绝不会主动承担额外的任务。领导者认为这一类型的追随者是其性格所致，是懒惰的、缺乏能力和主动性的或是愚蠢的。这种风格往往是领导者希望和鼓励被动行为所致，过分控制、严惩错误的领导者也会导致类似结果。

　　有效的追随者既是独立的、批判性的思考者，又能积极地参与组织活动，是典型的与他人保持密切联系的自我领导者和合作者。在追随者看来，他们是值得依赖的合作者；在领导者看来，他们不仅具有独立、革新、创造的品格，还是经得起考验的。即使在面对制度性障碍和来自被动型、实用型合作者的人为障碍时，他们也可以通过自己的才智创造更辉煌的业绩。领导者不仅可以通过对有效的追随者的依赖节省更多的领导成本，还可以从他们这里获取有益的建议。有效的追随者关注组织中的"公共利益"，他们把组织视为一个公共组织，并在承担多种责任的基础上，以自己的身体力行去影响他人。

7.2　工作满意度

7.2.1　工作满意度的含义

根据国外学者的研究，不满意是人们离开组织的一个非常重要的原因，如表7-1所示。

表7-1　人们为何离开或留在组织中

人们为什么离开组织	人们为什么留在组织
有限的认可和赞扬（34%）	承诺提供长期雇用（82%）
薪资（29%）	支持培训和教育（78%）
有限的权威（13%）	雇用/留住努力工作、聪明的人（76%）
人格冲突（8%）	鼓励有乐趣的、大学时代的关系（74%）
其他（16%）	将工作评估建立在创新之上（72%）

资料来源：Pace Communication, Inc., Hemispheres Magazine, November, 1994, p.155; and "Keeping Workers Happy," *USA Today*, February 10, 1998, p.1B.

1. 工作满意度的概念

工作满意度是一种工作态度，是追随者对所肩负工作的情感反应，它强调的是态度的情感成分。工作满意度由于严重影响追随者的工作行为，因此备受管理者关注。从本质上说，工作满意度取决于追随者的期望和对实际结果的比较。追随者的期望主要包括工资收入、福利待遇、工作安全和富有成就等；组织的期望则是追随者努力工作、忠于组织，并在绩效评价中体现出来。由于组织对追随者的绩效评估受主观知觉的影响，评估结果也许与追随者期望的结果不一致。如果追随者的期望很高，而实际得到的与期望不一致，就会产生不满，但如果实际得到的与期望一致，追随者就会感到满意。

工作满意度可以被定义为：由人们对自己的工作或工作经历的评价而产生的愉快或积极的情感状态。它的产生源于追随者认为工作确实提供了他在工作中所看重的东西。

根据这一定义，工作满意度有以下特征：第一，满意是对工作的情感反应，只有内省才能完全了解。我们无法直接观察到满意，只能从追随者的行为或言辞中推测它的存在和程度。第二，在不一致的基础上才能更好地理解工作满意度。一些学者指出，工作满意度概念实际上是人们期望从工作中得到的与他实际得到的比较结果。人在开始工作时会抱有各种期望，这些期望不仅在性质（不同的人看重工作中不同的东西）上不同，强度也有所不同。在工作业绩的基础上，人们得到结果，如奖励不仅包括外部的奖励，如奖金和升职，也包括各种来自内部的奖励，如令人满意的同事关系和有意义的工作。当得到的结果达到或超过期望时，员工就对工作感到满意，愿意继续做下去；当结果远远超过期望时，员工会重新评价他们的期望，可能会提高期望使之与结果匹配。但是，当结果不能满足期望时，人们无法满意，会去寻找其他能使他们满意的途径，如换工作，或是更加注重其他活动如户外运动。[38]

2. 工作满意度的种类

追随者工作满意度不仅仅是对任务，而且是对工作环境的一种态度和感情反应；它包括对工作背景的满意程度、对工作群体的满意程度和对企业的满意程度。

（1）对工作背景的满意程度包括：工作空间质量——对工作场所的物理条件、企业所处地区环境的满意程度；工作作息制度——合理的上下班时间、加班制度等；工作配备齐全度——工作必需的条件、设备及其他资源是否配备齐全、够用；福利待遇满意度——对福利、医疗和保险、假期、休假的满意程度。

（2）对工作群体的满意程度包括：合作和谐度——上级的信任、同事的相互了解和理解，以及下属领会意图并完成任务的情况；信息开放度——信息渠道畅通、信息的传播准确高效等。

（3）对企业的满意程度包括：企业了解度——对企业的历史、文化、战略、政策的理解和认知程度；组织参与感——意见和建议得到重视、参加决策等。

追随者工作满意度的重要之处在于，通过对追随者工作满意度的测量和分析，企业可以了解追随者的工作状态，反省企业管理状况，及时改进管理，增强企业凝聚力。

3. 工作满意度的内容

一般认为，工作满意实际上是几种相关的态度。所以在说到满意时，我们必须明确"对什么满意"。研究表明有五个方面的内容是工作最重要的特征，人们会对之有情感上的反应，它们是：

- 工作本身：追随者所从事工作的有趣程度，提供进一步学习的机会和承担更多的责任。
- 报酬：所得到的报酬多少、报酬的公平性和支付报酬的方式。
- 升职机会：升职的现实可能性。
- 上司：上司的技术和管理能力，上司对追随者及其利益关心的程度。
- 同事：同事友善、有技术能力和支持合作的程度。

工作的其他方面尽管也很重要，但上述五个内容在评价组织中的工作态度时最常用。

4. 影响工作满意度的因素

工作满意度是一种强烈的个体体验，因此个体本身的个性、工作本身的特征及个体所处的具体环境等都会对个体的这种体验产生相应的影响，从而影响个体的满意度。

追随者个性对工作满意度的影响 追随者的个性对工作满意度有很大的影响，心理学家霍兰德（Holland）提出的人格与工作匹配理论对此做了论证。他指出，追随者对工作的满意度和流动的倾向性，取决于个体的人格特点和职业环境的匹配程度。据此，霍兰德划分了六种基本人格类型，即现实型（简称R）、研究型（简称I）、艺术型（简称A）、社会型（简称S）、企业型（简称E）和事务型（简称C），并提出了与这六种人格类型相对应的工作环境。霍兰德得出的结论是：追随者的人格与职业的高度匹配将给个体带来更多的满意感，因为当人们的人格特征与所选择的职业相一致时，他们会发现自己有合适的才能和能力来适应工作的要求，依靠这些才能和能力，他们也往往能够在这些工作中获得成功，由此达到一个较高的心理满意度。

智力挑战型工作对工作满意度的影响 智力挑战型工作是一种对追随者的技能要求很高，并允许他们自行安排工作节奏的任务。一般认为，追随者个体要有很强的主动性，才会选择这样的工作。这种工作本身能够为他们提供运用自身技术和能力的机会，并享有一定的自由度，同时又能够对他们工作的好坏及时提供反馈。需要指出的是，挑战性低的工作使人感到厌烦，而挑战性太强又会使人产生挫折和失败感，只有具有适中挑战性的工作，才能使追随者感到畅快和满意。

公平报酬对工作满意度的影响 报酬与满意度之间的关系并不反映在个体的绝对收入方面，而主要取决于其对公平的感觉。追随者希望报酬制度和晋升政策公平公正，与他们的期望相一致。当追随者认为其获得的报酬公正地建立在其所从事工作的要求、个体技能水平、行业工资标准的基础之上时，就会产生相当的工作满意度。事实上，不是每一个体都只为了钱而工作，许多人宁愿接受较少的报酬，而在一个自己喜欢的地点工作，或者选择要求较少的工作，或者选择有更多自主性和自由支配时间的工作。

支持性的工作环境对工作满意度的影响 支持性的工作环境对追随者的满意度有相当的影响，特别是现代社会对追随者的工作提出了更高的要求，一个相对舒适的，具有合适温度、照明的工作环境对追随者的创造性劳动必不可少。而基本的通信与收集资料的手段，也将为追随者的工作提供更大的便利，从而可能带来一个相对较高的满意度。

融洽的同事关系对工作满意度的影响 友好、体贴、热心的上级和同事无疑有助于获得工作满意度。每个人都有与他人交往的需要，如果所从事的工作能够满足他们在这方面的社交需要，无疑其工作满意度会提高。所以，毫不奇怪，友好的支持性同事会提高追随者对工作的满意度。也有研究证实，当追随者的直接主管是善解人意的、友好的，对好的绩效及时给予表扬，并能倾听追随者的意见，对追随者表现出个体兴趣时，追随者的满意度会提高。

7.2.2 工作满意度的测量

1. 工作满意度模型

工作满意是个体所要求和预期的工作结果与其得到的结果之间差异的函数。当其工作结果（包括在物质方面得到的回报和在心理方面得到的满足感）与个体的预期和要求相吻合时，个体将体验到较大的满意。这种满足的过程受到个体差异和个体公平感的影响。所谓个体差异，主要涉及两个方面。

（1）个体对实际工作性质的知觉不同，从而表现为个体工作信念的不同。比如，两位管理人员，一位认为自己在财务管理方面有特长，而另一位认为自己的优势应该体现在人力资源管理方面。如果这两人目前都从事财务管理方面的工作，显而易见，前者就会有更高的满意度。

（2）即使个体感到他们的工作是等价的，但由于个体价值观体系所支配的个体偏好有所不同，也可能导致他们对工作需求的不同。接着上面的例子，即使两位管理人员认为从事财务管理和人事管理同等重要，但是偏好人事管理的管理者，其满意度还是会低于偏好财务管理者。正是因为这种差异的存在，在同样的工作环境与工作报酬的情况下，个体会产生不同的满意度。

所谓个体的公平感，是指个体把自己用于工作的投入和获得的结果，与其他有关的个体和群体的投入与结果相比较，如果两者的比相等，个体便会产生公平感。公平感对工作满意度有重要影响。某人平时的工作量（投入）是其他人的两倍，获得的收入（结果）却与其他人持平甚至更低，很明显，这个人会产生不公平感，由此导致较低的工作满意，并影响其工作的积极性。

工作满意度体现为一组工作态度，这种态度来自人们的信念和价值观。个体差异和公平感正是在影响个体的价值观和信念的基础上，导致个体产生不同的工作满意度的。

工作满意度模型揭示了以上的过程（见图7-2）。

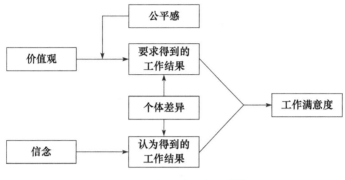

图 7-2　工作满意度模型[39]

2. 工作满意度的测量

工作满意度测量的主要方法是满意度调查，通过适当的满意度调查，能够了解到追随者的满意状况，从而使管理层意识到哪个追随者群体或哪个组织层面在工作的哪个方向存在问题。国际上流行的工作满意度调查方法有三个：工作描述指数（JDI）、明尼苏达满意度调查（MSQ）、彼得需求满意度调查（NSQ）。

工作描述指数　工作描述指数（job descriptive index，JDI）是由史密斯设计的。JDI用五个工作要素即工作状况、报酬、提升、管理情况和人际关系对工作满意度进行调查。对项目评价回答"是"记为+1分，回答"不是"记为-1分，回答"不能确定"记为0分。正分越高说明对工作越满意，负分越高说明对工作越不满意，如表7-2所示。

表 7-2　工作描述指数

序号	项目	评价结果	是	不是	不能确定
1	工作状况	日常性的			
		令人满意的			
		好的			
		有独立性的			
2	报酬	满足正常的开支			
		不稳定的			
		少于该得的			
		高的			
3	提升	凭能力提升			
		到了顶点的工作			
		不公平的提升方针			
		按规定提升			

(续)

序号	项目	评价结果	是	不是	不能确定
4	管理情况	不礼貌			
		表扬好的工作			
		有影响力的			
		监督管理力度不够			
5	人际关系（包括与同事、上司）	乏味讨厌			
		负责			
		明白			
		话太多			

明尼苏达满意度调查 明尼苏达满意度调查（Minnesota satisfaction questionnaire，MSQ）是由明尼苏达设计的对工作满意度调查的简单形式，共有20项，总的满意度可以通过加总20项的全部得分获得（见表7-3）。例如，你对自己的工作在以下这些方面的满意程度如何？

A. 非常满意：对工作中这些方面非常满意。
B. 满意：对工作中的某一方面满意。
C. 不能确定：不能确定满意还是不满意。
D. 不满意：对工作中的某一方面不满意。
E. 非常不满意：对工作中的某一方面非常不满意。

表7-3 明尼苏达满意度调查

序号	调查内容	A	B	C	D	E
1	使自己始终很忙					
2	独立工作的机会					
3	时常有做不同事情的机会					
4	成为团体中一员的机会					
5	上级对待职员的方式					
6	管理者的决策能力					
7	能够做不违背自己良心的事					
8	为别人做事的机会					
9	叫别人做事的机会					
10	工作所提供的稳定就业的方式					
11	做发挥自己能力的工作的机会					
12	公司下令付诸实践的机会					
13	所得报酬与自己所做工作的机会					
14	做该工作的提升机会					
15	使用自己判断的机会					
16	按自己的方式做工作的机会					
17	工作条件					
18	同事间相处的方式					
19	干好工作所得到的赞扬					
20	从工作中得到的成就感					
总分						

彼得需求满意度调查 彼得需求满意度调查（Peter need satisfaction questionnaire，NSQ）适用于管理人员（见表7-4）。例如，把所有因素考虑在内，你对工作满意吗？

表7-4 管理人员的NSQ

序号	调查内容	现实与期望	答案等级				
1	在你当前的管理位置中，个人的成长和发展的机会	现在状况	1	2	3	4	5
		应该如何	1	2	3	4	5
2	在管理位置中的安全感	现在状况	1	2	3	4	5
		应该如何	1	2	3	4	5
得分							

工作满意度与绩效的关系 工作满意度与绩效的关系，较早的看法是"满意的追随者就是绩效高的追随者"，即高工作满意度带来高绩效。但研究发现，工作满意度和绩效的关系还会受到一些中介变量的影响。一个因素是追随者的行为是否受外界控制，只有不受外界因素控制时，两者的关系才较强。另一个因素是工种，对机械操作来说，生产效率更多地依赖机器的运转速度，股票经营主要取决于股市行情，而对于职位阶层较高或主要靠脑力或智慧从事工作的追随者，两者的关系则非常密切。

波特和劳勒提出："生产效率决定工作满意度，而不是工作满意度决定生产效率。"他们认为，工作出色自然感到满意，即高工作绩效导致高满意度。因为生产效率高的时候，可以得到组织嘉奖，或加薪或晋升，也就提高了对工作的满意度。这里引入了奖励作为中介变量，满意度成了工作绩效的间接产物。

美国学者切林顿（Cherington）等人则认为，满意度和绩效并无固定关系，而是按现有绩效付给奖酬才导致了随后阶段的高绩效，进而导致了高满意度。他们研究发现，得到奖励的追随者的满意度远高于未获奖励者，获得与绩效相当奖励的员工随后做出的绩效，远高于未按绩效高低奖励的追随者。通过实验发现，满意度与绩效之间并不存在单一的正相关，有时甚至没有任何关系。除奖励之外，领导行为、个人工作经历和工作环境等因素都会影响二者的关系。工作满意度与绩效之间不是简单的因果关系，目前关于二者的关系还没有定论。

追随者不满意的行为表现 追随者对工作不满时，往往会有多种反应形式，常见的有四种。

- 退出：直接离开工作或组织，包括请求调换岗位、寻找新单位或辞职。
- 建议：采取主动的或建设性的努力来改善工作条件，包括提出改革建议或与有关人员讨论面临的问题。
- 忠诚：被动但乐观地等待环境有所改善，包括相信组织或管理层能够改变现状，在组织遭到批评时维护组织形象等。
- 怠工：被动地听任事态越来越糟，包括长期缺勤或迟到、工作不努力和失误率增加。

追随者表达不满的行为，从消极的一面来说，可能会给组织带来难以处理的麻烦。比如不选择辞职而是选择抱怨、抵触、旷工、迟到、怠工、放任错误率增加，甚至出现破坏性行为等。从积极的一面来说，则可能表现为提意见或建议，找出症结，主张建设性改革，甚至即便有所不满，仍尽力维护组织的利益和形象。作为领导者，不能坐视追随者不满意对组织可能产生的损害，应当采取措施努力诱导积极反应，并借此解决存在的问题，改善管理，消除不满情绪。

7.2.3 如何提高追随者工作满意度

了解追随者工作满意度的概念和内涵,明确如何调查评估后,领导者就可以根据了解到的情况对问题做出分析反馈,采取措施提高追随者的工作满意度。下面就是一些相关的建议。

1. 创造公平竞争的企业环境

公平体现在企业管理的各个方面,如招聘时的公平、报酬系统的公平、绩效考评的公平、晋升机会的公平、辞退时的公平以及离职时的公平对待等。

2. 创造追求进步的企业氛围

企业不断追求进步表现为:重视培训、重视员工的职业发展。社会发展速度越来越快,工作中所需的技能和知识更新速度也在加快,因此培训已成为公司提高追随者工作效率、增强竞争力的必要手段。

3. 创建自由开放的企业氛围

现代社会,人们对自由的渴望越来越强烈,追随者普遍希望企业是一个自由开放的系统。能给予追随者足够的支持与信任,给予追随者丰富的工作生活内容,追随者则能在企业里自由平等地沟通。

4. 创造关爱员工的企业氛围

人是社会性动物,需要群体的温暖,一个关爱员工的企业必将使员工工作满意度上升。给予追随者良好的工作环境、足够的工作支持,有利于他们安心地工作。

关注追随者的工作满意度,并采取各种措施提高满意度,还应当注意对这些措施的反馈控制,要定期进行满意度调查,以修正或强化企业为提高工作满意度所付出的努力。[40]

7.3 授权

7.3.1 授权的含义与原则

1. 授权的含义

授权是领导者在组织中进行权力分配的一种方式,是对权力的分享,将权力授予公司中的成员。它与结构化、固定化的权力分配体系共同构成了领导过程中权力运行的线路和过程。一般来说,结构化、固定化的权力分配体系主要体现为领导体制,而非结构化的权力分配体系主要体现为授权。授权为追随者提供了自由行动的方向,是领导者克服体制障碍、开发追随者领导潜能、培养潜在领导者的重要手段。

从理论上说,授权是领导者通过与追随者共享相关信息,给追随者提供更多自主权以提高其绩效的过程,实际上就是把领导全权负责的一项任务委托给追随者。可授权的任务的范围很广,既可以大到一项重要任务,如领导一个团队开发新产品,也可以小到任何机构都存在的日常工作,如从安排每年一次的外出参观到面试应聘者。考察机构的总体结构,你可以发现一个复杂的授权网。这个授权网通常以管理链的形式存在,它是机构内部反馈和控制机制的重要组成部分。

授权这一概念实际上包括两个要素：一是赋予追随者自我决定权；二是追随者行使权力的目的必须有助于组织目标的完成。授权有助于增强追随者的自我绩效感。授权允许追随者应付各种局面，当问题出现时，追随者能进行控制。授权的一个基本假设就是追随者可以为组织发展贡献自己的聪明才智，而授权则是将其聪明才智充分释放出来的前提所在。可见，授权主张以另一种方式对待追随者，即把追随者当成完整的人，他们在工作之外有自己的希望和忧虑、抱负和生活。获得授权的人受到尊重，他们的意见有人倾听，他们的才能得到发挥。他们得到公平的待遇，工作出色会得到表扬，工作失误会受到建设性的批评。他们准备全心全意地与他人合作，为一个值得投入的组织效力。

2. 授权的原则

（1）信任原则。当领导者考虑通过授权进行领导时，他们就已经建立了这样一种理念：一旦为下属和追随者创造了适当的条件，他们会为组织尽最大的努力，甚至会创造奇迹，这实际上是建立在信任基础之上的。当然这种信任不是单向的，而是授权者和被授权者之间的相互信任。

（2）权变原则。尽管对授权的理想化描述可以展现出授权的无穷魅力，但并不意味着所有的领导者都可以成为授权型的领导者，所有的组织都可以成为授权型的组织，所有的追随者都可以成为被授权人，所有的事情都可以通过授权解决。这就要求领导者必须把权变原则运用到授权过程中，通过对组织、人和事的综合判断，来决定是否行使委托式领导。授权不是一个任意为之的活动，因为授权包含着较大的风险性以及适用范围的有限性，所以领导者在行使委托式领导之前，要对被授权人、工作性质以及组织类别有着清醒的判断。领导者必须因事择人，按能授权。授权并没有特定的规章和方法可以遵循，完全是凭借领导者对被授权人的认识和判断而进行的一种领导艺术，因此要将权力授予何人，必须要有所选择和权衡，择人的标准必须是他的能力与工作任务相匹配。领导者只有在对被授权人之能力、性格、身体条件及其影响力的综合判断的基础上，才能使授权获得令人满意的效果。

（3）适度原则。明确权责，适度授权。所谓明确权责就是领导者必须向被授权人讲清所授予权力的大小和责任范围，讲清执行该项任务要达到的具体目标。所谓适度授权，就是要分层授权，只向自己的直接下属授权，而不越级授权。它包括三个方面：授权不是将自己的领导权力全部授给某人，而是将有关事项适当、分别授予若干适合被授权的人；授权不能超出范围，不属于自己权力范围内的事不能授权；授权一般是一事一授，有关任务完成了就及时收回权力。

（4）授权留责与监督控制相统一的原则。领导者下授权力，但不下授责任，可以充分发挥被授权人的积极性，但行动的后果必须由领导者承担，不能在下授权力的同时逃避责任，否则授权便丧失了应有的激励功能。授权留责并不意味着领导者处于一种被动的局面，领导者不能干涉被授权人的工作也不等于放任自流，领导者应给予被授权人必要的监督控制，以免其偏离组织目标的方向或出现权力的滥用。所以，领导者应该对授权所产生的负面效应有充分的心理准备和制度化的防范措施。此外，领导者也应该防止反向授权，即领导者在保留责任的同时，也要防止下级什么事情都往领导者头上推。

（5）谨慎原则。授权不是解决所有问题的灵丹妙药，授权神话论是有致命危险的。因为并不是所有的事情都包含着授权的需求。未经恰当规划便启动授权行动，可能会导致最糟的结果。要实现有效授权需要采取很多行动，需要向许多人通报信息，需要设计很多方案，需要改变许多程序，甚至还需要改变奖酬制度。授权者必须按照恰当的顺序，有条不紊地授权。征求什么人的意见，就什么问题征求意见，授权者必须谨慎行事。

7.3.2 授权原因和授权效果

1. 授权原因

（1）领导活动具有"领导行为与领导目标的间接性"之特点，领导者必须依靠授权调动追随者的积极性，使之真正参与到实现组织目标的活动中，才能有效地完成组织目标。而追随者在参与和被赋予权力的过程中，获得一种自我归属感和主体价值的实现。研究表明人们都有实现自我效能的需求，即具有产生结果的能力，感觉自己是有用的、有贡献的，有助于增强追随者的自我绩效感。

（2）领导活动多样性和专业化的特点，要求领导者必须在某些领域通过授权，依靠那些具有管理能力的专才去完成组织目标。在得到授权后，追随者可以更快更好地对他们服务的市场做出反应，特别是随着人们知识和经验的积累，领导者对下属和追随者有能力进行正确决策的信心也就不断加强，使领导者可以将更多精力用在组织的整体规划上，即授权也可以使领导者受益。

（3）组织形态的变迁是授权兴起的直接原因。组织形态的变迁表现出扩大化和分散化的双重特征。首先，组织规模的日益扩大使得组织结构的层级日益增多，领导者从高层做出决定然后层层贯彻的时代濒临终结。我们会发现，信息在向上传递的过程中因为汇总和简化而受到扭曲，而信息在向下传达的过程中会遭到误解。组织的成长决定了授权是缩短层级之间的行政距离、提高组织运转速度与效率的必经之路，可以使组织从过度控制中解放出来，实质上增加了权力的总量，如果组织中的每个人都分享到一定的权力，组织就会更有效力。其次，伴随着信息化和全球化时代的来临，跨国性和跨区域性的组织使原来那种依靠层级官僚体系进行有效控制的组织形态逐渐消失，组织结构的分散化趋势迫使领导者必须通过授权才能实现有效的领导。可见，授权是突破原来的刚性组织结构和适应新型组织结构的必然选择，其目的在于把追随者从命令和控制中解放出来，允许他们自己做出决定。授权型领导的发展意味着组织结构开始从一种"正金字塔形"的组织结构向"倒金字塔形"转化[41]，如图7-3所示。

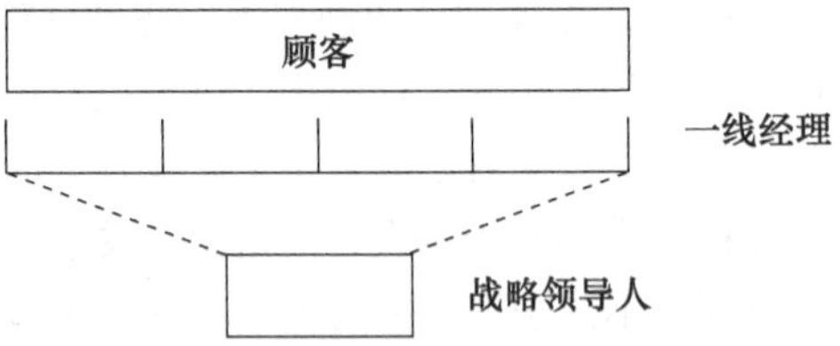

图7-3 "倒金字塔形"组织结构示意图

尽管"倒金字塔形"的组织结构在现实生活中是不存在的，但它可以作为一种概念存在于领导者的理念与思想之中。战略领导人尽管仍拥有协调和控制整个组织的权力，但是他们可以给予中层领导者更多的进行首创和变革的自主权。组织结构的变革不仅表现在制度规章的重新设计之中，也包含在灵活有效的领导过程之中，其中授权是展现这一过程的关键。

2. 授权效果

（1）增强追随者的灵活性与主动性，提高工作满意度和工作绩效以及组织应对外部压力的能力。有效的领导者能够帮助追随者走向成熟，而授权是刺激下属成长的一条重要路径。使追随者分享权力可提高追随者应对挑战的能力，也有助于他们技能的提高和完成更加复杂的工作。在权力共享的过程中，追随者灵活性与主动性的提高是授权所达到的积极效果，推动组织实现突破性发展。随着追随者参与程度的加深，随着追随者渴望在工作中取得成功，他们会表现出提高知识和技能的愿望，更乐于分享相互的技能，互相教育、互相学习。一个实现授权的组织的普遍实际技能水平会自然提高，因而人们会更有能力完成各项工作，这种完善自我、完善团队的愿望超过了正规的在职学习的要求。领导者可以对这种愿望做出响应：提供更多适当的正规培训。事实上一个实现授权的组织可以有机地进化成一个学习型组织，而促进这一进化的动力并不是强制性的评估和培训系统，而是一种提高业绩的愿望。授权增强了追随者对组织的皈依程度，也强化着他们对其工作场所的自豪感。在实行授权组织中，人们不仅乐于完成工作，而且尽力保持工作环境的整洁，因为这是他们实现其公共价值的家园。表 7-5 直观地展示出两种不同组织的差异。

表 7-5 命令和控制型组织与授权型组织的比较

命令和控制型组织	授权型组织
追随者工作是因为需要钱，而选择该单位是因为报酬与期望值相当	追随者工作是因为需要钱，而选择该单位是因为报酬与期望值相当，但他们还会受到充满关心和友爱的工作环境的吸引
追随者遵照指令工作，想最大限度地获取奖金，而对组织利益漠不关心	追随者献身于组织的目标，为增强小组、车间、同事或自身的成功机会而努力工作
追随者在单位之外寻找个人成功与发展的机会	追随者在单位中获得个人成功与发展的机会
追随者以在单位工作时间中所得到的经济报酬体现的待遇来衡量自身的利益	追随者把自身利益同组织的成功挂钩。通过在工作中获得成功，与他人合作获得成果，帮助他人获得成功，自己作为组织的一员也实现了个人价值和声望
追随者受自身利益驱使，受获取奖金的欲望影响，担心发生有可能减少收入的任何不愉快的事情	对合作群体的归属感、同群体共享成功和实现值得为之努力的目标激励着追随者
追随者认为自己无足轻重。任何察觉到的不公平或不受管理部门重视的现象都会打消追随者的工作热情	当追随者感到在信息传递或共同商讨时被忽略，或者受到不公正的待遇时，工作热情就会消失

（2）强化合作精神。领导从根本上来说要依靠领导者与追随者以及追随者之间的合作实现组织目标。合作是领导过程顺利开展的重要基础。在一个拒绝信息交流和参与的组织中，领导者即使有三头六臂也无济于事。领导者的重要职责是将各个追随者的努力聚合起来，形成一种单个人难以达到的整体效应，授权是塑造这种合作精神的重要手段。因为授权可以使组织缩小领导者与追随者之间的距离，使其穿透正式结构所缔造的制度边界，在一种相互信任和相互欣赏的氛围中缔造合作的精神。与此同时，授权也可以使组织的能量放大，把正式结构所压抑的追随者能量充分释放出来，使领导者与追随者形成一种良好的合作机制。在一个依靠"命令加控制"而运转的组织中，一旦出现差错，管理层常见的反应是将这一差错归咎于某人。而在一个实现授权的组织中，一旦出现差错，每个追随者都会共同努力去寻找问题的根源，并努力采取纠正措施以防止差错再次发生。

（3）培养一种创新和不断改良的组织文化。在分析这个问题之前，先让我们看一个例子：在一个大型仓库，我们从远处看到有人正在运送一批货物。有件货物从拖车上滚落下来，司机没有发现。另外两名员工恰好路过，看见落下的货物，也视而不见。他们显然认为落下的货物与自己无关，对于交货时可能带来的麻烦以及顾客的不满，他们是不会考虑的。这种事情在一个已经实现充分授权的组织中是不应该发生的。

这个例子充分说明了在一个缺乏权力共享的组织中，追随者很难把自己视为组织的一分子。人们仅把自身视为正式结构赋予他们的角色载体，而不是主动开拓和敢于承担责任的积极行动者，但授权可以改变这一切。授权可以把追随者从僵化的角色意识中解放出来，使他们把组织视为自己的家园，从而凭借自身的行动生成一种创新和不断改良的组织文化。领导者应该记住：追随者不仅在生产一种产品，履行一项职责，他们同时也在生产一种文化，延续一种传统。授权正是促使追随者创造文化和缔造传统的积极力量，这一力量可以使人们乐于尝试各种新观念，并想办法付诸实施，而不是寻找借口不做尝试，让创新与不断改良成为一种生活方式。

可见，授权是激励追随者的最高形式，它可以提高追随者的成就感，因为成就感是每一位追随者对工作满意的主要因素。有效的授权增强了追随者的责任感和创新的欲望，从而能提高被授权者的工作满意度和自我价值感。如果追随者能在授权中明确自身的职责，并具备有效完成任务所需要的技巧与资源，追随者的业绩就会提高。领导者利用定期、有效的收集反馈意见的会议来维持被授权者的积极性，就能使组织长盛不衰。

（4）降低领导成本，把领导者从行政程序中解放出来，关注更为重要的事情。授权并不意味着领导者退出了领导过程，制定明确的目标、监督这些目标的实现、创造实现这些目标的条件，仍然是领导者的重要职责。领导者还要承担更为重要的责任，那就是招募恰当的人员，确保他们得到良好的培训，并在少数情况下运用惩戒和申诉程序。领导者开始对更多的追随者负责，以对追随者的培训和支持来替代对他们的指导，这样就降低了组织运作的成本，有助于工作效率的提高。所以，授权为领导者展现自身的才能提供了真正的机会，可以使他们将眼光投向日常事务之外，去规划和采取行动把握未来。所以授权可以帮助领导者缓解日常事务的压力，使之拥有关注远景目标的心境。

（5）挖掘和培养潜在的领导者。挖掘和培养潜在的领导者，是领导者延续自身领导生命的唯一选择。受自然条件和制度条件的限制，任何一个领导者都不可能永久地存在下去。但领导者的精神是可以延续的，而延续的唯一途径就是对潜在领导者的培养。正如领导是依靠他人实现目标，领导者则是一种依靠他人来延续其精神的特殊角色，领导者所具有的扩展性和延续性的价值就体现在潜在领导者的成长之中。

（6）防止权力的滥用。执掌权力的人容易忽视他人的需要而专注于自身利益的实现。美国的企业领导者与日本和德国的企业领导者相比，即使公司的业绩出现下滑，他们也容易给予追随者更多的补偿。在有些国家，军事权力、政治权力和社会权力都执掌在一些专制者手中，他们很少通过重新分配权力来降低领导的风险，更不会通过授权以利于追随者的发展。滥用权力是专制者的本性，授权在一定程度上可以减少专制者滥用权力的机会，展现服务型领导的内涵。

7.3.3 授权的类型、过程与障碍

1. 授权的类型

有以下四种授权方式。

（1）刚性授权，即对所授权力、责任，完成任务的要则、时间，均有明确的规定与交代，被授权人必须严格遵守，不得有任何逾越。对一些重大事项宜采用这种授权类型。尤其是对团队的授权，刚性原则是第一位的。如果追随者以团队工作的方式分享和管理自己的工

作,就必须在明确划定的政策和限制之内,这有利于提高效率和工作满意度。

(2) 柔性授权,即只指示一个大纲或轮廓,让被授权人有较大的自由做随机应变的处理。它宜用在环境复杂多变、领导对情况也不甚清楚、被授权人又精明强干的任务上。

(3) 惰性授权,即领导者将自己不愿也不必处理的繁杂事务交由下属处理,其中包括领导者本人也不知道如何处理的事务。

(4) 模糊授权。它与柔性授权有些相似,给予被授权人的权力限度和权力容量比较模糊。

2. 授权的过程

理解授权过程是领导者成功实施委托式领导的前提。授权过程不仅是贯彻授权原则的过程,也是授权者与被授权者达成一致、共同实现组织目标的过程。授权过程的第一阶段是分析,即由授权者选择可以并且应该授权的任务。选好任务后,必须明确地界定每项任务的范围,这有助于授权者指派适当的被授权者并尽可能确切地布置任务。适当的任务说明是必不可少的,因为你不可能要求追随者对模糊不清的任务负责。某些程度的监控也是必要的,但最好是以控制和辅导为目的,而不是以干预为目的。最后一个阶段是评估,评估的内容是被授权者做得怎么样,为了提高业绩,双方要做什么变动(见图7-4)。

通过沟通建立良好的领导关系是有效授权的前提,它有助于建立和维持相互信任,从而克服种种人际关系障碍。在建立相互信任的基础上,领导者选择任务是授权的起点。领导者首先要对任务进行分类,明确有哪些任务应该进行授权。德鲁克提出了领导者对任务进行分类的一种方法:领导者或其他任何人都不需要做的任务;领导者可以授权的任务;领导者不能授权而必须自己完成的任务。领导者对自己活动的评估如图7-5所示。

图7-4 授权过程示意图　　　　图7-5 领导者区分任务类型示意图

领导者可以对任务的优先顺序进行排列,然后估计时间,将任务分组,最后做出选择,确定哪些任务可以授权。领导者授权时应保留重要任务,即不能将一些重大问题的决策权与处理权授予追随者。领导者应该保留的任务有战略规划权、危机处理权、奖赏权、晋升权、沟通权、人事权以及评估权。确定了应该被授权的任务,领导者就要通过建立一个结构,使之确保能应付可能出现的任何变化。因此,领导者要确保每个被授权者在面临突如其来的问题时能得到足够的鼓励和支持,只要条件许可,总可以安排人来填补空缺。领导者应该将自己设计的提供支持的体系告诉每位被授权者,以便每个人都清楚在危急关头应向何处寻求帮助。领导者安排这个结构的宗旨是确保授权结构合适、稳定和有效。

责任是授权的真正核心。首先，被授权者是不能重复的，领导者不能把同一项任务授权给两个或两个以上的人，而被授权者一定是富有主动性的追随者。其次，通过制定准则使被授权者认清自己的责任。一般来说，承担责任的被授权者包括两种类型：一是个体，二是团队。从总体上来说，当一项任务的责任落在一个人身上时，授权是最有效的，这可以避免混乱，消除一方错误或失败而责怪另一方的可能性。但在自主型团队或项目小组中，共同负责是当然的，在这些团体中，有关一个项目的所有决策是共同做出的，而且所有团队成员对工作结果共同负责，这是团队协作的基本优势之一。共同负责制若要有效，便应遵循与个人负责制相同的原则，对任务做出明确而一致的定义，并且为避免可能的重叠，可将任务分解为极为明确、可由团队成员"分项"负责的若干部分。

在明确责任的基础上，领导者就可以进入实质性的授权阶段了，即通过选贤任能、撰写说明、相互协商和交代任务进行有效的授权。成功授权的基础是说明任务，即通过分享决策信息的做法，使被授权者感觉到自身的重要性以及明确要达到的目标。因此，授权意味着领导者要做到以下几点：①为追随者提供足够的信息；②对追随者的意见和建议做出积极反应；③将许多事情的决策权授予个人和工作群体。被授权者则要做到以下几点：①必须弄懂这些信息的含义以便做出合理的决策；②必须掌握足够的信息；③必须致力于组织目标的实现。当授权者和被授权者的利益恰好一致时，可以联合进行决策。当利益不一致时，这种分享就不可避免地要采取协商的形式进行。过程中双方做出一定的让步与妥协，使双方感到他们都能从已经做出的决策中受益。授权者应该牢记，做出决定后再去征求人们的意见是不诚实的。技术的进步使人们更易于获得决策所需的信息。授权作为追随者参与管理的最高形式，就意味着参与程度会不断提高，其中领导层和管理层要在每个阶段都准备赋予追随者更多责任，而追随者也在准备接受这些责任。因此，参与程度是通过管理层与相关追随者之间的不断讨论和达成一致体现出来的。

若想成功地授权，建立一个有效且反应迅速的监控系统是十分关键的。领导者监督被授权者时，要进行有效的指导，避免干涉，尤其不能否定被授权者的自主权。领导者监控的方法包括参与所有通信联系（即领导者保留绝大部分权力，备忘录、发票等文件都由领导者签发）、书面报告、直接汇报、开放政策（即领导者鼓励被授权者任何时候都可以来寻求帮助）、通过电脑了解情况（即领导者随时利用信息技术系统直接检查所发生的情况）、开会（即在由授权者和被授权者以及其他有关人员参加的会议上讨论所授权的任务）。

3. 授权的障碍

当然，尽管存在着授权的客观原因，但领导者并不都是授权的忠实信徒，在现实生活中存在着许多授权的障碍。

（1）领导者事必躬亲的领导风格。领导者可能比追随者能更有效地处理许多工作，但如果因为你更快、更有把握、更精通，就试图事必躬亲，这样领导者就肯定不堪重负，结果就导致了领导者无法完成更高层次的工作。再者说，如果你的追随者没有机会学习和完成更多的工作，他们又怎么能够取得进步呢？

（2）担心追随者负担过重。如果追随者已经在尽全力工作，领导者怎样授权才能使其下属不至于负担过重呢？一种解决方法是留下任务，自己挤时间去完成。另一种比较明智的做法是让追随者自己去分析他们利用时间的情况，并腾出时间来做更多的工作。如果问题的实质是人手不够，那么答案则是进行招聘，重要的是不要因为担心追随者负担过重而让自己工作过多。

（3）经验不足。授权的基本方法是要求授权者掌握包括控制和检查在内的一般管理技巧，而授权经验有限的领导者所面临的挑战在于掌握授权过程中比较复杂的方面，如形成有效而适当的领导风格。授权是一个自学活动，你可以通过授权本身来学习和提高授权技巧，授权越多，你的信心和能力也会越强。

（4）失去对任务的控制权。全面控制一件事的欲望是人的一般特点，授权可能意味着领导者失去对工作的直接控制权，这可能成为授权的潜在障碍。实际上，授权并不意味着领导者控制权的丧失，授权者通过指派合适人选、掌握工作进程以及定期提供反馈等手段，仍然能把握任务的总体控制权。

（5）忧虑。忧虑是授权的又一障碍。有时，领导者会担心被授权者做得太出色而影响自己的地位。另一个与此类似的忧虑则是"失去"了部分工作，授权者自己的重要性就变小了。要克服这些忧虑，可以问自己四个问题：这项任务适合授权吗？被授权者有能力完成这项任务吗？我能全面而准确地交代任务吗？我会给予所需的支持、权力和资源吗？如果回答是肯定的，那就没有什么可担心的了，授权也应该会成功。

（6）缺乏安全感。由于缺乏安全感而不授权的领导者属于用人不当，实际上又在危及自己的安全。如果你安排积极能干的追随者去执行自己委派的任务，就没有必要感到不安全。授权不仅不会威胁授权者的职位，反而能提高业绩，从而稳固领导者的地位。这也是许多优秀领导者的桌面非常"干净"的原因，因为他们集中精力完成少数需要最先完成的任务，而将其他任务授权给了追随者。

（7）怀疑追随者。即使追随者已经证明了他们的能力，领导者仍然对他们不够信任。不能有效授权的人相信：一项任务，尤其是一项重要任务，必须按"他们的方式"去做。这导致领导者在布置任务时提出许多限制，从而使被授权者无法发挥主动性。要能自制，不要过多地干预，因为那样会使领导者更加忙碌、更加焦虑，从而有损于实行授权的目标。

（8）过于忙碌。忙碌不是领导者骄傲的资本。杰克·韦尔奇说得好："我所做的事就是将使我没工作。"许多领导者往往会以无休止的忙碌为豪，以致他们对自己浪费如此多的时间而全然不知，这就成为授权的障碍。因此，安排自己每天、每周的日程表是进行有效授权的必要前提。时间安排既杂乱又过分紧张的领导者，既反映了授权不足，又是咎由自取。这很容易形成恶性循环：你总是忙于完成本应授权的工作，而没有时间去解释或监控应该被授权的任务。因此，领导者应安排好自己的日程表，确保有足够的时间适当地计划和管理一项已被授权的任务，包括写一份好的任务说明和监督被授权者。

（9）缺乏信任。授权过程中如果双方缺乏相互间的信任，该过程就会受阻。领导者必须完全相信被授权者有能力完成任务，而被授权者必须感到他们的领导者言行一致、公平正直、诚实能干。双方的信任都是有条件的，而不是盲目的，这种信任要靠良好的表现来维持。为了维持相互间的信任，要尊重被授权者，并在整个授权过程中提供诚恳的、建设性的反馈。所以，领导者在克服授权障碍的时候，应该牢记以下几个命题：

- 不要以为你做得更好而把工作留给自己，只有拙劣的领导者才会这样做。
- 通过授权提高自己的业绩。
- 对追随者要真诚，可以换来对你的真诚。
- 要求被授权者在完成任务时，至少达到你自己的标准。

- 鼓励声称工作过多的追随者记下他的工作时间表。
- 把授权作为培训追随者的方法。
- 如果你经常说"我时间不够",这说明你没有条理。

7.4 追随者群体与团队

人是社会关系的集合体。对追随者来说,他们希望自己的同事应该是可信的、有能力的和愿意合作的。对领导者来说,现代社会所强调的合作精神也意味着,要想更好地达成目标,不仅要了解作为个体的追随者,还要把追随者放在群体和团队中去考虑,了解追随者群体形成的基本特点,在此基础上建设高效的追随者团队。

7.4.1 追随者群体

追随者群体可以看作是为了实现某个特定的目标,由两个或更多的相互影响、相互依赖的追随者组成的集合体。这个群体的特征是:有持续的互动关系,有一致的群体意识,有共同的行动能力,有明确的成员关系。站在历史的角度看,任何类型群体都是建立在服务、信息共享和追随者个人奉献的基础上的,因此领导者在进行追随者群体建设时,不能抱有一蹴而就的心理,要把握好追随者群体建立的过程。在群体形成期,注意收集追随者的表层信息,像言谈举止、相互之间是否存在信任等;在震荡期,由于追随者之间的相互情感水平提高、地位出现差异等,群体不可避免地会产生一些冲突,领导者要及时疏导;在群体规范化时期,领导者要注意培养追随者群体中业已出现的领导人,促进群体规范和凝聚力的发展;而在执行任务期,追随者关注群体任务的完成,此时领导者要推动群体发挥其功能,加强追随者之间的相互依赖作用。

在进行追随者群体建设时,需要注意以下问题。

1. 群体角色

追随者的群体角色是指追随者所期望的与特定工作或职位相关的一整套行为。群体角色可以用任务和关系进行归类,如表7-6所示。

表7-6 群体角色类型

任务角色	关系角色
启动:界定问题,活动建设,分配任务	协调:解决人际冲突,减少紧张局面
信息搜寻:提出问题,搜寻相关数据或意见	鼓励:支持和表扬他人,表现出对他人贡献的赞赏,为人热情、友好
信息分享:提供数据和意见	守门:确保群体里的追随者一贯参与,保证每一个人都有机会让别人了解自己的想法,没有什么人操控整个局面
总结:回顾和综合他人观点,确保达成共识,并为行动做好准备	
评估:评估效度、信息的质量和建议方案的合理性	
指导:使群体坚持正确的方向	

资料来源:Adapted from K. D. Benne and P. Sheats, "Functional Roles of Group Members," *Journal of Social Issue* 4 (1948), pp. 41-49.

在群体中,有一些角色会阻碍群体效能的发挥,一类是功能不良的角色,一类是角色冲突，如表 7-7 所示。

表 7-7 不利于群体发挥效能的角色

功能不良的角色	角色冲突	角色模糊
支配：独占群体的时间，强迫他人接受自己的观点 阻塞：顽固地阻碍和拖延群体工作，坚持其消极观点 攻击：贬低他人，形成一个敌对的、威胁性的环境 涣散：从事不相干的行为，分散他人的注意力	角色传送者本身的冲突：发出前后矛盾的信息 角色传送者之间的冲突：收到多个关于预期行为的不一致信号 角色间冲突：追随者无法调和他想扮演的角色 个人-角色冲突：角色期望违背了追随者个人的价值观	追随者对预期信息不明确，不知道角色期望是什么

资料来源：Adapted from K. D. Benne and P. Sheats, "Functional Roles of Group Members," *Journal of Social Issue* 4 (1948), pp. 41-49.

领导者要处理好群体中出现的角色问题，将其影响降到最低程度，这对于追随者的组织归属感、对组织的认可等都是极为重要的。

2. 群体凝聚力

凝聚力对追随者群体来说至关重要，没有凝聚力的群体只是一群"乌合之众"。群体凝聚力是使追随者结合在一起的黏合剂，这是吸引追随者构成群体、阻止追随者离开并激励他们在其中发挥作用的力量总和。要使追随者群体有凝聚力，首先，要有一个群体规范，这是用来约束和调整追随者行为的非正式规则。这些规则的重要性是得到群体认可的，有利于促进群体生存，简化或增加群体成员行为的可预测性，避免群体中出现令人尴尬的人际关系，同时有助于表达群体的核心价值观，澄清代表群体的标志。其次，在进行群体凝聚力建设时，要克服群体思维，这种思维会造成和谐的假象，压制群体中的不同意见和批判性思维，造成群体性决策的不明智。另外，还要避免谢泼德（Shephard）所说的奥利现象，这是群体思维的一种变形，热心而忠实的追随者做出了他们认为可以取悦领导者，事实上却不合法的行为。因此领导者要注意群体的道德，避免这类事件发生。

7.4.2 追随者团队

群体和团队在很多方面相像，但两者之间还是有区别的。团队成员往往比群体成员有更强的身份认同感；团队有共同的目标或任务，团队成员都会为之奋斗；群体成员能以独立工作的方式成功完成分派给他的任务而不受他人的影响，而在团队中，任务的相互依赖性往往比在群体中更为突出，个人包打一切是行不通的；群体成员一个人可以发挥不同的作用，而团队成员往往扮演的是单个的或主要的角色。我们可以把团队看作是高度专业化的群体，这也就意味着追随者团队可以比群体创造更高的绩效，故领导者要引导追随者群体向追随者团队转变。

1. 追随者团队的特征

追随者团队是由追随者构成的，为了实现共同目标而自觉合作、积极努力的一个凝聚力很强的群体。本质上，追随者团队是一种通过追随者之间高度积极、自觉的协作来实现群体统一目标的组织形态。它有以下几个特征。

（1）追随者构成多样化。一个团队中包含各种各样的人，人们的个性和不同的观点受到鼓励，然而，团队相对注重整体而不是局部，注重成员之间的纽带而不是隔阂。有效的追随者是那些在他们的信念与别人不一致时坦言相告的人,这种勇气往往源于他们对人生而平等的坚信,不论是对他们自己、其他追随者还是他们的领导者。有效的追随者有助于建立一个以个人差异及其价值为基础的环境,这些差异最终导致了现实主义,而他们的价值则促成了共享型领导。

(2) 沟通顺畅。沟通是追随者交换主意的途径,也是团队的基础。在一个繁荣发达的团队中,沟通是加强信任和承诺的纽带,例如交谈和对话,这种方式意味着每个人暂时停止对一种特定观点的执着,以便整个团队能够进行更深层次的倾听、综合和建议。人们承认并尊重个人差异,但是作为团队,追随者努力追求的是在更广泛意义上的思想统一。只有通过沟通,追随者才能建立合作关系和集体行动,使他们达成共识。团队成员能够在处理任何问题和麻烦时顾全大局,而他们最终的决定则会更加明智、更有创意,更广泛地为大家所接受。

(3) 透明的领导者。在一个团队里,领导者只是许多平等的人中的一分子,不再是传统组织中无处不在、无所不能的领导。权力呈分散的状态,决策的做出需要全体成员的通过。在遇到问题时,任何一个追随者都能够自由地像领导者一样挺身而出。就像是离得很远的一块块结缕草皮,最终会连成一整块美丽的草毯,公司里共享领导的追随者必将融合在一起,创出一番事业。

2. 建设高效的追随团队

追随者团队是否有效,可由三个标准来判断:首先,团队的产出要达到或超出质量和数量标准,团队产品或服务要被组织内外的顾客所接受,那些著名的企业或其他组织中都不乏这样的团队。其次,团队成员的个人需求得到满足。要做到这一点,领导者就要设法使追随者的个人目标与团队目标一致,这样才能在实现团队目标的同时使追随者满意度最大化。最后,团队是可持续的,并且可能在将来再次取得成功。也就是说,在完成一项任务或达成既定目标后,团队不会解散,团队成员乐于再次合作。

要建设一个有效的追随者团队,可以从以下几个方面着手。

(1) 建立共同愿景与共享愿景。领导者既要引导追随者勤奋工作,更要为他们描绘组织未来的发展方向及个人前进的目标,共同愿景可以把追随者凝聚在一起。共同愿景最简单的说法是"我们想要创造什么",当追随者都共享愿景时,团队就有了强劲的发展动力。

(2) 确立团队规范。没有规矩不成方圆,团队要达到预期效果,必须制定相应的规则和运行体系。在团队管理中,制度建设是根本性的,群体规范为团队精神的形成提供了动力机制,有利于追随者将制度内化为自觉行为。

(3) 以绩效为衡量的标尺。团队是否有效的关键在于追随者对共同目标的认同。领导者要尽量建立以团队为基础的绩效目标,这样有助于定义和区分团队产品,鼓励团队内部沟通,激励追随者,确保团队关注明确的结果。在团队工作的其他方面,例如顾客满意度、信息反馈等方面,以绩效为手段可使追随者在如何共同工作以实现目标方面取得一致,从而使追随者有完成工作的巨大动力。

(4) 关注追随者在团队中的贡献。要对追随者进行选拔和培训,特别要对技术或职能专长、解决问题的能力和决策技能、人际交往的技能进行强化,这三种技能在追随者的共同发展中最为重要,有助于追随者成为团队的有效贡献者。另外,还要注意团队中追随者的角色担当问题,两类角色必须有恰当的追随者才能胜任,任务角色要挑选那些工作技能和能力高的追随者担当,而关系角色要选择那些可以提高士气、有幽默感的人。

（5）创建组织文化。组织文化是组织和成员信奉并付诸行动的价值理念，是所有团队成员共享并传承给新成员的一套价值观、共同愿景、使命，是被组织成员广泛接受的思维方式、道德观念和行为准则。组织文化具有团队灵魂的导向作用。团队就是一个生命体，有两个核心部分即灵魂与肉体，制度是肉体，文化就是灵魂。没有制度，团队就是幽灵；没有文化，团队就是行尸走肉。优秀的组织文化为团队建设提供了良好的环境，成员间相互协作，彼此尊重、欣赏，热爱团队，对团队事务尽心尽力。组织中的领导不仅要关心组织的经济利益，还要关注文化，这是团队强大、保持生命力的根本。

7.5 接班人

管理大师德鲁克说过，"没有接班人就没有成功。"接班人是指接替前辈继续发展事业的人。企业的长青需要一代代的接班人不断努力，所以拥有优秀的接班人对企业保持长期健康发展至关重要。然而如何培养、选择适合的接班人，是很多企业必须回答却难以答好的问题。

7.5.1 接班人培养

1. 建立制度体系

接班人的培养和成长是关乎企业战略的大事，是长期问题，企业需要制定一系列关于接班人培养的制度体系，更好地实现接班人计划。建立接班人培养的制度体系，可以更好地将接班人培养制度化，以公开透明的方式培养选拔接班人，让优秀人才有努力的方向和目标，激发潜在的优秀人才，有利于企业一代代的传承。接班人培养的制度体系是伴随着企业文化不断发展完善的。

王石在48岁正当辉煌的时期，辞去了万科总经理一职，把他创立的企业交到了新的接班人手里，为什么王石会选择这么早就隐退呢？他在一篇文章中说道："万科不能是王石在的时候红红火火，王石不在的时候就走下坡路，如果是这种情况，这家企业则是不成熟的。"为了尽早让新的领导团队支撑起企业，王石在退休后就开始投入他热爱的登山运动，也是为了和公司管理层疏远，让新的接班人团队成长起来。王石在辞去总经理职务时曾总结："我给万科留下了什么？——我选定了一个行业，建设了一套制度，培养了一个团队，树立了一个品牌。万科的努力方向是团队、制度建设，而不单单是培养一两个接班人。一把手当然重要，但如果有制度保障，即便实践证明接班人不胜任，纠错换马还可以行之有效。所以，文化制度建设比培养接班人更稳。"所以王石在牛根生问他关于接班人培养的问题时，直接回答说他不培养接班人。那当时郁亮又是如何被选择出来的呢？万科当时高速的发展情况需要一个熟悉万科的人来接力，于是首先就是从内部进行选择；其次王石认为对万科文化的理解、创新、学习能力、包容以及整合资源的能力是非常重要的，虽然郁亮进入万科后没有直接负责过房地产项目，但给他配一个懂房地产的副手就可以了。

王石还说过："中国企业能不能壮大，中国的民营企业能不能发展，在很大程度上取决于职业经理人的道德水平。中国人充满了企业家的冒险、创新意识，因此，不需要担心缺少企业家，中国要担心的是缺乏具有足够良好职业道德和职业行为的职业经理人。"[42]

2. 制订接班人培养计划

优秀的接班人不是一下就成长起来的。通过制订接班人培养计划，可以从多方面培养潜在的接班人，无论是在职位胜任力方面，还是在人际交往方面，都可以对其进行针对性培养。企业可以依据未来接班人所要面临的挑战和需求，对其进行有目的的培养，比如未来是大数据、人工智能的时代，那么接班人就必须对相关领域有一定的了解和学习，以带领企业跟随时代的脚步，或走在时代的前端。

2018年的教师节，张勇接任阿里巴巴董事局的主席。这不是因为中国的营商环境变化，而是一个系统性规划，认真准备了十年的计划，让年轻一代才俊能接班，解开企业传承发展的问题。这些年来，阿里先后形成了政委制、合伙人制、班委制和轮值制架构。在其成立十周年时设计"合伙人机制"，阿里巴巴对合伙人的要求是：要在公司工作五年以上，对公司有贡献，高度认同企业文化，愿意为企业的愿景、发展竭尽全力，目的是让企业的文化和使命得以传承；2016年，在淘宝、天猫、支付宝等多个关键业务部门引入班委制管理模式，涌现出多位80后"班委"，发掘了组织内部优秀的年轻管理苗子。除此之外，阿里还有人才梯队建设计划，不仅是在决策层进行人才培养，对其他层次管理者也进行学习培养。

阿里巴巴用了十年的准备，目的是解决企业创新力、领导人传承、未来担当力和文化发展问题。阿里巴巴希望以制度和人、文化的完美结合，保证企业能依靠组织机制，依靠人才文化的企业制度，而不是简单依靠个人的特质，来保证企业健康持续的发展。[43]

3. 定期进行考察辅导

在培养接班人的过程中，定期的考察是必不可少的。企业需要考察接班人在培养过程中的进展，从而对其能否成为良好的接班人进行评价，或者进一步完善其培养计划，以培养出更适合企业的优秀接班人。

宝洁公司雷富礼的做法就很值得借鉴：①与董事会主席共同领导继任管理工作，每年在董事会全体会议上进行讨论，日常有专人负责定期检视。②每位董事保证定期、全面接触候选人，除了社交场合要与候选人互动，宝洁公司还要求董事每年都要抽出几天时间，在其他管理人员不在场的情况下与候选人一起工作。同时，现任掌舵者需要耐心地、公正地培养候选人，例如学会如何与董事会或其他继任管理委员会的成员互动等。③现任掌舵者要结合业务，把潜在的"高潜"候选人放在核心位置上不断锤炼，使他们接触到各种业务，培养他们适应不同商业环境的技能。④不断地与"高潜"候选人进行一对一的谈话，实现更坦诚和直接的交流，并在每次沟通中帮助他们成长。比如，雷富礼每个月都会与15~20位高潜力领导者进行一对一的对话，讨论他们正在学习什么，以及他们应该如何解决自己所面临的机遇和挑战。⑤在发展内部候选人的同时，不断地根据环境和企业业务的变化，将其与外部可能的候选人进行对比，持续调整候选人名单，直到寻找到最合适的人选。[44]

7.5.2 接班人选择标准

1. 符合领导者的标准

接班人必定是企业未来的领导者，要想成为接班人，必须符合领导者的特点。领导者是领导活动中的重要主体，拥有分配、指挥的权力，也肩负着带领企业健康发展的责任。首先对接班人是有能力要求的，包括智商和情商：智商可以助力接班人拥有战略洞察力和整体掌控力，培养其形成概念能力，能正确地积极思考；情商可以帮助接班人团结组织成员，建立和睦的组织氛围。其次接班人要有领导者的品质，具体表现为承担企业及社会责任、勇敢果断、自信向上等，这些品质更有利于成为良好的接班人选。

2. 契合企业文化

很大程度上，企业创始人或一把手的价值观主导了企业文化，而企业文化是企业传承的精髓所在。在选择接班人时，接班人的价值观契合企业文化也是非常重要的一点。首先，对企业文化有认同感，接班人容易将个人和企业联系起来，能更快投入职位角色中去，以推进企业发展作为自己的目标和要求，有利于企业长期稳定的发展。其次会促进企业文化的进一步发展，企业选择接班人的目的是想让企业能持续地发展，尤其是中国文化的影响，更崇尚源远流长的文化传承，所以接班人契合企业文化能促进企业更进一步发展，为企业文化塑造打下坚实的基础。

3. 拥有人际支持

接班人再优秀，也需要在组织中展示，也需要有追随者。首先，有人际支持可以帮助接班人很快在组织中树立威信；其次是追随者愿意听从号令来完成组织目标，避免提出一个战略安排或方案却没有人来实施；最后是利于企业平稳交接，有人际支持可以更好地完成与前任的交接工作，保持企业的稳定运营，不致在接班人交接时员工人心惶惶。总之，企业是人的企业，自古以来就是得人心者得天下，人际支持显然是接班人选择的重要一点。

7.5.3 接班人选择的模式

1. 世袭式

受中国传统文化的影响，再加上家族成员之间的血缘关系形成的天然信任纽带，大多数中国企业会考虑世袭式的方式，让血脉相连的子女来继承企业。世袭式的接班人选择方式，存在其独特的优势和难以解决的弊端。[45]

世袭式的接班人与企业所有者存在血缘关系，这种关系很容易使双方拥有相同的利益和信任基础；其次对接班人的培养相对容易，合格的接班人需要长期的培养，家族成员的身份可以使接班人有更长的时间和更多的机会来实验；最后，接班人容易形成和企业一致的价值观，家族情怀的影响会使接班人很容易接受企业一贯的价值观念，并能长期坚持下去，保持企业一致性。

从胜任能力的角度看来，世袭式接班人的能力很难保证其与职位的匹配度，可能使企业失去潜在的优秀人才；此外，选择家族成员接班，也容易引起家族内部成员之间的争斗，不利于企业的健康发展。

中国民营企业目前普遍的做法和想法是交给下一代，比如，新希望集团的刘永好交班给了公主刘畅；福耀玻璃的曹德旺终于说服儿子曹晖子承父业；碧桂园创始人杨国强传位给女儿杨惠妍；恒大集团的许家印属意大儿子许智健。

2. 职业经理人

越来越多的企业开始选择职业经理人作为接班人，此举的优势在于企业可根据自身需求，对应聘者进行全方位考察，如能力、人品、背景、经历等，择优而取，实现"能者上，庸者下"；另外，选择职业经理人还可以保持组织活力，在相对较短的时间内更新成员，不断吸收新鲜血液，使得企业更好地适应市场竞争。但很多研究也证实了职业经理人的负面作用。

3. 轮值式

2012年华为开始实行CEO轮值制度，由三位副董事长轮流担任CEO一职，半年进行一次轮换。任正非在关于华为轮值CEO的一篇文章中写道："授权一群聪明人做轮值CEO，让他们在一定的范围内，有权力在面对多变局面时做出决策，这就是轮值CEO制度。过去的传统是授权一个人，因此公司命运就系于这一个人身上。成也萧何，败也萧何。非常多的历史证明了这有更大风险。华为轮值CEO由一个小团队组成，由于和而不同，能操纵企业不断地快速适应环境的变化；他们的决策是集体做出的，也避免了因个人过分偏执而带来的公司僵化。轮值CEO成员在不担任CEO期间，并没有卸掉肩上的使命和责任，而是参与集体决策，并为下一回轮值做好充电和准备。"[46]

除了华为公司正在实行的轮值CEO制度，富士康也实行"邦联制"，2008年，郭台铭建立邦联制组织架构。这两种模式都是企业对接班人选择的一种探索，还需要时间来验证。

▶ 复习思考题

1. 什么是追随者，与领导者是平等关系吗？说说你的理由。
2. 分析评价一下你这些年的学习或工作的满意度如何。
3. 你是如何理解团队的？你参与过何种团队活动，有何体会？
4. 你与同事、领导或同学、老师发生过冲突吗，是如何解决的？
5. 如果你要成为组织的接班人，应该做好哪些准备？

▶ 专项技术测试与反馈

领导者还是追随者——确定你的位置

1. 别人拜托你帮忙，你很少拒绝吗？ 是 否
2. 为了避免与人发生争执，即使你是对的，也不愿发表意见吗？ 是 否
3. 你遵守一般的法规吗？ 是 否
4. 你经常向别人说抱歉吗？ 是 否
5. 如果有人笑话你身上的衣服，你会再穿它吗？ 是 否
6. 你永远走在时髦的前列吗？ 是 否
7. 你曾经穿过那种好看却不舒服的衣服吗？ 是 否
8. 你对反应慢的人没有耐心吗？ 是 否
9. 你经常对人发誓吗？ 是 否
10. 你经常让别人觉得比你差吗？ 是 否
11. 你习惯于不计后果地坦白自己的想法吗？ 是 否
12. 你是个不轻易忍受别人的人吗？ 是 否
13. 与人争论时，你总爱胜过别人吗？ 是 否
14. 你总是让别人替你做重要的事吗？ 是 否
15. 你故意在穿着上吸引别人的注意吗？ 是 否
16. 你不喜欢标新立异吗？ 是 否

计分及测试结果说明：其中第2、3、4、9、16题选"是"得1分，选"否"得0分；其

余各题选"是"得0分,选"否"得1分。分数为12~16分:你是个标准的追随者,不适合领导别人,喜欢被动地听人指挥。在紧急的情况下,你多半不会主动地出头,但你很愿意配合。分数为6~11分:你是个介于领导者和追随者之间的人,可以随时带头或指挥别人该怎么做。不过,因为你的个性不够积极,冲劲不足,所以常常是扮演追随者的角色。分数为5分以下:你是个天生的领导者。你的个性很强,不愿接受别人的指挥,喜欢使唤别人,如果别人不愿听从的话,你就会变得很叛逆,不肯轻易服从别人。

你在领导过程中是否实施了有效的授权?

选项:1 从不;2 经常;3 总是;4 有时

1. 我相信追随者能有效地工作,因为我授权他们这样做。　　　　　1　2　3　4
2. 我确保自己有充分的时间进行计划、培训和辅导。　　　　　　　1　2　3　4
3. 我真诚地对待我的追随者,也希望他们同样真诚地对待我。　　　1　2　3　4
4. 我监控被授权者的工作进展,但不会经常干预他们的工作。　　　1　2　3　4
5. 只要有可能,我就为追随者提供全面而真实的信息。　　　　　　1　2　3　4
6. 我只做非我莫属的工作,而把其他工作授权给追随者。　　　　　1　2　3　4
7. 我优先考虑人员管理并为此投入时间。　　　　　　　　　　　　1　2　3　4
8. 我非常认真地进行授权并检查被授权者的工作。　　　　　　　　1　2　3　4
9. 在制订最佳行动方案时,我平等地对待我的下属。　　　　　　　1　2　3　4
10. 我确保被授权者了解他们的责任范围。　　　　　　　　　　　 1　2　3　4
11. 我确保被授权者之间的职责不相重叠。　　　　　　　　　　　 1　2　3　4
12. 如果需要,我能够迅速地确定或撤换被授权者。　　　　　　　 1　2　3　4
13. 我总是从正反两方面来评估追随者。　　　　　　　　　　　　 1　2　3　4
14. 我授权合适的人去完成工作,而不管其年龄、经验或资历怎样。 1　2　3　4
15. 我请被授权者一起准备全面而具体的任务说明。　　　　　　　 1　2　3　4
16. 我确保被授权者能够得到所需的支持。　　　　　　　　　　　 1　2　3　4
17. 我鼓励被授权者主动解决问题。　　　　　　　　　　　　　　 1　2　3　4
18. 我不指责在尝试新事物时失败的人。　　　　　　　　　　　　 1　2　3　4
19. 我根据有效指标衡量所有被授权者的表现。　　　　　　　　　 1　2　3　4
20. 我确保自己总是向被授权者提供积极反馈。　　　　　　　　　 1　2　3　4
21. 我不断检查工作过程,并根据需要调整工作过程。　　　　　　 1　2　3　4
22. 与被授权者或团队一同检查工作进展时,我总是使用议程。　　 1　2　3　4
23. 我不断更新已被授权的任务及负责人的清单。　　　　　　　　 1　2　3　4
24. 我抽出时间去看我的追随者并处理他们所面临的问题。　　　　 1　2　3　4
25. 在撤回授权之前,我考虑其他所有的可行方案。　　　　　　　 1　2　3　4
26. 我特别注意对所有优异成绩表示赞赏。　　　　　　　　　　　 1　2　3　4
27. 我寻找机会感谢被授权者圆满地完成工作。　　　　　　　　　 1　2　3　4
28. 如果我错了,我就承担责任而不是寻找借口。　　　　　　　　 1　2　3　4
29. 如无相反证据,我总是相信被授权者,但必要的话,就立即撤换被授权者。 1　2　3　4
30. 我分析行为,以发现并传授成功的经验与失败的教训。　　　　 1　2　3　4
31. 我向追随者征求反馈并尽可能积极地做出反应。　　　　　　　 1　2　3　4

32. 我从任何失败中吸取有益的教训,以做好以后的授权。　　　　　1　2　3　4

得分说明:32~63 分,你没有真正地授权,而且所做的并不总是有效,要立即努力改进。64~95 分,你的某些授权很有效,但某些方面明显需要得到纠正,要更多地授权,确保被授权者有充分自由去完成你交给他们的任务。96~128 分,你是有效的授权者,而且可能得到很好的反馈,找出较弱的方面并注意改进,把满分 128 分作为你的目标。

▶ 案例分析

华为的超级流动性:打造灵活应变的组织

华为 2010 年开始卖手机时,智能手机仅占手机市场 1/4 的份额。如今,全球销售的十款手机中有七款是智能手机,产品发布周期变为几个月甚至几周。2017 年中国智能手机销量前三名中的 OPPO 和 vivo,在华为刚进入手机市场时这两家公司甚至还没有成立。

在动荡的环境中,华为必须不断创新,迅速响应快速变化的客户需求,同时保持高效,不断增强成本竞争力。华为不仅要应对中兴、小米和 OPPO 等国内竞争对手,还要与爱立信和重新崛起的诺基亚等电信设备领域的全球对手较量。借助超级流动性,华为已成为全球最大的电信设备供应商,以及全球第三大智能手机供应商。华为如何实现了超级流动性?主要有四点要素:①华为主要围绕客户需求构建公司架构;②支持部门搭建在灵活的平台上;③管理层不断进行轮岗;④企业文化极为注重变化。这四点在单独应用时并不足以有效解决问题,但是当它们全部得到持续应用,以及它们之间相互发生作用,铸就了今日具备超级流动性的华为。

围绕客户需求设计组织

早在 1998 年华为就开始培养灵活性,当时在 IBM 帮助下,华为引入了以跨部门团队为基础的产品开发整合流程。这一新流程让华为充分了解到灵活性的价值,整合了具有不同能力和技能的多元化团队,得以迅速创造新产品以更好地满足客户需求。基于此次经验,华为逐渐认识到,要满足市场上不断变化的需求,最佳方法就是根据客户需求设计并不断调整公司。为了让公司提供的服务与市场需求顺利对接,华为发展出一套让自己区别于竞争对手的管理实践——只要客户需求改变,就相应调整内部组织,结果建立了高度灵活流动,且以客户需求为中心并可以快速调整的组织架构。

1. 成立三大业务集团与服务集团。这一管理实践始于 2000 年年初,当时华为聘请了一家全球领先的咨询公司征集组织设计建议。咨询顾问提出在公司内组建一系列事业部(SBU),各自负责不同的产品。华为拒绝了这一建议,认为事业部结构会降低满足客户需求的能力。在电信市场,客户经常需要整体解决方案,会涉及公司整体产品组合和服务。事业部结构在节约成本和管理控制方面确实高效,但最终交付给客户的是零散产品。华为采取了被称为"拧麻花"的混合结构,即将事业部架构的某些特点,与职能平台以及区域销售支持结合起来。其组织架构不是围绕特定产品设计,而是创建了三个综合业务集团,每个集团针对特定的竞争对手争夺市场。电信运营商业务集团专门负责电信设备市场,与爱立信和诺基亚竞争;企业集团紧盯路由器和交换机,与思科竞争;负责智能手机和其他设备的消费者集团与苹果、三星等公司展开竞争。

在三大业务集团背后,又有三个服务集团提供支持,主要目标为提升应变速度、敏捷性和灵活性。第一个服务集团由数个共享功能平台组成，包括财务、人力资源、采购、物流和质量控制，为三大业务集团提供必要的支持服务。第二个服务集团是区域销售组织，协助三大业务集团与世界各地的客户建立联系。第三个服务集团名为"产品和客户解决方案"，其功能是整合内部研发资源，为三大业务集团的客户提供产品和整合信息与通信技术（ICT）解决方案。因此，电信运营商、企业和消费者三大业务集团变成"三明治的夹心"，上游是研发、产品开发和职能平台集团，下游是支持三个业务集团的地区销售团队。与传统事业部不同的是，业务集团广泛涵盖了各种产品，并将许多关键职能"外包"给华为内部共享平台。这让业务集团可以专心完成最重要的工作，包括获取消费者洞察、产品营销、品牌建设、渠道管理、客户服务和客户关系管理（CRM）。

通过整合重要的研发、产品开发、功能支持和地区销售资源，华为避免了常见的某些事业部霸占资源的问题。相反，资源可以迅速部署与流动到为客户服务的任何地方，并且随着周期内某特定市场需求扩大或缩小而不断调整，也杜绝了各事业部不必要的重叠。华为的拧麻花结构能够促进资源流动并尽可能提高灵活性，它与用以解决事业部和各国分公司竞争需求的刚性矩阵结构有很大差别。

2006年华为突破性获得西班牙沃达丰公司的订单，就是灵活架构带来成功的最佳案例。当时，西班牙新建成的高速铁路网自称拥有最先进的技术和服务，但是沃达丰很难在列车运行时提供稳定的手机信号，这对从马德里到塞维利亚的繁忙商务来说，显然是个严重问题。尽管面临技术挑战，华为还是承诺提供解决方案。为此华为组建了一个专门团队，整合内部相关知识和资源，很快开发出具有可行性的解决方案。在短短两个月内，华为的技术团队已在通往上海浦东机场的30公里长、最高时速超过400公里的磁悬浮列车上完成测试。最后仅用了三个月，华为便向沃达丰交付了可供马德里到塞维利亚高铁上运行的定制系统。而爱立信和诺基亚网络等竞争对手仍在准备初步方案。沃达丰西班牙公司对华为的速度和灵活性大为赞叹，撤换了原本的供应商而与华为签订合同。如今，沃达丰已成为华为全球最大的客户之一。

2. 不断发展的灵活性组织架构。多年来随着客户需求的变化，华为多次大幅调整组织架构。逻辑很简单：只要客户需求改变，产品供应就要改变，提供产品的组织当然也要改变。2002年之前，华为的组织结构是集中控制、功能驱动，基于产品线运作，而且层级分明。2003年，华为意识到这种结构反应太慢，随着业务扩展到越来越多的国家和地区，华为转型为一个更加基于国家的组织架构。总部负责管理华为在各个国家的"代表处"（各国分公司），代表处再控制销售办事处。

四年后，华为发现客户的新需求是定制网络解决方案，但要想抓住机会，就得整合不同产品线、职能部门甚至不同区域的资源和能力。华为毫不犹豫地拆散了原有结构，再一次进行调整。首先，根据客户需要的解决方案而不是产品线重组架构，在总部和各国代表处之间增设地区办事处协助整合当地资源，为本地客户快速创建和实施相应的定制化解决方案。一开始地区办事处只是虚拟的架构，在实体办公室落地之前就开始运作。华为设立了7个地区办事处以覆盖全球市场。后来华为认识到，市场覆盖范围过大会影响办事处的响应速度，于是又迅速调整为16个更为灵活的分区办事处。

为了支持定期重组，华为还经常创建新的子公司，向客户提供更优质的服务。举例来说，2013年华为在伦敦成立了全球金融中心，直接向公司的首席财务官（CFO）报告。该中心的主要目标是管理华为全球客户为大型项目出资时面临的财务风险。许多跨国公司都有类似的部门管理风险，但专门成立部门为客户服务的情况比较罕见。最近，华为发现有必要以更快的速度帮世界各地的客户解决问题。为此，华为向美国军方学习，成立了一个决策部门，确保迅速将团队部署到需要的领域。

为了提升对客户的响应速度，满足客户不断变化的需求，华为发现需要设立与大客户保持日常及深度接触的部门。为此，2006年10月，华为与西班牙沃达丰在马德里附近成立了第一个联合创新中心；之所以能顺利合作，是基于华为成功协助沃达丰为西班牙高速铁路网提供稳定的通信服务。设立联合创新中心是一个打破惯例的激进之举，因为通信行业内的供应商关系主要基于严格按照客户已研发的特定规格设备投标而建立。到2017年，华为已建立36个联合创新中心，主要客户遍及中国、欧洲、北美、拉丁美洲、东南亚和中东地区。通过转型，华为由供应商变为客户的战略合作伙伴，持续合作，共同开拓未来。

不过，随着客户需求变化及时调整组织机构和流程，只是华为超级流动性的一个方面。华为以客户为中心的组织创新和设计还有另一个重要基础，就是打造所谓的"资源池"。具体来说，华为将公司高级人才纳入一个虚拟的人力资源库。此举可将顶尖人才与职能部门分离，可以随时在全球调配。通过打破顶尖人才与特定部门或职能之间的联系，华为让经验最丰富的人才得以完全自由流动，这也是建立超级流动性组织的关键。敢于做出承诺，去满足不断变化的客户需求，是华为创新的推动力。如果没有超级灵活的人力资源库，自由而敏捷地将人才分配到相应工作中，华为就不可能在内部资源与变化速度惊人的客户需求之间实现动态匹配。

3. 组建"铁三角"。华为以客户为中心的另一重要做法是"铁三角"，即以全球代表处为核心的独特团队结构，这种团队可以积极发现、争取并落实项目。铁三角的想法诞生于2004年，当时华为在国外的业务团队意识到，最有效服务客户需求的方式是将重要领域的专家团队（如客户管理、产品解决方案和项目实施）聚在一起，从一开始就与客户开展合作，开发新项目。如今，每个新项目启动时都由项目经理组建"铁三角"团队，团队在中国和海外考察市场，寻找新机会。一旦发现未满足的市场需求，团队就会与首位客户接洽。为落实项目，项目经理有权从华为庞大的人才库里征用具备专业能力的人员。虽然项目负责人职级通常较低，但动用资源时拥有巨大的决策权，远远超出了职级限制——他们完善项目设计、策划实施，并确定需要哪些资源。对此，任正非称之为"班长的战争"，班长指的是项目经理，这是任正非从美军士兵那里学到的经验。

这种机制下，决策权下放到一线"战斗"部门，负责人可以根据不断变化的市场状况立即做出关键决策；为了成功签订和交付合同，必要时他们可以凭借自己的判断"呼叫"总部，充分发挥整个组织的火力优势。用任正非的话说："让能听到炮火的人（如项目经理）指挥炮火。"华为在向爱立信学习后进一步改进了铁三角模型，虽然思路基本上类似，但华为真正做到了以客户为中心，其程度远远超出爱立信所能达到的。例如，华为的铁三角模式并不死板，必要时可以加入采购和财务专业人员，从而演变成"五角"。同时，华为铁三角成员的任务和责任也不固定，可随项目发展进行调整。简而言之，铁三角的组建和责任分配非常灵活，因而可以应对不断变化的客户需求。

4. 不断演进的组织设计。通过应用以上各项创新举措，华为做到了以客户为中心，成为几乎完全围绕客户项目而构建的企业。每年华为都有超过5 000个项目同步推进。项目团队只关注一个目标：为满足多样化且不断变化的需求而进行灵活调整，以达到最佳用户满意度。为确保以客户为中心，评估个人业绩时，标准是其所在团队服务客户时的贡献比例。个人薪酬和晋升都要根据团队表现而定；奖金只颁发给获奖团队。如果项目团队表现差，个人表现再出色的"孤星"也不会得到认可或奖励。团队负责人的升降也是基于团队业绩。华为总结为："胜则举杯相庆，败则拼死相救。"这样的团队精神才能时刻保证以客户为中心。

为进一步强化团队精神，华为规定：如果团队表现不佳导致负责人被撤职，副职永远不能接任，还要分担失败的责任；公司会调派新的人员，有时高管会空降，担任团队负责人（华为称为"少将连长"）。"少将"们都有信心制定关键决策，也有足够威信从华为内部征用人员和资源，将项目推回正轨。这种前线作战机制也可确保高管了解市场上的动向。

项目成功完成后团队就会解散。在过去，个人通常回到本职工作和原部门，等待下一个项目。现在，华为计划进一步取消各个职能部门的设置。除专职行政和生产人员以外，所有员工都会成为共同资源或人才库的一部分。个人仅根据专业知识和能力进行区分，例如研发、设计、工程、市场营销和销售等，时刻准备进入有技能需求的项目团队。华为计划把大多数传统组织中的技术职能部门打散为小规模的研究基础科学的技术人员团队、特定技术领域的尖端专家，以及负责开发支持工具和平台的团队。

虽然这些职能团队可以在必要时为项目团队提供支持，但其主要任务是为特定技术和支持功能加强专业能力。通过保持由专家组成的这些独特团队，华为得以在技术和职能方面居于领先地位。可以说，客户需求决定了华为的运作模式。许多公司虽然声称以客户为中心，却无法将其落到实处。华为的例子显示，要真正做到以客户为中心，就要对组织架构和流程彻底重新设计。打造灵活流动的组织架构，实现以客户为中心，所需要付出的努力远远超出改变面对客户和项目人员的工作方式。总部的职能支持服务和高管层也要转型，才能充分发挥能力。

通过灵活的职能平台提供支持服务

尽管华为的项目团队可以相当自由地召集必要的人员和资源，灵活开发解决方案满足单独客户的需求，但对每个团队甚至事业部而言，重复组建财务、人力资源、采购、生产、后勤和供应链管理等职能显然较为低效。

为了解决平台的低效问题，华为尝试了一系列措施提升平台人员的专业知识，以加快向客户交付解决方案。多年来华为斥巨资开发了10个主要的支持功能平台。华为内部叫"资源平台"，均围绕不同能力构建，包括研发和技术、测试、制造、全球采购、市场和销售、人力资源、财务和资本、行政服务、知识管理和数据共享等。有强大的平台后盾，一线项目团队才能迅速获得所需的能力和资源，从而在行动时做到快速、灵活且流动。

以准备每个项目的客户合同为例。华为有一套标准化合同组合流程，包括一系列模板和模块。华为将流程和模板嵌入在线平台，不需要将项目细节发送给集团的中心商务部门（以准备草案并经过法律部门审核）。项目团队可以根据特定需求，利用平台准备一份合同草案。例如，重要电信运营商的大型基础设施项目要设计复杂的合同，以管理重大风险；而简单安装路由器网络的项目，则可以使用简单协议。随着平台专业水平的提升，项目团队只在需要特别专业知识时，才让职能部门介入处理。通过这种方式，任务可以更快完成，而且离客户最近的人员可以更灵活地调整最终效果。

与之类似，和制造普适产品的工厂不同，项目团队可利用供应链平台去申请特定的设备组合，以满足不同来源的客户需求。如果某组件或子模块需要改造，项目团队中的设计人员可以制定相关规范，与负责制造的同事积极交流,以高效完成设计及制造。客户需求变化时,产品也会随之变化。

由于以客户为中心的项目团队可以自由使用平台,获得支持服务,而不用单独设立职能部门,华为因此才能发展成为流动性极强的公司。不过,应该承认的是,随着华为拓展新客户群以及新地区,平台中的流程数量呈现爆炸式增长,操作变得过度复杂。最多的时候,平台上包括17项核心流程和上万个子程序。华为已开始大规模简化流程,剔除不必要的流程并简化支持流程,这项简化管理的重大举措预计在未来几年还会持续推进。

中高层管理人员的持续轮岗

在华为,中高层管理者会在不同的工作岗位之间轮换,甚至首席执行官(CEO)也是如此。华为的中高层管理人员轮流担任不同领域的工作,至少三年一轮换。有时更频繁,我们采访的一位高管24年里曾从事17个不同的工作。轮岗还包括在不同地区工作,拥有在海外工作的丰富经验对升职非常重要。随着华为越发重视项目,管理人员必须深入参与项目的每个步骤,从寻求机会到最终落实都要熟悉,之后才可能晋升到高层职位。轮岗是强制性的,个人无权选择下一个岗位;每个人的工作都靠重新分配。之前我们就提过,"少将"可能被派往项目组担任"连长",所以在华为的轮岗系统里,职级非常高的管理者可能垂直(向下)任命,也可能平级调动。

即便是CEO也要轮岗。2004年,华为确定了7名高管层成员,轮流担任首席运营官(COO)6个月。华为发现此举在促进组织变革和增强灵活性方面非常有效,于是在2012年将该制度扩展至CEO的职位。高管团队7名成员中的3名轮流担任半年CEO,目的是防止公司内观念僵化,避免个人崇拜,建立自我纠错机制,确保CEO制定的战略和方向不断受到挑战和重新评估。对多数企业的高管来说,这种多层轮岗制度听起来颇有颠覆意味。高管轮岗的确有其缺点,不过华为认为,该制度在打造超级流动性组织方面,推动作用远超其负面影响,主要表现在5方面。

1. 通过中层和高管的轮岗,可以消除建设企业帝国时常见的组织僵化问题。通过轮岗,高管在内部建立小地盘的难度大大增加。如果高管心里清楚,手头上的工作不久就要转交给别人,那么他在某个部门或子公司积攒资源和权力的动力就会降低。华为所有高管都经历过不同领域和职责,这意味着对于他们正在打交道的业务部门,很可能曾经"历练过";这也意味着他们更加了解不同部门可能提供的更大价值、面临的压力和取舍,因而会在整个组织内实现更强的团队合作。

2. 避免讨好老板。这在中国尤为重要,因为儒家文化倾向于尊重年龄和资历,下属难免会讨好上司。事实上,类似行为并不局限于中国,在许多国家的社会层面和公司文化中或多或少都存在。然而对华为的项目负责人来说,拍老板马屁毫无意义,因为你很清楚再过一两年就会离开目前的职位,转岗到下一处。薪酬和晋升前景并不取决于老板喜不喜欢,只看项目有没有帮助客户获利。

3. 培养管理者,让他们比较轻松地获得高管资历中需要的"多种职责"。升至高层后,华为的管理者不再是干了一辈子的"老研发""老财务"或"老营销",而是多面手。

4. 有助于促进创新。随着中层和高管轮岗,每项工作都可以从新角度审视。这是华为组织灵活流动的另一个关键因素。

5. 由于管理者知道三年之后很可能轮岗,若有新想法就得抓紧时间实施。这当然会影响到长期战略思考与长期投资,但身处华为面临的快速变化的商业环境中,速度是关键。在工作的可延续性方面,激励快速行动的措施,将鼓励新任管理者在前任工作基础上创造性地发挥优势和能力，而不是推倒重来。

超级流动的企业文化

如上所述，华为组织的关键要素包括：向一线充分授权，项目团队作为核心组织原则，自由流动的全球人力资源库，通过灵活的职能平台提供支持服务，以及中高层管理人员不断轮岗。这些举措都在华为以变革为核心的企业文化指导下，打造出超级流动的企业文化。这种极其注重变革的企业文化的形成可追溯到 1996 年，当时华为成立不到 10 年。那一年，公司要求最强大也最有影响力的营销和销售部门全体辞职，然后根据实际条件和业绩评估重新聘用，这项规模宏大的管理变革涉及上千名员工。这一举动显然打破了已经扎根并开始影响组织活力的公司政治和权力争斗。这项影响深远的变革让华为发出明确信息，即个人和企业的成功来源于根据不断变化的市场及时在资源和个人能力之间形成动态契合，也预示着华为管理层轮岗制度的启动。

但这样的文化很难如愿维持。因为每个员工都有员工编号，按照加入的时间排序，每个人的资历一眼就能看出。加之儒家文化对年龄和资历的尊重，自然而然地导致内部出现了势力强大的"贵族"，他们忙着在本地搭建自己的帝国和社会关系，而不是增加灵活性和客户满意度。于是，任正非启动第二次大规模辞职。这一次，7 000 名员工被迫根据个人条件和业绩重新申请工作岗位，而不能靠资历。另外，旧的员工编号作废，每个人的资历无法通过工号直观显示出来。

为了强化这一变革举措，任正非呼吁员工忘记公司历史，着眼于未来努力前进，即便这样做有可能影响短期的利润。为进一步强化这个理念，任正非创立了两本企业内刊——《华为人》和《管理优化》，前者主要关注华为的创新、管理重点和新的管理思想；后者主要记录华为的错误、问题和局限性，通常以案例形式介绍华为遇到哪些问题。华为还有一个"心声社区"的内部在线论坛，向所有员工开放。在社区中发言非常安全，员工都可以匿名，自由批评华为的政策、管理层甚至点名高管。任正非经常在论坛上发帖子，还会浏览每日简报。论坛非常热闹，可能是企业界最透明也最具有自我批评精神的平台。华为员工并不害怕变化会影响安全感，只担心自己调整不够快，跟不上市场的需求。每三五年华为就会进行比较大的变革，而其基础是公司已建立起强大的、以变革为导向的文化。

资料来源：彼得 J 威廉姆森，吴晓波，尹一丁. 华为的超级流动性：打造灵活应变的组织 [J]. 哈佛商业评论中文版，2018.

讨论题

1. 华为是如何打造超级流动性的组织的？你认为其秘诀是什么？
2. 你认为华为的超级流动性有哪些潜在的问题？

第 8 章

权 变 理 论

▶ **本章要点**

- 理解领导是如何受认知和环境影响的。
- 掌握几种重要的权变理论模型。
- 思考权变思想和文化的关系。

 引例

国美的新零售转型

"我从来没想过自己是舵手或掌门人。"

在北京鹏润大厦 18 层的一间会议室里,面对《中国企业家》的记者,杜鹃断然否认了外界对于她在国美集团所担任角色的想象,虽然就在不久前,她刚刚以女主人的身份组织了一场庆祝国美创立 30 周年的盛大庆典,并公布了中国这家家电零售业巨头雄心勃勃的新战略。这次 30 周年庆是杜鹃近六年来为数不多的在公众场合的高调亮相。她全程背稿,毫无即兴发挥,眼睛不时瞄向提词器,声音略微有些颤抖。显然,被成百上千双眼睛注视的舞台中央并非杜鹃的舒适领域。不过,她必须克服紧张情绪,迎着打来的强光坚持站在那里,不仅因为她责无旁贷——丈夫黄光裕身陷囹圄,国美这个重担只能落在她肩上;也由于那本身就是转型的一部分——在如今这个时代,如果不能滔滔不绝地脱稿演讲三个小时以上,你简直不能说自己是个互联网企业家。

虽然声称不想做企业家,但杜鹃绝对希望国美完成互联网转型。杜鹃曾经表示,把电商做起来,是自己主政国美期间最重要的使命之一。如今杜鹃要送给黄光裕的归来礼物,便是打造"新零售"的大礼包。国美围绕打造新零售做了三件事。

第一是在组织架构上进行了调整。在此次发布会上,国美控股集团目前已有的线下零售、互联网生态、智能家居、智能手机、金融投资、房地产六大产业板块首次对外正式亮相。其中互联网生态引人注目。国美集团将旗下国美在线、国美海外购、国美管家等公司进行了整合,成立了国美互联网生态(分享)科技公司。国美电器 CFO 方巍同时兼任此公司的 CEO。方巍表示,整合的目的在于将原有国美各自分散的业务整合在一起,形成一个"强链接"体系,最终让国美打造一个"社交+商务+分享"的生态圈。

第二是推出了"国美 Plus"。这是一款类似于微店的 App,杜鹃和方巍"社交+商务+分享"的生态圈梦想主要就靠这款 App 来承载。除可以直接开店外,这个 App 增加了圈子、IM 群聊等社交功能。按照国美的设想，希望通过社交的方式形成以国美 Plus 为主流的线上入口端，以门店作为线下入口，实现线上线下全渠道闭环。

第三个实质性动作是推出国美自己的手机产品。国美智能手机总裁沙翔透露，国美将在 2017 年第一季度发布自有品牌手机。他表示，国美手机将主打信息安全，配备指纹、虹膜双识别，在软件上将采用 Android 与自有 TEE 双系统。"国美手机目前已经与国内最大的自主芯片提供商紫光集团达成了战略合作，在互联网、智能家居、移动支付方面都有全方位的合作"。

通过这三个实质性举措可以看出，国美的野心很大，杜鹃的底气首先来自供应链。国美重塑供应链始自六年前，通过供应链改造，国美不同毛利率产品的分配结构比竞争对手大为优化，库存周转速度比竞争对手快了三到五天。同时，国美改变了与供应商的合作模式，完全转化为直营方式，此前部分由供应商主导的价格，逐渐改为由国美全面主导价格的运行模式，差异化商品占比提升迅速。

杜鹃的底气还来自大数据。在苹果 iPhone 6 上市以及在推广夏普大屏幕电视时，国美根据对消费人群的精准分析，把商品的推广信息进行定向发送。当然，这只是大数据的一些基础应用，国美现在还是一个由供应链驱动的零售企业，转变成科技驱动的企业是未来的方向。

迄今为止，国美的宏伟战略目前还看不到足够的成绩，从批评者的角度看，说是空中楼阁似乎也不是毫无道理。而杜鹃表示，和以往一样，国美不会烧钱，最重要的还是把产品做好。看来，对新战略的推进，杜鹃还是会采取固有的风格，以务实为上，一旦发现此路不通，她就会迅速割肉止损，调转方向。正如方巍所言，"国美这几年都走得很脚踏实地，虽然经历了很多事情。但是我觉得踏踏实实往前走，才会立于不败之地。否则的话，永远都追风。"万物有得必有失，"国美确实错过了电商时代，"方巍说，"但是，新零售的线上线下融合时代来了，后互联网时代来了，这个国美赶上了。"

资料来源："影武者"杜鹃：等风来[J]. 中国企业家，2017（02）：50-55 + 7.

杜鹃带领国美进行新零售方向的转型，不仅是领导者适应瞬息万变外部环境的结果，更是适应当今时代发展趋势的正确选择。本章将介绍有效的领导者与所处情境关系的相关内容。

8.1 菲德勒权变领导模型

在领导权变理论的研究中，影响最大的是由美国心理学家和管理专家弗雷德·菲德勒（Fred Fiedler）提出的菲德勒模型（Fiedler model）。他发表的《让工作适合管理者》《怎样使领导更有效：老问题的新答案》《权变模型：领导效用的新方向》《领导游戏：人与环境的匹配》等文章，系统地阐述了他的权变领导模式。

菲德勒指出，有效的群体绩效取决于以下两个因素的合理匹配：与下属相互作用的领导者的风格；情境对领导者的控制和影响程度。菲德勒开发了一种工具，叫作"最难共事者问卷"（least preferred co-worker questionnaire，LPC），用以确定个体是任务导向型还是关系导向型。另外，他还分离出三项情境因素，按照重要程度依次为：①领导者与成员关系；②任务结构；③职位权力。领导者风格只有与这三项情境因素相匹配，才能实现有效的领导。

从某种意义上说，菲德勒的模型属于过时的特质理论，因为问卷只是一份简单的心理测验。然而，菲德勒走得比忽视情境的特质论和行为论远得多，他将个性评估与情境联系在一起，并将领导效果作为二者的函数进行测量。

8.1.1 确定领导风格

菲德勒相信影响领导成功的关键因素之一是个体的基础领导风格，因此他首先试图发现这种基础领导风格是什么。他设计 LPC 问卷就是要解决这一问题。

问卷由 18 组对照形容词构成，见本章末专项技术测试与反馈。菲德勒让作答者对自己共事过的最难共处的人进行评估。如果以相对积极的词汇描述最难共事者（LPC 得分高），菲德勒称之为关系取向型。相反，如果你对最难共事的同事看法不是很有利（LPC 得分低），则被称为任务取向型（见表 8-1）。菲德勒运用 LPC 工具可以将绝大多数作答者划分为两种领导风格。当然，也有一小部分人处于二者之间，菲德勒承认很难勾勒出这些人的风格。

表 8-1 任务取向型和关系取向型的差别

任务取向型（LPC 得分低）	关系取向型（LPC 得分高）
• 通过任务的完成情况来实现自尊	• 通过人际关系实现自尊
• 把关注任务放在首位	• 把关注人际关系放在首位
• 对失败的员工态度强硬	• 希望满足他人
• 认为合作者的能力是关键因素	• 认为合作者的忠诚是关键因素
• 欣赏细节	• 厌恶细节

资料来源：安弗莎妮·纳哈雯蒂. 领导学[M]. 王新，陈加丰，译. 北京：机械工业出版社，2007：105.

8.1.2 确定情境

菲德勒模型的下一步是根据三项权变变量来评估情境。

（1）领导者-成员关系（leader-member relation）：指领导者与追随者之间的关系是合作友善的还是敌对挑剔的。对领导者-成员关系评价较高的领导者会觉得，他们获得了追随者的支持，可以信赖追随者。

（2）任务结构（task structure）：指是否存在对工作、产品和流程等的详尽说明，以及评价工作完成情况的客观指标，即结构化或非结构化。

（3）职位权力（position power）：指领导者拥有的对权力变量（如聘用、评价、奖惩、晋升）的影响程度，影响越大，职位权力越强。

菲德勒根据这三项权变变量来评估情境，并提出了情境有利性的概念，即领导者对追随者有多强的控制力。对追随者的控制力越强，情境有利性就越高。在影响情境有利性的三个变量中，领导者-成员关系最重要，其次是任务结构化程度和职位权力。菲德勒把领导者所处的情境从最有利到最不利共分为八种类型。三个变量均处于良好状态是领导者最有利的情境，三者有一项或两项处于良好状态是领导者的一般情境，三者都处于最差状态是最不利的情境。总体上来看，由于领导者-成员关系的权重最大，所以领导者-成员关系好的领导者所处的情境要优于领导者-成员关系差的领导情境，如表 8-2 所示。

表 8-2 领导者情境类型

情境有利性	高							低
领导者-成员关系	好				差			
任务结构	结构化		非结构化		结构化		非结构化	
职位权力	高	低	高	低	高	低	高	低
情境序号	I	II	III	VI	V	VI	VII	VIII

8.1.3 领导者风格与情境的匹配

了解了个体的 LPC 分数并利用三项权变因素评估了情境有利性之后,菲德勒指出,领导风格与领导情境二者相互匹配时,才会达到最佳领导效果。菲德勒调查研究了 1 200 个工作群体,包括军队和其他组织,调查分析情况如图 8-1 所示。

在研究过程中,对八种情境类型的每一种,菲德勒均对比了关系取向型和任务取向型这两种领导风格,建立了"菲德勒模型",如图 8-1 所示。其结论是:任务取向的领导者在非常有利的情境和非常不利的情境下工作更有利,即当面对 I、II、III、VII、VIII 类型的情境时,任务取向的领导者干得更好。而关系取向的领导者则在中等有利的情形(也称之为中度控制情境),即面对 IV、V、VI 的情境中干得更好。

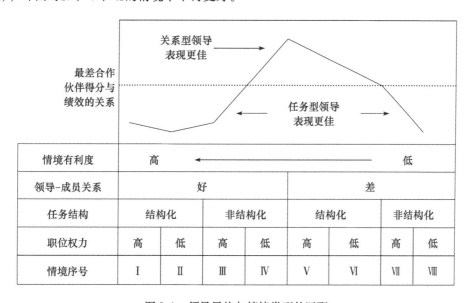

图 8-1 领导风格与情境类型的匹配

8.1.4 菲德勒模型的评价及应用

大量研究对菲德勒模型的有效性进行了考察,特别是对 LPC 标准的意义、有效性(Schreishein and Kerr, 1974; Yukl, 1970)、预测价值(Schreishein Tepper, and Tetrault, 1994; Vecchio, 1983)提出了质疑。但是,权变模式到目前仍然是一个最可靠、最具有预示力的领导模式,大量的学术研究和高级分析支持了这一模式假设。[47] 不过,目前该模型还存在一些欠缺,尚需要再增加一些变量加以改进和弥补。其次,该模型假定"个体不可能改变自己的领导风格以适应环境"并不符合实际情况,有效的领导者完全可以改变自己的风格以适应具体环境的需要。最后，该模型中太多的权变变量对领导者来说过于复杂。在实践中通常很难确定领导者和成员关系的亲疏、任务的结构化程度以及领导者拥有的职权大小。但是，尽管存在这些缺点，菲德勒模型还是提供了充分的研究证据，说明有效的领导风格需要反映情境因素。换言之，只有根据具体的情境和条件，因事而异、因人而异、因时而异、因地而异，才会形成最佳风格、最佳行为、最佳的领导艺术、最佳的绩效。了解菲德勒的理论观点，对领导实践具有很好的指导作用，比如领导者应该懂得自己的类型和所处的情境，知道如何行事可能更有效。领导者与下属保持良好的关系是领导者实施领导行为的关键，它可以弥补权力的缺乏。领导者可以通过培训、总结等方式，尽可能提高任务的结构化程度。

8.2 路径-目标理论

另一种领导模式的权变方法是路径-目标理论（path-goal theory）。路径-目标理论是在激励的期望理论基础上，由马丁·G. 埃文斯（Martin G. Evans）首先提出，并经罗伯特·豪斯（Robert House）及其他人进一步发展而开发的一种领导权变模型。

路径-目标理论认为，领导者的工作是利用结构、支持和报酬，建立有助于员工实现组织目标的工作环境。路径-目标的领导过程如图8-2所示。

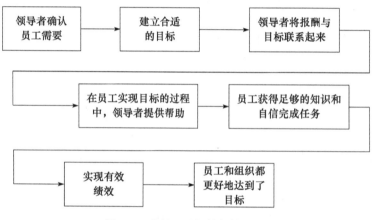

图8-2　路径-目标的领导过程

领导者确认员工的需要、提供合适的目标以后，通过明确期望与工具的关系，将目标实现与报酬联系起来，消除取得绩效的障碍，并且给予员工一定的指导。该过程的期望结果包括工作满意、认可领导者和更强的动机，这些将在有效的绩效和目标实现中得到反映。

8.2.1 领导风格

路径-目标理论认为，领导者的行为被下属接受的程度，取决于下属是将这种行为视为获得满足的即时源泉，还是未来获得满足的手段。领导者行为的激励作用在于：①它使下属的需要满足与有效的工作绩效联系在一起；②它提供了有效的工作绩效所必需的辅导、指导、支持和奖励。为此，豪斯区分了四种领导风格。

指导型领导（direction leadership）：领导者关注明确的任务安排、成功绩效的标准和工作程序，让下属知道期望他们的是什么，以及完成工作的时间安排，并对如何完成任务进行具体指导，这种领导类型与俄亥俄州立大学的结构维度十分相似。

支持型领导（supportive leadership）：领导者在努力建立舒适的工作环境的同时，表现出对员工健康和需要的关心。领导者十分友善，并表现出对下属需求的关怀。

参与型领导（participative leadership）：领导者邀请员工参与有关决策，并且在最终决策中注意采纳他们的建议，即领导者与下属共同磋商，并在决策之前充分考虑下属的建议。

成就型领导（achievement-oriented leadership）：领导者为员工设立较高的期望，员工在实现挑战性目标时，与员工对能力的自信进行沟通并且努力塑造意愿行为，即领导者设置有挑战性的目标，并期望下属达到自己的最佳水平。

与菲德勒的领导行为观点相反，豪斯认为领导者是弹性灵活的，同一领导者可以根据不同的情境表现出任何一种领导风格。

8.2.2 环境因素

和其他领导情境理论一样，路径-目标理论提出领导方式要适应情境因素。该理论特别关注两类情境因素：一类是个人特点，另一类是工作环境。

（1）个人特点。个人特点主要包括下属对自身能力的认识及其控制轨迹这两个重要特点。假如下属认为自己能力不强，则他们更喜欢指令型领导；反之，有的人自视甚高，则可能对指令型领导行为表示不满。控制轨迹也属个性特征，内控型的人相信一切结果都是通过自身的努力和行为产生的，外控型的人则往往把发生的结果归因于运气、命运或制度。相信内因决定论的人喜欢参与型领导行为，相信外因决定论的人则宁可采用指令型领导行为。管理者难以影响并改变下属的个人特点，但是管理者对环境的塑造及针对不同的个体采取不同的领导方式是完全可能的。

（2）工作环境。工作环境包括任务结构、职权制度和工作群体的性质。当任务结构很明确时，采用指令型领导行为的效果就差，对于一些很平常的工作，人们并不需要上司喋喋不休地吩咐如何去做。正式职权制度是另一个重要的环境特点，如果正式职权规定得很明确，则下属会更欢迎非指令型领导行为。工作群体的性质会影响领导行为，如果工作群体为个人提供了支持和满足，则支持性的领导行为就显得多余了；反之，个人则会从领导者那里寻求这类支持。

8.2.3 路径-目标理论的评价及应用

领导者弥补了员工或工作环境方面的不足，则会对员工的绩效和满意度起到积极的影响。但是，当任务本身十分明确或员工有能力和经验处理它们而无须干预时，如果领导者还要花费时间解释工作任务，则下属会把这种指令型行为视为累赘甚至侵犯。路径-目标模型的贡献是它指出了另外一些权变变量，并且扩展了领导者行为的选择范围，它的独特之处在于所描述的每种领导风格都是明确基于一种激励模型。

在应用路径-目标理论时应该坚持领导行为适应环境的原则，图 8-3 说明了在四种情况之下，领导行为是如何与环境因素相适应的。

在第一种情况下，追随者缺乏自信，因此，支持型领导模式为员工提供社会支持，以鼓励员工勇敢地承担职责，完成自己的工作任务，同时得到奖励。在第二种情况下，任务不明确，员工的工作效率也不是很高。指导型领导模式为追随者明确工作任务，同时给出完成任

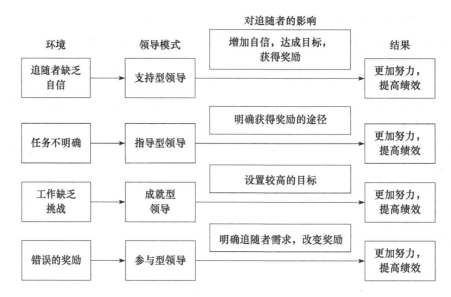

图 8-3 路径－目标应用环境及相适应的领导模式

资料来源：Adapted with permission from Gary A. Yukl, Leadership in Organization [M]. 4th ed. (Englewood Cliffs, nj: Prentice-Hall, 1998), 26-40.

务的规程，这样追随者就知道如何去完成自己的任务。在第三种情况下，追随者觉得工作缺乏挑战性，此时应该采用成就型领导模式，比如为员工设置更高的目标等，这些都明确了如何指导员工去获取奖励。在第四种情况下，某些员工获得的奖励并不是他们所希望得到的，此时应当采用参与型领导模式去改变这种情况。通过与员工交谈，了解员工的需求，领导者就能够根据不同的任务设置正确的奖励方式。

8.3 情境领导理论

情境领导理论是由卡曼（KarMan）首先提出，后由保罗·赫塞和肯尼斯·布兰查德（Hershey and Blanchard, 1977）予以发展的理论，是一个重视下属的权变理论。赫塞和布兰查德认为，依据下属的成熟度，选择正确的领导风格，就会取得领导的成功。西方不少企业在培训其管理者的领导艺术时常使用这一理论，如 IBM 公司、美孚石油公司、施乐公司等，甚至美国军队中的一些部门也采用这一模型培训军官。

赫塞和布兰查德认为，在领导过程中，下属可能接纳也可能拒绝领导者，无论领导者怎么做，其效果都取决于下属的活动，然而这一重要维度的价值却被众多领导理论所忽视或低估。成功的领导是通过选择恰当的领导方式而实现的，选择的过程根据下属的成熟度水平而定。

8.3.1 下属成熟度的四个阶段

赫塞和布兰查德将成熟度定义为：个体对自己的直接行为负责任的能力和意愿。它包括两项要素：工作成熟度与心理成熟度。前者包括一个人的知识和技能，工作成熟度高的个体拥有足够的知识、能力和经验完成他们的工作任务而不需要他人的指导；后者指的是一个人做某事的意愿和动机，心理成熟度高的个体不需要太多的外部激励，他们主要靠内部动机激励。

赫塞和布兰查德将下属的工作成熟度分为四个阶段。

第一阶段：对于执行某任务既无能力又不情愿，他们既不胜任工作又不能被信任。

第二阶段：缺乏能力，但愿意执行必要的工作任务。他们有积极性，但目前尚缺少足够的技能。

第三阶段：有能力却不愿意干领导者希望他们做的工作。

第四阶段：既有能力又愿意干领导者希望他们做的工作。

8.3.2 领导风格

情境领导理论告诉我们，对不同的对象应采取不同的领导方式。这里，能力与意志的结合是员工成熟度的表现，领导的主要行为也由此被划分为任务行为与关系行为两类，这两类行为的不同组合形成四种行为：指示（重视任务行为、忽略关系行为）、推销（二者都重视）、参与（忽略任务行为、注重关系行为）和授权（二者都忽略）。领导者可以根据下属成熟度使用四者中的某一种行为，当追随者处于不成熟状态时，采取高任务低关系的指示式效果较好；当追随者进入初步成熟阶段时，采取高任务高关系的推销式效果较好；当追随者进入比较成熟的阶段时，领导者的任务行为要减少、放松，而关系行为要加强，即采取参与式行为最好；当追随者的成熟度达到相当高的阶段时，领导者采取授权式效果最好。这就是领导生命周期理论。

根据这一理论，"高任务高关系"的领导不一定有效，"低任务低关系"也不一定普遍无效。领导的有效性应按照下属的成熟度具体情况具体分析。图 8-4 为赫塞和布兰查德设计的模型图。

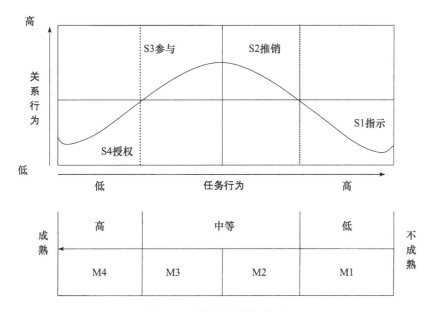

图 8-4 领导生命周期模型

资料来源：Paul Hersey, Kenneth Blanchard and Dewey Johnson, Management of Organizational Behavior: Utilizing Human Resources, 7th ed. Englewood Cliffs, NJ: Prentice Hall, 1966, p. 200. Used with permission.

在图 8-4 中，横坐标表示以任务为主的工作行为（任务行为），纵坐标代表关心人的支持性行为（关系行为），第三个坐标则为成熟度。下属的成熟度（从 M1 到 M4）对应四种不同的情况，这样成熟度、任务行为及关系行为间有一种曲线关系，随着下属成熟度的提高，领导风格（从 S1、S2、S3 至 S4）就按顺序逐步转移。四种不同的领导风格为：

指示型领导风格（S1）　对于低成熟度（M1）的下属，他们既无能力又不愿意承担一项任务，这时领导者就需要提供清晰和具体的指示，告诉他们做什么、如何做、在何地、何时去完成。

推销型领导风格（S2）　对于较不成熟（M2）的下属，虽然他们有工作的意愿，但他们尚缺乏工作技能，不能完全胜任工作，这时，推销型领导方式更为有效。领导者一方面以高任务取向来弥补下属工作能力的不足，一方面又要表现出高关系取向以使下属领会领导意图。领导者需要将工作和相关决定推销给下属，并使下属乐于接受。

参与型领导风格（S3）　当下属比较成熟（M3），具备了工作所需的技术和经验，但并不愿意承担一项工作时，领导者应该采用参与式领导风格，减少指导行为，加强沟通交流，鼓励下属参与决策。

授权型领导风格（S4）　当下属已经成熟（M4），既有能力又愿意承担责任时，领导者应充分授权下属，由下属自己决定何时、何地和如何做的问题。

领导生命周期理论为情境领导理论提供了一个有用且易于理解的模型，该理论再次说明了并不存在适合各种不同情境的万能领导方式，领导的技巧需配合下属目前的成熟度，并帮助他们发展。因此，各种领导风格必须因势利导，灵活运用。

8.3.3　情境领导理论的评价及应用

1. 情境领导理论的评价

总的来说，情境领导理论对实践产生的影响超过其他许多理论。情境领导理论是对行为科学的具体运用，从理论角度看，赫塞和布兰查德的研究没有超出其他行为科学家，但在实践运用上，他们有自己独到的贡献。尤其是在对员工的重视程度上，他们超过了其他所有管理学家。布兰查德曾经很形象地指出，在他们眼里，领导者和管理者应当是职业竞技场上的拉拉队长，而不是居高临下的裁判员。这一形容说明了他们的特色所在。

该理论的缺陷是没有包括大量的情境变量，而且关于"成熟"概念的界定也不太准确，强调从一种情境转变到另一种情境的要素也没有做任何说明。

情境领导理论虽然存在这些缺陷，但它在引导领导者去思考一些问题时是有用的，即领导力应在一定程度上取决于领导者能否适应不同的下属，而不是以同样的方式对待所有的下属。

2. 情境领导理论的灵活应用

情境领导理论把影响领导行为有效性的因素简化为三个：一是员工的准备度；二是领导者的任务行为；三是领导者的关系行为。但事情往往没有这么简单。准确使用情境领导理论，需要注意几个有待灵活掌握并深入理解的问题。

（1）领导的有效性问题：取决于领导者、追随者、同事、组织、工作要求及时间限制等因素，每一种因素都是至关重要而且相互影响的，每一种因素都是变量而不是常量。

（2）人员发展与领导风格调整：情境领导理论提供了一种帮助领导者确定恰当领导方

式的方法，但是并非能取得一劳永逸的效果。即使把领导情境简化为单一的员工准备度，员工本身也处于不断变化之中。但领导行为的剧烈改变，往往会使员工难以接受，影响领导效果。

8.4 弗鲁姆-贾戈权变模型

在众多的管理学家中，维克托·弗鲁姆（Victor Vroom）是一位多才多艺的大师。很有可能，他演奏萨克斯要比他的管理学培训演讲动听得多。作为一名行为科学家，弗鲁姆在激励理论、领导理论等方面有着众多贡献。其中1973年由他和菲利普·耶顿（Philip Yetton）共同提出的规范决策模型，在学术界有很大影响。弗鲁姆-贾戈权变模型（Vroom-Jago contingency model）与上述模型有一定的相似之处，但也存在很多显著的不同。

这个模型的出发点是，一个领导面临急需解决的问题，那么制定决策来解决这个问题既可能是领导者自身的行为，也有可能是众多追随者的共同参与。它包括三个主要的因素：领导者的参与模式、一系列用于分析决策环境的检验性问题以及选择决策模式。

8.4.1 领导者的参与模式

本模型包含了从高度独裁到高度民主共五级领导者参与模式。图8-5对之进行了具体说明。图中包含了五种决策体系：领导者独自制定决策（独自决定型）；向追随者陈述问题并听取他们的建议来做决策（分别磋商型）；向工作团队征求意见，有选择地采纳他们的意见来做决策（团队磋商型）；与工作团队共同面对问题，作为团队的一部分帮助整体做出决策（推动型）；放权给团队，让团队在一定的限制下做决策（授权型）。

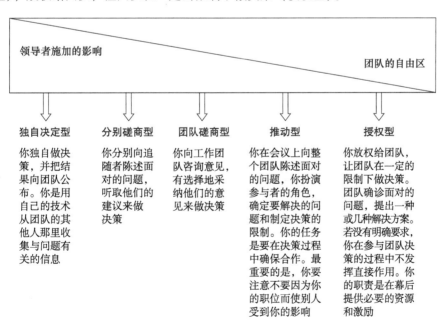

图8-5 领导者参与决策的五种模式

资料来源：理查德 L 达夫特. 领导学：原理与实践（原书第2版）[M]. 杨斌, 译. 北京：机械工业出版社, 2005：51. 有改动.

8.4.2 检验性问题

领导者应该采用哪一种决策模式？哪种水平的决策模式最合适？最合适的决策模式取决于环境因素和问题性质，如决策质量水平、领导者或追随者的专业技能、追随者参与决策的必要程度等，领导者可以用下面七个问题对环境变量进行描述，来分析哪种决策模式是最合适的。

(1) 决策的重要程度：这个决策对项目和公司有多重要？如果这个决策非常重要，而且公司和项目要想成功需要高质量的决策，领导者就要积极地参与决策过程。

(2) 支持决策的必要程度：追随者对决策的支持有多重要？如果决策需要追随者的高度支持，领导者必须让追随者参与决策过程。

(3) 领导者的专业技术：领导者处理这个问题的相关专业技术如何？如果领导者只具备较少的相关信息、知识和专业技术，则应该让追随者参与进来。

(4) 支持的可能性：如果领导者能独自制定决策，那么追随者是完全支持决策，还是不太支持决策？如果领导者做出的决定，追随者都能很好地执行，那么追随者参与决策过程就没什么必要了。

(5) 团队对目标的支持：对于在这个决策中团队或公司要达成的目标，追随者的支持处于什么水平呢？如果追随者对公司的目标不是太支持，领导者就不应该完全让团队来做决策。

(6) 与目标有关的专业技术：团队成员处理这个问题的相关专业技术如何？如果追随者拥有解决此类问题的高水平专业知识，就可以让追随者在决策者过程中发挥比较重要的作用。

(7) 团队合作能力：团队成员作为一个整体来解决问题，他们之间的配合情况如何？当团队成员都具备熟练的技术而且又非常乐于合作来解决问题时，他们可以更多地参与到决策过程中来。

这些问题看起来很琐碎，但是它们能够迅速缩小解决问题方式的选择范围，并最终得到合适的参与程度。

8.4.3 选择决策模式

弗鲁姆-贾戈权变模型引入了时间限制和追随者成长作为衡量参与程度的外部标准，也就是说，领导者在选择决策模式时会对比时间限制和追随者成长的重要程度。这样就产生了两种决策矩阵：以时间为基础的模型——如果对时间的要求比较苛刻，如企业面临很大的危机，必须立刻做出决策，在选择决策模式的时候将使用此模型；另一种是以成长为基础的模型——当时间要求不是很紧迫，而增强员工的思考能力和决策能力相当重要的时候将使用此模型。

例如，一个小型机器零件制造商只有一台焊接机器，如果这台机器不能工作了，整个生产都要因此而停止，所以必须购买一台新的机器来提高整个生产线的效率。在这种情况下，领导者选择决策模式的时候应遵循以时间为基础的模型。然而，如果计划在三个月内对机器进行更换，那么时间限制就不是一个重要因素了，领导者可以考虑让员工参与到决策过程中来，以提高他们的能力。所以，当时间不紧迫的时候，领导者可能会遵循以成长为基础的模型。

在图 8-6 和图 8-7 中详细介绍了这两种决策矩阵——以时间为基础的模型和以成长为基础的模型，领导者可以依次回答其中的问题来选择合适的参与模式。让我们再回到焊接机器的例子，如果机器坏了必须要立即更换，那么领导者应遵循图 8-6 中以时间为基础的模型。领导者先填写图中左边的问题，从左到右依次考虑这七个检验性问题，就每一个问题回答是高是低，注意不要穿过任何一条水平线。第一个问题是，决策对项目和公司的重要程度如何？如果是高，那么领导者应该接着回答关于支持决策的必要程度的问题：追随者的支持对于决策重要吗？如果答案是重要的话，下一个问题将是针对领导者的专业技术的：领导者在解决问题的专业技术方面如何？如果领导者的专业技术和知识很高的话，下一步要考虑的是关于支持的可能性的问题：假设领导者能够独自完成决策，追随者支持决策的可能性有多大？如果追随者支持决策的可能性较大，决策矩阵将得到独自决定型的决策模式。在这种模式下，领导者独自做出决策并将决策结果向团队公布。

	决策的重要程度	支持决策的必要程度	领导者的专业技术	支持的可能性	团队对目标的支持	与目标有关的专业技术	团队合作能力	
问题陈述	高	高	高	高	—	—	—	决定
				低	高	高	—	授权
						低	—	磋商（集体）
					低	—	—	磋商（集体）
				低	—	—	—	磋商（集体）
			低	高	高	高	—	推动
						低	—	磋商（个别）
					低	—	—	磋商（个别）
				低	高	高	—	推动
						低	—	磋商（集体）
					低	—	—	磋商（集体）
		低	高	—	—	—	—	决定
			低	—	高	高	—	推动
						低	—	商量（个别）
					低	—	—	商量（个别）
	低	高	—	高	—	—	—	决定
				低	—	高	—	授权
						低	—	推动
		低	—	—	—	—	—	决定

图 8-6 以时间为基础决策模型

注：这个矩阵就像个漏斗，你想好一个具体的决策问题，然后从左边开始依次回答。顶部的条目表示环境因素，在你的问题中不一定涉及。你从相关的因素选择"高"或"低"开始，然后顺着漏斗向下，只去判断那些做判断所需要的环境因素，直到你达到了建议的决策模式。

资料来源：理查德 L 达夫特 . 领导学：原理与实践（原书第 2 版）[M]. 杨斌，译 . 北京：机械工业出版社，2005：53. 有改动 .

我们前面提到过，这个矩阵假设时间和效率是选择决策模式时最重要的标准。但是，如果更换焊接机器在三个月内完成就可以了，领导者就会更加关心追随者的成长而不是时间的限制。在这种情况下，如何选择决策模式就不同了，领导者应遵循图8-7中的以成长为基础的决策矩阵。我们再次从决策的左边开始，决策对项目和公司的重要程度如何？如果回答高，领导者就应该接着回答关于支持决策的必要程度的问题：追随者的支持对决策重要吗？如果回答是重要的话，下一步要考虑的是支持的可能性问题（这里不考虑领导者的专业技术，因为即使领导者有很高的专业知识和技术，成长模型也会让追随者尽量多地参与决策）：假设领导者能够独自完成决策，追随者支持决策的可能性有多大？如果可能性很高的话，领导者下一步就要考虑团队支持的问题：对于这个决策中团队或公司要达成的目标，追随者会给予多大的支持呢？如果团队不是很支持的话，领导者会直接采用团队磋商型的决策模式。如果非常支持，领导者会问：团队成员处理这个问题的相关专业技术如何？如果团队成员的专业技术水平很高，领导者会采用参与型决策模式，让团队在一定限制下进行决策。

问题陈述	决策的重要程度	支持决策的必要程度	领导者的专业技术	支持的可能性	团队对目标的支持	与目标有关的专业技术	团队合作能力	
高		高	—	高	高	高		授权
						低		推动
					低	—		磋商（集体）
					低	—		磋商（集体）
		高	—	低	高	高		授权
						低		推动
					低	—		磋商（集体）
					低	—		磋商（集体）
		低	—	—	高	高		授权
						低		推动
					低	—		商量（集体）
					低	—		商量（集体）
低		高	—	高	—	—		决定
				低	—	—		授权
		低	—	—	—	—		决定

图 8-7 成长驱动规范决策模型

资料来源：理查德 L 达夫特. 领导学：原理与实践（原书第 2 版）[M]. 杨斌，译. 北京：机械工业出版社，2005：54. 有改动.

在很多情况下，给追随者提供进一步成长的机会要比时间限制更重要。在今天很多的公司里，知识共享和广泛参与都被认为是经营成功所必需的。所以，在对时间要求不是太苛刻的情况下，领导者更应重视员工的成长。

8.4.4 评价及应用

弗鲁姆-贾戈权变模型由于不够完美而受到指责，但是它对决策者还是十分有用的，同时，支持性研究调查工作还在进一步地完善它。当领导者采用这个模型时，他们往往能够做出高质量的决策。

理论界与实践者指出，这一模式主要有两个弱点：第一，它太复杂，不具有实用价值。几乎没有这样的管理人员，他们会花时间去通过逐一回答问题来推断特定情境下的决策方式。第二，领导者在决策方法的使用上都具有相同能力这一假设有缺陷，并非所有的领导者都是专制型、磋商型或团队型的决策人。尽管具备这种能力有可能导致理想中的领导有效性产生，但这种能力不可能使个性、个人类型的取向以及个人行为范围产生差异。此外，由于这种模式依赖于管理人员的自我报告，因此易于产生偏差。

弗鲁姆－贾戈权变模型的实践意义如下：

- 领导者一定要了解所处的情境，懂得使用不同决策方法的时机与方式。
- 参与作为一种领导方式并不总是合适的。
- 在决策时，领导者要特别关注下属的需求与反应。

8.5 领导者－成员交换理论

我们介绍大多数领导理论时基于这样一个假设，即领导者以同样方式对待所有下属。但如果仔细想一下，在群体中领导者对待不同下属的方式是否有明显的不同？是否领导者对自己的圈内人士更为照拂？如果答案是肯定的，那么这就是领导者－成员交换理论研究的主题。

8.5.1 领导者－成员交换理论模型

乔治·格里奥（George Craeo）1972年提出领导者－成员交换理论（leader-member exchange theory），最初是针对新员工的社会化研究，结果表明领导者对新员工角色的关注对于新员工的发展是相当重要的。

乔治·格里奥及其同事的一个纵向研究表明，在相同的团队中存在着不断变化的领导者－成员的相互关系，不同的下属对同一个领导者会有不同的评价。由于成员间的差异和时间等条件的约束，一个领导者可以与一小部分下属发展较为封闭的联系，建立一种特殊的关系，而与同一团队中的其他下属保持一定的距离，这就导致了"圈内"（in-group）和"圈外"（out-group）的分别。"圈内"的成员得到领导者更多的支持，受到更多的关注，而作为交换，领导者将得到下属的信任、尊重和喜欢，从而建立一种较高水平的相互作用。"圈外"成员与领导建立的则是一种更为正式的权力关系，他们往往被限制在一个相对来说更为平凡的任务中。在这种情形下的交换关系显得缺乏一种积极的互动力，往往表现为任务导向。其实，在领导者与某一下属进行相互作用的初期，领导者就已暗自将该下属划入"圈内"或"圈外"，并且这种关系是相对稳定的。由此可见，领导者－成员交换理论主要在领导者和下属关系的研究方面进行了充分的阐述与探究。如何处理这种关系，对组织领导者及员工本身都是相当重要的。虽然乔治·格里奥并没有说明领导者划分圈内人士和圈外人士所依据的标准，但一些相关研究表明，下属的年龄、性别、态度、能力、人品、性格等因素无疑是起作用的。

领导与下属的关系是早期就已经定型的。领导者－成员模型认为：领导者－成员关系是按照表8-3所列步骤发展而成的。此外，能和领导者建立密切关系的下属有三种类型：能力较强，掌握相关技能的人；为领导者信任的人；愿意承担更多责任的人。在圈内人士资格认定过程中，文化起着重要作用，但相比之下，上述三个因素分量显得更重。

表8-3 开发领导者-成员关系的不同阶段

阶　段	描　述
检验与评估	一切关系均未定型。领导者根据决定圈内人士或圈外人士的主观与客观标准，判断下属是否属于圈内人。下属的各种潜质、能力、技能及其他心理因素（如忠诚）需要进行检验，最后，圈子划分完成。领导者与圈外下属关系的发展将在本阶段结束
信任开发	该阶段仅为圈内人士而设。领导对圈内下属安排挑战性的任务，提供表现的机会，以此强化信任开发；反过来，下属要用表现来证明自己对领导者的忠诚
建立情感联系	已经建立良好关系的圈内下属可能经历这一阶段。在该阶段，他们与领导者之间的关系及联系不仅进一步加强，而且带有浓重的情感色彩。此后，下属将绝对服从领导者的意愿

资料来源：安弗莎妮·纳哈雯蒂，领导学[M].王新，陈加丰，译.北京：机械工业出版社，2007.

8.5.2 领导者-成员交换理论在组织领导中的功效

领导者-成员交换理论认为在组织情境中，领导过程是在领导者和追随者之间的相互作用中展开的，因此，它为我们分析组织情境中上下级关系提供了有力的诊断工具。研究表明，一旦这种上下级交换关系被清楚地认知，就能够有效地预测员工的工作态度和绩效、工作满意度、离职、上下级之间的信息沟通效率、决策质量、职务承诺和组织的公民性行为（organizational citizenship behavior，OCB）等方面的结果。更重要的是，所有前述的结果变量都能通过建立高质量的领导者-成员交换关系而显著提高（与离职负相关），尽管提高的程度在一定程度上还取决于员工所从事工作的性质和能力，但是通过改善领导者-成员交换关系这一途径来提高员工实际工作的绩效被认为是稳定而持久的。员工的工作绩效和工作满意度是领导者-成员交换关系最显著的影响因素。同时研究表明，真诚型领导在科技研发组织中具有积极的导向作用，其真诚的领导特质能够促进领导者与下属之间的交换关系，从而加强下属对工作和组织的满意度与信任度，使得下属对组织保持较高的忠诚。[48]研究表明，"圈内"成员的工作绩效要普遍高于"圈外"成员20%左右，工作满意度水平则要高出50%，而且这种差异已被各种不同的职务类型所证实。我们可以从两个方面来解释这一结果：一是"圈内"成员（高领导者-成员交换关系）通常有更强的组织的公民性行为，乐于承担一些角色外的任务，根据领导者-成员交换理论，他们在完成额外任务时总能得到更多的回报，因而就增强了他们努力工作的动机。二是"圈内"成员由于有充分而频繁的信息交流，因此有可能从领导过程中得到更多的起指导作用的、支持性的或解释性的职务信息。同样地，作为领导者也能从沟通中得到大量的反馈信息，因此在分享信息方面，双方都会感到非常满意，因而也就促进了工作绩效和满意度的提高。相反地，在"圈外"关系情境中，交流机会是有限的，而且信息传递也比较含糊（经常是通过第三者的非直接沟通），由于经常得不到上级及时有效的指导与激励，下级的工作结果势必会受到影响。[49]

8.5.3 对中国文化情境下的领导者-成员交换关系的展望

随着我国经济的快速发展，国内企业的领导者-成员交换关系也成为学者关注的焦点，已有较多的研究成果。然而，研究往往沿用国外学者的思路，而非开发和建构适应中国文化情境的理论框架与实证量表。尽管当代领导理论与领导模型依然为美国学者所主宰，但实际情况是建立在美国情境下的理论并非放之四海而皆准。

西方文化注重个人主义、平权主义、绩效主义等，因此美国情境下的领导者－成员交换理论的结构维度更多地反映了领导者与成员之间在平等和绩效基础上的相互尊重、信任和互动支持。而中国文化传统以儒家伦理观为主要准则，更强调家族主义、权威主义、本位主义和义务。"君臣有义、父子有亲、长幼有序"的逻辑，使中国人在交往中自然被分解为上位（君、父和长）和下位（臣、子和幼）。由此在中国企业组织中，领导者与成员之间的关系不仅仅表现为层级关系、职务隶属关系，可能还要掺杂伦常关系，于是领导者被视为家长的化身，下级有义务孝敬上级（家长），而领导则有慈爱与和蔼对待下属的天性。而一些研究表明，员工的传统性对领导－成员交换与员工工作投入的正向关系有调节作用，员工的传统性越低，员工与领导的交换关系质量对员工工作投入的影响就越大。[50]领导者言行一致对下属的工作绩效具有显著的正向影响。[51]在未来的一段时间内，对中国文化情境下的领导－成员交换关系的发展模式、前因变量、结果变量的特殊性研究，以及领导可觉察的交换关系与成员的一致性程度、成因的研究等，将是值得国内学者深入探讨的重点，这样才能对中国企业组织不断改进领导者效能、改善员工关系、提高团队绩效，提供更为直接和可资参照的实证指导。

8.6 领导替代理论

有研究表明，现代领导活动有一个值得关注的现象，那就是追随者和其他领导情境的变量替代了领导者的领导作用。领导活动不是越来越复杂，而是越来越简约。领导者不是越来越重要，而是越来越不重要。对21世纪的领导者而言，要不断减少领导工作的量，不断地提高领导工作的质。

大多数人通常认为，领导在任何时候和任何情况下都是极为重要的。其实这是一个天大的误解。如果我们多一些观察、多一些思考，就会惊奇地发现，在有的情境中领导确实不仅是重要的，而且是有效的；在另外的情境中领导却是无关紧要的，没有什么效果甚至是具有副作用的；更有甚者，在特定的情境中，领导者和领导的作用竟然被替代了。

8.6.1 领导替代理论的内涵

领导替代理论（SLM）是由克尔和杰米耶（Kerr and Jermier，1978）提出的。该理论认为，各种组织、任务和个人特征因素能够对传统的领导关心行为以及明确任务行为形成替代。一般而言，如果下属能够用自己的经验或其他手段获得明确的任务信息，这些信息也能满足任务需要，一个团队甚至整个组织就不大可能需要领导者来明确安排自己的行为。同样，如果不需要支持与关心或通过合作者等其他途径可以获得支持与关心的时候，下属也不会寻求领导者的关心。许多组织机构都存在替代者，包括追随者、组织、工作本身等环境因素都能提供工作指导和激励，使追随者在没有上级指导的情况下也能有效地完成工作，从而替代领导者的领导。可见，不需要领导来满足下属需求的情境也是存在的。在领导者替代物起作用的情况下，即使实施的是正式的领导，也会缺乏成效，甚至起反作用。因为在该组织中已经存在了领导作用，下属可能既不需要也不愿意接受领导者的指导。这也证明在组织中，能够提供指导和激励的并不只有领导者。由于下属能独立自主地工作，理智地应用替代可以解放领导，这样领导者就可以集中精力干大事。当然，对一些喜欢控制的领导者，或处于一个传统结构与等级分明组织中的领导者而言,领导替代可能被看作是控制与权威的丧失。

在实际中,领导作用的替代者是很多的。研究人员对其中的很多情况进行了研究,主要包括下属的特征、组织的特征、工作的特征。[52]

下属的特征中的替代者包括下属的经验、内心满意、专业教育等。比如,紧密结合在一起且由受过高度培训的个人组成的团队,可以最大限度地减少领导者的工作,每一个人的经验和训练以及团队成员的密切联系,取代了领导者的命令权。实质上从事高品质的、能达到下属心理满意的工作,减少了领导者鼓舞追随者的需要,下属会因为心理上的满足而努力工作,从而替代领导者的激励和监督。受过专业训练和具有高等教育背景的下属,能独立完成工作,并不需要也不愿意接受上级的指导,这种特性的存在会替代领导的指导作用。

组织的特征主要表现为来自顾客、同事以及工作自身的反馈都能充当等级制反馈的强有力的替代者。比如,下属更乐意以与同事协商的方法来解决问题,而不是遇到问题就请教领导者。计算机技术的应用,使得对产品质量、数量、缺陷等方面的监控都可以方便地完成,网络会议可以使不同地方的人及时沟通、迅速决策,从而取代了许多领导的管理功能。另外,详细的工作规则、手册、政策、程序等也成为非领导者的重要指导来源。表8-4给出的环境变量包括追随者的特性、任务和组织自身的状况。

表8-4 对领导的替代与削弱

变量	具体表现	任务导向型领导	员工导向型领导
组织特征	企业凝聚力	替代	替代
	正式化	替代	无
	死板	削弱	无
	较低的职权	削弱	削弱
	地理距离远	削弱	削弱
任务特征	任务高度结构化	替代	无
	自动反馈	替代	无
	自我满足	无	替代
下属特征	专业	替代	替代
	有经验	替代	无
	低奖励	无	削弱

资料来源:理查德L达夫特.领导学:原理与实践(原书第2版)[M].杨斌,译.北京:机械工业出版社,2005:56.

在表8-4中所列举的几种情况能够帮助领导者少做无用功,领导者应当采用与企业所处环境相适应的领导方式。如银行职员的工作十分正式化,较少灵活性,程序化较强,因而领导者就不应该采用任务导向型领导模式,因为行业本身已为职员提供了指导和工作程序,领导者应当侧重于员工导向型领导模式。如果组织本身的凝聚力或预先的培训已经能够满足员工的社会需求,领导者就可以毫无顾忌地选择任务导向型领导模式。领导者可以采用一种与企业状况互补的领导模式,这样既达到了任务导向型领导的目的,也达到了员工导向型领导的目的。

替代物的存在,在某些方面替代了领导者的影响,但并不是说领导不重要了,相反,它本身就是一种领导行为。替代物的存在,对某些领导者来说可能是一种危机,他们会觉得自己的权力和权威受到了影响。另一些领导者则可能会欣然接受并肯定替代物的作用,避免在替代作用存在的地方施加压力,因为他们认为替代物解放了他们的某些精力,从而能专注于更重要的事情。

8.6.2 领导替代理论的评价与应用

我们不能只去观察现代社会中出现的领导替代的表面现象,重要的是深入分析、审视领导替代的真正意义,发现领导替代与领导创新的内在联系。

1. 领导替代进一步促进领导实践与理论的创新

(1) 追随者促进领导创新。不论是什么替代因素发挥作用,最后都会归结为追随者的创新作用及其对领导者的替代作用。用发展的眼光看,在 21 世纪,原来意义上的追随者在领导活动中扮演着更积极、更主动的角色,他们的作用和影响越来越大、越来越重要。而原来意义上的领导者不再独领风骚,不再独揽大权,他们的作用和影响在无可挽回地减弱。换句话说,传统意义上的领导者没有原来那么重要了,传统的领导作用也没有原来那么重要了,这是一种实实在在的社会进步。

(2) 领导职能转化促进领导创新。领导无效和领导替代现象的出现说明,在 21 世纪领导创新是不可避免的,也是不可阻挡的。领导替代具有极端重要的意义,它呼唤领导创新,它促进领导创新。领导创新包括领导观念的创新、领导体制的创新、领导方式的创新、领导职能的创新,以及领导方法与领导艺术的创新。

(3) 领导过程简约化促进领导创新。领导者的部分职能被替代,领导者由多为到少为,由直接领导到间接领导,整个领导活动显示出明显的简约化趋势。所谓简约化就是不断减少领导工作的量,不断提高领导工作的质。比如,在领导决策的时候,过去的领导者既出主意又选主意,而现在的领导者只集中精力去选主意,而把出主意的事更多地交给外脑,交给普通员工。再比如,在领导用人的时候,过去的领导者又领又导,无事不包,而现在的领导者只提供服务,激励追随者去自我管理、自我领导。显然,领导简约促进了领导创新。

2. 领导替代具有广泛的应用潜力

通过以上对领导替代理论与领导创新的分析,我们可以发现领导替代对领导创新有积极意义。除此之外,该理论还显示了巨大的应用潜力。领导者可以根据文化、战略、组织目标和自身性格的特点,来确定或改变领导替代。

领导替代模式为中国企业管理者提供了管理模式选择的新视角,其要求管理者在一定范围内放权。首先,团队根据成员的专长,在不同情境下指派不同成员担任领导角色,激励员工提升自信心和工作效率。其次,在团队中营造平等互助的氛围,促进领导者提高管理效率和领导有效性。最后,充分利用互联网或移动技术强化人才共享和知识共享。伴随领导替代现象及服务型领导理论的日益兴起,可以有意识地在组织环境中培养和创造领导替代因素,注重培养团队成员的领导替代能力,以提升领导有效性。[53]

在一个扁平结构中或一个推动授权与实行团队管理的组织中,理智地应用替代可以解放领导,让他们从事更高层次的活动,比如制定战略计划等,同时组织仍能如期实现自己的预定目标。

8.7 权变领导与文化

以上我们主要介绍了当今西方主流权变理论的观点,但这些理论传播的情况又如何呢?和美国许多管理理论的情形一样,把它们直接应用到其他文化环境中是不可能的,至少效果不是很理想,若想在不同的文化氛围中使用这些模式,关键是必须考虑各种文化因素(Ayman,1993;Early and Mosakowski,1996)。不同的文化价值观影响人们对理想领导者的文化形象的认识。集体主义文化环境可能给一个好的领导者以支持与滋养,使领导者能够扮演一个父亲的形象。比如日本的一项纵向研究发现,在该国文化中,一个好的领导者属于生产指导型和哺育型。另一方面,在美国和澳大利亚这些崇尚个人主义的文化中,一个好的领导者会给下属提供充分的自由权。最新的研究发现,权威主义、纵向个人主义和集体主义,与文化和愿意服从上司之间需要维系一种关系。[54]

几乎所有的权变模式都是在西方个人主义文化环境中发展起来的,而且介绍这些模式与在其他文化中使用情况的信息并不多见。一些研究表明,由于集体主义文化注重集体权力,强调和谐人际关系的重要性,因而领导者在这种文化环境中需要得到培养和支持。无论情境如何,如果只关注任务而忽视了人际关系,这样的领导者将不会为人们所接受。由此可以看出,权变领导概念仅在个人主义文化中才能得到广泛应用。

我国当前的领导理论大部分是借鉴西方的领导理论,而如何总结我国的优秀文化和领导理论就显得很有必要。作为一种领导理论,权变理论是由美国的学者提出的,但是作为一种哲学思维,权变思想由来已久,我国先秦儒家对这一思想有深刻的认识。伟大思想家孔子、孙子、吴子、管子等人的学说中对此都有相关阐述。

(1) 审时度势的观点。它主张要先审察时机,忖度形势。因为事物是不断变化的,理有穷通,人各有志。《孙子》认为"兵无常势,水无常形""知己知彼,百战不殆;不知彼而知己,一胜一负;不知彼,不知己,每战必殆"。《管子》主张"以备待时""事无备则废"。管子认为治国要有预见性,备患于无形,"唯有道者能备患于未形也"。范蠡认为经商要有预见性,经商和打仗一样,要善于"时断"和"智断",并提出"旱则资舟,水则资车"的"待乏"原则。

(2) 因人、因时、因地而异的观点。《管子》提出了"时空"原则,也就是办事要注意时间和地点等客观条件。"事以时举""动静""开阖""取予""必因于时也,时而动,不时而静"。治国和治生,如不顾时间、空间等的变化,用老一套、"一刀切"的办法,不注意"视时而立仪""审时以举事",必然招致失败。空间不同,政策措施也应有异,不应将一套办法到处应用。治国、治家、治乡各有其特殊性,"以家为乡,乡不可为也;以乡为国,国不可为也;以国为天下,天下不可为也"。

(3) 不偏不倚、量力而行的观点。权变领导的目的绝不是华而不实、哗众取宠,而是通过对不同领导对象的了解、理解,应用实事求是的原则而采用不同的领导方式。《管子》提出"量力"原则。凡事量力而行,"动必量力,举必量技""不知任,不知器,不可",切不可不顾主观条件地"妄行""强进","妄行则群卒困,强进则锐士挫"。孙子也认为"善出奇者,无穷如天地,不竭如江海"。

▶ 复习思考题

1. 你认为领导模式是固定不变的还是灵活多变的?为什么?
2. 试分析权变思想与文化的关系。
3. 为了采用最有效的方式做出决策,你认为领导者是否应该采用参与型决策模式?是否存在其他原因,使领导者应该让追随者参与决策?
4. 替代对领导和组织有何积极和消极影响?

举例说明。

5. 比较各种领导权变模式，思考每种模式对我们理解领导有何帮助。

▶ 专项技术测试与反馈

菲德勒开发了最难共事者问卷，以测量领导者是任务取向型还是关系取向型。

设想一个你很难与之相处的人，他或许现在和你一起工作，或过去你认识他。根据下面的数字范围对此人做出评价。

最难共事者（LPC）问卷

令人愉快——	8 7 6 5 4 3 2 1	——令人不愉快
友好——	8 7 6 5 4 3 2 1	——不友好
拒绝——	1 2 3 4 5 6 7 8	——接受
紧张——	1 2 3 4 5 6 7 8	——放松
疏远——	1 2 3 4 5 6 7 8	——亲近
冷漠——	1 2 3 4 5 6 7 8	——热情
支持——	8 7 6 5 4 3 2 1	——有敌意
无趣——	1 2 3 4 5 6 7 8	——有趣
争吵——	1 2 3 4 5 6 7 8	——和谐
悲观——	1 2 3 4 5 6 7 8	——乐观
开放——	8 7 6 5 4 3 2 1	——保守
背后诽谤——	1 2 3 4 5 6 7 8	——忠诚
不值得信任——	1 2 3 4 5 6 7 8	——值得信任
体贴——	8 7 6 5 4 3 2 1	——不体贴
下流——	1 2 3 4 5 6 7 8	——正派
易于相处——	8 7 6 5 4 3 2 1	——不易相处
虚伪——	1 2 3 4 5 6 7 8	——真诚
亲切——	8 7 6 5 4 3 2 1	——不密切

计分关键：64分以下表明你属于低LPC的任务取向型领导者；73分以上表明你属于高LPC的关系取向型领导者；如果你的得分为65~72分，则需要自己决定属于哪一类。

资料来源：F. E. Fiedler and M. M. Chemers, Improving Leadership Effectiveness: The Leaders Match Concept, 2nd ed, NEW YORK, 1984. Adapted with permission.

▶ 案例分析

罗永浩：我已经学会不跟这个世界掰扯真相

无论是上海梅赛德斯-奔驰中心还是深圳湾体育中心，容量都在两万人左右，大多数情况下，只有少数的明星演唱会才让这里座无虚席，但具有相同号召力的还有罗永浩。2017年5月9日晚，坚果Pro在深圳湾体育中心揭开面纱，会场外的黄牛问身边路过的每个人："卖票吗？买票吗？"标价100元的看台票被炒到400元。会场内同样人声鼎沸，台上的罗永浩几乎找不到合适的时机开口，长时间的掌声和欢呼声让他不得不反复示意观众安静。

2012年5月，锤子成立，加上最新发布的坚果Pro，公司一共发布了五款产品。五年过去了，罗永浩仍然面临一个极其尴尬的问题：生与死。换句话说，五款产品依旧没能在市场站稳脚跟，更可怕的是友商们早已夺门而出，手机的竞争维度从互联网思维到产品，从线下渠道到市场营销，早已全面覆盖，个个俨然牌桌上的千万级玩家。锤子最好的一款手机出货量只有96万部。

而另一个不容忽视的现实是，百万级出货量还能获得如此关注度和用户热情，除了锤子，没有第二家。罗永浩曾经这样评价"锤友"，"我能打动他们，本质上是因为我们是一类人，他们从我身上找自己。有一些事情想做，但是机缘巧合没有做，或不方便做，他们看我折腾的时候，情感上会有强烈的代入感。"

这些人会因为锤子的成功而高兴，但当锤子犯错时，也会毫不犹豫地指出来。坚果Pro发布现场，当观众不满意手机的某项表现时，他们会在台下大喊"这是假的"。当感受到锤子带来的惊喜时，又会回以掌声和尖叫。发布会后的罗永浩有些激动，"感觉自己终于要成了，但又想这种感觉已经出现过四次了。"他调侃自己。

初入手机行业时，罗永浩自信可以改变这个行业，不曾想一脚一个坑，坑坑致命。走到今天，他的改变显而易见，开始有敬畏心，像其他手机厂商一样做线下渠道，与运营商合作。这并不是认怂，他知道要在妥协和坚守中取得平衡，在这方面，罗永浩正在成为一名称职的企业家。但有一点可以肯定，他还在努力保有自己的骄傲和勇敢。

狭缝中的生存

对于自己的优势，罗永浩在创业之初就看得明白：软件＋工业设计是强项，技术和硬件配置排在后面。他擅长软件，恰恰也是竞争激烈的国内手机市场中少有的空白点。对除锤子外的所有国内手机厂商而言，拍照、屏幕、手机材质才是重点，软件层面的应用通常一笔带过。但在锤子的发布会中，硬件介绍通常在半小时内结束，大把的时间都花在各种人机交互的软件功能上。

即便如此，生存下来依然艰辛，这一点可以从锤子已经发布的五款手机作战图中看出。T1虽有诚意，却是一款硬伤很多的仓促之作。一年后的2015年8月，锤子推出千元价位的坚果系列，千元机是彼时各家战事胶着的价格领域，坚果在出货量上为锤子争了口气，但百万量级仍然不足以帮助锤子站稳脚跟。

同年年底，T2推出，也未能将锤子从连续作战的失利中解救出来。罗永浩曾在《长谈》（得到App出品的对谈纪录片）中形容公司在三款产品推出后"怨气很重"，"自认为做得足够好，但用户的反馈很差"。

改变从2016年开始，产品上的表现是推出M1、M1L，类苹果的设计、合格的配置、接地气的外观，外界一度以为罗永浩选择投降，用迎合市场来拯救生死边缘的公司，这款合格的产品甚至被视为锤子失去个性的标志。这种评价一直延续到几天前坚果Pro发布会结束前的半小时，也就是手机真面目被公布之前。"观众冷的程度比我想的还要糟糕，场面完全冻住了。"罗永浩在接受采访时回忆。但在随后的几分钟，两万人的会场掌声、尖叫不断，嘶吼从各个角落汇向舞台中心。

发布会上，罗永浩在屏幕上投放了一张海报，一端是地球，一端是向外喷射的红线，代表坚果Pro手机，"如果我还是2012年创业时的那个我，我会在那个地球上刻满友商的LOGO。"罗永浩说这段话的时候有些哽咽，他现在想在地球之外，带领锤子走另一条路。

坚果Pro意味着罗永浩为锤子找到了生

存的最佳姿势,既是熟悉的套路,又能保证足够的生存空间。它没有初做手机时捉襟见肘的难堪,也不像M1、M1L处境那样尴尬。它看上去更从容,从配置到外观设计,再到软件交互,罗永浩以一种田忌赛马的方式,更加主动地出击市场,用最好的ID设计做一款中档产品。或许是因为有足够的信心,在产品发布之前,手机备货40万台,这在此前的产品发布中不曾出现过。

2016年下半年,"被收购"的疑云一直围绕着锤子,小米、乐视都曾接触过。罗永浩认为雷军是把锤子看得最通透的,俩人的沟通中,"90%他都已经想到了,我跟他解释和他问我的不超过10%。"罗永浩在接受罗振宇采访时如是说。

也有不靠谱的"买家",对方看中罗永浩开发布会的本领,"公司认为无论做一个什么样的破烂,只要由我替他开发布会,初期传播就会惊人的好。"他在《长谈》中提到。但最终锤子还是摇摇晃晃地活了下来,没有委身于巨头。罗永浩2016年才意识到锤子在融资方面不够专业,有同行拿他开涮,"一个相声演员跑到科技界来蒙事,忽悠了十个亿,还说融资能力不行。"他一想也对,心里舒服多了,但还是反思自己在找钱上花的时间太少。"现在用在融资上的精力不超过15%,应该到30%才正常。"罗永浩说。

明星企业家的身份给他带来不少便利,挖人是最常见的场景。"刚卷起袖子准备大肆讲一通,对方笑眯眯地说其实很有兴趣,早就想来。"罗永浩有些小得意。最难挖的是吴德周,后者当时是华为荣耀手机产品线副总裁,见证华为手机从零到国内手机出货量老大的全过程,罗永浩花了大半年,动员了身边五六位好友,才将其请到锤子。

与世界相处

"脱敏"是罗永浩对自己创业心理过程的总结。

T1发布之后,产能爬坡成了问题,他带着2/3的研发人员上了产线,自己在亦庄富士康工厂对面的小旅馆住了两个月,每天一早去工厂开例会,统计新出现的问题、已解决的问题,"第一天发现140个问题,第二天解决30个,但发现又新增75个。"如此持续三周,罗永浩绝望了,"决定体面高尚地把倒闭的收尾工作做好。"又坚持了一段时间,拐点出现,锤子坚持了下来。创业五年,罗永浩认为挺不过去的坎不下十次,次数多了,人也就皮实了。最初公司一遇到困难,他就会无心做任何工作,只能"焦虑地收拾东西,或冲个冷水澡"。但现在就算是公司明天倒闭,他也能心无旁骛地正常工作。

2016年5月,吴德周加盟锤子,任职负责产品的副总裁。看到下半年即将上市的M1、M1L,吴德周傻眼了,"能不能不发?"罗永浩很肯定地回答,"不能。不发公司就会倒闭。"罗永浩面临一个两难选择:外观设计像苹果,这对一个"设计驱动型"的公司来说,难以说服自己,但好处在于可能会有市场;外观设计不像苹果,不仅会被骂丑,还有可能卖不出去。罗永浩想了一夜,推出了跟苹果外观极其相似的M1、M1L两款手机。

更大的问题猝不及防地出现了:缺钱。产品发布前的两三个月,锤子遇到了成立以来最大的坎。应收账款没到位,新品到了该付定金的阶段,公司还处于亏损状态,最严重的时候连发工资都困难,"我们有信心M1和M1L发布后能有好转,但问题是能不能坚持到产品发布。"罗永浩在《长谈》中说。股东、朋友,罗永浩借了个遍,最多的时候借了9 000多万,身边的老股东劝他不能超过一个亿,"不要再救了,干脆破产好了。"罗永浩好像要被说服了,但每天早上一看到同事,就又开始不管不顾地借钱。

最终产品如期发布,并成为锤子有史以来评价最高的一款产品,但他认为外界并不了解真相。真实的情况是，2016年春季规划的产品出现重大意外，最终"流产"，反倒是解放人手推动的这两款产品有所进展。罗永浩坦承，"有人说我厚道了，其实是用废掉整个产品作为代价。"罗永浩是个有心理洁癖的人，比如他不认为这两款手机是"妥协"的结果，戴着这顶帽子他不舒服。在2016年下半年京东的一场活动中他说，"你们说我妥协，那我就承认好了。"

但他压根就不认可这个观点，"这不是一个妥协的产物，而是灾难的产物。"原因在于面对一款即将出炉的产品，即便不满，锤子也没有任性到直接砍掉整个项目，只能不断调整，尽可能降低灾难，降低对公司的损失，"是钱、资源和实力这些因素综合起来导致的结果，只能走成这个样子。"罗永浩学会了不再跟外界计较真相，"真相、你自己眼里的、别人眼里的永远都是三件事，很多被外界强调的反而不是真相"。

身边几乎所有人都劝罗永浩干点容易赚钱的事情，比如"脱口秀"。2016年公司资金最困难的时候，他与陌陌和得到两个平台签下"卖身契"，其中陌陌是在一年时间内，每周做一次直播。起初他犯怵，中度社交障碍恐惧症的人怎么能做直播呢？陌陌创始人、锤子天使投资人，被罗永浩称为"命里的贵人"的唐岩劝他，"实在不想说话就跟你那些有名气的同事吃吃饭，也算直播。"罗永浩被说服。

蜕化了五年，踩了手机行业所有的坑之后，罗永浩身上时刻"怼"人的气场淡化了很多。他曾经评价小米搞"耍猴式营销"，后来两次道歉，而且认为从雷军身上学到很多。每年雷军都会亲自拜访中等规模以上的供应商，但罗永浩不喜与陌生人打交道，只要不是同事逼着他，他几乎不会去拜访合作伙伴。但从2016年开始，他频繁往返于北京和珠三角，出差次数比以往多了十倍都不止，主要就是与合作伙伴见面。

学会控制脾气也没能妨碍他表达对手机市场的不满和迷茫。"我无法理解为什么那么多长得跟iPhone一模一样的手机能卖那么好。"罗永浩接受采访时说。"不下牌桌"是他做锤子的底牌，这意味着无论如何，锤子都不会放弃手机。公司成立五年，罗永浩认为每年都在犯错误，最初他不看重硬件和技术，"别人说对硬件有敬畏之心，我会觉得那是矫情、是做姿态。"他在《长谈》中复盘，但把该踩的坑都踩了一遍之后，他理解了。

五年前刚刚铺开摊子准备大干一场时，罗永浩没有想到时至今天锤子依旧时时面临生死挑战，"如果知道这个过程这么艰难，我会拨一个团队专门做能快速变现的事情。"在2017年年初极客公园的一场活动中，他透露秋天将发布空气净化器，用做周边的营收来填补手机业务的亏损。挣钱对锤子迫在眉睫，"今年盈利的可能性超过95%，除非有天灾人祸。"罗永浩说，除了空气净化器，他还憋了一个大招，两个项目加一起，应该能把坑填平。

不下牌桌的最终目的是希望能够在下次技术革命的时候依然保有发言权。"乔布斯这么伟大，但在PC领域还是输了，但只有不下牌桌，在下一代平台上才能有机会翻盘。"他依旧想做个伟大的企业，尽管只有为数不多的投资人相信他可以。

"我叫罗永浩，从吉林省延边市来，要往科技领袖那个位置上去。"在回答罗振宇"你是谁？你从哪里来？要到哪里去"三个问题时，罗永浩毫不犹豫地回答。

资料来源：李亚婷. 罗永浩：我已经学会不跟这个世界掰扯真相[J]. 中国企业家, 2017 (10): 48-51.

讨论题

1. 罗永浩是如何根据竞争环境制定企业发展战略的，是如何塑造产品品牌形象的？尝试分析品牌形象与文化的关系。
2. 尝试讨论罗永浩的战略能否成功，相应地预测将来企业的状况。

第9章

领导者沟通与协调

▶ **本章要点**

- 沟通的定义及过程。
- 有效沟通的影响因素及其管理。
- 冲突的产生及管理。
- 协作领导力。

 引例

狄仁杰为官的道与术

狄仁杰，唐代名臣，官至宰辅，生于唐太宗贞观时期，历唐高宗、武则天两朝，担任判佐、大理丞、度支郎中、刺史、纳言、御史大夫等职。狄仁杰深得唐高宗信任，在唐朝上层权力更迭之际，特别是武则天朝"朋邪甚众""好杀无辜"之时，李唐重臣多招杀身之祸，他却依然得武则天赏识，建立功业，并敢犯颜忤旨，复立太子，终复唐祚。时人称颂："狄公之贤，北斗以南，一人而已。"史家赞其"功之莫大，人无以师"。狄仁杰的成功，与其贤良有德、谏诤有法有着密切关系。

狄仁杰条陈利弊，谏诤据理，而且讲究方法，因此，他所提之议大多为皇帝信服，终被采纳。可以说狄仁杰的成功与其谏诤得法有很大关系。其谏诤之法主要体现在三个方面。

首先，对比法。仪凤元年，狄仁杰为大理丞，主持案件审理。时大将军权善才与中郎将范怀义不小心将唐太宗陵墓周围的柏树砍下，唐高宗下诏要诛杀二人。狄仁杰认为其罪当免职而不至死，高宗大怒。狄仁杰认为，"犯不至死而致之死"没有根据，且因误砍柏树而杀二人，会为后世所诟，会陷高宗于"不道"。狄仁杰以古代贤主比附高宗，又引汉代案例与后世评论的对比谏诤之法，处处为君主着想，使唐高宗"意解"，没有杀二位大臣。

其次，直言法。此法毫无避讳，直谏为主。高宗时，左司郎中王本立依仗唐高宗的厚爱，被委以重任。然而王本立恃宠而骄，玩弄权术，所为不法，百官畏惧，无人敢言。仁杰奏请依法处理，但高宗却特赦本立之罪。狄仁杰上书谏诤，若高宗一定要"曲赦"这样的人，狄仁杰请求皇帝将自己流放到"无人之境"，使那些忠贞的大臣引以为戒。经过谏诤，唐高宗采纳了狄仁杰的意见，并依法惩处了王本立，朝臣为之震动，奸佞敛迹，朝廷风气为之一变。

最后，因势利导法。武则天执政后，其

侄武三思、武承嗣多次请求太子之位，武则天在立嗣问题上犹豫不决，而狄仁杰一直心系李唐皇室，因此多次劝谏。武则天难以决断，并对狄仁杰的劝谏颇感不耐烦，甚至以"家事"为辞，不欲狄仁杰过问及干预。圣历元年的一天，武则天"梦大鹦鹉两翼皆折"，便问狄仁杰此梦的寓意。狄仁杰以"鹉"与"武"通，指代武则天，以"两翼"附会则天之子，建议"起二子，则两翼振矣"。狄仁杰因势利导的谏法，易被武则天接受，而且效果很好，武则天之子终复太子之位。

资料来源：范香立. 狄仁杰为官的道与术 [J]. 领导科学，2016（25）：27-28.

唐代名臣狄仁杰的成功与其贤良有德、谏诤有法有着密切的关系，可见沟通与协调能力是领导者需要具备的核心能力。本章将介绍领导者沟通与协调的相关内容。

9.1 领导者沟通

沟通最简单的解释就是交流，每个人都需要同他人交流来获取信息或发送信息。如果沟通的结果不令人满意则可能会引来抱怨、误会，尤其是身处现代越来越庞大复杂的组织，领导者一个重要的工作就是沟通和协调。

9.1.1 沟通

1. 沟通的概念

沟通是领导者必需的一项基本技能。在管理学中，沟通是指可理解的信息或思想在两个或两个以上人群中的传递或交换的过程，目的是激励或影响人的行为。为了提高管理的绩效，有员工之间的交流，员工与工作团队的交流、工作团队之间的交流，还有组织与客户之间的交流、组织之间的交流，这些交流实质上就是沟通。[55] 经过沟通，不仅可以改善上下级之间的关系，保证领导职能激励作用的有效发挥，还可以减少组织内部冲突，使组织内的各要素相互协调，成为一个整体，甚至有助于组织与外部利益相关方建立良好的关系。

在领导学中，美国学者迈克尔·海克曼（Machael Hackman）和克雷格·约翰逊（Craig Johnson）将领导定义为"为了满足共同的群体目标和要求而改变其他人态度与行为的人类沟通"。由此可见，沟通不仅是领导的重要技能，而且从沟通的视角来看，领导是一种特殊的沟通方式，只有具备娴熟的沟通技能，领导者才能影响他人，实现有效的领导。在沟通过程中，管理者主要作为信息的处理者来尽可能正确地传递信息，而领导者经常是传递、沟通总的规划、愿景，使他人的注意力集中到整个机构的愿景和价值标准上来，而非简单的事实和一些琐碎的信息。

2. 沟通过程

通常，我们将沟通看成是一个系统过程，这个过程开始于一方想与另一方交换特定信息，经过一定的渠道，信息表现为特定的表达，为接收者所接受。在这个传递过程中，由于表达的不准确或解释的差异，有时会伴随着信息失真，即信息的接受偏离了信息最初的表达。为了能纠正这种偏差，实现充分有效的沟通，发送者还需要从接收者那里接受反馈，这是一个封闭的过程，如图 9-1 所示。

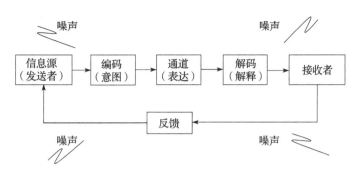

图 9-1　沟通过程图

该过程包括信息源（发送者）、接收者、编码（意图）、通道（表达）、解码（解释）、反馈、噪声等七个部分，其主要部分在表 9-1 中有具体的解释。这一过程可以由领导者发起，也可以由追随者发起，这种沟通并不是简单的信息单向流通，而是双方之间的双向信息互动，有时这个过程需要多次反馈才能完成。信息的表达和解释同发送者及接收者的社会地位、身份、受教育程度、知识水平以及所处社会背景等有非常密切的联系，所以，同一个信息，面对不同的接收者，发送者采取的沟通方式也应该是不同的，相同情境下的沟通应使用相同的符号。在沟通过程中，随着信息传递 – 反馈过程的多次发生，双方的心理和行为都会不同程度地受到影响和改变，并通过这种改变实现目标的一致和行为的协调。

表 9-1　沟通过程表

过程	解　释
编码	想表达的是什么 谁是你的听众
通道	选择什么样的媒介进行沟通 表达的重点是什么 接收者能对你的表达理解多少 信息的发送是否受到个人偏好的影响 信息的发送是否准确，是否及时
接收	接收者如何接收 接收过程是否存在过滤
解码	接收者理解了多少 理解过程是否受到接收者个人情况的影响
反馈	接收者对信息的理解 接收者对这种信息的个人表达 是否达到了沟通的目的 是否需要再次沟通

3. 沟通内容及方式

沟通从内容上主要包括以下几个方面。

（1）目标沟通。沟通往往围绕一定的目标展开，包括整体目标沟通和具体目标沟通。整体目标沟通通常用于沟通整个组织的愿景，形成共同的价值观和奋斗目标，提升凝聚力；具体目标沟通是为了单个具体目标而进行的沟通，例如不同部门间的沟通、个体间的沟通。

（2）思想沟通。思想沟通多为人际沟通、人际交流，以交流思想和感情为主，是为了解决工作中存在的误解、不一致看法而进行的沟通。

（3）信息沟通。信息沟通能保证信息的准确获得，在组织内顺畅流动，有利于开展领导工作。

在正式组织中，沟通方式主要包括上行沟通、下行沟通、平行沟通。

上行沟通就是下属与领导者进行沟通，是从较低层次向较高层次的沟通，包括员工汇报工作进度及工作情况、商议工作中遇到的困难等；下行沟通就是领导者传送信息给下属，是自上而下的沟通，包括上级指导下级工作、传达工作目标等；平行沟通是同级之间横向的信息传递，在节省时间和促进合作方面十分重要。

4. 沟通原则

良好的沟通能够提升领导力，改善领导者与下属的关系，提升团队的能力；反之，失败的沟通会打击下属的积极性，破坏领导者的威望。我们可以通过一个具体的事例来说明领导者沟通是怎么一回事。

刚大学毕业的张明通过各种考核进入一家中型制造公司，工作热情很高，在短短两个星期内就把公司的一些问题整理出来，想要同他的上级主管讨论讨论。可是同事小丽告诉他："我觉得你没必要同主管谈，因为谈了也白谈。"张明很是不解，连问为什么，但是小丽摆摆手走了。最后，张明还是决定要同自己的领导谈谈。领导很高兴地听了张明的汇报，并让他把报告留在办公桌上。可是过去了很长时间，领导都没有再提那份报告，张明这才了解到一些情况。在这位上级刚到任的时候，表示非常乐意大家提意见，愿意广开言路，也有很多人提了意见，可是大家提的这些意见最后都没了下文，或不被采纳。后来，当这位领导再要求下级提意见时，就没有人站出来了。

这是一个失败的沟通案例，原因在于沟通之后没有反馈。同时也告诫领导者，不要以为打着广开言路的幌子，就能在下属心中树立良好的领导形象，这取决于领导者广纳谏言的真诚度。即使在沟通过程中，领导者不能接受下属发送的信息，也应及时反馈给下属，以免打消下属的积极性。因此，有效的沟通应遵循一定的原则。著名沟通学者迪安·巴恩兰德确定了五个能够反映人类沟通的原则：

- 沟通不是目的，而是过程，是一个始终变化的动态的连续过程。
- 沟通不是线性的，而是循环的。
- 沟通是复杂的。
- 沟通是不可撤销的。如果你试图收回你对下属或领导者说过的话，那是根本不可能的。有句话叫作"说出去的话，泼出去的水"，讲的就是这个意思，因为无论你如何弥补，都不能抹去你已经表达的信息。
- 沟通是人的完全参与。

领导者在与下属的沟通中也应遵循一些简单的原则，否则会导致沟通失效。例如领导者在与下属沟通时，应该清楚地了解自己沟通的意图及重点，根据这些考虑才能确定在什么样的情境下沟通，是在公共场合交谈，还是在办公室交谈，口头交谈还是书面交谈，以及说话的语气等。在与下属沟通的过程中，应本着简洁准确的原则，尽量使沟通能表达到位，态度明确。沟通是为了及时解决问题、达成一致，如果信息过时了再去沟通，那就毫无意义了，而且沟通本身是一个互动的过程,是信息的互动、情感的互动。一个好的领导者应该能激发下属沟通的意愿,良好的氛围以及及时的反馈会使沟通事半功倍。

简单来说,有效沟通的原则包括:明确沟通的目的及对象,培养倾听的艺术,创造有利于沟通的环境,及时沟通,有效的自我表达,进行有效的反馈。

5. 沟通类型

沟通可分为正式沟通和非正式沟通。

正式沟通是借助正式组织系统的渠道进行的沟通。正式组织网络通常非常复杂,具有不同的层级和职务,使得信息在传递过程中需要他人来进行传承,这样就形成了不同的沟通网络。美国学者莱维特(Leavite)最早设计了研究正式沟通的五种沟通网络。他以五人为对象,提出了双向沟通情况下的网络模型,即链式、轮式、Y式、环式(圆式)、全通道式(星式),如图9-2所示。

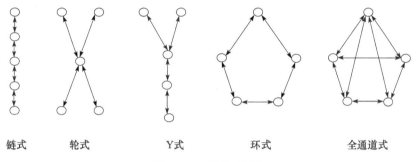

链式　　　轮式　　　Y式　　　环式　　　全通道式

图9-2　五种沟通网络

链式沟通方式信息流动速度快,但信息容易失真,沟通面狭窄,内容分散,不易形成共同意见,不利于培养群体凝聚力;轮式沟通方式有确定的领导人,集权化程度高,反应迅速,解决问题准确度高,但是沟通不足,凝聚力不高,士气不高;Y式沟通方式速度快,但是缺少平行沟通,成员满意度较低,信息容易失真;环式沟通方式士气较高,沟通各方地位平等,但是沟通速度慢、集权化程度低;全通道式沟通方式中各成员可以直接交流,相互平等,合作气氛较浓,主动性高,但是沟通速度慢,易造成信息拥挤。

非正式沟通是指采用正式组织程序以外的其他渠道进行的沟通,如小道消息、闲谈等。非正式沟通具有灵活性、随意性、动态性的特点,广泛存在于任何一个组织。其传播速度快,传播途径广泛,可以事先获得一些未公布的信息,但是当一个组织充斥着谣言的时候,不利于组织的稳定,容易带来负面影响。

张德在《组织行为学》一书中指出非正式沟通网络包括小道消息与越级报告。小道消息主要以四种类型的传播链进行传播,如图9-3所示。越级报告是一种普遍发生的非正式上行沟通机制,常被称为"小报告"。其实质是组织成员未按照正式上行沟通渠道逐级向领导者表达意见,而是越过直属上级向更高层次的领导者进行报告。越级报告如果不能妥善处理,对组织将产生破坏性,危害领导程序、沟通机制等。

按照沟通方法划分,沟通可分为口头沟通、书面沟通、非语言沟通、电子媒介沟通等。

口头沟通包括交谈、讲座、讨论等形式,书面沟通包括报告、信件、布告、文件等形式。口头沟通速度快、成本低、沟通方便,但不准确、不能存档。

书面沟通更全面准确、更有逻辑,也易于存档、核实,但成本高、速度慢。

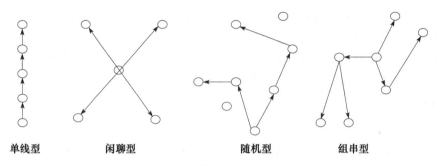

图 9-3　小道消息的传播类型

非语言沟通是与面对面的口头沟通配合进行的，一般指谈话时的语气、语速、语调和面部表情、肢体语言等。灯语、旗语、密码以及信号等不属于非语言沟通之列，因为实质上它们是一种特殊语言。非语言沟通可以传达比较隐晦的、不便公开直接表达的内容和含义，是面对面沟通的重要信息渠道。但非语言沟通不准确，容易造成误解，有时会影响领导者的个体形象。

电子媒介包括计算机网络、电子邮件、视频会议等形式。随着科技的进步，电子媒介使沟通变得更方便快捷，正在逐步改变着人们交流的方式。

9.1.2　个体沟通风格

不同的领导者、下属会形成特定的沟通风格，不同的沟通风格发挥着不同的作用。在特定情境下，沟通者会改变固有的沟通风格。许多研究者对领导者个体沟通风格进行了具体的研究，这里简单介绍一二。

《MBA 领导学》将个体沟通风格分为五类。

（1）自我克制型沟通风格：采用这种风格的人常孤立于群体之外，性格内向，不关心群体政策，开放性和反馈性都偏低。

（2）自我保护型沟通风格：这种风格的人喜欢探究别人、评论别人。采用这种风格的人对信息的反馈基本上是防范性的，防止自我暴露，往往给予反馈方面偏高，开放性偏低。那些爱说闲话、议论是非的人即属此类。

（3）自我暴露型沟通风格：这种风格要求别人对他们的行为做出反应以引起他人注意。他们对反馈几乎没什么实际想法。采用这种风格的人在给予反馈方面偏低，而接受信息的开放性偏高。

（4）自我交易型沟通风格：具有这种风格的人将自己当作一个交易点或协商点，在给予反馈及接受信息方面属于中等水平。

（5）自我实现型沟通风格：具有这种风格的人在接受信息方面的开放性高，并以建设性和非防御性的态度提供反馈。

海克曼和约翰逊在《领导学：沟通的视角》一书中对不同类型领导者的沟通模式进行了比较研究。一是比较了专制式、民主式和自由式领导的沟通模式；二是比较了任务型领导和人际型领导的沟通模式。

专制式的领导者通过直接管理政策、程序和行为的方式等保持对下属的严格控制，他们在自己和下属之间制造距离，以此作为强调区别的一种手段。民主式领导者的交流具有支持作用，能够促进领导者和下属之间的交往。选择民主式沟通模式的领导者鼓励下属参与目标和程序的确定过程，对下属提出的建议不会感到害怕，而是相信他人的参与可以改进决策制定的总体质量。自由式领导大都"听之任之"，指的是一种被有些人称为非领导式的领导沟通模式。临近退休或者有可能被停职或解雇的领导者，通常会表现出这种自由式的消极被动的沟通形式。相比之下，更为积极的自由式领导沟通模式，在给予下属高度自主和自治的同时，也在需要的时候提供指导与支持。

经验表明，专制式领导带领的团体常常是最有效率的，但是以争辩、破坏财物和埋怨方式表现出来的敌意和挑衅行为，发生的频率也高。民主式领导下的追随者表现出更多的责任心和凝聚力，其沟通模式常常是最有效的，并且收益要远远大于任何潜在的成本。这种领导方式往往与下属产出多、满足感和参与意识强、责任心强联系在一起。采取自由式交流模式的领导者可能会被指责为躲避式领导，其作用结果往往是大多数下属的产出和满足感降低。

使用任务模式的领导者主要关心任务的完成，对工作的关注要比对人的关注更高，因而非常专制。这种沟通模式的主要内容包括以生产为导向、开创结构、X 理论管理和关注生产。与此相反，人际领导模式关注的是人、是关系，强调集体工作、合作和支持性沟通，与民主式领导相类似。这种沟通模式的主要内容包括员工导向、体谅、Y 理论管理和关心人。厄尼斯特·斯特克（Ernest Stech）在《领导者传播》一书中描述了任务和人际导向型领导具有代表性的沟通方式。

领导者与下属的沟通模式，不仅与领导者的类型和风格相关，在沟通过程中也会受到下属特质的影响。一个组织中，有好的下属，也有差的下属，还有普普通通的下属，有的下属专注于做事，而有的下属喜欢社交，所以，无论什么样的沟通模式，无论什么类型的领导者，都应该仔细分析他所面对的是什么样的听众，才能达到良好沟通的意图。

9.1.3 有效沟通

沟通过程中难免会出现各种干扰，如何避免这种干扰以达到沟通目的，就需要进行沟通有效性的研究。在实际的领导过程中，只有有效的沟通才有用。好的领导者能够在沟通中充分表达自己的感觉和想法，从别人那里积极吸收新观点，通过阐述自己的主张和立场来说服他人。巴斯将沟通力定义为一方向另一方告知某事后，在多大程度上能确保对方了解自己所说的。简单来讲，有效的沟通指的是在发送和接收信息时，确保信息从发送者传递到接收者的能力。沟通的有效性越强，领导的有效性也就越高。

但是，并不是所有的沟通都是有效的。一旦沟通失败，大多数人都认为错误在于别人，进而产生责备对方的行为。影响有效沟通的因素有很多，如个体因素、情感因素、媒介和环境因素、组织因素，以及适宜的听众和时机等。

领导实现沟通有效性的一个重要环节是反馈。但是，领导者，特别是在组织中居于高位的领导者，很难得到中肯的反馈。造成领导者得不到反馈的主要原因有：

- 领导者很忙，没有时间停下来听一听人们对其有什么意见；
- 慑于领导者的权威，追随者不敢随便提意见；
- 下属没有机会向领导者表达自己的想法；
- 有些领导者独断专行，拒绝接受下属所提的意见，甚至害怕下级提意见，害怕别人比自己能力强。

能得到反馈非常必要，领导者应该提供途径、创造机会获得反馈，使下属可以发表他们对领导活动的看法，同时提供额外的观点来强化或改进这种沟通，使问题向着有利的方向发展。反馈的存在还可以促进追随者参与的积极性。当一个领导者这样做时，他实际上在说："我很在乎你，不要害怕。"作为回报，下属更会受到领导者的感召。为了使反馈信息能直接得到重视，领导者应该提供一种路径，确保反馈信息能被接收到。有人给出了几种不同的方式：

- 将反馈作为计划的一部分；
- 定期召开信息反馈的专题会议；
- 设立领导者接见日或意见箱；
- 领导者应该常到下属办公的地方看看，或者与下属一起进餐。

无论哪种方式，要想获得建设性的反馈不是一件容易的事。在上级面前，每个下属都有自我保护的强烈本能，因此对于回馈给领导者的信息，也尽量是报喜不报忧。为了得到有意义的反馈，领导者应尽量使对方能清楚地了解他想得到的是哪种反馈，放心地把实话讲出来。领导者要能对这些话保密，不会给下属带来不良的影响，要能对自己不赞同的意见保持良好的情绪。只有这样，并长期形成习惯，领导者才能听到来自下面的真话。

9.1.4　情商与沟通力

人是一种有感情的动物，因而经常带着感情去做事，领导者也不例外。如果一个领导者带着某种情绪找下属谈话，一定会影响沟通的效果。我们经常看到，如果领导者情绪不好的话，下级也会变得情绪低落、战战兢兢。所以我们有必要探讨一下沟通过程中情商的作用。

情商是一个人了解自身感受，控制冲动和恼怒，理智处事，保持平静心态的能力。在沟通过程中很容易产生冲突，面对冲突，有的领导者经常会震怒，下属也会产生不满，即使这种不满经常不表现出来，也会从心里产生抵抗和沮丧情绪。如果表现出来，理直气壮地和上级较劲，不仅不利于沟通，还会给领导者留下不好的印象。作为一个领导者，你可以问问自己：对待下属是否公平？面对下属的过错是不是会经常生气？面对不能接受的事情是不是经常冲动？是不是经常陷入一种自己都不明白的情绪里？如果有，那就应该认真地调节一下自己的情绪了。有很多领导者自己感觉很不错，可是在组织对其进行评价时，结果总是很糟糕，其中大部分原因是别人对他的不认同，这说明他的情商在其领导过程中没有起到作用。

高情商的领导者在与别人沟通时，他能首先弄明白自己的感情和情绪，通过谈话也能了解对方的感情和情绪，通过移情的作用来调控自己的言行，从而影响对方，使对方从心理上产生一种认同感和感召力，我们将这个过程称为"沟通中的情商管理"。

中国有句话叫"知己知彼，百战不殆"，良好的沟通必须从了解自己开始。清楚地知道自己的目的，把自己放在一个公平公正的位置上，不能带着个人情感色彩来考虑问题。在处理问题的过程中，应多站在他人的角度思考，探求对方的情感世界及心理需求，不能将自己的意志强加到别人身上，否则，沟通注定是要失败的。例如，一位经理在部门会议上本来定好只讲20分钟，但是听完各位员工的报告后，颇有想法，就滔滔不绝地讲了一个小时，这时已经开了三个小时会的下属早已精神涣散，哪还有心思听领导讲话啊，心里不停地盼着会议能早点结束。

情商在沟通中的另一个重要方面就是让领导者学会尊重他人，只有建立在尊重基础上的沟通才是值得信任的。比如说，领导者在批评下属时应该避免在公众场合，而在表扬下属时应该在公众场合。

总之，不仅仅是沟通，在其他方面，情商对领导者行为也有很大的作用，领导者需要通过管理和培养自己的情商，提高自己的沟通力、领导力。

9.1.5 跨文化沟通

随着跨国公司这种庞然大物的出现和全球经济一体化进程的加快，跨文化交流将愈加频繁。人们在交流过程中，或多或少会受到文化、信仰、价值观、语言等方面的影响。影响越大，形成的交流障碍也就越大。因此，跨文化沟通成为学界一个新的研究领域。

文化指的是不同的人口、社会或组织的生活或活动的突出方式。有学者提出文化背景论，认为围绕和影响个人、群体或组织生活的条件是其文化背景，文化背景的差异可能成为文化交流的障碍。不同民族的文化在一个从低背景到高背景的连续统一体上变化，如图9-4所示。在高背景文化中人际沟通的特点是：在参与工作相关的讨论前建立社会信任；重点放在个人关系和良好祝愿上；交流需要时间，且口头同意具有很强的约束力。在低背景文化中人际沟通的特点是：直接或立刻处理手中的问题；极其看重个人的工作表现；偏好直截了当，并且高度尊重法律。

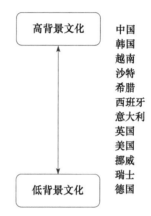

图9-4　高－低背景文化

资料来源：The Work of E. T. Hall from R. E. Dulck, J. S. Fielden, and J. S. Hill, "International Communication: an Executive Primer". Business Horizons, January-February 1991, p. 21.

9.2　沟通中的冲突

9.2.1　冲突的产生

1. 冲突及其影响

狭义上，一般认为冲突是指团队中的部分成员企图妨碍另一部分成员的目标或意图的富有敌意或对抗性的行为。从广义的角度，我们认为冲突是一方感觉到另一方会对自己关心的事情产生消极影响或将要产生消极影响的过程，就是将冲突视为一个动态过程，是一个包括矛盾发生、发展和解决的过程，而不是一个静态事件。由于成员或团队间差异与摩擦的存在，对事实的解释存在分歧，或者利益、目标的期望不一致，冲突就产生了。冲突可以是公开的，也可以是潜在的，所以说没有不存在冲突的团队。

关于冲突产生的原因，尤克尔（Yukl）认为主要包括：在价值观念、信息或目标上存在很大差异；具有高水平的任务或横向的相互依赖关系；对于稀缺资源和奖励的激烈竞争；处于高压力之下；面对不确定性或不相同的要求。Vries和丹米勒认为，当领导者的行为方式与其阐述的组织远景或目标不相同时，也会出现冲突。托马斯和施密特（Thomas & Schmidt）则认为造成冲突的最重要原因是误解和沟通破裂。总的说来，冲突产生的最主要原因与沟通有关。

关于冲突产生的影响，历史上也有不同的观点。管理学将其归为三类：冲突的传统观点，认为冲突是有害的；冲突的人际关系观点，认为冲突是不可避免的，建议接纳冲突使其合理化；冲突的相互作用观点，认为有些冲突可以成为组织的积极动力，鼓励维持最低的冲突。罗宾斯（Robbins）认为，在一定水平上的冲突可能有助于促进创新和绩效，能够提高群体生产率的冲突是有益的，反之则是有害的，因此应当区别那些对组织绩效具有不同影响的冲突。他以冲突的强度与组织绩效的关系，说明冲突正反两方面的作用和影响。

如表9-2所示，冲突状况Ⅰ和Ⅲ分别代表冲突强度的两个极端，会导致组织绩效偏低，而冲突状况Ⅱ代表最适中的冲突强度，它使组织的绩效达到了最高点。

表9-2 冲突的程度与组织绩效

冲突状况	冲突强度	冲突功能	组织特性	组织绩效
Ⅰ	低或无	负功能	冷漠、停滞、缺乏新观念，对改革无动于衷	低
Ⅱ	适中	正功能	活力十足，能自我反省与检讨，具有革新能力	高
Ⅲ	高	负功能	分裂、无秩序，不合作	低

巴斯和罗伯茨（Bass & Roberts）认为，冲突可以造成政治权力的彻底变革，以及组织结构和设计、群体凝聚力和群体或组织效力的显著变化。休斯等人还列出了冲突可能产生的正面影响和负面影响，如表9-3所示。

表9-3 冲突产生的影响

正面影响	负面影响	正面影响	负面影响
提高努力程度	降低生产率	促进更佳的决策	更差的决策
情绪得到发泄	减少沟通	暴露关键性问题	合作减少
更好地理解他人	负面情感	刺激批判性的思维	政治权术
产生变革的动力	压力		

2. 冲突的发展过程

冲突发展的过程可以分为五个阶段：潜在的对立或不一致、认知和个性化、行为意向、行为及结果（见图9-5）。

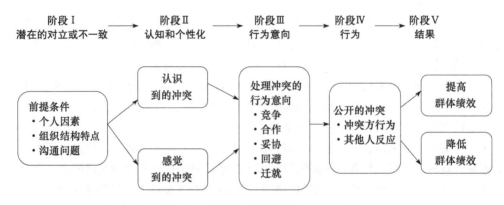

图9-5 冲突过程

阶段Ⅰ：潜在的对立或不一致

冲突过程的第一步在于可能引起冲突的条件，即冲突的起因。冲突的前提条件主要有三个方面：个人因素、组织结构特点和沟通问题。

个人因素包括个性特点和情绪状态、价值观和文化差异。一些行为特点也可能造成冲突，如高度专制和高度教条的行为。

组织结构特点包括组织规模的大小、成员任务的专业化程度、职责范围的清晰度、领导风格、奖酬体系、部门间的依赖程度及个体对组织目标的接受程度等。

沟通问题包括语义理解困难或误解、渠道过滤和干扰、信息过多或过少等方面，甚至沟通过多也会造成潜在的冲突。

阶段Ⅱ：认知和个性化

一方或多方意识到第一阶段的某些条件存在，即感受到某种潜在的冲突，进而根据自己的理解对冲突的性质进行界定。这种"意义明确的过程"非常重要，因为它可能勾勒出未来解决冲突的各种办法。在此阶段，情绪对认知的影响非常大，积极情绪有助于找到更多的解决办法，促进冲突的合理解决。

阶段Ⅲ：行为意向

行为意向介于个体的认知、情感和他的外显行为之间，指的是个体将以某种方式开展行动的决策。重视行为意向的意义在于，你只有搞清楚一个人的行为意向之后，才能知道怎样对他的行为做出反应。很多冲突之所以不断升级，主要原因在于一方对另一方的意向做了错误归因。如图9-5所示，我们列出了五种可能的处理冲突的行为意向模式。对行为意向的判断为冲突各方提供了总的指导原则。但个体行为意向不是固定不变的，在冲突过程中，由于个体的重新认识或由于情绪反应，行为意向也会有所改变。有研究表明，个体处理冲突的行为意向总有一种基本的倾向和偏好，而且这种倾向和偏好很稳定。也就是说在冲突环境下，有些人希望不惜一切代价获胜，有些人则愿意逃避，有些人希望施惠于人，有些人则愿意同甘共苦，还有些人努力寻求一种最佳的解决方式。当然，行为意向与行为之间还有一段明显差距，一个人的行为并不总能准确地反映出他的行为意向。

阶段Ⅳ：行为

冲突在这一阶段中变得明显可见。行为阶段包括冲突双方的声明、行动和回应，即各方都在公开尝试通过行动实现自己的意向。研究和实践表明，与行为意向不同，这些公开的行为带有刺激性，由于实施过程中缺乏经验、方法不当或判断失误，会导致行为偏离原本的意向。可以把这个阶段视为两方相互作用、冲突不断发展的动态过程，在开始时冲突以含蓄、间接、节制为特点，表现为轻微的意见分歧或误解，之后逐渐发展为激烈的甚至破坏性的冲突。

阶段Ⅴ：结果

冲突的最终结果，可能是功能正常，促进群体绩效，也可能是功能失调，破坏群体绩效如表9-3所示。一般来说，较低或适当水平上的冲突，会促进组织有效性。任务冲突和过程冲突可能会提高绩效，而关系冲突则有可能降低绩效。

总体来说，冲突过程首先要有产生冲突的条件，当条件变得明朗时，一方或多方已经能感知到冲突的存在，各方会感到焦虑、紧张，但这个时候冲突并不明显；在行为意向阶段，这种紧张和焦虑就被表现出来，各方会思考采取措施减轻这种感觉；在行为阶段，各方开始表现出公开的行为来实现自己的意向；最后，冲突公开爆发后，会有两种结果：提高绩效或降低绩效。

3. 冲突的类型

有研究提出，从输赢的角度可将冲突分为以下几种类型。

输-赢型：对冲突各方来说，非输即赢，一方完全满意或一方完全不满意。

零和型：冲突的结果是双方的得失总和为零，但并不是说各方是全赢或是全输。

双赢型：冲突的结果是双方都达到了满意，通常是通过谈判来达成合作。

双输型：在这种情况下，一方输并不意味着另一方赢，任何一方都无法从另一方的损失中得到好处，但各方仍然将对方视为影响自己满意感的障碍。其解决策略是双方做出妥协，都付出一定代价，但后果可能是双方都感到有所损失。尽管这种分类并不准确，但比较全面地反映了冲突产生的后果。

还有研究提出，根据冲突的影响把冲突分为建设性冲突和破坏性冲突。如果冲突能提高决策质量，激发变革与创新，调动群体成员的好奇与兴趣，培养自我评估和变革的环境，这种冲突则是建设性的。在竞争激烈的今天，许多大公司都采取相应措施创造建设性冲突。有公司有意采取不同方式，鼓励、激发员工产生新的想法，并对那些提出自己看法的人进行奖励。那些对立的、降低群体绩效、降低群体凝聚力、导致组织面临重大威胁的冲突则是破坏性的，应尽量避免这类冲突，使其向着有利的方向转化。

根据冲突的内容，可将冲突分为目标冲突、认知冲突、感情冲突、程序冲突。目标冲突指个人被指派的工作与自我选择的目标不一致所产生的冲突。认知冲突指的是个人自身或个人之间不一致的想法和思想。感情冲突是指双方在情绪上互相对抗，如互不喜欢、缺乏信任等。程序冲突指人们对解决一件事情的过程产生分歧。

9.2.2 冲突的解决

如前所述，冲突产生的影响和结果，未必全部具有破坏性。管理冲突是促进组织发展的重要手段之一，所以，只要能配合情境妥善处理，即使是破坏性的冲突也能运用最适当的手段化危机为转机，使冲突发挥建设性的作用。

1976年托马斯（Thomas）提出的冲突解决模型（见图9-6），从两个独立的维度来思考冲突如何解决，描述了五种处理办法。一个维度是合作/不合作，它标志着各方满足对方愿望的愿意程度。另一个维度是果断/犹豫，它标志着各方对满足自己愿望的渴望程度。

托马斯对这五种方法进行了具体的描述，并讨论了它们的运用。

（1）竞争：反映了以牺牲别人利益为代价来实现自己的目的，以输赢为导向。

（2）合作：充分满足双方，将双方的利益结合起来解决问题。

（3）回避：无视双方所关心的利益，表现出退缩或忽视。

（4）协作：是介于前两者之间的一种折中，双方都在得到的同时失去了一些东西，都获得了部分的满足。

（5）忍让：正好与竞争相反的一面。对自己

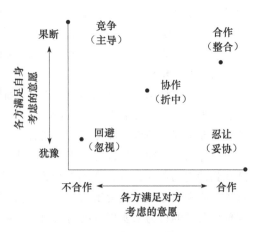

图9-6 冲突解决模型

的目标不做任何努力，向他人的利益妥协，其结果是冲突平息。

托马斯认为每种方法至少都是特定文化价值下的行为方式的一种反映。所以，领导者要在不同情况下使用不同的解决方法，而不是去寻找一种完美的解决方法，因为没有哪种方法是万能的。

还有很多研究提出了化解冲突的方法，最主要的是以下几个具体建议。

（1）设置共同的高层次目标。设置高层次目标能够使对立双方的注意力集中到目标的达成上，从而减弱彼此的冲突与矛盾。社会心理学家谢里夫通过大量实验证明，冲突是现实利益间的矛盾造成的，当冲突双方意识到向某个共同目标的努力符合自身利益时，冲突就能得到解决。因此，管理者的任务就是将一系列共同目标设定于一个存在冲突的组织中，帮助冲突双方认识并接受共同目标，由此降低组织冲突的剧烈程度，并获得内部成员的合作。

（2）管理者可以通过改变组织结构，调整不同部门的工作关系来减少冲突。主要工作是精简机构，避免组织中出现双重管理，协调各部门的相互利益，改造或解散常发生剧烈冲突的群体，还可以通过工作再设计、工作调动、建立合作等方式，改变正式的组织结构和冲突双方的相互作用模式。

（3）建立层级决策，明确冲突处理负责人。比如总经理可授权给各部门经理，处理各自部门业务范围内的冲突事件，跨部门的冲突则由其亲自处置。一位客户经理这样解释他化解冲突的方法：在员工之间将要发生冲突时，我会设法让他们把心里话讲出来，鼓励他们以正面的语调向督导人员或我提出问题。我会向他们解释另外一方的情形，让他们站在另外一方的立场设想，有时则是把当事人双方一起找来，让其中一方了解另一方为何会那样做。冲突若不化解，就不许离开，一直努力到冲突被解决为止。

（4）建立和运用冲突处理机制，如谈判制度、投诉系统等，疏导和解决冲突。谈判制度包括集体协议及调停。如果发生冲突，且当事人本身无法化解时，冲突处理流程便会启动，如用以解决部门间冲突的信息收集会议、员工申诉委员会等。如果冲突是由于资源缺乏造成的，那么对资源进行开发可以产生双赢的结果。如果冲突是人的因素造成的，可运用人际沟通技巧，改变造成冲突的态度和行为。

9.3 领导者协调

9.3.1 协调的概念

所谓协调，就是在领导者的领导与管理活动中，引导组织之间、人与人之间建立互相协同、互相配合的良好关系，有效利用各种资源，以实现共同目标的活动。协调的对象包括组织与人，因为组织也是由人构成的，所以归根到底，协调就是正确处理人与人、人与组织及组织与组织之间的关系，从而谋求组织和全体人员思想的统一和行动的一致，使组织内的各部门、各要素之间密切配合、互相支持开展工作，提高效率，减少浪费，避免工作中的扯皮、重复和内耗。[56]

沟通是协调的前提，也是协调的基本途径，它可以实现思想上的统一，克服各种障碍。协调是沟通的结果，是取得行动上的一致。因此，有了有效的沟通，才能产生有效的协调。通过协调，可以消除组织或个人之间存在的冲突和差异，达成共识，防范违规行为的发生。协调已经成为领导者的重要活动之一。

伴随着现代专业化分工的发展，巨型组织的出现，协调工作日益成为一种必然之举。只要环顾四周，就会发现我们对空气、水等自然资源的共享性越来越高，这就要求不同的群体互相协调来共同维护我们的生存环境。处于这种环境下的组织也日益成为具有高度协作效应的协作性组织，能够通过相互协调增强学习，实现多赢。

与协作性组织相适应，领导者需要具备较高的协调能力，其原因有：第一，适应专业化分工的要求。有分工就必然有协调，分工越细，对领导者协调能力的要求越高。由于受外界环境的影响，各部门工作性质有所差异，任何组织都会出现信息沟通不畅的情况，这需要领导者进行整体协调与沟通。第二，适应群体管理的要求。组织成员由于工作态度、个人价值观以及事业观的差异，对组织的贡献和能力提升自然不同，个体之间较大的差距易产生成员间的冲突，这就需要领导者进行协调、融合各方利益，建立畅通的沟通渠道，使个体成员达到行动上的一致。

领导者的协调职能主要体现为两个方面：一是组织方面的协调，使与组织目标有关的所有活动协调一致，以避免事权冲突、工作重复、造成无效劳动；二是人员方面的协调，使个人的活动在组织的目标下高效率地进行，不致人浮于事、权责不分和职责不明。

领导的协调活动主要通过三种途径得以完成：一是通过政策与目标获得组织活动的协调。其主旨在于使整个组织的成员了解组织目标和基本政策，并以此作为行动的依据与指南，作为衡量工作的标准。二是通过组织的层级结构获得协调。其主旨在于消除领导或监督过程的冲突与摩擦，保证整个组织的领导体系顺利运转。三是通过正式沟通（与命令、指示、政策有关的沟通）和非正式的沟通（无任何强制力的感情交流）获得协调。其主旨在于使组织上下团结一致，共同行动，消除组织内部可能存在的猜疑、矛盾、流言或内耗这类有碍组织运转的消极因素。

9.3.2 协作领导力

良好的协调能够提升领导效能，故有人把领导者的协调能力称为协作领导力。蒂莫西·斯塔格奇（Timothy Stagich）在他的著作《协作领导力》中写道：如果一个群体能产生"1+1>2"的效果，并以互利的方式与其他群体和个人一起来扩大其影响的时候，协同效应就产生了。并且在协作群体里，只有当每个成员都对群体做出特殊的贡献时，这种协同效应才能产生。

协作性组织为了提高绩效，必须克服来自高度竞争压力下的许多心理和组织障碍：自私的心理产生信息的不公开，自利的计划破坏了团队的努力，层级式机构减弱了人员的交互作用等。

领导者应该了解如何使群体获得协作，不断挖掘个体员工在其特殊领域的无限潜能，鼓励员工撇开竞争的恐惧和紧张，集中精力在自身的发展上，为协作的成功做出更大的贡献。这个过程将原始竞争的迫切要求转化为群体成员为了取得好成绩而公开共享经验的欲望，进而提升组织的绩效。

领导者必须积极参与协作的过程，积极体会攻克难题、做出决定的过程。大多数情况下，领导者更容易把自己看作是政策的颁布者、决策的制定者和推行者、权威的代表，而不是追随者的合作者，所以很少参与实际协作过程。因而，在沟通协调过程中，他们听不到来自合作者的协作性反馈，导致协调工作不能顺利进行或困难重重。

其实，组织成员并非不愿意合作，他们只是希望领导者能参与到协调过程中，了解领导者的期望和努力程度。领导者以协作的方式参与协调，营造出一种协作的氛围，整个组织共同分享决策制定过程，能够促使员工积极参与到协调中来。

协作领导者是积极的领导者，他们能够超越差异，在不同的意识形态和文化之间沟通。他们也是批判性和创造性的思考者，能够基于多样化的观点制定决策。他们还是联系性的思考者，能够处理各种差异之间的关系，找出它们共同的特点和领域来解决问题。

无论协调作为单一的领导职能还是领导力，要成为一名善于协调的领导者，必须具备相应的素质：一是要有威信。这是协调工作的前提。领导者威信高低，直接影响协调工作的开展，一个在群体中没有威信的领导者能做好协调工作是难以想象的。二是要有能力。这是协调工作的关键。领导能力的强弱直接影响协调工作的效果。能力主要包括辨别是非标准、解决实际问题、政策理论水平等。三是要有方法。这是协调工作的保证。协调方法的对错直接影响协调工作的结果。在日常工作中可以看到，好的领导者，其下级总是主动积极工作，同级密切配合，上级大力支持，工作开展顺利。差的领导者，则下级无用武之地，同级不愿与之合作，上级感到头痛，工作阻力很大。所以，正确地开展协调工作，以及掌握一些正确处理人际关系的艺术是必不可少的。

▶ 复习思考题

1. 管理者所从事的沟通工作与领导者所从事的沟通工作有什么区别？
2. 托马斯在冲突解决模型中提出的五种方法分别在什么情境下适用？对于五种方法的运用与领导者风格有关吗？
3. 你协调过身边同事或同学之间的矛盾吗？试分析该矛盾的性质、产生原因和你所采取的协调方法及协调效果，有何启发？
4. 你如何看待沟通中的道德问题？
5. 认真思考一下，你对待冲突的基本行为模式是什么，为什么会这样。

▶ 专项技术测试与反馈

你是否善于与人沟通

沟通测试表

对下面的每个问题，请回答"是"或"否"，回答"是"的加1分，否则不加分也不扣分		
1. 我经常召集部门会议，既讨论工作问题，又探讨一些大家共同感兴趣的问题	是	否
2. 我会定期与每位部下谈话，讨论其工作进展情况	是	否
3. 我每年至少召开一次总结会，表扬先进，鞭策后进，同时广泛征求群众意见，让大家畅所欲言	是	否
4. 我尽量少下达书面指标，多与部下直接交流	是	否
5. 当公司内出现人事、政策和工作流程的重大调整时，我会及时召集部下开会，解释调整的原因及这些调整对他们今后工作的影响	是	否
6. 我经常鼓励部下畅谈未来并帮助他们为自己设计	是	否
7. 我经常召集"群英会"，请员工为公司经营出谋划策	是	否
8. 我喜欢在总经理办公会上将本部门工作进展公布于众，以求得其他部门的合作和支持	是	否
9. 我常在部门内组织协作小组，提倡团结协作精神	是	否
10. 我鼓励员工关心公司事务，踊跃提问题、出主意、想办法，集思广益	是	否
11. 我喜欢做大型公共活动的组织者	是	否
12. 我在与人谈话时喜欢掌握话题的主动权	是	否

结果如下。

8~12分：你表现得很好，善于与他人沟通，尤其是与部下交流情况，促进互相了解，因而能避免各种由于沟通不足所产生的问题。在原则问题上，你既善于坚持并推销自己的主张，还能争取和团结各种力量。你自信心强，部下也信任你，整个部门充满着团结互助的气氛。

4~7分：你比较重视将自己或上级的命令向下传达，但不太注重听取下级的意见，认为众口难调，征求意见只会使问题复杂化。因此在你的部门内，虽然各项任务都能顺利进行，但下属的意见不受重视。这样不但浪费了宝贵的人力资源，也会压制下属的工作积极性，使他们感觉自己只是一台机器，机械地执行命令，却不能有自己的想法。

0~3分：由于你对交流能力的重视不够，导致你离优秀领导者尚有一段不小的距离。要知道，作为一名经理，你有责任主动将充分的信息传达给下属，而不应让他们千方百计地寻找信息。同时，不应对他人存在任何偏见，而应经常与人交流，取长补短，改变你拘谨封闭的管理行为，使你和部下充满活力和热情。

资料来源：阿里巴巴网站。

你的非语言交际能力测试

按照下列测试表的标准，给每个句子打分：1分，从不；2分，有时；3分，通常是这样；4分，总是这样。

问　　题	得分
◇我在听人讲话时能保持不动，不摇晃身体，不摆动自己的脚，或者表现出不安	
◇我直视讲话者，对目光交流感到舒服	
◇我关心的是讲话者说什么，而不是担心我如何看或自己的感受如何	
◇欣赏时我很容易笑和显示出活泼的面部表情	
◇当我听时，我能完全控制自己的身体	
◇我以点头来鼓励讲话者随便说，或以一种支持、友好的方式来听他讲话	
总分：	

◇如果你的得分大于15，则你的非语言性技巧非常好；
◇如果你的得分在10~13之间，说明你处于中间范围，可以做一些改进；
◇如果你的得分低于10，那么请学习聆听技巧。

▶ 案例分析

做"会"发脾气的领导

职场中，人们通常不喜欢"暴脾气"的领导，大发雷霆也往往被视为领导力的败笔。而自古又有"慈不掌兵，善不为官"的说法，一个很少发"火"、脾气温顺的领导者也许并不是一个优秀的领导者。

不发脾气的领导＝好领导？

M公司新上任的部门经理A是个典型的好好先生，信奉无原则的调和主义，跟下属称兄道弟打成一片。下属则认为A没脾气，不像领导，经常与A争执，工作拖沓低效，喜欢撂挑子，甚至有时拒不执行A的指令，更有甚者代替A进行决策，导致部门工作总是被投诉，A为此很是苦恼。

上例中的部门经理A所体现的作风是以人和为圭臬，经常抱有息事宁人的态度。好好先生型的领导者显然在观念上存在严重偏差：第一，将软性管理视同人道管理；第二，将冲突视作职场毒瘤；第三，认为只有和谐才有助于提升员工的士气。基于上述偏见，他们采用的近乎是无能的领导方式。可见，不发脾气的领导并不一定是好领导。

爱发脾气的领导＝坏领导？

华为的任正非、格力的董明珠都是非常有"脾气"的领导者。但毋庸置疑，他们都是优秀的领导者和杰出的企业家。

这些领导爱发脾气的特质，与组织发生奇妙的化学作用之后，竟能在管理上创造出令人惊叹的奇迹。爱发脾气的领导在取得极好组织绩效的同时，往往还能培养出杰出忠诚的管理人才。这一现象在最近的学术研究中得到证实：该类领导可以称为"事业导向型的苛责式领导"，他们基于对事业的执着追求，在管理过程中产生的苛责行为，可能得到下属的理解和支持。久而久之，下属会逐渐和领导者达成某种宽容和默契。基于下属的理解、支持和其周围长期形成的坚定追随者，"事业导向型的苛责式领导"往往会给组织带来卓越绩效。由此可见，对事业执着追求但爱发脾气的领导不一定是坏领导。

爱发脾气的领导＝好领导？

我们理应清醒地意识到：领导"不发脾气"的负面性远比"爱发脾气"的负面性更为严重。正如稻盛和夫所说：企业领导者对下属的纵容娇惯是"小善"，领导者为培养出优秀员工而对其严格要求，这才是"大善"。我们甚至可以这样说：做领导应该有"脾气"。一个"会"发脾气的领导很有可能会是一个优秀的领导。众多杰出领导者的成功实践有力印证了这一观点。

1. "发脾气"可以提升领导的影响力

硅谷观察家多伊奇曼认为会"发脾气"的领导具备一种独特的魅力和强大的吸引力，也被称为"X"气质，这被商界领袖视作无价之宝。学者对领导者的"X"气质有更为深刻的解读：首先，通过责骂、威胁等方式摧毁他人的自信，使其退回到像孩童一样无助的境地；然后，给予他们一个父母般形象的指引；最后，他们会将自己的成功归因于领导的权威和引导。由此可见，所谓的"X"气质主要来自领导者近似无理、粗暴的批评。那些违背传统观点、不被看好的"X"气质反倒成了乔布斯等企业家的制胜法宝。

2. "发脾气"可以激发下属的潜力

苹果CEO乔布斯的坏脾气在业界广为人知。许多为乔布斯工作的人，甚至一些专家学者都承认，乔布斯的领导风格的确让人"难以接受"，但不可否认他为组织注入持久的热情，使得员工团结奋进，激发员工创造出革命性的产品，带领苹果走上前所未有的高峰。对此，乔布斯这样说："我的工作不是做和事佬，而是领导优秀的人才，不断给予鞭策，让他们做到更好。"因此，领导适度的责骂和营造的适度压力，可以帮助员工挖掘自己的潜能。

然而激励理论所揭示的倒U形关系表明，在很大程度上，过度依赖批评会削弱领导力，不但无法激励下属，反而会打击员工的积极性和主动性。因此，如何做一个"会"发脾气的领导尤为重要。

如何做"会"发脾气的领导

所谓"会"发脾气的领导是指：有控制地发怒，把握好发脾气的"度"。知道何时应当发脾气，为什么要发脾气，发脾气发到什么程度，发完脾气以后如何处理等。

1. 师出有名：发脾气也要讲个"理"字

"发脾气"是一种特殊的管理手段，主要针对那些需要激励和规范的下属。但要注意，对下属发脾气绝不是随性而为。毫无缘由地大发雷霆无异于饮鸩止渴，领导发脾气时必须要理直、身正，避免被误解成打击报复。如果决定采取"发脾气"的方式来推进工作，就得如同兴师用兵，首要的是师出有名，发脾气必须有充分的理由，占据道义的制高点，借助其正义性增强语言的冲击力和说服力。

领导发脾气是对下属严苛要求的一种表现，领导在对下属严标准高要求的同时，也应该以身作则。以身作则是领导统御的诀窍，是以理服人、赢得下属理解与支持的前提。全球最大的代工厂富士康的总裁郭台铭是有名的"霸道总裁"，对公司的高层管理者要求十分严苛。无论职位高低、距离远近，下属必须在八小时内对郭台铭下达的命令做出回应。此外，即使是身价不菲的元老级人物，开会迟到也会被罚站。如此强硬霸道，二十几万人还是亦步亦趋，这与郭台铭身先士卒的领导风格密不可分。为了按时交货，郭台铭曾多次走上生产第一线；遇到客户要求退货，他除了叱责相关负责人外，更会身先士卒，放下董事长的身份，亲自向客户道歉。

2. 恩威并施：打一巴掌也要给颗"糖"

领导者必须既善于批评，又长于抚慰，充分掌握"胡萝卜加大棒"原则——大棒是以力服人，胡萝卜则是以情感人。当下属工作出现纰漏时，要及时挥舞手中的大棒，但"棒"打之后，还需用"胡萝卜"加以安抚，做到恩威并施。

索尼公司创始人盛田昭夫因为一个订单出了纰漏，在董事会上大发雷霆，将一个为公司立下汗马功劳的老员工批评至痛哭流涕。会后，老员工收到了盛田昭夫专门为其订购的鲜花和亲手写上祝福的卡片，深受感动，体会到了总裁的良苦用心，从而为索尼效力终生。这就是盛田昭夫屡试不爽的安抚手段——鲜花疗法。如此一来，领导的苛责行为不是破坏力和负能量，不仅没有恶化与下属的关系，反而有助于强化领导的亲和力，并增强组织的凝聚力。

3. 发脾气如同配药：适可而止

领导适度的苛责行为，可以促进员工创造力的提升。低频率的苛责行为传达出领导对员工发展与组织绩效的不在乎，会令员工丧失动力。高频率的苛责行为则会导致员工压力过大，无心工作。因此，领导发脾气要适度，要制度在先，刚性管理；热情教育，柔情引导。批评要对事不对人，要冷静地分析原因，使批评有理、公平、具体、及时，不要笼统，不要算总账和旧账。

如果领导动不动就发脾气，员工对此就会产生抗药性，会削弱与批评对应的警诫效果。长此以往，还会降低领导在员工心目中的权威地位，破坏领导在员工心目中的权威形象。

资料来源：张昊民，吴亚男. 做"会"发脾气的领导[J]. 企业管理，2016（11）：38-39.

讨论题

1. 讨论不同类型领导者沟通模式的适用范围，并结合案例分析何种领导者沟通模式更具效率。
2. 讨论分析领导有效性与领导方法艺术的关系。

第 10 章
战略领导与企业文化

▶ **本章要点**

- 战略领导的基本内涵。
- 理解领导者如何规划和实施战略。
- 领导与文化的关系。

 引例

"家文化"热与"公司不是家"

近年来，很多中国企业纷纷建设"家文化"，兴起了一股热潮。娃哈哈、比亚迪、郁美净集团、中铁七局等知名企业都明确提出了建设"家文化"。还有些企业虽然没有明确提出，但实际奉行着"家文化"或提出了包含"家文化"的文化理念，如联想集团、海底捞、胖东来、均瑶集团等，甚至一些政府部门和事业单位也在建设"家文化"。

2004年，联想员工因公司裁员而发表了《公司不是家》的网文，引起热烈的讨论，柳传志也对其进行了回应。讨论中，一些观点很有代表性，如："企业最根本的原则是发展，只有发展了，才能为股东、员工、社会负责。要发展，企业就必须在内部引入竞争机制。联想员工既要有感到温馨的一面，还要有感到压力的另一面。因此，不能把企业当成一个真正意义上的家！因为在家里，当子女有缺点、犯错误时，父母最终都能宽容。企业则不可能是这样的。""如果用为局部员工负责的方法去考虑问题，企业就会陷入一片儿女情长之中，根本无法发展。""公司是公司，自己是自己，公司与员工是金钱利益关系。""联想的错，却只由员工来承担，决策者的错，该由决策者首先来承担，高层上任的时候说的岗位责任制呢？难道只对下不对上吗？"

一方面形成了热潮，另一方面又有很多质疑。因此，有必要对"家文化"进行深入、系统的分析。而从实践的结果看，企业建设"家文化"既有众多好处，也可能导致不利后果。问题的关键不在于是否应当建，而是为什么建，如何建。

如果股东建设"家文化"的目的只是希望员工无条件忠诚、无前提奉献，与企业同甘共苦，而不思自己是否同等对待了员工，将"家文化"当作促使员工愚忠甚至压榨员工的工具；如果员工建设"家文化"的目的只是希望自己得到来自企业的家庭般的无条件关爱和保护，而不想自己对企业应负的责任，将"家文化"当作争取利益的借口。这些基于单方功利目的的"家文化"就不应该建设。如果建设"家文化"的目的是塑造更加温暖和谐的企业氛围，促进契约双方间更多的相互关爱和付出，努力将企业经营得更好，那么就应该建设。

"家文化"是将企业比拟为大"家"，将家庭中的一些有利于企业发展的价值观和行为方式应用于企业的一种文化管理方法。建设"家文化"并不是要把企业变成家，也不是要把公司治理变成家庭治理，契约关系仍是企业中的基本关系，建设"家文化"只是为弥补契约关系的不足和适应中国社会的文化环境。不应把"家文化"理解为"家庭文化""家族企业的文化"或"家长文化"。

资料来源：程江. 企业应该建设"家文化"吗？[J]. 企业管理，2018（02）：51-53.

领导者的重要职能是制定企业发展战略，为员工创设愿景，而企业文化又是凝聚人心、推动组织实现战略目标和愿景的核心要素。本章将介绍战略领导和企业文化的相关内容。

10.1　领导与战略

战略这个概念起源于军事科学。按照克劳塞维茨的定义，"战争是为了达到战争目的而对战斗的运用"。毛奇认为，战略是"一位统帅为了达到赋予他的预定目的而对自己手中掌握的工具所进行的实际运用"。而利德尔·哈特则把战略理解为"统帅艺术"，是军事统帅"对战争全局的策划和指导"。后来战略这个概念逐步进入政治、经济、文化各个领域。现在战略一般泛指带有全局性、长远性、根本性的重要谋划和对策。时至今日，战略一词已经被广泛地运用于商业领域，甚至更广泛的组织之中。

20世纪80年代，约翰·阿戴尔（John Adair）将战略与领导力结合起来，提出了战略领导的概念，帮助领导者打开了另一扇通往领导力至高境界的大门。约翰·阿戴尔曾经是阿拉伯军团中的一名年轻副官。短暂的军旅生涯虽然没能让他成为战功显赫的将军，却成为影响他日后人生的不可或缺的经历。通过对拿破仑、丘吉尔、蒙哥马利等西方历史中优秀的军事战略家的研究，约翰·阿戴尔把领导分为三个层级：团队领导、运营领导和战略领导。其中，战略领导是最高层次的领导。战略领导区别于其他领导的特性是，它意味着不管是大（运营层）还是小（团队），只对整体而不是部分负责。简言之，战略领导就是要成为领导的领导。一个战略领导者应该为整个组织提供方向，更加关注道而非术。与此同时，这些军事战略家与其他不同领域的领导者具有惊人的相似性，领导职责的层级越高就越相近，其中不仅包括领导者身上具有的特质，还包括领导者对组织应承担的职责。这就意味着，不管何种类型组织的领导，都像一个可以被铸造成不同形状而又不失内在本质的"物质"。对这种"物质"的探索，连同使它具体化的不同领域，将使战略领导具有更为广泛的意义。

无论是何种时代、何种社会、何种领域的领导，其本质取决于它的全局性、超前性和目的性，这不仅是人类本质的微缩和凝聚，也是人类自我设计、自我实现、自我发展的必然形式。如何设计未来、创造未来和控制未来，这是人类面临的重大问题。这一问题的研究和解决，构成了领导的根本活动，即领导战略活动。

就人类活动的目的和愿望而言，努力避免对人类有害的发展方向和结果，争取对人类有利的发展方向和结果，这正是规划未来、控制未来的真谛所在。

然而，对人类有利的发展方向和结果，并不是"自然"产生的。它首先依赖于社会或组织的领导者面向未来、运筹全局，制定出正确的发展战略。这种发展战略既是领导者协调、统帅、指导追随者行为的领导战略，也是控制事物未来发展方向和结果的根本方略。

一般说来，不论是军事领导、政治领导、经济领导，还是科技领导和教育领导，都首先需要战略领导，即通过制定带有全局性、长远性、根本性的战略目标来实施领导。同样，不论是军事战略、政治战略、经济战略，还是科技战略和教育战略，都必然是领导战略，即它们都是领导者赖以指导和统帅追随者，以及控制事物发展方向、进程和结果的根本方略。从这种意义上说，没有战略就没有领导，没有领导就无所谓战略，这就是领导与战略的内在统一性。

10.1.1 战略领导者

战略领导者是指具有战略管理思想，善于使用战略思维，具有战略能力，掌握战略实施艺术，从事战略研究和制定战略决策，指导企业开拓未来的企业高层决策群体。

1. 战略领导者的特征

战略领导者的特征是用战略思维进行决策。战略，本质上是一种动态的决策和计划过程，追求的是长期目标。行动过程以战略意图为指南，以战略使命为目标基础。因此，战略的基本特性是行动的长期性、整体性和前瞻性。对战略领导者而言，是将领导的权力与全面调动组织的内外资源相结合，实现组织长远目标，把组织的价值活动进行动态调整，在市场竞争中站稳脚跟的同时，积极竞争未来，抢占未来的制高点。战略领导者认为组织的资源由有形资源、无形资源和有目的地整合资源的能力构成。他们的焦点经常超越传统的组织边界，进入组织之间的相互关系地带，并将这种区域视为组织潜在的利润之源。

2. 战略领导者的行为模式

战略领导者的行为模式可以分为革新分析型、革新直觉型、保守分析型、保守直觉型四类，每种类型都有不同的行为特点，如表10-1所示。革新分析型领导者是最适合做战略实施的人选。但是，在选择与战略实施相匹配的领导者类型时，也要看公司所处的发展阶段。在公司发展的早期阶段，公司规模小，其产品组合相对简单，生产过程也较专业化，此时选择革新直觉型领导者较为合适。但是，随着公司的不断发展以及经营多元化，聘用革新分析型的管理人员就很有必要。此后，公司进入衰退期，就需要一个保守分析型的领导者来进行管理。

表10-1 战略领导者的行为模式

要素	模式			
	革新分析型	革新直觉型	保守分析型	保守直觉型
价值观和决策行为	对新信息和新思想反应灵敏，能提出许多可供选择的办法，能迅速做出决策	凭直觉，对新机会敏感，思想直观，在没有充分考虑资源的情况下，往往很快做出决策	理性主义和至善论者，固执于原则、理论，乐观，办法多，直到把握了充分的信息和资源情况才做决策	自我保守，囿于传统，固守过去的经验，不灵活。要等到一系列的问题都看清楚后才能做决策
领导行为	能清楚表达目标和方针，随时听取他人的意见，能容忍失败（共同分担）	往往是自己去干而不是提出目标，强迫他人服从自己的意见，使他人敬畏，不能容忍失败（独裁）	目标混杂不清	缺少目标，需要忠顺、放任过失或不予制裁（要么独裁，要么放任）

3. 战略领导者的构成

一般来说，企业战略领导者可以包括企业的董事会、高中层管理者、战略管理部门、非正式组织的领导、企业智囊团。其中最主要的是董事会和高层管理者。

（1）董事会。董事会是依照有关法律、行政法规和政策规定，按公司或企业章程设立并由全体董事组成的业务执行机关。董事会是股东会或企业职工股东大会这一权力机关的业务执行机关，负责公司或企业的业务经营活动的指挥与管理，对公司股东会或企业股东大会负责并报告工作。股东会或职工股东大会所做的关于公司或企业重大事项的决定，董事会必须执行。实际上，绝大多数董事会成员被选为董事并不是由于其知识能力，而是因为其经济和社会地位。董事会只是简单地批准企业管理者的建议，更重要的工作则是由企业管理者组成的专业人才集团来进行。

（2）高层管理者。随着所有权和经营权的日益分离，大多数企业的高层管理者都是具有一定领导水平和专业水平的职业经理人。他们在企业战略管理中不仅是靠职权，还要靠自己的影响力和专业能力来发挥作用。企业高层管理者一般包括企业正副总经理、事业部正副总经理。企业高层管理者在企业战略管理中起着十分重要的作用。

（3）中层管理者。受现代管理思想的冲击，越来越多的企业高层管理者认识到中层管理者在企业战略管理过程中的重要性。因为，真正了解企业问题和机会的人是中层管理者，实施企业战略的还是中层管理者。因此许多大企业把企业决策权下放给中层管理者，尤其是分厂或分公司的管理者。但是，企业中层管理者也有其局限性：一是在战略管理方面，掌握的理论与技术不多；二是限于工作范围和利益，很难站在整个企业的高度提出问题和进行决策；三是由于主客观原因，可以用于战略思考的时间有限。

（4）非正式组织的领导者。企业是一个包括许多子系统的正式组织，但也存在各种非正式社会系统。这些非正式团体对企业战略的制定具有重要影响。这种影响的大小同时取决于企业正式领导者的领导方式和非正式组织领导者的影响力。在决定企业宗旨、目标、战略和政策的过程中，企业内部总是有不同的意见，这些意见反映了企业内部的各种利益。最后，战略制定的过程变成各种利益集团讨价还价的过程，而经妥协产生的决策往往是次优的。因此，如果企业管理者能够重视非正式组织的领导者，通过与其充分沟通和引导，或采取其他有效措施，使非正式组织的领导者参与到企业战略管理中来，支持企业战略的制定、实施和控制，这将有助于企业战略管理的成功。

（5）战略管理部门。有些企业会设置专门的战略管理部门，这些部门不承担具体操作管理职责，通常被称为战略研究部、企划部、规划部等。事实上，它们主要负责跟踪企业内外环境变化、监测企业生产经营实际表现、收集信息并进行加工。当遇到重大事件时，它们要发出预警报告。它们也根据指示，在听取各领域管理者与专家意见的基础上，负责酝酿、起草企业战略方案，但毫无疑问，这些方案可能有若干个，须提交总经理甚至董事会进行研究决策。在战略实施中，它们只负责监督实施结果与原预期目标的差异，并向上级或有关部门报告。它们通常不被赋予具体执行战略的责任和权力。这些部门往往由一个高层管理者乃至总经理亲自来掌握。

（6）智囊团。智囊团是企业组建的由外部高级咨询人员构成的一个参谋集团，虽属企业外部人员，但在一定程度上参与了企业战略管理。企业外部的咨询人员通常由大学、科研单位、经济技术研究机构、政府高级官员、社会名流以及咨询公司中的专家构成。它通常不是一个常设机构,而是任务型组织。当企业在战略管理中遇到内部难以解决的问题时,或为使战略管理更完善地进行,往往临时性地召集或聘请智囊团来提供建议和判断。目前西方企业运用智囊团来辅助战略分析和决策已十分普遍了。

总之,在上述战略管理者中,董事会和企业高层管理者最为重要。只有在董事会和高层管理者都积极参与和相互合作的情况下,企业战略管理才会成功。

10.1.2 战略领导

1. 战略领导的性质

战略领导也是战略,因此,它除了战略所具有的实用性、长远性、层次性和稳定性外,还具有以下性质。

一是方向性和目标性。领导者首先需要解决方向和目标问题。究竟把人领向哪里,把事业导向何方,这是领导的根本问题,而战略领导正是解决这一问题的基本方式。因此,人们一谈到战略,一般总是包含战略方向和战略目标,当然还包括战略对策等。

二是宏观性和整体性。不论是军事战略、政治战略,还是经济战略、文化战略,都是从事物的宏观和整体着眼,把握事物的发展过程和规律,进而控制事物的发展方向和结果。宏观性和整体性是战略领导的重要特征,这种特征使之与领导策略、战术等区别开来。

三是统御性。战略领导相对领导策略、计划和措施而言具有统御性。这正像宪法相对其他法律而言具有统御性那样,战略领导的统御性决定了它在领导活动中的重要地位和作用。无怪乎有人称战略领导是领导工作的灵魂。

四是超前控制。战略领导具有超前控制功能,这是战略领导的重要性质之一。因为战略领导既是事物发展的总体趋势和规律的反映,又是人类按照自己的意志和需要,规划未来、控制未来的集中体现,因而它具有明显的超前控制性质,当然这是对正确的战略领导而言的。[57]

2. 战略领导的层次

在当今的商业社会,考虑如何满足未来顾客的需求显得比以往更重要。全球化原有规则的打破、技术的发展以及人们生活方式的变化,这一切都极大地改变着商业传统的运行方式。没有一个清晰的未来蓝图,任何组织都无法长期生存。

图10-1说明了组成战略领导的各个层次,表明了愿景、使命、战略规划及战略行动之间的关系。图10-1最上层是一个组织清晰而明确的五年或十年的愿景,这个愿景反映了与内部环境和运作息息相关的使命——它的核心价值、目的、存在原因。战略为把愿景转化为行动提供了指导方向,是建立确定的机制以协调组织实现愿景的基础。战略是规划,而行动运用基本的组织体系(如激励)是实施规划的每一步。图10-1中的每一层都支持着上一层级。框架中的每一层都将在余下各节中进行讨论。[58]

(1)愿景。愿景被认为是对未来的梦想。愿景能够激发人的潜能,通过改变心智模式来创造奇迹。对一个组织而言,愿景就是一个可信的、理想的、诱人的但又不易达到的未来,它不仅仅是一个

图10-1 战略领导的层次

梦想，还是使每一个组织成员坚定信念的宏伟未来，是可以切实达到的光明前景。因而，领导者有理想，然后才谈得上有战略，缺乏清晰愿景是许多组织效能减弱的主要原因。具有吸引力的、清晰的愿景是领导工作的基础，正是愿景推动了组织的变革和持续发展。愿景主要由文化、人以及产品或服务三个相互联系的部分组成，它们共同构造了一幅关于企业愿景的完整、鲜明的图景[22]，如表10-2所示。

企业按有无明确的企业愿景可划分为两大类型：一类是有明确的愿景，并将之贯彻实施的企业，它们大多是排名世界前列的企业；另一类是无明确的企业愿景，或即使有也没能真正贯彻实施的企业。研究那些有明确愿景的企业，我们可以总结出企业愿景对企业的重要作用。[59]

表10-2 愿景的三个关键构成

文化	价值观 规范 共享经验
人	有利于自己的东西 个人从组织中获取的东西
产品或服务	顾客购买该产品或服务的理由 更高的需求

第一，整合企业理念。当今世界是一个千变万化的世界，随着结构重组、管理再造等管理方法的广泛运用，管理中人的因素越发重要。为使企业员工充分发挥个人能力去达成企业目标，同时实现自我价值，就必须有一个整合企业所有理念的愿景。当员工个体能够理解企业愿景时，就能融进企业里，从而激发起自觉参与意识，使企业按既定的路线、方针行动。

第二，提高企业的知识竞争力。传统观念中的企业竞争力是由稀缺资源的占有程度、产品或服务的生产能力、销售能力、资本数量的调配和运营能力等与企业利润直接相关的要素决定的。但随着知识经济时代的到来，企业竞争的焦点发生了巨大变化，哪个企业的集体智商高，能掌握更多的经营知识和诀窍，哪个企业有出色的管理体系并达成最佳的运作效率，哪个企业能建立一套满足目标客户群需要的网络和体系，哪个企业能从经验中不断学习、不断进步，并采纳最适合企业长远发展的技术，就能在知识经济时代获取利润。这就要求企业有较高的知识竞争力。显然，具有愿景并将之完全贯彻的企业与没有愿景的企业相比，前者的组织知识无论从数量上还是从共享程度上都比后者具有优势。当外界环境发生剧变时，由于前者已充分预见到这种剧变，并为之做了准备，因此其应变能力就强；而那些没有愿景或并未将之完全贯彻的企业，由于没有相应的预见和准备，因此应变能力就弱。

第三，改善企业内部关系。传统经济下，企业与内部员工的关系是由劳动合同确定的劳资关系。知识经济下，企业与内部员工关系的范围已大大扩大，不仅是这种劳资关系，还是企业和员工在相互信赖、密切联系基础上形成的有机的伙伴关系。这种有机的伙伴关系只能是在企业成员共有的愿景之上，通过企业内部沟通创造出的。

第四，提升企业价值。一方面，由于愿景是企业获得认可的、该企业独特的存在理由，而且其内容应是企业始终追求的，因此其存在并在企业中贯彻，实际上是企业向公众宣布企业价值并使这一价值不断提升的过程；另一方面，由于企业愿景是员工对未来某一时刻组织状况的期望，它以高尚的内涵激发员工的热情和努力，从而使员工在日常的生产经营过程中逐渐融入企业愿景之中并为之贡献，完成企业价值的提升。

一般来讲，影响企业愿景的因素包括以下几个方面。

①**领导风格**：就不同的领导风格来说，变革型领导比交易型领导会表现出更多的激励性愿景。交易型领导提出工具性的愿景，变革型领导会让每个下属觉得自己是集体愿景的一个关键部分，从而获得下属的高认同与高绩效。他们提出的愿景会使下属在情感上受到吸引。

②**职位层次**：在建立愿景时，组织中的领导者和一般经理人员使用的策略是不同的。领

导者确立宽泛的方向，而经理人员多开发细节性步骤和时间表。经理人员通过设立具体目标发挥交易性影响。领导者与此相反，他们激发下属为了长期理想和战略目标而表现出变革型影响。

③**情境和其他因素**：组织规模应该是愿景研究中的重要情境因素。复杂的层级结构常与大规模组织相对应，在较小的、简单的组织结构中，领导者可能提出激励性愿景。总体上，组织规模与愿景的激励力量是相反的。在企业类型方面，一种观点认为，愿景不随企业的不同而有内容上的差别，愿景的关键维度都是一样重要的。[60]

愿景必须建立在对组织的各项活动和组织文化了解的基础上，对雇员的深层需求和价值观也要有足够的敏感。一个成功的愿景不应该是由机械公式生成的，而应该是经验、个人兴趣、直觉和作为"机会之窗"的环境共同造就的产物。

愿景变成组织绩效的文化是通过领导者、下属经理和团队成员一起实现的。愿景建立后，领导者通常发展一个战略使之得以共享及实施，这个实施计划一般包括人力资源、时间表、评估进展的主要方法。愿景的建立要特别注意，它应该是在综合个体愿景的基础上形成的，只有愿景成为组织中每个成员的真心向往时，实施效能才会提高。双向沟通本身就是愿景的共享过程，只有在组织的各个层面进行横向、纵向的反复酝酿、不断提炼，通过切实有效的双向沟通才能建立真正的愿景。

愿景的实施包括对愿景的表达、解释、延伸和拓展。在实施过程中，领导者的作用非常重要，他们通常会对下属授权，以获得下属对愿景的持续行动和承诺。

愿景的实施还应该是一个持续评估和不断提炼的过程。一个成功的愿景是不断演变的。当实施愿景的战略被执行时，人们逐渐会知道哪些东西是可行的。组织在向愿景不断逼近的过程中，也会不断发现新的可能性，有些原来不可能实现的目标现在可能变得可行。因此愿景的建立与实施不是一个简单、线性的，从愿景到战略再到行动的过程，它是一个互动的反馈过程，它影响了绩效，也因绩效变化而进行不断更新和调整。[61]

（2）使命。企业使命主要包括三方面内容：第一，企业存在的意义或目的。这包含企业的终极目的和直接的产品目的。聚焦客户关注的挑战和压力，提供有竞争力的通信解决方案和服务，持续为客户创造最大价值，这就是华为的使命。第二，企业从事的业务领域。它包括企业的主要活动范围，例如华为聚焦信息与通信技术（ICT）基础设施领域，围绕政府及公共事业、金融、能源、电力和交通等客户需求持续创新，提供可被合作伙伴集成的ICT产品和解决方案，帮助企业提升通信、办公和生产系统的效率，降低经营成本。第三，对于利益相关者的义务。它主要包括对投资者、员工、客户、合作者以及社会应尽的义务。

企业使命管理的基本途径包括以下几方面。

第一，把个人愿望和企业使命结合起来。个人愿望是指个人对自己未来发展的一种期望，包括对家庭、企业、社区、民族、国家甚至世界未来的看法以及个人未来的利益。个人愿望根植于个人价值观，它是个人持续行动的内在动力。每个人都有自己的愿望，不同人的愿望并不完全相同。企业使命虽不等同于个人愿望，但应该从个人愿望中汇集。

第二，明确企业方向，塑造使命整体图像。这里所说的图像是指企业在创立自己的使命时，务必考虑企业未来究竟向何处去，要达到什么状态。这种方向既可以指示企业将成为什么样的企业，也可指示企业未来在社会中的地位。这些图像如果比较明确，企业使命也就比较鲜明了。使命整体图像可以让成员明白企业的未来，从而起到内在激励作用。让成员真正感到使命攸关你我，我们都有责任为之奋斗，而不是把完成使命仅仅看作是领导者的事。

第三，把核心价值观融入企业使命。企业使命含有企业价值观，价值观不同，企业使命也会有所不同。由于企业的价值观是企业对自己、未来、社会等各方面的完整看法和价值取向，所以它是一个完整的体系。

第四，培养共同语言。企业使命是在个人愿望的基础上提炼出来的，应该用企业全体成员的共同语言来表示。一般而言，共同语言的形成有两种方式：一种是在企业运行过程中，注意将企业某些团体的内涵、与企业价值观相符的共同语言，归纳引申为整个企业的共同语言；另一种是将企业制定的语言强制灌输给全体员工，最终形成以此为基础的共同语言。

第五，开展团队学习。世界已经进入学习型组织的时代，真正的学习型组织才是最有活力的企业。因此团队学习对形成和完成企业使命很重要。一方面，它可以把企业使命转化为团队的努力方向，克服小团体的局部利益；另一方面，企业最终目标的实现依赖于团队的努力工作。

第六，号召成员实现自我超越。自我超越是指不断突破自己的成就、目标、愿望，它对企业使命的完成来说也非常重要。只有企业成员都具有一种不断超越自我的欲望，使命才有激动人心的动力；相反，企业使命则不可能确定，即使确定也将失去它巨大的激发能量。团队学习的目的之一就是逐步培养团队共同学习的习惯，从而帮助个人甚至团队形成和完善一种自我超越的内在机制。[62]

（3）战略规划。强有力的使命和愿景非常重要，但并不足以构建一个健全的、强大的组织。成功的组织需要寻找使目标、价值和目的转变为行动的途径，这就是战略扮演的角色。

战略就是规定资源配置以及协调外部环境来帮助组织达到目标的总行动计划。阿里巴巴认为，做正确的事首先要有一个正确的战略。阿里巴巴在收购雅虎中国后，阿里巴巴表示："我们第一是定战略，第二是建团队，第三是拿结果。"以战略规划为核心才能建立公司上下一致的奋斗方向。

战略要随时间而变化以适应周围的环境。为了保持竞争优势，领导者要使公司战略关注三个特征：核心竞争力、发展协作和为顾客创造价值。

①核心竞争力。一个组织的核心竞争力就是与对手相比自己最擅长之处。核心竞争力是企业竞争力中那些最基本的，能使整个企业保持长期稳定的竞争优势、获得稳定超额利润的竞争力，是将技能资产和运作机制有机融合的企业自组织能力，是企业推行内部管理性战略和外部交易性战略的结果。对于具体企业来说，并非每种竞争力都同等重要，而只有在研发、设计、制造、营销、服务等之中的某一两个环节上能使企业保持长期竞争优势，才是企业最关键的核心竞争力。

②发展协作。当组织各部分相互作用时产生的共同影响大于单个作用的总和时，协作关系就产生了。组织通过与供应商和顾客的良好关系、公司之间的强大联盟而建立的一种协作关系，使组织取得在成本、市场控制力、技术、员工、工艺等方面的特定优势。

③为顾客创造价值。重视核心竞争力，建立协作关系，可以有效地帮助公司为其顾客创造价值。对任何企业来说，拥有顾客才是基业长青的根本。而拥有顾客的前提，必须是为顾客创造价值和超额价值。因此，如何才能为顾客创造价值，就成了企业最关注的问题。

（4）战略行动。战略规划将组织的环境、愿景、使命与核心竞争力整合起来，以取得协作关系和为顾客创造价值。要获取成功，领导者必须确保战略的实施，综合利用上述因素，在组织内切实行动。

战略行动要通过具体运行机制、技术和工具协调组织资源。这是让组织运行的基本艺术。

强有力的领导是战略行动的重要工具之一，领导者可以激励和影响员工的行为。例如，一个百货商店的经理可以通过鼓励销售、亲自到前台工作、时刻向员工宣传销售目标的领导方式来提高全体员工的士气，从而提高销售的业绩。

战略行动也需要运用组织结构、奖励制度、预算分配以及组织制度、政策、工作流程等因素。例如，一家公司将它的员工重组为多个团队，每个团队负责给具体顾客提供产品的各项工作。这样，每个团队就成了能灵活应付产品或顾客变化的独立机构，有效地运用了组织的资源并给顾客提供了周到的服务。

为了支持公司战略方向，领导者有责任决定结构、系统和方针等的改变。领导者每天都做一些或大或小支持公司战略的决策。图10-2讲述了一个领导者如何做战略决策的简单模型。考虑的两个维度是：特定的选择是否对业务有大或小的战略影响，执行这个决策容易还是困难。[63]

战略影响	影响大，难执行 大改革，但是潜在回报也大	影响大，易执行 小改革，有大影响
	影响小，难执行 难执行，有一点点或者没有 潜在回报——避免这种类型	影响小，易执行 持续改进，不断取得"小胜利"， 寻求成功的标志价值
	困难 执行的难易度 容易	

图10-2 战略行动框架

资料来源：理查德L达夫特．领导学：原理与实践（原书第2版）[M]．杨斌，译．北京：机械工业出版社，2005.

一个既产生很大战略影响又很易执行的改变将会是一个领导者使战略成为现实的首要选择，比如大张旗鼓地招聘更好的人才。领导者有时会寻求一些战略影响很小但是很容易执行的活动，对产品、工艺和技术的持续改善就是这样的例子。随着时间的推移，持续改善将会对组织产生巨大的影响。另一方面，小的改变作为进步和成功的象征有时候是必需的。取得收效快的可见的进步对领导者鼓舞士气、保持人们对大改革的责任心或让后来者关注愿景都是很重要的。必要时领导者也会发起影响很大但执行很困难的行动，如并购、重组等，因为潜在回报很高。对于影响小、难执行的行动应该避免，但有时领导者出于简单的管理理由，也会做出这样的傻事，比如将业绩不错的机构或团队进行重组或人员调整等。

10.1.3 领导者的贡献

尽管优秀的领导者要会调动每一个人参与的积极性，但领导者的最终责任是通过愿景和战略明确组织的方向，领导者未能成功地指明方向就意味着组织的失败。确定工作愿景，并将愿景与战略行动相结合是领导者最重要的工作之一。

1. 激励愿景和行动

图10-3说明了领导者在确定方向时可能扮演的四种角色。四种不同的领导者角色取决于他们对愿景和行动的关注。一个对愿景和行动都不关注的人没有融入组织，不是一个真正的领导者。注重行动而忽视愿景的领导者是一个实干家，但实干家的工作往往缺乏方向。没有愿景和方向，行动就没有切实的意义，而且对组织、员工没有切实的益处。梦想家善于提出

有价值的想法,这样的领导者可以很有效地激励员工的斗志,却不善于战略的实施,因而其愿景缺乏实际意义。有效的领导者不仅要敢于做梦,还要善于通过自己的行动或通过雇用其他可以有效执行愿景和战略的领导者,把梦想变成实际。

图 10-3　基于战略愿景和行动的领导角色

资料来源:理查德 L 达夫特. 领导学:原理与实践(原书第 2 版)[M]. 杨斌,译. 北京:机械工业出版社,2005.

2. 影响组织战略

如果不考虑组织高层的领导类型,战略领导者影响组织的过程就基本相同。作为主要决策者及负责对战略提供一般指导的人,领导者以各种不同的方式影响他们的组织(见图 10-4)。

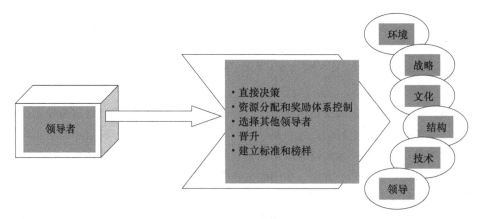

图 10-4　领导者影响组织的过程

资料来源:安弗莎妮·纳哈雯蒂. 领导学(原书第 4 版)[M]. 王新,陈加丰,译. 北京:机械工业出版社,2003.

直接决策。领导者对组织各个方面的决策形成了组织路径,他们对组织愿景与使命的选择影响着组织功能的所有方面。愿景与使命影响组织的方式包括:确定基本设想,找出哪些事物对组织最为重要,哪些事物需要首先关注,以及哪些事物的价值含量较低,等等。除愿景、使命、文化和战略之外,采用新结构、调整现有的结构或改变员工间正式互动关系的决策也是领导者的主要职能。领导者既可以直接决定结构类型,也可以通过与员工共享信息或使用信息等间接方式来决定组织结构的类型。

资源分配与奖励体系控制。除直接决策之外,高层管理人员对组织的最大影响在于资源分配和对奖励体系的控制。领导者是把资源分配给部门和个人的最终决定者。假如领导者要鼓励持续创新和发挥创造性,就会将组织中最大一份资源分配给研发部门和培训部门,这种配置方式有助于强化特定目标和行动,支持组织的特殊文化与战略,打造有利于产生所需结果、遏制不需要结果的结构。

建立标准和榜样。显而易见，对特殊的行为和决策给予奖励是领导者主要行为的一个有机组成部分，但建立榜样以及决策标准和规范的行为是领导者影响组织的更为直接的方式。除决策之外，领导者也可以设定供其他人决策使用的参数。举例来说，一个首席执行官可以告诉自己的副手，他们有权对新产品做出选择，也可以为他们提供有关适宜开发的新产品类型或组织应该进入的市场类型等内容的明确指导。通过制定这些标准，即使领导者不直接参与决策，他们仍然可以确保副手制定正确的决策。[22]

10.2 领导与文化

文化是领导的领导力、执行力、凝聚力、控制力和活力等的动力系统之一。不同地域的文化形成不同的领导理论和行为方式，因而会产生不同的领导效能。文化要素对领导者与追随者的行为作用和对适应性领导环境变革的作用不像其他要素那么直接和明晰，但它在潜移默化之中控制着领导者与追随者个体或群体的行为方向和基本方式，其作用更具有本原性。文化对现代领导的作用机理可以表达为葛兰西（Gramsci）所说的"文化领导"，文化领导是通过组织内外文化的认识、学习与整合、吸收与创新群体文化，使文化领导的个体化与组织群体的多元化形成统一，从而达成一致行动的有序过程。

10.2.1 文化和组织文化

1. 文化的含义

现代社会科学意义上的"文化"有200多种定义。美国人类学家克鲁伯和克拉克洪曾经搜集并分析了160多个由人类学家、社会学家、精神病学家及其他相关专业学者对文化所下的定义，综合来看，大致可归纳为两种。一种是广义的文化概念，即指人类在社会历史发展过程中所创造的物质财富和精神财富的总和，这种广义的文化概念又常被划分成逐级递进的三个层面，即器物、制度和观念，它实际上相当于社会或文明的概念。这是中国人文学术界在20世纪80年代广泛使用的文化概念。另一种是狭义的文化概念，特指人类的观念形态及其符号载体，与经济、政治鼎足而立，共同构成人类社会的三个要素，它实际上相当于广义文化概念中的观念层面。这种文化概念自20世纪90年代以来被中国各界所通用。

如果我们要给文化下一个定义的话，那么，简略地说，文化就是某一个群体所共同拥有、传承和遵循的一整套价值-符号体系，它包括共同的知识、情感、伦理和信仰等，以及它们的物质表现形态。文化包括两个方面：一个是精神、观念和心理的方面；另一个是体现、传达这些精神、观念和心理的物质载体、媒介与符号的方面。比如，布匹本身不是文化，而是人类使用棉纤维或聚酯纤维等原材料生产的物质产品。但是，布匹一旦裁制成特定的服饰，便成为体现和传达某一人类群体特定的生活观念、审美趣味和消费偏好的物质载体，成为某种文化观念的符号。经济、政治、文化是构成一个完整社会的三个要素。文化的形式是各种各样的物质载体，它的内容归根结底是对一定的经济、政治状况的反映。与此同时，文化本身也具有复杂的结构，包括知识、情感、伦理、信仰等。

2. 组织文化的含义

作为生存在社会中的一分子，任何组织均存在文化现象。组织文化作为一个组织所信奉的主要价值观,是指在一定的社会大文化环境影响下,经过组织领导者的长期倡导和组织内全体成员的积极实践所形成的组织整体价值观念、价值准则、道德规范、共同信仰和文化观念,以及历史传统、行为准则及制度体系。组织文化符合文化的共有特性,按其固有的规律演变和发展着。同时,它又影响和作用于组织的成长及发育,影响着组织的效率,影响着组织的计划、人事、领导、控制等各项管理职能的实施方式。组织文化的具体含义包括以下几个方面:

- 组织文化是组织成员在长期的、共同的社会实践中所形成的,与组织成员素质以及时代背景、传统文化有着密切的联系。
- 组织文化是管理实践、管理理论与现代科学文化和技术相结合的产物。
- 组织文化通过其特殊的管理机制影响和调节组织行为,充分发挥人的潜质,以实现组织目标。

就其实质来看,组织文化是普遍存在的,有组织的地方就有组织文化。它是一种综合性的个体文化,是一种"硬管理"与"软约束"的有机统一。"硬"表现为对规章制度的创建,对文化环境的创建;"软"表现在重视创造风气,树立组织精神,培育组织成员的价值观念,加强成员间的感情投资等方面。

3. 组织文化的结构及内容

对组织文化的结构划分有多种观点,我们把组织文化划分为四个层次,即物质层、行为层、制度层和精神层。

(1) 物质层,是组织文化的表层部分,它是组织创造的物质文化,是一种以物质形态为主要研究对象的表层组织文化,是形成组织文化精神层和制度层的条件。它主要包括以下方面:①组织名称、标志、标准字、标准色;②组织外貌,如自然环境、建筑风格、办公室等场所的设计和布置方式、绿化美化情况、环境的治理等;③工作的性质、特点等;④特质性、创造性的内容;⑤徽、旗、歌、服、花;⑥组织的文化体育生活设施;⑦组织造型和纪念性建筑;⑧组织纪念品;⑨组织的文化传播网络,如自办的报刊、有线广播、闭路电视、计算机网络、宣传栏(宣传册)、广告牌、招贴画等。

(2) 行为层,即组织行为文化,它是组织员工在生产经营、学习娱乐中产生的活动文化,包括组织经营活动、公共关系活动、人际关系活动、文娱体育活动中产生的文化现象。组织行为文化是组织精神、价值观的动态体现。从组织中行为的主体来划分,组织行为又可分为领导者行为、英雄人物行为和员工行为。

(3) 制度层,是组织文化的中间层次,主要是指对组织和成员的行为产生规范性、约束性影响的部分,是具有组织特色的各种规章制度、道德规范和员工行为准则的总和。它集中体现了组织文化的物质层和精神层对成员与组织行为的要求。制度层规定了组织成员在共同的生产经营活动中应当遵守的行为准则,主要包括组织的领导体制、组织机构和管理制度三个方面。

(4) 精神层,即组织的精神文化,它是组织在长期实践中所形成的员工群体心理定式和价值取向,是组织的道德观、价值观即组织哲学的综合体现和高度概括,反映全体员工的共同追求和共同认识,主要是指组织的领导者和成员共同信守的基本信念、价值标准、职业道德和精神风貌。精神层是组织文化的核心和灵魂,它包括六个方面:组织最高目标、组织价值观、组织精神、组织风气、组织道德、组织宗旨。

组织文化的四个层次是紧密联系的。物质层是组织文化的外在表现和载体，是制度层和精神层的物质基础；行为层是组织文化的浅层，是精神层的动态体现和折射，同时又受制度层与物质层的影响和制约；制度层是中介层，集中体现了组织文化对员工和组织行为的要求，约束和规范着物质层及精神层的建设，没有严格的规章制度，组织文化建设则无从谈起；精神层是核心层，是形成物质层和制度层的思想基础，也是组织文化的核心和灵魂。

4. 组织文化的类型

埃默里大学的杰弗里·桑南菲尔德（Jeffrey Sonnenfeld）提出了一套标签理论，有助于我们认识组织文化之间的差异，认识到个体与文化的合理匹配的重要性。通过对组织文化的研究，他确认了四种文化类型。

（1）学院型。学院型组织是为那些想全面掌握每一种新工作的人而准备的，在这里他们能不断地成长、进步。这种组织喜欢雇用年轻的大学毕业生，并为他们提供大量的专门培训，然后指导他们在特定的职能领域内从事各种专业化工作。绝大部分大型公司都属于这种类型。

（2）俱乐部型。俱乐部型组织非常重视适应、忠诚感和承诺。在俱乐部型组织中，资历是关键因素，年龄和经验都至关重要。与学院型组织相反，它们把管理人员培养成通才。政府机构和军队就是典型的俱乐部型组织。

（3）棒球队型。棒球队型组织鼓励冒险和革新。招聘时，这种组织从各种年龄和经验层次的求职者中寻找有才能的人，薪酬制度以员工绩效水平为标准。由于这种组织对工作出色的员工给予巨额奖酬和较大的自由度，员工一般都拼命工作。在会计、法律、投资银行、咨询公司、广告机构、软件开发等领域，这种组织比较普遍。

（4）堡垒型。棒球队型组织重视创造发明，堡垒型组织则着眼于生存。这类组织以前多数是学院型、俱乐部型或棒球队型的，但在困难时期衰落了，现在尽力来保证组织的生存。这类组织工作安全保障不足，但对于喜欢流动性和乐于挑战的人来说具有一定的吸引力。堡垒型组织包括大型零售店、林业产品公司、天然气探测公司等。

10.2.2 领导文化

1. 领导文化的含义

领导文化是文化在领导领域的特殊表现。领导本质上是人的活动，每个领导者身上都具有意识、观念等各种文化因素，当一定数量的领导者形成一定规模的体系时，领导体系中的领导成员就会自然而然地创造出一种为其普遍认可的价值观念、共同信守的行为模式和广泛流传的态度作风，即领导文化。

2. 领导文化的特征

领导文化作为文化的一种类型，无疑具有不同于物质、制度的文化特征；领导文化作为文化的某种类型，又必然具有不同于其他文化类型的领导文化特征。其具体表现如下。

（1）模式性。一定时期、时代或一定社会、国家由于历史背景、民族性格、地理环境和生活状况等条件的不同，其领导文化也将表现出各自的特色。这种特色就是领导文化的模式性。就时期、时代而言，革命时期的领导文化强调激情，建设时期的领导文化注重理性；传统领导文化封闭守旧，现代领导文化开放创新。就社会、国家而言，东方社会的领导文化注重等级，西方社会的领导文化强调平等；美国领导文化表现为民主化、分权化、专业化；德国领导文化倾向于军事化、官僚化、集权化、理性化；中国领导文化积淀为官治主义和德治主义。

（2）连续性。这可以从两个方面来理解：一方面，任何具体的领导文化，都是以往存在的领导文化的某种延续、继承或扬弃，同时又都具有时间与空间上的推移性，具有向其他类型领导文化渗透、转移和演变的可能性。另一方面，作为人类社会整体的领导文化，从量上看，只要存在领导活动，领导文化的延续便是无限的，其发展也是不可间断的；从质上看，优秀的领导文化最终将能披沙沥金，得到人们的继承、弘扬和发展。

（3）变化性。领导文化虽然是前后相继、相对固定的取向聚集和取向模式，但是，这种取向聚集和取向模式并非僵化不变的"死"物质，而是能够发展变化的"活"文化。从根本上说，一定的领导文化是在一定的历史条件下适应一定方式的领导活动而产生、形成的，当然也要随着历史条件和领导活动的变化而变化。领导文化的变化性可以是滞后的，也可以是前瞻的。滞后的变化往往是被动的，有时是由于难以及时适应社会的变革而成为历史前进的阻力。前瞻的变化往往是主动的，一般是对社会走向的自觉意识和适应，并对社会的进步和发展起着积极的引导、促进作用。

（4）政治性。在国家诞生之后直至国家消亡之前的一切社会中，领导文化往往与政治密切相关，表现出浓重的政治性特征。一方面，政治领导文化、行政领导文化与政治直接相关；另一方面，即使是非政治、行政领域的领导文化，比如企业、事业单位的领导文化，甚至私人企业、私立学校的领导文化，虽然不一定具有政治性，但也与政治有着千丝万缕的关系。

3. 领导文化的作用

文化是领导生产力的一个重要因素。作为一种具有强大辐射性和渗透性的软领导力和控制力，文化和其他要素一样，一直是影响领导者行为和追随者行为的基本驱动力之一。其具体表现如下。

（1）规范作用。领导文化产生于领导活动，自然要受到领导活动的制约和影响。但是，领导文化一旦产生和形成，又具有相对的独立性，并对领导活动具有规范作用。由于领导文化是一定体系的领导成员普遍认可的价值观念、共同信守的行为模式和广泛流传的态度作风，所以，如果有人背离这些价值观念、行为模式和态度作风，就会遭到众人的非议或排斥。不同于法律制度硬性的、看得见的约束规范，领导文化的约束规范是软性的、看不见的。

（2）导向作用。领导活动必然要受到领导成员观念意识的指导和影响。领导文化作为领导领域的主要意识范畴，无疑具有导向作用。领导文化的导向作用可以通过对领导态度的分析加以说明。领导态度是由领导者的认知、情感、意向三个因素构成的比较持久的个人内在结构。

（3）示范作用。领导意味着率领、引导。领导者的特殊地位，决定了领导者的言行举止对下属具有表率作用。而这种表率作用，不仅依靠政策号令的发布来施行，而且通过领导文化的示范来实现。良好的领导文化对下属具有正确的示范作用，不良的领导文化对下属具有负面的影响作用。[64]

10.2.3 文化与领导的内在互动

领导者在做出行为选择时，总会面临各种文化的影响，"这些影响必然会在领导者做出行为选择时有意无意地发生作用，即使领导者要有意识地部分（不可能做到全部）超越特定的社会文化，所进行的行为选择一般也不可能过分背离特定的社会长期以来形成的行为规范与价值标准，特别是那些比较明确的规范、比较重要的价值，亦即该社会大部分成员普遍接受的甚而是维系该社会组织之纽带的规范与标准，否则，便会遭到全体或大部分社会组织成员的抵制与反对"，领导执行力就会被削弱，甚至可能使整个领导的控制力失去合法性基础。因而，文化与领导之间是一种影响与反影响的双向内在互动的逻辑关系，其具体可表现在如下几个方面。

（1）文化影响着现代领导理论的发展。文化是一种理念与科学的内容结合，为理解领导的特性和行为提供了基础，也为发展领导理论提供了其所需的概念框架。霍夫斯泰德（Hofstede，1980）指出，员工激励、领导风格、组织结构的差异，可以归结为不同民族文化中人们共同的心理编码（mental programming）的不同。艾曼等人根据伊朗与欧美的领导行为评价的跨文化比较研究结果指出，把欧美的领导行为理论、测量强加于其他文化，可能导致非常不准确的结论。因此，文化在领导理论的发展中起着看不见的重要作用。

（2）文化影响现代领导行为或领导模式的选择，进而影响领导效能。文化作为一种本原性和导向性要素，影响着现代领导行为的每一个方面和环节。它引导现代领导行为走向，起着导航仪的作用。文化提供了独特的道德伦理和价值取向，强烈地影响着现代领导对问题的看法。在现代领导行为或领导模式选择过程中，人们都会有意识或无意识地以其文化观念作为选择坐标。

（3）文化为领导行为提供力量和信心基础，是领导力和领导效能的基础，是领导的动力系统。领导的影响力、控制力、被执行力、魅力等的发挥和辐射，都离不开文化的支持。文化的力量深深熔铸在现代领导的生命力、创造力、凝聚力、魅力之中，这种力量我们可以概括为现代领导的导向力、吸引力、控制力、影响力和魅力等。

（4）在组织中，文化的形成也受到领导者的影响。领导文化环境有多种来源和构成，其中居于主导地位的应该是领导者自身的文化，即领导者个人崇尚或极力提倡的价值理念和行为方式。这是因为：①领导者在决定组织的发展方向过程中居于举足轻重的地位，而其本身就体现了文化；②领导者在形成组织的特有领导风格、领导模式以及鼓舞士气的激励方式等方面起决定作用，而它们又都是领导者本身价值观的流露；③领导者将利用其在组织中的权力（基于职位）和权威（基于个人威望和品格）对他厌恶的价值观予以摒弃和压抑，直至组织的理念最大限度地与他的价值观念吻合，最终构成其组织的主体文化。

10.2.4 领导文化与组织文化

领导文化与组织文化是相互影响的。一个组织的文化既是组织许多代领导者持续倡导和传播的结果，同时组织文化也会深深地影响领导者。组织领导与组织员工一样要受到组织文化的熏陶，接受组织文化的培育，促进其良好领导文化的构成。良好的组织文化发展培育了一支优秀的员工队伍，从而推动组织的不断发展，形成了独具特色的领导文化。组织文化形成以后，实际上是通过对组织领导形象的塑造来宣传该组织文化特定的价值观。

1. 领导文化与组织文化相互作用

无论是微软还是海尔，它们的组织文化都是在其领导者的积极带领和倡导下形成的。领导者在组织中起核心作用，从而形成一种良好的领导文化，进一步促进组织的迅速发展。任正非军人出身，他所打造的华为技术有限公司也带有一些军事色彩，具有战狼一样的企业文化，对于竞争和生存有更清醒的认识。在他看来，企业的生存要适应弱肉强食的法则，适者生存，强者上，弱者下，这样才可以促进企业的长足发展。他的企业具有强烈的开疆拓土的欲望，其员工也具有一贯遵从的军人风格，公司的整体面貌表现出高超的战斗力，上到企业的管理团队，下到企业的研发团队、质检团队和销售团队。任正非说，华为永远都会是"狼文化"，这构成了华为独有的企业文化体系，也是其领导文化的深刻体现。从以上分析可以看出，无论从理论上、实证上还是案例上都说明了领导文化在企业文化建设中的核心作用。

从领导文化在组织文化建设中的核心作用可以看出，从领导文化建设做起是建设组织文化的有效途径，因此我们应该充分发挥领导文化的核心作用。

2. 领导文化建设的目标

领导文化在组织文化建设中的运用则是指在组织中进行领导文化建设，培育好的领导文化，从领导文化的角度进行组织文化建设。何谓好的领导文化呢？我们可以参照企业家精神的要求，确定好的领导文化建设的主要内容或建设原则。有学者认为，在组织中进行领导文化建设，不能仅仅着眼于某个领导者的特质，领导文化建设需要实现以下几个目标：①培育能够为组织积极工作和思考、敢于创新的领导群；②培育既懂得相关的科学技术知识，同时具备良好的管理素质、道德素质、沟通素质等技能，有尊重科学的诚实态度，有求实创新的进取精神，有慎独自省的思想品德等高素质、高水平的领导群；③培育具有良好工作作风的领导群。

培育领导文化的途径很多，应加强和注重对领导科学的研究。对领导者的培育大都是从思想政治教育和提高管理能力两大方面来进行。当领导者具备了这些素质，在自己的工作实践中不断地进行自我培养修炼和总结升华，从而影响和改变员工的思想与行为，就形成了领导文化现象。

3. 领导文化建设的步骤

领导文化是组织文化的一部分，领导文化建设必须将领导者、追随者及环境三个变量有机地结合起来。在这三个变量中，环境是不可控的因素。环境的变化导致追随者特征的变化，从而使领导者的特征发生变化。要将领导工作和组织文化的模式、演化、传播和重塑紧密结合在一起。一般而言，领导文化建设可按照以下步骤进行。

第一步，从领导者、追随者和环境三个方面分析组织现有的领导文化构成及其特征，并分析现有领导文化与现有组织文化之间的关系，在此基础上规划发展组织所需的组织文化以及领导文化，确定领导文化价值体系，分析通过怎样的步骤促使领导文化影响组织文化，实现组织文化建设目标，取得成效。

第二步，根据领导文化价值体系，从思想上和行动上要求领导者做到与目标一致，这些可以通过培训、激励、制定手册等手段来实现。当然，这要求最高领导者或领导集体能够共同承认这套价值体系，自己严格遵守，并以制度保障，真正使领导文化价值体系落到实处。

第三步，领导者的工作方式和行动是否体现领导文化价值体系，是领导文化建设是否成功的评价标准之一。

在上述三步不断反复的强化中，从一件一件具体事情上做起和积累，向着既定目标前进。通过领导文化的转变，以行动去影响和领导员工，影响组织文化，使领导文化不断扩散。通过领导文化的扩散，在员工心目中浸润组织的领导文化，并从自身出发向领导者所期望的目标靠近，渐渐形成一种领导者认同的组织文化，实现领导文化引导组织文化建设的作用。

10.2.5 领导者与组织文化

组织文化的建设不是单一部门或少数人就能够完成的，需要有效地使不同领导者共同配合。企业文化建设能够整合出优秀、高效的队伍，通过不断的创新改变竞争格局，在市场竞争中获得先机，扩大市场份额和获取丰厚利润。作为企业的领航员，领导者必须大力倡导企业文化建设，创建独具特色的企业文化，把握企业文化建设方向。

（1）企业领导者是企业价值观的缔造者。企业价值观是企业在经营管理、追求成功的过程中逐步建立起来，并为员工所推崇、奉行的一种共同的价值取向、心理势能和文化定式。企业价值观反映企业的经营管理理念，以向员工明示本企业秉持什么、提倡什么、反对什么和追求什么。作为企业核心的领导者，他的价值判断和事业追求必然通过企业的市场定位与发展战略等体现出来，并通过经营管理过程影响员工的思想观念，最终形成具有特色的企业价值观。

（2）建立组织文化建设的领导机构。组织文化的推进可以由专门部门负责，也可以组建跨部门的委员会。该机构配合领导者拟定文化建设的目标和措施，并负责推动具体的工作，评估文化建设的成效，并根据实施情况进行必要的调整和改善。

（3）在文化建设的全过程中发挥不同领导者的作用。在组织文化的目标、内容、实施计划等制定过程中，领导者和具体文化推进部门负有最重要的职责。在组织文化的传播过程中，一方面要发挥领导者与各部门管理者的表率和模范作用，通过他们的言传身教传播文化理念，有时还必须淘汰一些守旧的管理者；另一方面要发挥培训人员及文化推进负责人员的教育和宣传作用，例如上岗培训、组织价值观培训、文化理念系统培训、公司内刊、网络、故事、宣传栏等文化传播途径的宣传等。

（4）企业领导是企业文化的实践者。领导者是企业文化的龙头，领导者的行为是一种无声的号召，对员工起着重要的示范作用。企业领导者只有在自觉地实践企业文化的过程中，将这份集体智慧的结晶与员工一起分享，号召大家共同学习和探讨，才能让员工感到企业的亲和力、向心力和凝聚力。只有领导和员工共同融入企业文化的实践中，企业文化才会逐步完善、定型和深入。

▶ 复习思考题

1. 愿景和使命有什么区别？
2. 组织的基本战略要素是什么？
3. 战略领导者对组织发展的责任是什么？
4. 文化领导的概念是怎样的？文化和领导之间有何内在关系？

▶ 专项技术测试与反馈

潜在偏见的测试

1. 你周围的人首先引起你注意的特点是他们与你不同的性格特征。　　是　否
2. 你的原则是从不在工作时讨论关于种族、民族、政治、宗教、性别。　是　否
3. 当别人偏激地评论或玩笑时，你会发言或一言不发，因为你不想被看成自以为是。　是　否
4. 当你看到媒体攻击一些与你无关的民族、性别和宗教组织时，你视而不见。　是　否
5. 当你寻找一个导师或顾问时，你选择和你相似的人。　是　否
6. 如果有人和你谈论某个你从来没听过的文化差异，你很少提问。　是　否
7. 你工作的公司存在着微妙的歧视现象，但你什么也不说，因为你无法改变制度。　是　否
8. 在你为某个职位招聘员工之前，你的头脑中已经有了理想的候选人应该是什么样子的模糊概念。　是　否
9. 你在讲话时使用"你们这些人"或"我们这类人"的短语。　是　否
10. 在与跟你不同的人打交道的时候，你避免谈论文化差异，因为害怕出错。　是　否
11. 在称赞一个来自不同背景的人时，你会对他说："你跟你的那些同类不一样"或"我真不认为你是……"　是　否
12. 公司里有一些人是你所喜爱和尊重的，但你不愿意把他们介绍给你的家人和亲密的朋友。　是　否

评分：每个"是"得5分。

解释：最适合当今世界的是"0"。不论如何，如果你的得分低于20分，你就算成功地消除了个人潜在偏见。20~40分的分数说明你需要注意，你的潜在偏见在公司和社会中不受欢迎。如果你的得分高于40分，那你就麻烦了，你必须考虑如何变得更具多元化意识和文化敏感度。

资料来源：理查德 L 达夫特. 领导学：原理与实践（原书第2版）[M]. 杨斌，译. 北京：机械工业出版社，2005.

▶ 案例分析

联想与华为：不同战略选择的启示

联想与华为，都是在创业四年后开始芯片研发的，然而当初联想为什么忽略核心技术研发，华为却坚持一条路走到底？

2016年，联想控股合并下属公司收入3 070亿元，净利润49.85亿元，但联想控股曾出售旗下融科智地房地产板块，收入136亿元，子公司联想集团卖掉办公楼收入17.8亿元，联想的业绩引起"全球诧异"。

比联想晚三年创办的华为，也是在创业四年后开始芯片研发的，但坚持一条路走到底，以实业发展至今。2016年，华为实现销售收入5 200亿元，净利润371亿元，成为ICT（信息技术+通信技术）领域的全球领先者，其销售收入也是国内互联网三巨头BAT收入的3倍以上，华为的业绩引起全球震惊。

第一阶段：联想"技工贸"对华为"贸工技"（1985~1995年）

联想：技工贸战略创造无数IT辉煌

联想在创办后的前十年，采取"技工

贸"战略,取得了一系列成就,创造了无数IT业辉煌,联想也成为中国民族产业的一面旗帜。

1. 汉卡为联想挖掘第一桶金

联想创办初期,计算所从人力、物力、财力、科技成果以及无形资产等诸多方面给予了大量支持。而第一桶金就来自计算所的研究成果——联想式汉卡(联想式汉字输入系统),它为初创期的联想贡献了上亿利润。

2. 联想286微机在汉诺威展一炮打响

1989年3月,联想286微机在德国汉诺威的CeBIT博览会上一举扬名,掀起了国内第一次微机热潮,成为拉动国内市场的巨手。1990年北京联想集团公司在国内市场上推出了联想品牌的微机,产品采用自主设计制造的主板,成为当时国内四家拥有自有品牌微机的公司之一(长城、联想、浪潮、东海)。

3. 联想程控交换机实现产业化

1994年元旦,第一台联想程控交换机LEX5000在河北廊坊开局成功。早于华为拿到入网许可证,可大规模进入市场。第二台程控交换机被中共中央办公厅、国务院办公厅等采购使用。经过短短的三年,联想程控交换机项目不但完全收回了几十万元的开发投入,还为联想创造了286万元的纯利润。

4. 建成技工贸一体化的产业结构

1995年5月,联想总裁室发布《联想之路百题问答》,总结联想集团的"第一个战略目标"是"建成技工贸一体化的产业结构"。1995年,依靠汉卡与微机创下著名"联想"品牌的联想集团,在全国计算机行业排名第一,全国电子百家企业排名第四,是当年电子部(现信息产业部)重点支持的六大集团之一,税后利润一个亿。

华为:"贸工技"战略艰辛起家

初创阶段的华为处于混沌状态,基本上是什么赚钱做什么……

1. "二道贩子"掘得第一桶金

偶然的机会,华为进入通信领域代理交换机产品,三四年下来积累了几百万元。华为最早期的产品是买散件自行组装,打上"华为"品牌,再找全国代理商销售。由于服务好、售价低,产品在市场上供不应求,可散件断货时,收了客户的钱却无货可发,产品、客户、订单、现金流,甚至公司的命运受制于人。于是,任正非决心自主研发。

2. 华为核心研发始于芯片

许多人未必知道,华为研发的根基与内核,恰恰是芯片研发。1991年,颇具前瞻性的华为成立了ASIC设计中心,它是海思公司的前身。1993年,海思公司成功开发的第一块数字ASIC芯片,就是用于华为崛起的基石——C&C08交换机的芯片。到1994年,华为已成功设计了30多款芯片,这些芯片正式使用在华为各种交换机设备中,而且实践证明这些芯片稳定可靠。

3. 程控交换机是华为的救赎

1993年下半年,在研究掌握国际最新技术和器件成果的基础上,华为严格按国标、部标要求,自行开发设计的新一代数字C&C08 200门程控交换机投向市场。此后,华为每年的业绩都翻番,在通信市场崛起并与跨国巨头过招屡屡获胜。从1987年12月创办到1995年,华为实现了从"贸工技"到"技工贸"的华丽转身,通过ICT融合进入企业高速发展时期。

第二阶段:联想"贸工技"对华为"技工贸"(1996年至今)

联想:二十年战略十数次调整

也许人们会感到奇怪,当初联想为什么会忽略核心技术研发。1995年6月30日,联想集团免去倪光南总工程师职务,与此同时撤掉总工程师职位,原研发中心所有人员全部下放到事业部的研发部门,由事业部总经理领导。

1. "贸工技"战略的提出

1998年3月30日,《计算机世界》发表了柳传志撰写的《贸工技三级跳》一文,以这篇文章为转折点,联想从此由"技工贸"发展战略彻底转到"贸工技"发展战略,联想几乎取消了所有的研发,发展ASIC技术的努力也中止了。在"技工贸"战略十年末期的1994年7月,联想程控交换机拿到了入网许可证后开始进入通信市场,本来有绝好机会向ICT融合转型,但最终因为实行"贸工技"战略,自己中止了向ICT的转型。而华为就是以上马程控交换机为契机,成功转型ICT。

2. 联想分家失败

2001年,联想分拆为杨元庆主政的联想集团与郭为领军的神州数码有限公司,同时成立联想控股集团,在法律上继承联想身份,统辖联想集团与神州数码。联想集团继承联想PC等核心业务,神州数码与"联想"品牌分割,重立门户、另起炉灶。联想控股本身主要从事房地产与金融投资等多元化业务,联想负责人雄心勃勃,意欲再造许多个"联想"。但是,控股上市就跌破发行价,此后股价被腰斩,一直在低位徘徊,属下多个业务板块均业绩不佳,甚至出售房地产业务,历年业绩主要还是靠合并联想集团营收与利润支撑。

3. "贸工技"战略等于无战略

继承联想主体业务的联想集团(以下简称"联想")的"贸工技"战略其实仅有"贸"而无"工技"——联想PC主要靠"贴牌"或组装生产,其核心组件操作系统、处理器、硬盘、液晶显示器等始终缺乏自主技术研发,只能靠进口或其他供应商供货来组装。

2001年,联想营业额达到200亿元左右;而到了2008年,联想净利润亏损2.6亿元;到了2015年,不仅再次出现重大亏损,甚至在2016年还卖掉了办公楼。从2004年开始,联想进行了一系列并购,希望通过并购的方式实现技术的升级换代,以替代自主研发技术。但是,联想买来的都不是核心技术或最前沿的技术,而是些很容易遭到淘汰的技术,这就使联想面临很大风险。联想对IBM个人PC业务的并购,似乎由国内知名品牌跃升为国际品牌,但是这种没有自主核心技术的品牌却面临"空芯化"的结局。

华为:二十年"技工贸"战略不动摇

华为随着研发的逐渐深入,产品的技术含金量逐步增大,利润也同步增长,最后完成了由"贸工技"到"技工贸"的华丽转身。

1. 华为芯片不断扩大设计品种

华为自行设计的芯片随着产品设备的扩展而不断扩大设计品种,在某领域产品开始研发时就同步启动该领域自主芯片的研发设计。新产品线的数据通信产品如ATM机、路由器等,无线产品如GSM、3G等也在新产品刚开始投放市场时就用上了自己的芯片,华为产品从开始就具有较高的成本竞争力。华为的产品很快占据了市场的重要地位,甚至是主导地位,与跨国巨头过招也不输风采。华为"技工贸"道路越走越宽阔,从农村发展到城市,从中国走向全球。

2. 华为海思芯片撑起一片天空

1996年,海思(华为的全资子公司,前身为华为集成电路设计中心)第一块十万门级ASIC研发成功。之后,海思芯片研发升级换代,进入规模化、产业化时期。当年,华为在不到100位工程师时就勇于研发芯片技术,并在设计上取得突破,其自主研发的成功经验表明:中国企业是可以在芯片设计等领域掌握关键核心技术的。在国际竞争中,如果企业既想有成本优势,又要有可观的利润,就应当像华为一样在价值链上做得更深层,完全把控住核心技术的主要方面,拥有自己研发的"芯"脏。

3. 华为电子百强头牌八连冠

1996年,联想位列"中国电子百强企业"第一名,华为是第二十六名。但从2009

年开始，华为几乎一直高居"中国电子百强企业"第一名，而联想名次逐渐滑落。这说明了只有真正基于核心技术实力发展的销售额增长，才是可持续的健康增长。一次芯片投片需要几十万甚至上百万元的资金投入，而一个细小的错误就会导致投片失败，但华为并没有因为害怕失败就不敢放手让年轻的工程师们去担当重任。华为的勇于放手，也使年轻工程师们得以迅速成长，从而在很短的时间内使基础研究部的芯片设计水平有了较大的提高。

启示

中国两个著名的高科技企业——联想与华为的发展路径，恰如攀爬珠峰。联想的"登顶"是借助微软、IBM、Intel等跨国企业提供的技术产品；华为则是通过自主创新、自主研发技术，自力更生获得成功的。

联想与华为，为什么结局分别是一个做大一个做强？答案是：发展路径不同。

联想与华为都践行过"技工贸"与"贸工技"的发展战略，但是，我们从两家公司三四十年的发展历程可见，"技工贸"对联想与华为而言都是核心竞争力，而"贸工技"对华为是权宜之计，对联想则是核心破坏力。

资料来源：陶勇．联想与华为：不同战略选择的启示[J]．企业管理，2017，(07)：68-71．

讨论题

1. 对比分析华为和联想的战略模式，讨论华为如何实现由"贸工技"到"技工贸"的华丽转身。
2. 查阅相关资料，尝试讨论"技工贸"战略模式的优势。
3. 分析联想战略的合理性及目前面临的压力。你认为联想是否应转变战略方向？

第 11 章

领导有效性与领导绩效

▶ **本章要点**

- 领导有效性和领导绩效的含义。
- 领导有效性的影响因素和提升途径。
- 领导绩效的考核原则、程序和方法。
- 成功领导者与有效领导者的关系和区别。

 引例

精力充沛是领导者的素养

一、领导者要精力充沛

"下之事上也,不从其所令,而从其所行。"领导者因为要起到模范带头作用,所以保持足够的体力和精力是领导者重要的素养。《西游记》的附录中说,唐僧的前世叫作金蝉子,其师父是多宝如来。金蝉子在师父讲经时睡着了,师父因其轻慢佛法,把他打入凡尘转世成唐僧再来取经。一个日本高官在会议上打瞌睡,全世界通过电视都知道了这个人精力不充沛,可以判断这个人的政治生涯该结束了。所以,重要的会议不可掉以轻心。

重要会议保持精力充沛的四原则是:喝咖啡、记笔记、坐前排、鼓掌。会前喝咖啡,防止犯困。会场记笔记,既是一种尊重,也是为了更好地掌握会议内容,好记性不如烂笔头。现在有了电子媒介,人们已经越来越不爱写字了,所以开会的时候记笔记也是一个复习文字的过程。前排是会场中重要人物的座位,靠近前排就是靠近了重要的位置。鼓掌则是向讲话者致敬的方式。

为什么要重视体力和精力?因为如果拉车的马精神头不足,这个马车如何走得快?如果一个组织的领导者精神萎靡,又如何能够提升组织的竞争力?如何具有执行力?

领导力分三个层次,个人领导力、团队领导力、组织领导力,用三个字可以形象地表示为人、从、众。"人"表示领导别人之前先领导自己,管理好自己。你是一团火才能释放出光和热,一个人有动力、有魅力才能吸引和激励别人产生追随力。"从"表示领导一个团队,管理好几个人的能力。"从"字的前一个"人"表示领导者,后一个"人"表示追随者,领导者有领导力,追随者有追随力。"众"表示组织领导力,即管理好几个团队的能力。一个组织的最高领导者要有足够的力量和智慧领导组织内部的人。这三个层次的领导力都要求领导者要有健康的体魄和旺盛的精力,至少在工作的时候一定要精力充沛。

二、精力充沛能够吸引潜在的机会

领导力等于体力加精力,所以要提高领导力,精力必须充沛。

一个人的精力其实不只是你一个人的事情。正如有时候衣服不光为自己穿,衣着整洁得体在社交场合十分重要,因为它能体现出你的品位、你的习惯,以及你对别人的尊重。同样,你如果保持充沛的精力,别人就比较容易从你这里得到一个生活习惯良好、身体健康、思想积极、能力突出的印象,同时这也是对别人尊重的表现。这样的人,别人自然愿意与之打交道,那么很多潜在的机会可能就出现了,有可能别人正是赏识你这一点而给予你某些珍贵的机会。精力充沛对我们自己也有很多好处,首先你的情绪肯定不会受到精力的影响,人往往在十分劳累的时候难以保持好心情;其次你的业务效率肯定得到了提高,因为做事情头脑更清晰了。

要想提高领导力,首先自己要提升精力,更大的责任需要承担,也是给员工的表率。当很多人被问起如何保持高效率、实现目标的时候,他们都提到了很重要的一点,那就是一定要休息充分,做事的时候一定要保持充沛的精力。当然他们很多人并不一定早睡早起,但是他们懂得在疲惫的时候及时补充睡眠,然后在工作和社交中保持充沛的精力,永远不把疲倦带到影响自己形象和业绩的地方去。

资料来源:李东,吴维库. 精力充沛是领导者的素养[J]. 企业管理,2017(02):36-37.

精力充沛是领导有效性的基础,也是提升领导绩效的重要因素。探索领导绩效提升路径是领导学研究的最终目的,本章便介绍领导有效性和领导绩效的相关内容。

11.1 领导有效性的含义

11.1.1 领导有效性

随着经济全球化的深入,为了能在日益复杂和多变的商业环境中生存发展,组织需要不断地寻求新的方式来适应环境的变化。组织变革是通常采用的方式,其核心是改变管理理念和组织结构,这种变革的显著特征是在组织中建立一种新的且广泛存在的领导风格,即有效的领导。有效的领导可以引导组织从传统的命令控制式组织发展为跨职能的参与式组织,从而提高组织绩效。[65]

世界知名的惠普实验室的人事经理巴巴拉·沃将领导有效性定义为帮助人更多地交流、更好的协助和更加实际地创新;丹佛市市长约翰·西肯卢珀(John Hickenlooper)将人民是否买账作为自己决策有效性的标准。卢桑斯通过区分管理者的"有效性"和"成功"为领导有效性这个概念提供支持,他认为有效的管理者是指那些拥有令人满意的、高效生产的员工的人,他们在与下属沟通、处理冲突、对员工培训、发展和激励员工上花费了大量时间。领导者在领导组织实现目标的同时,很好地实现了组织的内部稳定性和外部适应性,并为组织持续发展做好了准备,这时的领导活动才是有效的。领导有效性框架图如图11-1所示。

11.1.2 领导有效性的影响因素

关于领导有效性，国外学者早已有较系统的研究和论述，归纳起来有两种代表性的观点：一是领导有效性主要取决于领导者的品质特征；二是领导有效性主要决定于领导者的领导行为方式，认为领导有效性取决于领导者、被领导者和环境条件三者的配合关系。领导者要实现有效的领导会受到很多因素的影响，其中领导者品质、领导方式、情境因素以及领导者自身素质的影响最为明显。

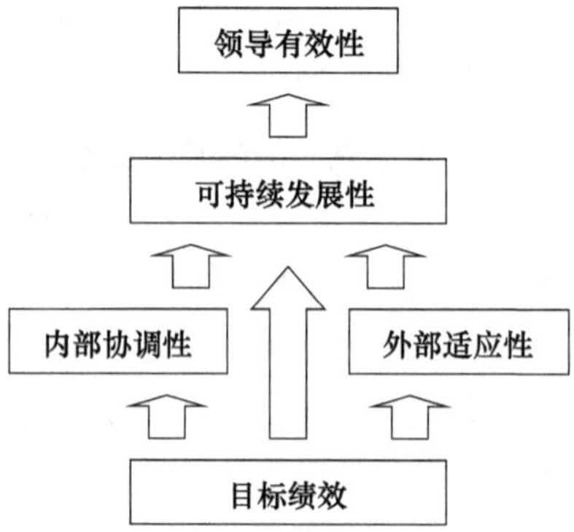

1. 领导者品质

领导者品质特征虽然不是成就一个领导者的全部

图 11-1 领导有效性框架图

内容，却是有效领导的先决条件。领导者品质特征主要包括：动力（动机和精力）、领导的动机和愿望、诚实和正直、自信、智力、商业知识。智力和动力等品质不能通过培训而获得，而商业知识和自信心等品质能够随着时间的推移和经验的增长而获得。诚实是一种最简单的品质，成功的领导者都具有这种简单的品质。正直是信赖的基石，为有效领导所必需的品质，没有正直，领导就不会有效。正直总是作为领导的关键因素，一个差的领导总是缺乏领导者应有的诚实和正直。对领导者而言，正直是一种行为，不是言辞，在社会压力下没有弹性，随着知识的增加却具有可变性。另外，拥有正直品质将意味着领导者坚持促进延长生命和别人健康的价值观。[66]

正是由于这些品质是领导者所必需的，当这些品质走向极端时就可能是非常有害的。比如，动力过大会导致领导者拒绝为下属安排任务。同样，太多的愿望也可能会妨碍领导效果。研究表明，领导者至少在某些领域确实有天赋，然而仅有这些天赋和才能是不够的，个人经验、正确抉择以及对环境的正确判断是使这些天赋得以充分发挥的关键。

2. 领导方式

领导方式是指领导者在领导行为动态变化过程中所表现出来的影响被领导者的方式方法的总和。常见的领导方式有三种：任务动机型、关系动机型和社会自立主义者。任务动机型的领导者依靠任务和成就来激发做事的动机，凭借完成任务的好坏实现自我。如果任务动机型领导或团队没有获得成功，很可能是因为苛刻地对待下属；如果任务完成情况较好，则可能是满足于细节和对常规事件的控制。关系动机型指一个人主要以个人关系为目标来激励自己，通过与其他人良好的人际关系来实现自我，对琐碎的细节产生厌恶的情绪，更加关注社会交往。处于以上两种方式之间的领导者被称为社会自立主义者，他们倾向于较少关心他人的评价。这类人在面临压力时，任务关注倾向和关系关注倾向的同时作用将会使他们处于危机的包围之中。[67]

领导者在选择领导方式时往往会受到领导者自身的条件、所处环境、追随者成熟度以及对下属的估计和认识等条件的制约。[68] 领导者自身的条件体现为领导者拥有的法定权力的大小、组织管理能力的强弱、知识水平的高低以及性格特征等，这些都制约着领导方式实施的效果。在一定情境中，领导者因自身条件不同，适合的领导方式也会不同。在选用领导方式时，领导者要充分考虑所处环境和追随者成熟度的变化，不断调整和改变领导方式，以做到主动适应和创新。领导者在选用领导方式时，需要对下属有一个正确的估计和认识。西方管理心理学中提出了"经济人""社会人""自我实现的人"和"复杂人"四种与领导方式选用有关的人性假设理论。这种理论认为，领导行为成功与有效的决定因素之一是领导者对人的属性的认识程度。只有对下属有全面、正确的认识，并在此基础上实施领导，才可能产生有效的领导行为。

3. 情境因素

菲德勒认为，领导效果是领导者类型和情境相互匹配及作用的产物：如果领导者类型与情境相容，领导就是有效的；如果领导者不能满足情境的需要，领导将失去有效性。

按照菲德勒的观点，第一个也是最重要的领导情境因素是人际关系的好坏，它强调领导和下属以及下属之间的凝聚力。人际关系好，意味着团队具有凝聚力，相互支持，领导者可以通过高度控制来实现自己的想法。在团队松散或缺乏对领导者的尊敬与支持时，领导者控制程度就较低。第二个情境因素是任务的清晰度。领导者执行一项有组织的任务时，他可以进行相当好的控制。一个组织混乱的任务目标是不明确的，几乎没有或很少有执行任务的程序，有众多的权变答案，领导者无法实施控制和评价。第三种情境因素是领导者的职位权力，它指领导者对下属的雇用、解雇、报酬和惩罚等方面的权力或影响力，拥有较多正式权力的领导比那些权力小的人更容易控制执行。

11.1.3 提高领导有效性的途径

1. 领导方式的选择

领导方式的选择和实施是在一定制约条件下产生的，这些制约条件包括领导者自身的条件、被领导者的成熟度和工作性质等。领导者拥有的法定权力的大小、组织管理能力的强弱、知识水平的高低以及性格特征等都制约着领导方式实施的效果。被领导者的心理成熟度，即被领导者的工作经验的丰富程度、工作能力的强弱、受教育程度的高低以及负责任的意愿和成就感等，都制约着领导者对领导方式的选择。工作性质是指工作任务内容、目标的明确程度、复杂程度和难度方面的情况。

2. 领导者影响力的提高

领导者所具有的影响力对其领导有效性具有直接且深刻的影响，善于保持和提高自身影响力的领导者必然会显著地提高领导有效性。领导者要有效地保持和提高自身的影响力，及时、充分地学习有关政策法规，弄清自己拥有的法定权力，正确使用权力性影响力。领导者在实施领导行为的过程中，必然会遇到需要使用权力性影响力的情境，能否恰到好处地使用权力性影响力，对领导者的整体影响力及领导有效性会产生重要的影响。在非权力性影响力的构成要素中，品格因素是关键。领导者只有时刻以高标准要求自己，不断提高自身的品德修养和综合能力，形成一定的人格魅力，才能保持和增强自己的非权力性影响力。

3. 保持持续的创新能力

创新能力是现代领导者的核心素质。在知识经济时代，由于科学技术的飞速发展和人民群众需求结构的不断变化，知识在不断更新，技术在不断进步，产品在不断创新，创新能力已成为领导者必须具备的最重要能力和首要素质。

领导者如何保持持续的创新能力？首先，领导者要拥有健康的个性和独立性，个性和独立性与创新能力密切相关。个性是个人比较稳定的心理和行为特征的总和。独立性是指主体具有自主性，在思考和行动时能够自由做出决定，不受他人的干扰和支配。其次，领导者要具有强烈的创新意识和多维的创新思维。创新精神和创新意识是一种敢为人先、不断进取、求新求异的心理状态和思想意识，它们是创新活动的前提。有了创新精神和创新意识，才能主动研究新情况，解决新问题；才能及时抓住机遇，审时度势推动创新，运用新思路去思考问题。然而，有了创新精神和创新意识并不一定就能创新，还必须借助创新思维。创新思维是在一定知识、经验和智力的基础上，灵活运用各种思维方法，创造新的思维成果的思维活动。创新思维是求异性思维，它不满足于常规的思维方式和方法，而是在求异求新中发现新的思想，发现改变现状的契机和机遇；创新思维又是整合性思维，它运用新的思路和方法，对已有知识和经验进行新的组合、迁移和应用，从而创造出前所未有的新成果；创新思维还是联想性思维，通过横向联想、纵向联想、逆向联想、超时空联想等多种形式，加以引申或移植，产生新的思想，找到解决问题的新方法、新途径。最后，领导者要有科学的批判精神和探索精神。创新是对传统的否定，传统有两类，一类是历久弥新、有益的传统，一类是不合时宜的、有害的传统。领导者既要善于接受和继承有益的传统，也要敢于否定过时的传统。要创新，就要解放思想，实事求是，就要有怀疑精神和批判态度，做到不迷信权威，不固守教条，不局限于经验。创新还要有勇于探索的精神。要创造新事物、新成果、新经验，达到新境界，就必须进行探索，必须有敢闯敢干、敢为天下先、敢承担责任的精神和勇气。瞻前顾后、患得患失、四平八稳，是不会有创新的。

11.2 领导绩效及其考评

人类的任何活动都是有目的的，领导活动尤其如此。如何有效地调动组织和个人的积极性和创造性，提高其绩效水平，是任何组织和领导者都关注的重要问题。领导活动是一种复杂而特殊的社会活动，其目的是提高领导绩效，实现组织目标。领导绩效是领导活动的出发点和归宿，是领导者能力和领导活动成效的集中体现。领导绩效考评，既是有效监督领导活动、提高领导水平的重要途径，也是领导科学研究的重要内容。

11.2.1 领导绩效

科学衡量绩效，是选拔任用和管理监督领导干部的基础与前提。用什么样的指标考核绩效，用什么样的标准衡量绩效，领导就会相应以什么样的态度来对待绩效。在学术界，对领导绩效的界定主要有以下几种不同的看法。

（1）所谓领导绩效，是领导者实施领导活动的行为能力、工作状态和结果的总和，即对领导者进行领导活动的效率、效果、能力、业绩的通称。有人也把它称为领导效能，它是对领导者的领导活动进行全面、正确评价的一项综合指标。

（2）领导绩效是指领导者实施领导活动所取得的成绩与效果，或领导行为的作用所产生的客观结果。它是领导素质、领导决策、领导用人、领导思想政治工作和领导艺术等方面的综合体现。

（3）领导绩效的具体含义，是指领导活动中的投入与产出之比，即消耗与效果之间的比例，也指在完成和实现既定目标时所取得的成就的程度。完整的领导绩效的定义，主要看领导行为是否能实现领导目标，同时也要看在领导活动中所付出的实际代价和费用。

对组织而言，绩效就是任务在数量、质量及效率等方面完成的情况；对员工个人而言则是上级和同事对自己工作状况的评价；对领导而言，领导绩效是一切领导行为的最终反映。因此，领导绩效一方面是指群体组织对领导行为的反应，主要指领导行为是否受到下属的拥护和支持；另一方面是指群体实践活动所取得的实际成效。一般来说，改造客观世界、取得客观实效是领导活动的最终目标，因此能否取得预期的实际效果就成为衡量领导实践活动成功与否的关键。

11.2.2 领导绩效考评原则

领导绩效考评是一项十分重要而复杂的系统工程，搞得好可以对领导绩效的提高起到十分重要的促进作用；搞得不好，轻则消解领导者的积极性，重则导致一个组织的衰败。但要真正准确地对领导绩效进行考评，是一项非常复杂而困难的工作，这就要求领导绩效考评时必须遵循正确的原则。一般来讲，对领导绩效进行考核要遵循客观公正、及时反馈、民主公开、价值导向等原则。

1. 客观公正

客观就是要实事求是地反映事物的本来面貌。领导绩效考评是考评主体对客观存在与表现出来的领导绩效状态的主观反映与认识，如要比较准确地考核与评价领导绩效，就要尽量缩小主观与客观之间的差距，使主观评价与客观结果尽量一致，如实地反映领导绩效的实际状况。客观公正的评价是建立在业绩指标正确的基础上，即指标设计符合组织的价值导向。公正性的评价包含两个方面，一个是对人的评价，一个是对事的评价，在考核评价中，两者都无法回避。对人的评价见仁见智，自古就是难题，不用多说；而对事的评价，则要尽量客观公正。应该说衡量一个考核体系是否客观公正主要看设计的指标中两类指标的比重，到底是对人的评价比重大，还是对事的评价多，在考核的表现形式上就是定量与定性指标的比例大小。一般来讲，定量指标多的考核体系更加客观些。

2. 及时反馈

评估的结果最好能反馈给被评估者本人，否则就起不到评估的教育作用。在反馈评估结果的同时，应当向被评估者就评语进行说明解释，肯定成绩和进步，说明不足，提供今后努力的参考意见等。通过反馈考评结果，使被评估者了解自己的工作情况，对自己有一个正确的评价，从而知道怎样提高自己的综合素质。同时，还要将有关的评估结果向有关部门和上级反馈，使他们掌握人力资源素质考评的结果，从而为人力资源的进一步调整与配置、培训与开发提供决策的依据。

3. 民主公开

所谓民主是指在领导绩效考评的过程中，要发扬民主，走群众路线，让下属与群众参与测评，把绩效考评工作建立在群众基础之上，依靠集体的智慧进行绩效考评，可以减少乃至避免失误，即使出现了失误也可以尽快予以纠正。所谓公开就是指在领导绩效考评过程中，一方面要将考评的对象、时间、内容、标准、程序等事项在一定范围内公之于众，以便有关人员了解、参与并监督；另一方面，考评的目标、程序及考评结果也应该向群众公开，那种脱离群众监督、封闭式、神秘化的考评方式，很难真实地反映领导者的绩效。

4. 价值导向

领导的绩效反映的不是一般的管理效率，而是对较高价值的管理效益的追求。一定的绩效总是与一定的价值目标相联系的，绩效的本质是实现组织目标的产出，是表明达到组织目标的成功度。因此，领导者创造绩效的过程，就是追求组织目标的过程。遵循价值导向原则，就要求我们设计考评指标体系时，必须把着眼点放在现阶段社会发展正面临和要解决的主要社会矛盾上，而不是面面俱到，事无巨细。社会主要矛盾不同，社会发展的整体价值取向就不同，评估领导绩效的指标体系也就不同。

11.2.3 领导绩效考评程序

领导绩效考评一般要遵循以下基本程序和步骤。

1. 组织准备

领导绩效考评是一项有组织的重要活动，必须由相应的组织机构和人员来实施和完成。组织准备工作就是将考评工作的机构、人员、工作纪律等确定下来，必要时对有关工作人员进行理论上与方法上的短期培训。

2. 考评方案准备

考评方案准备就是对领导绩效考评的内容、指标、标准、方法、程序、时间安排等进行计划和设计，即根据考评客体的具体情况，以及考评所要达到的不同目的，确定考评的具体内容和指标体系以及采取的不同方法等。考评指标是根据绩效的内容设计的，是领导绩效考评内容的载体和工具。设计的考评指标要明确而具体，具有较强的操作性和针对性，尽可能量化。考评主体应不断总结实践经验，在深入调查研究的基础上，制定出科学合理、具有针对性的领导绩效考评的内容和指标体系，为考评的客观公正性和有效性提供充分的保证。考评标准要恰当适中，时间、方法、程序等的安排都要合理且可行。

3. 提出绩效目标和对绩效风险进行评估

领导者应在规定的时限内向主管提交目标责任书。考评机构或委托专业机构依据绩效计划内容，对考评对象的绩效能力、绩效环境进行可行性评估和绩效风险评估。评估后双方充分沟通意见，明确绩效协议主要内容和责权利关系。

4. 确定绩效责任

考评的资料和结论必须真实可靠，真实性是领导绩效考评的生命。在考评的过程中，必须保证考评基础数据和资料的真实准确，要认真审核、复查验证，确保考评结果的真实可靠。所采用的考评基础数据、指标口径、评估方法、考评标准要前后一致。考评所得出的结论必须经得住实践和时间的检验。

5. 制定与公布考评目标

考评机构依据年度绩效计划和年度绩效预算以及绩效协议内容，确定考评目标、重点内容、考评方式和方法。并在规定的时限内，通过媒体公布主要领导者的任期目标和绩效计划，增强透明度，以利于社会监督。

6. 绩效检查

考评机构或委托专业机构对考评对象实行绩效过程信息跟踪，定期对考评对象的工作绩效情况进行公开的实地检查了解，同时要与考评对象沟通意见，听取他们的困难和要求，必要时对计划进行适当调整。预算部门应根据绩效计划和执行的情况，严格控制预算，确保资金的有效使用。

7. 公布考评结果并进行评定

考评机构要向社会公布考评内容、对象、方法，并利用信息网络广泛收集相关评价信息。有关考评机构要依法组织一定范围的民主评议或满意度测评，并聘请有关专家进行专项绩效分析评估。负责考评工作的组织和人员根据初步结论和复核修正的结果，最终确定被考评者的绩效，并将结果公之于众。

8. 考评结果的反馈

这是处理考评结果、撰写考评报告、利用考评结果、保存考评资料的阶段。一般来说，考评结论应告知被考评者，并认真听取其反馈意见。之所以如此，一方面，对领导者成绩的肯定可以激励其再接再厉，不断进取，以取得更大成绩；另一方面，对领导者缺点与不足的暴露可以及时引起他的警醒并起到一定的鞭策作用。此外，为了尽量避免可能发生的误评，复核修正是一项不可省略的程序，即将反馈结果与原结论相对照，对有争议的部分进行更深入的调查与了解，以维持或修正原有结论。

9. 绩效总结及存档

考评机构应责成被考评者认真总结完成绩效的成功经验，查找不良绩效的原因和责任，并提出改进方案和措施，以正式文本形式报告考评机构和上级机关。资料存档即将整个考评工作中最后形成的书面或电子资料做适当的技术处理后分类归档，妥善保存，以便作为此后考评的参考，使领导绩效考评工作精益求精，形成日益完善而科学的系统。

11.2.4 领导绩效考评方法

领导绩效考评需要遵循科学的原则与程序，同时也必须借助科学先进的考评方法，即领导绩效考评需要通过相应的手段、方法或途径来实现。领导绩效考评方法多种多样，应根据领导工作的不同内容、层次和性质，不同系统和部门、不同地区和单位，分别采用与之相适应的考评方法。

1. 领导绩效考评方式

（1）平时考评与定期考评相结合。这一考评方法又称动态考评与静态考评相结合。平时考评即动态考评，是对领导者的领导活动动态考评的积累过程，是通过经常性的实际观察，了解领导活动的全过程及其作用的一种考评方法。如了解领导者政策制定与贯彻执行的情况，组织与管理、指挥与协调的情况，自我调控与发挥追随者积极性与创造性的情况等。总体来说，平时考评具有及时性、连续性及明确具体的特点，可信度较高。定期考评即静态考评，是按照月、季、半年或一年来考评领导者在特定期限内的领导活动的最终结果，力求客观与全面。

（2）定性考评与定量考评相结合。定性考评是考评主体在民意测评、问卷调查、个别谈话及查阅资料的基础上，根据经验和印象，对被考评领导者绩效中质的方面进行评价和确定的一种方法。定量考评则是考评主体运用现代科学知识与方法，如采取系统工程学、心理学、模糊数学等学科的某些原理与方法，将领导者的德、能、勤、绩分解为若干个指标，并根据各种具体指标对领导者进行计量论质、评级记分,从而在数量上相对精确地反映领导者的绩效,并利用计算机对考评结果进行整理、计算、分析。现行考核指标多是定性有余、定量不足,或者具体指标的量化与部分抽象指标(如工作的主动性、可靠性及有效沟通能力等)的定性结合不力,或者是量化标准太复杂烦琐,不便于具体操作,最后往往凭经验、凭印象来评价,从而导致考核的片面性和不科学,难以取得考核实效。[69]选择合适的定量考评方法能够增强考评工作的严密性与可靠性,为领导绩效考评工作逐渐从经验走向科学提供了可能。在领导绩效考评过程中,只有将定性与定量结合起来,才能得到对领导者的领导过程和结果的整体认识。

2. 领导绩效考评方法

(1) 行为观察量表法。行为观察量表法基于关键事件法,但它并非评估被评估者做某项工作的水平或优劣程度,而是规定一系列与工作绩效有关的行为,评估者根据评估对象各项行为的表现频率来评估他的工作绩效。列举出评估指标,然后要求评估人在观察的基础上将对象的工作行为同评价标准进行对照,看该行为出现的频率或完成的程度如何的评估方法。[70]例如,要评估某部门经理或主管"是否在必要时情愿推迟下班并在周末加班工作",按频率分为5个等级,5分说明"总是",4分代表"经常",3分代表"有时",2分表示"偶尔",1分说明"极少或从不"。根据对象的表现对其打分,然后把各项得分汇总起来就得出评估结果。行为观察量表法的步骤如下。

首先在行为观察量表法中,评估指标不再是数字或描述性的语言,而是用一些与工作业绩紧密相关的行为作为评估的指标,这些行为必须能给企业部门发展带来好的、有利的结果。其次在确定打分的标准时,要根据与标准行为的吻合程度来确定,如与标准行为完全一样,应该给满分,很接近标准行为,应该给70分,比较接近给50分等。再次根据被评估者的表现,是完全和标准行为一样,还是比较接近标准行为,然后按照各个频率的分值进行打分。最后汇总各项得分,得出评估结果。运用行为观察量表法进行评估,可以了解到被评估者的行为与标准行为的差距,及时发现存在的问题,尽量促其改正。这样,经过评估之后,被评估者就会主动地按照评估表中的标准来要求自己,从而达到改进工作的目的。该方法能够把被评估者与工作绩效密切地联系在一起,但这种方法多用于上级对下级的评估,适合基层领导绩效的考核。

(2) 关键事件法。关键事件法是观察、书面记录评估对象有关工作成败的"关键性"事实,由美国学者弗兰根(Flangan)和巴拉(Bara)创立。它包含三个重点:①观察;②书面记录评估对象所做的事;③有关工作成败的关键性事实。

主管人员将评估对象在工作活动中所表现出来的非同寻常的好行为或不良行为(或事故)记录下来,然后在每六个月左右的时间里,上下级根据记录的特殊事件讨论评估对象的工作绩效。大多数评估对象可能都希望上级能够向他们说明,"为什么将自己的工作绩效评价为好或不好"。关键事件法就是将被考评者在考评期内做得出色和糟糕的事情,及时、准确、清晰地记录下来。待考评期结束时,主管根据工作日志的记录对被考评者进行打分,并给出绩效评价结果。记录关键事件的STAR法如图11-2所示。

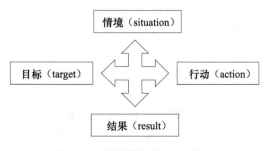

图11-2 关键事件的STAR法

STAR 法是由四个英文单词的第一个字母表示的一种方法；由于 STAR 翻译为星星，所以又叫星星法。星星就像一个十字形，分成四个角，记录一个事件也要从四个方面来写：

S 是 situation——情境。这件事发生时的情境是怎样的。

T 是 target——目标。他为什么要做这件事。

A 是 action——行动。他当时采取了什么行动。

R 是 result——结果。他采取这个行动获得了什么结果。

连起这四个角就叫 STAR。

该方法虽然能够客观地概括和总结评估对象的行为，找出优势和不足，但不能及时有效地对评估对象进行指导，而且周期比较长，给人一种"秋后算账"的感觉。因此，这种方法只适合基层领导评估，同时要同别的方法相结合，以弥补不足。

（3）平衡计分卡法。平衡计分卡（balanced score card，BSC）也叫综合计分卡，是由美国著名管理大师罗伯特·卡普兰（Robert Kaplan）和国际咨询企业总裁戴维·诺顿（David Norton）在总结了 12 家大型企业绩效评估体系的成功经验基础上提出的战略管理绩效评价工具。平衡计分卡包括财务指标和非财务指标。通过在不同类别中综合考虑这些指标，可以确保企业不仅仅关注过去的财务结果，更着重于企业的业务战略和未来的绩效。平衡计分卡对企业业绩的评价划分为四个部分：财务、客户、内部运行、学习与成长。它不仅是一个指标评价系统，还是一个战略管理系统。其内容如下。

①财务视角。企业经营的直接目的和结果是为股东创造价值。尽管由于企业战略的不同，在长期或短期对于利润的要求会有所差异，但从长远角度来看，利润始终是企业所追求的最终目标。

②客户视角。在当今客户至上的年代，如何向客户提供所需的产品和服务，满足客户需要，提高企业竞争力，已经成为企业能否获得可持续性发展的关键。客户角度正是从质量、性能、服务等方面考核企业及员工的表现。

③内部运行视角。企业是否建立了合适的组织、流程、管理机制，在这些方面存在哪些优势和不足。内部运行视角从以上方面着手制定考核指标。

④学习与成长视角。企业的成长与员工和企业能力素质的提高息息相关。从长远角度来看，企业唯有不断学习与创新，才能实现长远的发展。

平衡计分卡不仅是员工绩效考核的方法，也是企业战略管理的工具。平衡计分卡可以向下渗透到每个部门和员工，将各级指标逐一分解，落实到每个人，并根据指标完成情况，对部门和员工进行绩效管理。从这个角度来说，平衡计分卡可以实现企业战略和绩效考核的有效衔接，是将企业战略与个人行为有机结合的工具。

（4）关键绩效指标（key process indication，KPI）。KPI 是通过对组织内部流程的输入端、输出端的关键参数进行设置、取样、计算和分析，来衡量流程绩效的一种目标式量化管理方法，是对组织运作过程中实现战略的关键成功要素的提炼和归纳，是把企业的战略目标分解为可运作的远景目标和量化指标的有效工具，是企业绩效管理的基础。KPI 一般由财务、运营和组织三类可量化的指标构成。KPI 可以使部门领导明确各部门的主要责任，并以此为基础，明确各部门人员的绩效衡量指标，使绩效考评建立在量化的基础之上。

确定关键绩效指标，要遵循 SMART 原则，即具体化、可度量、可实现、现实性和时限性。在遵循 SMART 原则设计 KPI 指标的过程中，可能由于对 SMART 原则的理解偏差导致指标过分细化、关键指标遗漏与"中庸"、偏离考核目标及周期短等问题。因此，在设计 KPI

指标时，应加强与基层的沟通与交流，并针对不同岗位设计不同的 KPI 指标组合，突出不同部门 KPI 指标的特点和着重点；KPI 指标是自上而下分解的关键绩效指标，而不是绩效考核目标；激励指标与控制指标相结合。总之，运用 KPI 方法进行组织关键量化指标的设立和分解，要遵循 SMART 原则，在对公司价值链进行分析的基础上，根据公司使命和远景确定组织的关键成果领域；针对每一个关键成果领域制定流程级 KPI，对每一个流程级 KPI 设计下一层 KPI 直至岗位 KPI，从而保证公司战略的层层分解和落实；分析和构建指标之间的逻辑关系，并对指标进行属性测试，建立指标辞典。

KPI 能将被评估者的绩效与工作完成的效益、效果联系起来，同时关注领导过程中的非效益行为，是一种比较全面的评价方法。但这一方法注重关键绩效，对细节把握不够，可能会忽视对日常工作的考核和评价，造成被评估者只重视关键业绩而忽视日常工作，因此这种评估方法适合中层领导。

（5）目标管理法。目标管理（management by objective，MBO）是美国管理大师彼得·德鲁克 1954 年提出并倡导的一种优秀的管理模式。所谓目标管理就是指组织的最高层根据组织面临的形势和社会需要，制定出一定时期内组织经营活动所要达到的总目标，然后层层落实，要求下属各部门主管人员以及每个员工根据上级制定的目标和保证措施，形成一个目标体系，并把目标完成情况作为考核的依据。实行目标管理的目的在于通过各级目标的制定、考评、鉴定、实现，激发全体成员的创造性和工作热情，使其发现自己在组织目标中的相对价值和责任，从中得到满足感，并在工作中实行自我控制，从而更好地为实现组织的总目标做出贡献。目标管理法是根据注重结果的思想，先由组织最高管理者提出组织在一定时期的总目标，然后由组织内各部门和员工根据总目标确定各自的分目标，并在获得适当资源配置和授权的前提下积极主动地为各自的分目标奋斗，从而使组织的总目标得以实现的一种管理模式。

目标管理考评体系既是一整套计划和控制系统，也是一套完整的管理哲学系统。经验研究表明，这一方法有助于改进工作效率，还能使公司的管理当局根据迅速变化的竞争环境对员工进行及时的引导。但目标管理考评体系也有一些不足之处：目标管理的实质是反向式控制管理，容易导致对质量的忽视；单纯追求利润目标，靠账面数字管理企业；制定高额利润或绩效目标，仅靠奖罚管理企业，容易导致企业管理走向极端。在目标管理实施过程中需要对全体人员进行现代管理科学和目标管理思想的教育，加强统计工作，打好信息基础，加强标准化工作，或者做好量化基础工作，实施以 KPI 关键绩效为核心的目标管理体系。当市场环境在目标设定后发生改变时，应及时调整目标，确保目标的合理、有效。

（6）等级评估法。等级评估法是绩效考评中常用的一种方法。根据工作分析，将被考评岗位的工作内容划分为相互独立的几个模块，在每个模块中用明确的语言描述完成该模块工作需要达到的工作标准。同时，将标准分为几个等级选项，如"优、良、合格、不合格"等，考评人根据被考评者的实际工作表现对每个模块的完成情况进行评估。总成绩便为该被考评者的考评成绩。

11.3　领导有效性与领导绩效的讨论

领导有效性和领导绩效是两个具有一定差异的概念，有效的领导行为能够促进领导绩效，较高的领导绩效同样能够提高领导的有效性，但是二者彼此不具有完全的决定性。不断增强领导有效性并提高领导绩效是专家学者和领导者一致追求的目标，并由此引发对领导效果与效率、成功领导者与有效领导者以及长期化和短期化、广泛存在的政治行为等对领导有效性和领导绩效的影响等专题的讨论。

11.3.1 效果与效率

领导活动向来是在追求效率和效果，二者既有联系又有区别。领导行为的效率是指以尽可能少的人力和财力等投入使领导行为尽可能有效，达到尽量高的绩效。效率通常指的是正确地做事，即不浪费资源。但仅仅有效率是不够的，领导者还应关注效果，即完成活动以便达到组织目标。效果是领导活动的成效与结果，是领导者通过行为、力量、方式或因素而产出的合乎目的性的结果。效果通常是指做正确的事，即所从事的工作和活动有助于组织实现目标，其主要是由战略决策决定的。领导者要实现较高的效率并达到很好的效果，需要做好以下几点。

（1）恪守企业文化和价值观。任何一个组织都有极具特色的文化、价值观。作为一个领导者，无论是高管还是中层，都是员工行为的楷模，用组织价值观作为判断工作的标准是领导者必须具备的原则。企业文化中也许已经成体系地梳理出其愿景、使命、精神、行为规范等。当领导者需要迅速做出决策时，企业文化正是判断与衡量事物的标尺和准绳，有助于管制者把握方向，有理有据地处理问题，这正是提升工作效果的根基。

（2）坚决执行既定的战略。企业战略是在企业成立伊始，根据愿景和使命，并结合企业的核心竞争力及社会价值诉求制定的目标和规划，然后分解到年、半年、季度、月度等形成阶段工作计划。组织战略的制定依照一套科学的方法，一旦确立，相当于确立了航程的方向，这个方向不能忽左忽右、忽东忽西，需要企业上下长期坚守，并且明确地了解战略的目的和意义，以及分解到各阶段的行动方案。只有当各级领导者都明确地了解了公司整体战略，才能够清晰地落实分解目标，确保每一项工作都沿袭正确的方针路线。明确方向正是要确保工作效果的有效实施。

（3）适度授权和放权。领导者若同时追求工作效率和效果，就需要掌握科学的授权和放权方法，在相应的情境下适度授权、放权，否则必然会降低工作效率，影响工作效果。同时，领导者需要建立对下属责权对等的监管机制，按照机制做到奖罚分明。如果领导者本人的执行力都很弱，对自己制定的制度都无法顺利执行，绝不可能带出执行力强的团队。实现对执行团队权力的有效监管，保证责权对等，是提升领导者执行力的最基本前提。

（4）工作下达沟通到位、及时。为了提升组织整体的执行力，需要将各项工作按照SMART原则逐级分解到各个责任人，相信员工的能力，但更应结合有效的管理手段，拥有好的理解力才会有好的执行力。好的沟通是成功的一半，避免因沟通不畅或沟通不到位造成方向性理解偏差，全方位确保工作效率和效果。

11.3.2 成功领导者与有效领导者

人们往往把成功领导者与有效领导者相混淆，认为成功领导者必然是有效领导者，有效领导者也就是成功领导者，而实际上它们是有一定差异的。

1. 成功领导者与有效领导者的含义

卢森斯等人对"成功"和"有效"从概念上做了区分，分别赋予其不同的含义。成功领导者是根据他们在组织内部的晋升速度来衡量的，晋升速度快的属于成功领导者。有效领导者是根据他们绩效的数量和质量及其下属的满意度与承诺度来界定的，是针对领导效益而言的。因此，成功领导者和有效领导者不能等同，那些晋升最快的人不一定都是工作最出色的人。他们对450多名管理人员进行研究得出，领导者一般从事四类管理活动。①传统的管理：计划、组织、决策和控制；②沟通活动：交换日常信息并处理资料；③人力资源管理：激励、训练、管理冲突、安置、培训；④网络活动：社交、政治活动与外部交往。社交联络对成功领导者的贡献最大，人力资源管理贡献最小；沟通对有效领导者贡献最大，社交联络贡献最小。

我国一项对地（厅）级干部的抽样调查显示，在影响职务升迁的因素中，按照重要性程度依次是政绩、机遇、关系、为人处世的方式、经济实力、学历。从不同职业身份看，国家机关干部、党务干部和教科文卫等事业单位的干部对"政绩"的选择呈递增趋势，而对"机遇"的选择呈递减趋势，即国家机关干部更看重"机遇"，而教科文卫等事业单位的干部更看重"政绩"。

2. 成功领导者与有效领导者的关系

成功领导者与有效领导者是两个不同的概念，二者既有区别又有联系。实际生活中情况比较复杂，成功与有效客观上依赖的条件不完全重合。成功领导者涉及职务晋升中的很多因素，除绩效外，还有年龄、性别、民族、党派、文化程度、专业和知识结构等，所以有效领导者不一定能及时晋升，绩效一般甚至尚无绩效的人却可能因条件适合而获得晋升机会。有效领导者取得的业绩与自身水平、能力及主观努力分不开，但也依赖客观上的其他因素和机遇，完全把"有效"与"晋升"等同也不恰当，要具体问题具体分析，每一位领导者都要正确对待自己的职务晋升问题。成功领导者与有效领导者有着内在的联系和一致性，如何在实践中把二者统一起来是更为重要的方面。成功必须以有效为前提，否则就失去了根本的考量标准，要不断完善和公正执行干部绩效的考核评价体系。

在组织中，特别是政府部门中，正常的逐级晋升是理想的发展道路，但即使如此，大多数人也只能晋升到一定的层级。更高级的职务需要更快的晋升速度，这只有极少数特别优秀者和有特殊机遇者才能做到。应该揭示其中的规律，使之科学化，这样才能指明公平公开竞争和成长的道路。大量研究表明，在正常的状态下，快速提升对领导能力的发展往往有负面影响。约翰·科特指出：快速提升阻碍领导能力的发展，"不会从长期角度考虑问题，不会想到他们的行为产生的长期影响，易鼓励形成操纵他人的工作方式"。

3. 成功领导者与有效领导者的区别

成功领导者，可以做到很好地用人，能够识别每个人的能力，并把他安排到合适的岗位上，即知人善用，知道如何放权，可以把事情处理得有条不紊；而有效领导者，更多的是一个执行者的角色，是事必躬亲，对上层领导布置下来的任务，做到认真细致，更多的是执行。有效领导者有管理知识，还拥有在企业管理实践中解决问题的技能，做到知与行的统一。

成功领导者，用在组织中晋升的速度作为标志，花费更多的时间和精力在社交活动上，花费在日常沟通活动上的时间和精力较少，而花费在传统管理和人力资源管理活动上的时间与精力最少；有效领导者，用工作成绩的数量与质量以及下级对其满意和承诺的程度作为标志，有效领导者主要参与的活动是日常沟通和人力资源管理活动，传统的管理活动所占比例较少，社交活动最少。

对一个组织而言，所需要的是有效领导者而不是以快速晋升为标准的成功领导者。并不优秀的人员成功地升到管理高层，就意味着优秀人员的作用受到压制，甚至导致优秀人员的流失,唯一的结果就是组织内外交困走向衰败。只有有效领导者提升到高层,才能带领其成员应对各种挑战,使组织有序地发展。提升本身就是一种奖励的方式,要求组织建立正确有效的激励机制,根据绩效来进行评价和奖惩,将奖惩尤其是提升和表现联系在一起,并营造一种支持和鼓励有效绩效的文化氛围和价值观,让有效领导者得到成功。

▶ 复习思考题

1. 有哪些因素会影响领导有效性?你认为哪一项是最重要的?为什么?你需要在哪些方面培养这项能力?
2. 请根据领导绩效考核的原则,制定一个班委的考核计划,并说明每项考核原则的理由和实践可行性。
3. 领导绩效考核与员工绩效考核的异同点在哪里?举例说明。
4. 你认为领导绩效考核的难点在哪里?为什么?

▶ 专项技术测试与反馈

领导的变化适应性调查问卷

说明:仔细阅读各项陈述,按照下面给出的等级说明,在适当的数字上画圈。

	非常赞成	赞成	不置可否	反对	非常反对
1. 我认为,世界是由各种关系组成的一个多样化的整体。	5	4	3	2	1
2. 我希望世界存在许多变数。	5	4	3	2	1
3. 我认为变动是一种自然现象。	5	4	3	2	1
4. 我不喜欢出现大的变动,但是我坚信,这种大的变动背后一定隐藏着商机。	5	4	3	2	1
5. 我认为从挑战中可以吸取到许多重要经验。	5	4	3	2	1
6. 我把生活当作一种享受。	5	4	3	2	1
7. 我认为,经历一场重要变动之后,我的前途会更好。	5	4	3	2	1
8. 我深信变动是能够控制的。	5	4	3	2	1
9. 我不介意大家的意见有分歧。	5	4	3	2	1
10. 我用极短的时间就能从失意中恢复过来。	5	4	3	2	1
11. 经历变动之后,我觉得自己更加充满活力。	5	4	3	2	1
12. 我了解自己的优势和劣势,能够认清并接受自身内在及外在的不足之处。	5	4	3	2	1
13. 我不断反思并修正自己关于应对变动的想法。	5	4	3	2	1
14. 我积极建立良好的关系以获得支持。	5	4	3	2	1
15. 面对变动时,我表现得耐心冷静、有洞察力且幽默。	5	4	3	2	1

16. 我能够准确抓住隐藏在混乱局面中的主题。	5	4	3	2	1
17. 我能够找出毫不相关的几个项目的共同主题。	5	4	3	2	1
18. 经历变动时,我会重新考虑应优先发展的方面。	5	4	3	2	1
19. 我能同时处理多种任务。	5	4	3	2	1
20. 我能够区分各种事情的轻重缓急,所以我的生活过得很自在。	5	4	3	2	1

总分:_____

评分及解释

如果你的总分为:

88～100 分　　面对变化时,你表现得非常灵活。在这方面,你可以成为大家效仿的榜样。

76～87 分　　在面对大多数变化时,你表现得相当灵活,处理得比较顺利轻松。

64～75 分　　面对某些变化时,你表现得比较灵活。但是,根据你所处的环境或变动的性质,你也可能无法轻松地应对。

52～63 分　　面对变化时,你表现得相当不灵活。在面对大多数变化时,你都感觉很困难,只会沿用已有的做事方式,到最后才会意识到要进行一些改变。

52 分以下　　面对变化时,你表现得极其不灵活,你会感觉自己很无助。你几乎没有什么面对变化的适应能力。

▶ 案例分析

坚守与放弃

房地产行业已经告别高利润,进入白银时代。2016 年即便内外交困,万科还是拿出了一份像样的成绩单。

8 月 21 日,身陷股权风波的万科企业股份有限公司发布了 2016 年半年度报告。报告显示,上半年万科实现销售收入 1 900.9 亿元,同比增长 69.9%;实现营业收入 748 亿元,增长 48.8%。这半年万科的管理层不断受到大股东的挑战,动荡不安。创始人王石的教父光环也被各种八卦新闻不断消费。宝能、华润、安邦、深圳地铁,现在又闯入的恒大,让这场世纪股权之争愈演愈烈、扑朔迷离。

万科被资本青睐,源于其长期以来形成的企业文化、制度安排和管理模式。这也让外界担忧,在强大的资本意志面前,万科长期的制度、文化等是否会被改变。

退位让贤

2016 年 8 月 21 日,在万科半年报发布会的当天,创始人王石和总裁郁亮因为要处理股权事宜并未出席。2015 年 7 月,新兴民营资本宝能强势举牌万科,并于 2015 年 12 月末成为万科第一大股东。曾经的第一大股东华润公开反水,同宝能联手对抗万科管理层。宝能一度提议罢免全体董事和非职工代表监事,逼走王石。万科管理层曾透露出共进退的信息。

郁亮曾在 2015 年 12 月 10 日发过一条朋友圈。"25 年前的今天我加入万科,从此与这家时代的企业结下了不解之缘。回首一路走来的种种,那些曾经的艰难、喜悦、挑战、成就,都是生命中最温暖的记忆。感谢王石主席,感谢万科,感谢坚定支持我们的客户、股东和合作伙伴，共同的价值观让我们始终在一起。生命是一场永不停歇的马拉松，面对新起点、新征程，期待着与大家砥砺奋进，同舟共济，奔向万亿大万科！"

王石为人直爽、重义气。这样的人常常引起身边的人两种极端的反应，很喜欢他或很讨厌他。但是，这并不影响王石凝聚更多的万科高管。80年代王石创业不久，那时的他连发票都不认识，财务与房地产业务知识更是懂得不多。1999年2月，王石辞去万科总经理的职务，聘任姚牧民为总经理，同时聘任郁亮为公司常务副总经理兼财务负责人。这时的郁亮已经在万科工作九年，工作沉稳、专业能力强，给王石留下了很深的印象。这是万科的第一次交接班。交班在当今的万科，早已不是人与人的问题，而是人与制度的问题。在交接班之前，王石就有不再兼任总经理职务的想法。"我时刻感到自己半路出家的压力。毕竟没有受过工商管理的专业训练，我一直很想有深造的机会，锦上添花。当时没有什么危机感，毕竟80年代下海经商一族的文化层面都不高，'山中无老虎，猴子称大王'。"王石回忆道。但到了1997年，整个中国内地的企业已经面对着"知识经济"和"全球一体化"的大潮。万科要跟上市场就必须学习和做出改变。虽然在80年代的新兴企业中，创业者既是董事长又兼总经理的很多，但是王石认为新兴企业要做大就必须摆脱权威阴影，走出人治的怪圈。

"权威"是企业的一种资源，但在不规范环境下培养出来的权威人物，往往会伴随着夸大的个人崇拜、一言堂现象。那时王石就已经给接班人定位职业经理人，而万科的未来也会致力培养职业经理人。

2001年，郁亮担任万科的总经理，成为姚牧民的接班人，王石正式放权。郁亮加入万科后做过董秘，负责股权投资，接手财务，清晰利落，充分显示了金融功底，但就是没有直接负责过一个地产项目。"那就给他配一个懂行的副手不就行了？"王石想到了办法。

正式放手的这一年王石48岁。这个年龄对一个男人来说，辉煌时刻才刚刚开始。很多年过去了，还有人问王石，当年怎么能说放手就放手。也许万科的高管们都曾记得的一则笑话就是答案。王石曾开心地说："以前我一上山，万科的股票就要下跌，但现在，我上山的时候，有时候万科的股票还要涨。"郁亮甚至坦承自己在担任总裁的前三年中，"只签字"，不过问任何一位副总裁的事务。而正是这三年的时间，初任总裁的郁亮与他的团队建立了充分的信任。王石说一个人再神通广大也总要离开，他不希望自己不在的时候万科走下坡路。"越早放手，对我和万科就越有利。"

辞职当晚，王石睡得很安稳。

在万科30年的发展中，职业经理人经历了各种考验，万科的骨干、中层以上干部都起到了中流砥柱的作用。万科也因为专业化、规范化、透明度的理念得到快速发展。

王石把人才当成万科的核心，但并没有逾越制度之外。最典型的案例就是2000年的二林事件。2000年伊始，万科依照制度再次进行中高层人员调整，对北京、上海、深圳等地方公司的一把手进行调动。总部拟将北京公司总经理林少洲与上海公司总经理林汉彬进行对调。对调决定遭到两位元老级高管的同时抵触。当时人事部提醒王石，如果坚持，可能会流失一位高管。这都是王石培养出来的职业经理人，林汉彬更是1985年就加盟万科，因为精于理财，被公司内部称为"铁算盘"。万科此时正是用人之际，但是王石并没有妥协。结果也是出乎意料，调令发出，两人都提出了辞职，万科一时间遭受到了重大损失。事后王石表示并不后悔。他在自传《大道当然》中写道，经理之间的调动是万科培养职业经理人的一种制度安排。每项制度都有局限性，既然制定了，就得执行。

夺下控制权

2016年万科进入了世界500强。万科并没有发展其他副业,是中国唯一只做房地产住宅开发的房地产商。影视、文化、娱乐、体育,这些时下的大热门产业万科均未插手。

但是,这样的万科还能走多远人们不得而知。也许,王石也深知自己对万科的坚守之路已经变得越来越不容易。来自万科的中报显示,由于股权事件至今尚未妥善解决,万科的正常运营已经受到影响,主要表现在新的土地项目获取受阻,合作伙伴和客户信心受损,公司业务拓展受到影响以及团队稳定性受到冲击等。同时,股权事件的影响已进一步波及万科的合作伙伴、客户、员工和其他中小股东。

"鉴于土地招拍挂溢价率持续上涨,公司近年来约七成项目通过合作方式获取。但6月底以来,已经有部分合作方因为担心公司品牌、管理、融资优势不能持续,提出改变合作条件甚至解约,潜在项目拓展面临更大的不确定性。截至目前,公司已有31个合作项目因股权问题而被要求变更条款、暂缓推进或考虑终止合作。"万科董事会秘书朱旭表示。

但是,她随后也坦言,"面对股权事件的影响,事业合伙人自觉维护公司正常运营,有效缓解了股权事件对公司各项业务的冲击。下半年,公司管理层与全体员工将齐心协力、克服困难,全力维护经营秩序,公司也衷心地期待此次股权事件能够尽快得到妥善解决,让公司重新回归正常发展的轨道。"

2014年4月23日,万科召开事业合伙人创始大会,王石希望这一制度可以彻底改变万科现有的管理方式,更好地实现利益分享,并解决万科股权过于分散的问题,抵御野蛮人的入侵。目前,万科合伙人持股计划通过资产管理计划累计持股占公司总股本的4.49%,其购买股票的资金来源和其为公司创造的经济利润密切挂钩,并通过杠杆承受更大的股价波动风险。

30年来,王石在多元化与专业化争论不休的情况下,给万科做了减法;在市场经济起步之初拒绝诱惑,坚持了职业化的底线;虽然股权设计的漏洞给现在的宝万之争留下隐患,但在股改之初,王石放弃股权也使万科建立起了透明完备的管理体制及职业经理人团队。这些积淀都成为万科现在抵御动荡的关键。

8月4日晚,宝万之争再添变数,中国恒大举牌杀入战局。截至8月15日,恒大共持有7.53亿股万科A股,占万科总股本约6.82%,共耗资约145.7亿元。至此,恒大已经超过安邦,成为万科的第三大股东。许家印举牌万科给出的理由是看好万科未来的发展。

许家印对万科股票的强势买入救了处于爆仓线的宝能一命,令万科股权之争更加复杂。财务投资和并表控制万科也许许家印都想要,但对王石和郁亮这些管理层来说,无论谁是股东,他们都希望万科原有的文化和架构被充分尊重,管理团队享有最大的自主权,即对万科的经营管理权。

在万科的中期业绩会上,有媒体问道,"如果有一天王石被迫出局,管理层是否想过去留的问题?"万科的执行副总裁孙嘉坦言:"管理层会尽全力理性地面对一切局面,那么,如果未来有一天真的发生了管理层很难克服的困难,相信大家会理解我们所做出的选择。"此前万科管理层就曾流出过消息,管理层要走就是全体离开。

王石的挑战还在继续,然而,却也并非孤身一人。

资料来源:王博.王石:坚守与放弃[J].中国企业家,2016 (17):88-91+13.

讨论题

1. 请说明你是如何理解王石在市场经济起步之初对企业有效性的要求的,他自己又是如何在实践中实现领导有效性的。
2. 尝试总结各种类型的企业的有效性都包括哪些内容、标准等,深刻理解企业绩效的含义。

第 12 章
领导者面临的现实挑战

▶ **本章要点**
- 企业变革及其动因。
- 领导变革。
- 领导多元化。
- 学习型组织。
- 知识型组织和知识型人才。

 引例

日本"百年老店"为什么不行了

夏普、东芝、松下、尼康和索尼等都是著名的百年老店,最近纷纷传出负面消息。媒体上又有一些专家开始了各种解读,如日本"百年老店"大面积亏损,是因为日本企业终身雇用制出问题了,人变懒惰了,加班耗时间之类的,显然这是片面的。笔者在日本留学六年有余,又在理光深圳公司工作多年,对日本人和日本企业的问题了解很多。笔者看到的日本企业,归纳起来存在这样几方面的问题。

一是战略能力低下。日本人愚直敬业,只懂得埋头拉车,不懂得抬头看路。日本人关注细节是出了名的,在战术上可以做得炉火纯青,但在战略能力上实在缺失太多,这也许和岛国局限、工匠精神等有很大关系。大到国家、小到企业都是如此,历史上有许多例子可以体现这一点。比如,20 世纪 80 年代的日本制造业和经济发展如日中天,大有将美国取而代之的势头。但日本人开始迷恋其高超的模拟技术,而对美国的数码技术嗤之以鼻,以致在技术路线(战略)选择上犯下了致命错误。又如,丰田汽车的做工要比大众汽车好得多,有句话叫"开不坏的丰田,修不好的大众",但是由于战略布局上的差距,丰田在中国的销量还不及大众的一半。

二是担当精神缺失。在"二战"后崛起的日本大企业中,创业家如今已经离世,而且绝大多数企业由经理人接班。这些经理人基本没有创业家的激情,上位后不求有功但求无过。在面对世界范围内竞争对手的无畏挑战时,往往显得魄力不足,患得患失,手足无措。夏普经营层不仅经营上无所作为,而且在和富士康交涉中也是优柔寡断,患得患失。东芝等大企业高管为了掩盖经营亏损,不顾诚信原则,铤而走险,对财务进行造假,更是经营者缺乏担当精神的突出表现。最近有媒体报道,鸿海派驻夏普的总裁戴正吴先生每天早上上班的时候，在夏普创始人早川德次塑像前驻足凝视数分钟，重温创业家精神，夏普管理层和员工被深深触动。

三是信心出了问题。一方面日本国内市场规模有限，很难支撑日本大企业的持续发展。另一方面，日元对美元汇率受制于美国，多数时候自己说了不算，总是起起落落，对大企业产品出口造成负面影响，极大地削弱了日本企业在全球贸易中的市场表现。再加上日本政府在海外的影响力有限，也在一定程度上影响了日本企业家的信心，令他们做起事来担惊受怕，畏首畏尾。在中国办厂的日本企业代表，绝大多数就如祥林嫂一般，数十年都在念叨中国的国家风险，这是何等缺乏自信。

四是速度出了问题。日本人工匠精神了得，在工作上精益求精，对产品质量追求极致。这本来是好事，但当今的数码产品不同于过去的模拟产品，竞争的焦点已经不限于不断优化的工艺能力，更需要日新月异的颠覆式创新，所以速度往往是制胜的关键。工匠精神的一个致命缺陷就是没有速度。今天的日本大企业之所以困难，而且以后还会越来越困难，原因在于世界变化太快，而日本企业却变得太慢。极端地说，工匠精神束缚了大企业在市场竞争中的快速反应能力，真可谓成也萧何，败也萧何。

除此之外，还有诸如日本已是高福利社会，社会阶层固化，劳动力成本居高不下，社会失去活力，国民缺乏斗志等。所有这一切都决定了日本企业特别是大企业，在未来全球化竞争中将遇到越来越多的困难。反之，中国企业背靠国内大市场，将积蓄越来越强的爆发力和竞争力，加上超强的创业家精神和快速反应能力，超越德美日企业，肯定只是时间问题。

资料来源：刘承元. 日本"百年老店"为什么不行了？[J]. 企业管理，2017（04）：20-21.

曾经叱咤风云的日本百年老店时下遭遇的尴尬境况正是当今大多数传统企业面临时代挑战的缩影。近年来，随着世界变化速度的急剧加快，企业的领导者必须与时俱进，带领企业不断拥抱变化，推动企业的变革创新。本章将介绍领导变革的相关内容。

12.1 互联网背景下领导者面临的挑战

21世纪被称为知识经济时代，互联网、大数据以及人工智能等技术的发展渗透到各个行业，也改变了各个行业的运行规则。在互联网背景下，领导者在谋变革、促发展的过程中面临着许多挑战，主要体现在以下几个方面。

12.1.1 互联网

相关经济数据显示，2015年第一季度，国内计算机、通信及相关电子设备制造业同比增长12%；国内网上服务及零售额达到7 607亿元，同比增长41.3%。伴随市场经济的逐步深入，互联网及相关产业在经济发展、国民消费中扮演着越来越重要的角色。互联网时代，社会大众消费方式发生了极大转变，变得更为便捷，成本更低，且有着实体商店难以比拟的覆盖范围，由此对传统企业造成极大冲击，使得它们越来越难以适应社会新需求，市场占有率不断降低，企业经营发展遭受多方面的阻碍。[71] 这一背景对领导者提出了挑战，主要表现为以下几个方面。

1. 从产品导向转向以客户为主

企业在开发产品前应运用互联网手段充分了解客户的痛点和需求，这样设计出来的产品才能得到市场的认可。企业千万不要闷头开发产品，活在自己闭环的世界里，其后果将会是失去市场和客户。诺基亚手机就是典型的以自身为中心的失败案例。相反小米的设计就凝结了几千万小米客户的需求，其产品一上市就供不应求，创造了智能手机市场的奇迹。[72]

2. 从满足大部分用户转向服务于目标用户

现代社会正在走向分化，每个年龄段、每个区域、每类人群都有自己的独立价值观，不存在任何一个产品可以包打天下。即使很牛的苹果手机，其在智能手机的市场占有率也是远远低于30%的，过去一招鲜吃遍天的情况不存在了。因而企业应该先定位自己的目标客户，依据客户的特点和需求开发出相应的产品和服务，就像餐厅一样，不能满足所有客户的需求，但是只要满足了目标客户的需求，仍然可以宾客满堂，利润丰厚。[72]

3. 从产品推广转向消费方式引导

未来更有效果的市场营销方式将转向引导消费者，企业可以通过不同的媒体和渠道，向客户传播新的消费观念和消费方式，培养客户新的消费习惯，这样的市场营销方式更能接近客户，提高产品转化率，既创造了客户需要，也能帮助企业提高自身品牌价值。[72]在此方面，一些SUV汽车广告案例很值得借鉴，例如长安汽车借助2017年嘻哈元年的东风，携手时尚集团"敢不同，Real真我"打造了精准营销的营销方法，还原产品特性的同时激活了消费者的产品认同感。

12.1.2 大数据

大数据是2009年美国咨询公司麦肯锡提出来的，指的是一个基于数据时代背景下的全新生产要素。根据麦肯锡在2011年6月的一份研究报告，大数据时代降临以后，数据已经成为一种重要的生产要素，可以和物质资产、人力资本一样拥有重要地位，大数据的科学应用是各个组织机构和个体提高竞争力的关键。互联网的快速发展引起的信息大爆炸，经过积累形成了数据的井喷式增长。我们熟悉的互联网巨头百度、阿里巴巴、腾讯通过搜索引擎、网购、通信应用掌握了惊人的大数据资源。大数据为行业巨头提供消费者行为分析，挖掘服务潜能，指导企业发展或用于广告精准推送。[73]如今，大数据广泛应用于人们的社会生活、经济文化等多个领域，大数据的发展也改变了传统的行为习惯和思维方式。大数据时代对领导者提出了如下挑战。

1. 从完整生命周期思维到迭代思维

新经济环境下，客户和市场的需求变化很快，这些特点导致了产品和服务的生命周期较短。企业如果想先期占领市场，赢取较高的边际利润，需要采用技术和管理的迭代思维，快速推进产品设计和开发，小范围试错，利用反馈的数据来进行修正。企业应针对目标客户的需求进行开发，满足客户主要需要，快速占领市场，形成自己的行业壁垒。腾讯微信就是典型的快速迭代、不断改进、迅速占领市场的产品，目前用户量庞大，市场壁垒高，其他社交软件没有办法撼动其地位。[74]

2. 从精英决策转向有数据支撑的科学决策

新经济形态下，客户的需求出现了分化，客户更加重视体验，未来将进入体验经济时代。

过去企业产品决策权来源于企业的精英，包括产品经理和企业管理层，企业精英的决策将很大程度影响产品。[72]而在大数据时代，企业上下都应该树立大数据决策思维，企业不能仅仅依靠管理层的意见，全民参与已经成了大数据时代下企业决策的有效形式。企业全体员工都应该用全面发展的理念对待这种决策形式，认真听取他人的有效意见，在促进自我成长的过程中，助益企业的发展和社会的进步。[74]

3. 从经验主义思维意识转向高效的大数据思维意识

在信息时代浪潮中，企业想要拓展发展领域，在激烈的市场竞争中占有一席之地，除要树立创新发展的理念之外，还应该用大数据的眼光对待企业发展的历史。尤其是在市场经济体制的运行下，通过全面应用信息化的生产要素，可以将云计算和大数据存储系统应用到企业的决策和管理中，这无疑也在颠覆企业的经营现状。领导者要在此基础上回顾历史轨迹，用发展的观念引进云计算等高科技理念，从而积极适应时代发展的步伐。[74]

12.1.3 人工智能

人工智能（artificial intelligence，AI）是指通过开发像人类一样会自动思考并能快速做出最佳决策的智能机器或系统，为人类提供各种优质服务，从而创造更多的社会财富并提供更优越的生活条件。[75]

人工智能技术的快速发展及其在企业管理中的不断渗透，给企业带来了变革的机遇，提升了工作效率，但是也对领导者提出了更高的要求和新的挑战。

首先，部分岗位被完全替代。人工智能技术的发展和应用，使得传统的岗位职能发生了很大的变化，这要引起企业内成员的高度重视。如可替代性较高以及危险程度较高的岗位，在发展中将逐步被人工智能代替，以往较为低下的生产率将得到很大程度的提升。[77]以往从事煤矿生产的人员以农民工为主，文化水平不高，缺乏专业的知识，技术不过硬，即使企业引进一些较为先进的设备，员工也缺乏对设备的全面了解，从而很难控制风险。同时，企业把工作的重心放在了生产上，缺乏对员工的安全培训，进而导致员工在工作中忽视相关的安全规定，不具备应有的安全意识，一旦发生事故也很难采取有效措施自救。如今，人工智能在煤矿安全生产中得到广泛应用，包括煤矿安全仪器仪表结构、性能改进、开采方案决策及参数优化设计、煤矿安全仪器仪表网络化、井下故障诊断及灾害预防控制等方面[76]，而这些应用也将提升对于运用人工智能操作系统的岗位需求，对于领导者和员工的学习能力提出更高的要求。

其次，企业信息的安全性受到威胁。人工智能技术在部分领域应用得愈加广泛，大量的数据信息以电子形式进行存储和分析，但是如果出现系统维护不到位而导致信息的泄露，就可能造成严重的信息损失。一种常见的风险是，例如作为负面典型代表的 Facebook 和剑桥分析公司的信息披露案例，由于企业的信息泄露，导致用户的个人信息被泄露或不当使用。因而在企业管理过程中，领导者应该加强了解人工智能的适用范围，更好地适应企业变革发展的需要。[77]

最后，企业对人才的需求量将减少。由于人工智能技术的应用使企业的发展变得越来越快，人工智能可以取代很多岗位，那么企业对于部分人才的依赖性会降低，而工作效率的提高也将减少企业对人才的需求量。[77]早在 2016 年，德国商业银行宣布，到 2020 年将用人工智能技术替代 80% 的银行工作，并最终裁减 9 600 名员工。花旗预计，2015~2025 年，欧洲和美国的银行将裁员 30%，高达 170 万人。过去 36 万小时的人力工作，AI 可以在几秒钟内完成。特斯拉首席执行官马斯克表示，在未来 20 年内，人工智能将导致全球 12%～15% 的劳动力失业。在企业对人才需求量减少的过程中，企业对领导者和员工的分析能力、跨领域的复合知识和学习能力都提出了更高要求。因此，领导者应加强甄别和任用具有学习能力的组织成员，共同面对人工智能技术带来的挑战和机遇。

12.2 适应和推动变革

12.2.1 组织变革

1. 变革的动因

经验告诉我们，让企业到位地理解和实现可持续发展是一个巨大的挑战。这要求管理者必须精心设计企业战略，时刻保持对潜在困难和问题的警惕性。企业变革是企业和个人良性循环过程中的严峻考验，应该引起所有企业成员的高度重视。企业变革是指管理者主动改变企业原有的状态，以适应企业内外环境的变化，并以某一目标或愿景为取向的一系列活动。

受互联网背景下知识经济浪潮的冲击，人们的思维模式、工作方式和生活方式都有所改变，同样，企业管理也面临着知识经济的严峻挑战。为适应当今时代与日后瞬息万变的经营环境，企业组织进行变革已成为大势所趋。企业变革的动因可以归纳为以下几个方面。

（1）企业外部环境的变化。企业外部环境可以从一般宏观环境和微观环境两个方面来分析。前者指企业面临的政治、法律、经济、社会文化和技术等因素。企业外部环境的变化可能对企业经营活动形成制约，如日益加强的环保要求等；也可能放松原有的制约，如新技术的采用等；还有可能对企业的微观外部环境产生影响，如管制的放松；更有可能降低进入壁垒，导致更加激烈的竞争。后者则是指与实现企业目标直接相关的环境因素。每个企业面临的微观外部环境是不同的，它会随着条件的改变而变化，主要取决于企业所提供的产品或服务的范围及其服务的细分市场。波特的"五力模型"是常用的分析企业微观外部环境的工具。企业微观外部环境的变化对企业的影响特别明显和强烈，也是企业变革外部动因的主要来源。

（2）企业内部环境的变化。企业内部环境也是不断变化的，有些变化对企业而言是有益的，而有些则是有害的。当后一种变化日益积累，成为企业发展的阻力时，变革便必不可少。常见的内部环境变化如日益严重的官僚主义、业务流程不顺畅、部门之间冲突加剧、组织僵化、集体利益被严重忽视、缺乏创新和学习等。当这些情况在企业内部出现时，就必须进行变革，否则企业容易被市场淘汰。

（3）顾客需求的变化。在"五力模型"中的一个维度是顾客（消费者），顾客是产品的购买者，满足他们的需求是企业经营活动的中心。随着顾客消费观念日益成熟以及市场上的产品日益丰富，顾客的要求越来越高。顾客需求日益呈现多样化、个性化，这导致了需求的不确定性提高，同时对产品的性能、质量、价格和交货期等的要求也日益提高，这都要求企业适应顾客需求的变化而变化，且源于这种推动力的变革会日益重要。

（4）突发事件。突发事件具有突然和不可预知等特点，这要求企业能够迅速对突发事件进行反应。上述变革动因，既有可能为企业发展带来威胁，也可能带来机遇。变革既可能是在动因显现后实施，这种变革是"后应式的变革"，也有可能是在这些动因尚未显现时实施，这种变革基于对这些动因未来变化趋势的预测,是一种"先进式的变革"。

2. 变革的内容

从组织的角度看,变革所涉及的内容主要有如图12-1所示的几个方面。

第一,战略和结构的变革。它属于组织管理层范围内的变革,不仅包括以战略和结构为焦点的变革,还包括政策、报酬系统、合作、控制系统以及其他类似方面的变革。

(1)技术的变革。它是指变革能够给组织带来独特竞争力的知识和技术,如引进新的工作方法、新的科学技术、新的机器设备,目的是提高生产效率和产品质量。

(2)产品和服务的变革。它是指变革

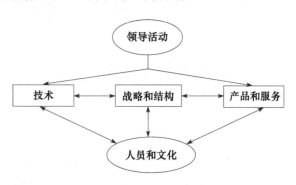

图12-1 组织变革的内容

产品或服务的产出。设计新产品通常是为了增加市场份额或开拓新的市场或客户。

(3)人员和文化的变革。它是指变革员工的价值观、态度、期望值、信念以及员工行为等。

第二,从领导活动本身看,变革的内容包括领导方式、领导观念和领导内涵等方面。

(1)领导方式的变革。现代领导方式的变革可以用柔性化来概括。柔性化领导是现代以人本主义为核心的管理方式兴起的必然结果[78],是领导者实施领导活动的主要凭借和基本工具,是领导活动的内在机制[79]。在当今人性化的时代,随着社会的进步,社会成员自尊意识、民主意识增强,对现代领导提出了更高的要求,依赖硬权力进行领导的方式已经不能适应时代的要求,取而代之的是依靠软权力进行领导。这种柔性化领导不是靠外力或发号施令来推行管理,而是依靠人性解放、权利平等,唤起每个人当家做主的主人翁责任感,从而激发下属的内在潜力、主动性和创造精神。[80]

(2)领导观念的变革。传统观念认为,领导者就是一个组织或单位的决策人和当家人,是发布命令并说话算数的人。领导者的主要职能一是决策,二是用人。用与被用的关系,明显抹杀了其中一方的主体性地位,已经不能恰当地描述现代社会领导者与追随者之间的相互关系。认可和尊重可以使人油然而生自信心、责任感、成就感和自豪感,而这些深沉情感的焕发,则是一个人奋发进取的不竭动力;反之,一个人若不断地从上司那里领受歧视感和挫折感,则会丧失信心和动力。[81]

自我领导是21世纪最响亮的口号。21世纪初,从领导他人向自我领导的转变是领导理论获得突破性进展的一个重要标志。领导者、追随者之间必须相互鼓励,各取所长。领导者必须自愿地将自主权授予他人,使他们也成为领导者,以有效地领导自己的组织。领导者必须鼓励人们去激发自己的巨大潜力;必须鼓励人们打破常规,勇于创新,并甘冒风险去实现自己的目标和理想;必须鼓励人们对追求卓越产生热情。自我领导塑造的是这样的一种局面:在领导者的作用下,追随者因受到鼓励而变得生机勃勃,充满创造性。在领导者离开组织的情况下,组织也能正常运转。自我领导使组织获得了强大的抵抗各种挑战和冲击的能力。

长期以来,现存的组织结构提供了人们寻找领导者的外在框架,对高层领导者的关注几乎左右着领导科学的发展进程。随着信息化和全球化时代的来临,组织的重心在下移,领导者的作用渗透于组织的各个层次,高层领导者已不再是组织变革的唯一发动者了。显而易见,领导的范畴在21世纪初获得极大的拓展,它被渗透到各种职能和各级部门之中,从而突破了传统组织体系的约束。领导不再是高层所进行的决策活动和用人艺术,而是使居于各个部门、各个层次上的主管都能成为成功的影响者和鼓动者的一种行动。[82]

(3) 领导内涵的转变。

①由经验型转向科学型。经验型的领导活动是指领导者主要依靠个人的知识、阅历、智慧、经验进行领导,它具有感知的直接性、认识的表面性、观察的局部性和分析的非定量性等特点,与小生产方式相适应。科学型的领导活动是指在领导理论的指导下进行领导活动,主要表现在两个方面:一是遵循严格的程序;二是运用科学的理论技术和方法。由经验型的领导活动转向科学型的领导活动,是人类领导活动在发展过程中的重大变化。[9]

②由领导和管理不分转向领导与管理区分互补。领导与管理是管理科学、领导科学都着力研究的重要概念。但是,在过去很长一段时间里,领导和管理是不加区分的。领导从管理中分化超越出来,并且具有了相对独立的意义,这一对管理和领导的重新认识首先是从美国管理学家、领导学家开始的。美国著名领导学家本尼斯对领导和管理做出如下区分:领导者是做正确的事,管理者是将事情做正确。领导者要做正确的事,意思是说,领导者要做别人没有做过的事,要把握正确的方向。它是一种创新,需要领导者比别人站得高、看得远,有自己的远见卓识。管理者要把事情做正确,是说这种事情别人已做过无数遍了,已形成了各种规范、总结出了各种经验、制定出了各种各样的规章制度,管理者的职责就是落实这些规范和规章制度,简单地说就是用正确的方法去做事,实现预期的目的。我们强调领导和管理的区别,并不是要把这两项工作变成两部分人的工作,而是为了区分互补。无论是管理者还是领导者,这两个方面的工作都是必不可少、不可忽视的,只不过是高层领导者领导的成分多一些,基层领导者管理的成分多一些。现代社会要求管理者和领导者不仅要善于管理,而且要善于领导。

③由传统型转向变革型。在传统的领导理论和领导实践中,计划和秩序是常态,变革则是例外。在知识经济已经来临的今天则把变革看成一种常态。领导的职能在于预测变革、适应变革并推动变革朝正确的方向发展。变革需要领导引领方向,需要激励鼓舞,需要动员群众,让群众接受变革;反过来,变革的实践会提高领导者的能力,需要领导更新观念,推动领导活动的创新。总之,领导需要变革,变革需要领导,二者是互动的。知识经济需要的是一个变革型领导者。

变革型领导者通过以下程序实现对组织变革的领导:①视变革为机遇。知识经济条件下的领导者不是把变化、变革视为威胁,而是看作发展的机遇,领导者的使命就是推动变革朝着有利的方向发展。②创造共同需求。只有领导者支持变革、推动变革是远远不够的,还必须有大批的追随者。领导者和追随者要对变革达成共识,要有共同的需求。③勾画目标前景。领导者要在创造共同需求的基础上与追随者一起确立奋斗目标,这其实是领导者决策的工作,这一工作要确定变革朝哪个方向发展最有利,并制定相应的措施去推动它。④调动积极性。传统的工业时代的管理事实上把激励与决策分裂来对待,而知识经济条件下的领导则把决策和激励有机地结合起来进行。

④由依赖权力转向依赖影响力。在农业经济时代和工业经济时代,权力的来源是暴力,谁拥有财富谁就容易拥有权力。当知识经济时代到来,权力的来源是知识和能力。这种权力来源的重大变化是知识经济所具有的主要特征之一。传统的管理不论是政府管理还是企业管

理，都是依赖权力进行的。管理者的职权是组织赋予的、是法定的，它具有强制性的影响力，对任何管理对象都具有同等的影响力。随着知识经济的兴起，人们不仅需要依赖职务权力的常规管理，而且需要以非职务权力进行领导。在知识经济中，领导的作用主要体现在影响力的大小上。领导者的影响力即领导权由两部分构成，一是职务权力带来的强制性影响力，二是非职务权力带来的非强制性影响力，两相结合构成领导力。

3. 变革的阻力

企业变革的本质意味着破坏，意味着打破传统。变革的这一特性，使得变革具有不同程度的风险性。组织内员工对变革的接受与否，组织变革的方向是否适应不断变化的外部环境，都直接影响着企业变革的成败。正是由于组织变革所具有的破坏性和风险性，才使得组织变革会招致来自组织内外各个方面的阻力。认识这些阻力的来源，探究阻力产生的原因将对我们解决组织变革中所遇到的问题提供重要的指导依据。

组织变革遇到阻力的来源既有出自个人的，也有来自组织系统的。个人对变革的阻力来自个体对变革的不适感和对变革未来的负面预期；组织系统产生的阻力则与企业文化特性、组织机构设置、经营历史等多方面相关。

从个体角度看，以下因素都可能导致个体或群体对变革产生阻力。

（1）出于不确定性对个体或群体产生的负面影响，会诱发个体或群体的自我保护行为。变革导致个人对未来产生不安全感和恐惧感。这些不适感产生于组织变革过程中无数的不确定性。这些不确定性既是对企业未来预期的风险，也是威胁到个人现状利益的风险，而本能地消除不确定性以及风险的反馈即产生抵制变革的情绪与行为。这些抵制态度和行为包括经济利益、职业安全、对未来难以把握等方面。

（2）出于行为特征的因素包括工作习惯、求稳心理、难以学习新知识、人际关系的障碍等。变革与个人的习惯、价值观发生冲突时，也会引起员工对组织变革的抵制，尤其在兼并、合并等存在文化冲突的变革当中，此时抵制更为激烈；惯于适应稳定工作环境以及新知识的学习能力缺失也使某些员工对变化采取消极态度，尤其在一些经营长期不变、环境相对宽松的企业，由于长期一贯的体制，员工适应了不变的节奏，且失去了培养不断学习新知识的有利环境后，学习能力将趋于平庸，此种抵制冲突将较为严重；企业中的人际关系是否融洽，是变革行动执行过程中的重要因素，那些士气低沉、人际关系对立较为严重的组织或部门将直接受到来自人际关系的威胁从而造成行动的困难。

（3）由变革目的和要求带来的压力因素：①由于对变革的目的、意义以及行动措施和过程的陌生，员工个体或群体将本能地采取消极态度。在某些管理者与员工等级分明的组织当中，由于各层级缺乏有效沟通与理念认同，加之变革宣传和动员措施与内容的不合理，变革成为管理高层的独自行动，员工缺乏参与变革的热情，变革行动将难有效果。②变革所需要的员工能力或素质有所欠缺。变革往往伴随着新业务流程、新技术、新工作方法的导入，因此对员工个人的能力提出了挑战，当员工能力不足以完成工作任务时，阻力便随之产生。

员工个体或群体对变革产生的阻碍一般是显性的、对象明确的，而组织系统产生的阻力则较为隐蔽，不经过深入的观察和分析难以得到正确结论。组织系统产生的阻力包括：

- 系统惯性。变革是对现有平衡的一种建设性的破坏，但在新的平衡尚未建立之前，系统自我恢复平衡机制将发挥作用，从而产生系统惯性的阻力。
- 企业组织现有专业知识、权力关系、资源分配机制等产生"免疫的排斥反应"。变革的新内容与旧体制需要相当的融合过程,这是一个从不接受到接受的渐变过程,因而一开始组织机体的排斥是必然的。
- 相应的组织结构、管理制度以及流程的不足使变革难以收到成效。组织流程再造、信息系统引入需要组织结构的变化配合,战略调整需要与之相配套的机构设置等。在这些相应的体制未能完善之前,变革行动将受到来自结构缺陷的阻碍。
- 企业文化的影响。企业在长期经营中会形成一系列稳定的行为特征,这些行为特征在企业变革过程中,有一些产生促进的动力,另一些则产生阻力。

4. 变革的步骤

(1) 增强紧迫感。无论是大型私有企业的高层主管,还是身处非营利组织的基层部门,那些在组织变革中取得成功的人士,都会在发动变革之前,在相关人员心里制造一种紧迫感。在小型组织中,相关人员的人数可能更接近100而不是5;在大型组织中,这一数字则会更接近1 000而非50。那些不大成功的变革领导者,只会关注组织中的一小部分人,却对一些弥漫于整个组织的情绪(如自满、恐惧或愤怒)不闻不问,而这些不良情绪会在很大程度上破坏企业当前正在进行的变革。紧迫感,有时是通过一些富有创造性的方法形成的,可以使人们立即意识到进行变革的重要性,并准备随时为此而采取行动。

(2) 建立指导团队。有了紧迫感之后,成功的变革领导者会马上召集那些有一定可信度、技能、关系、声誉和权威的人员,组成一支指导团队来担任变革过程中的领导工作。这支团队应该有很强的责任感,并且能够得到大家的信任。而那些不大成功的组织,却会把所有工作重心放在一个人的身上,有时候甚至是依靠复杂的管理结构。当从事具体的变革领导工作的人缺乏必要的权威和能力的时候,整个变革工作也就变得难以为继了。

(3) 确立变革愿景。接下来,指导团队会为组织变革确立合理、明确、简单而振奋人心的愿景和相关战略。而在那些不大成功的组织中,领导者列出的只是详细的计划和预算,这些虽然是进行变革的必要条件,但还远远不够——或者制定的愿景不符合当今世界及企业的实际情况,或者制定的愿景没有得到指导团队的认同。而在另外一些不大成功的组织中,领导者所制定的战略常常过于缓慢、过于谨慎,以至于无法跟上时代的步伐。

(4) 有效沟通愿景。该步骤是将愿景和战略传达给所有的相关人员,也就是说,领导者需要将简明扼要的信息通过畅通的渠道传达下去。这一步骤的目标就是在所有相关人员内部形成一种共识、建立一种责任感,并因此而更多地释放组织中大多数人的能量。在这个过程中,实际行动的力量通常要大于侃侃而谈。人们会更加注重领导者的行为,而这些行为应当是不断重复的。而在那些不大成功的组织中,领导者很少能有效地进行这种传达,或者即使人们听到了,也不会真正地接受它们。值得一提的是,很多智商很高的人并不善于沟通,而且他们一直都没有意识到这个问题。

(5) 授权行动。要想在组织变革中取得成功,领导者必须进行充分授权。通过授权,可以清除那些影响人们根据组织既定的愿景采取行动的障碍。变革领导者常常把重点集中于那些不肯放权的老板、不充分的信息和信息系统,以及人们心中的盲目自信。这里的问题是清除障碍,而非给予权力。权力不是可以装在袋子里交给别人的东西。执行者通常没有得到必要的权力,他们束手束脚,却不得不为自己的工作不力而辩解,这当然就会在整个组织内部造成一种挫折情绪,最终使变革无法进行下去。

(6) 创造短期成效。在进行授权之后,那些在组织变革中取得成功的领导者,就会设法帮助组织取得一些短期成效。这是非常关键的。因为短期成效可以为整个组织变革工作提供强有力的证明，并为随后的工作提供必要的资源和动力。而在那些不大成功的组织中，变革的成效通常会来得更慢、更不明显，也不大能引起人们的兴趣。事实上，在很多情况下，人们会怀疑这种成效是否真的意味着成功。如果没有一个管理良好的流程、精心选择的初期项目，并以足够快的速度取得一些短期成效，组织中产生的怀疑情绪会让所有的变革工作功亏一篑。

（7）不要放松。取得一些短期成效后，成功的变革领导者绝不会放松努力。因为在这种情况下，整个组织的信息都会被调动起来，早期的一些变革措施也开始得到理解和认可。这时，人们就会精明地选择以后的行动，并不断地将变革推向前进，直到彻底实现组织变革的愿景。而在那些不大成功的组织中，人们总是容易犯"急性病"，他们希望一蹴而就，却不考虑应当如何保持人们的情绪，这就会使继续变革的士气下降到难以挽回的地步。

（8）巩固变革成果。最后，在那些取得成功的组织中，整个组织的领导者会通过培育一种新的企业文化来把所有的变革成果固定下来。一种新的企业文化（包括组织中的群体行为规范和人们的价值观念）的建立需要相对较长的一段时间，而且在这段时间里，整个组织还需要不断地取得新的成功，以证实变革措施的有效性。在这个过程中，适当的人事变动、精心设计的新员工培训，以及那些能引发人们某种情感反应的活动都可能起到很重要的作用。而在那些不大成功的案例中，组织所进行的变革往往流于表面。在非常短的时间内，变革过程中的很多努力都会被传统之风一吹而散。

5. 变革的负面影响

有效并且富有人情味的领导变革是领导者面临的最严峻挑战之一。当今环境下，变革的性质和速度可能会让人感到兴奋甚至有趣，但是它们也可能使人感到不舒服、痛苦或非常恐惧。即使一项变革可能对单个员工或整个组织的影响都是好的，但是如果处理不当，就有可能导致员工士气低落、责任感降低，同时也会失去他们的信任。

此外，某些变革可能从组织利益的角度来看是必须进行的，但可能对员工造成真实的、负面的影响。在变革过程中，员工可能会承受过多的压力，不得不匆忙掌握全新的任务和工作方式，甚至会失去他们的工作。一些最困难的变革是与结构相关的，如重新定义职位和责任、重组公司、重新设计工作和部门，以及缩减组织的规模。在很多情况下，上述类型的变革意味着员工将受到严重的伤害，因为他们将会失去自己的工作。

缩减规模是企业常见的变革方式，是指有意地减少组织劳动力的规模。这种方法在20世纪80年代和90年代早期非常流行，现在它的使用范围受到了较多的限制，但仍然是很多变革项目中的一部分。它的表现形式主要是重组项目、兼并和收购。重组项目主要关注的是从根本上重新设计组织的商业流程，以降低成本、提高质量、改进服务、加快速度，但这些项目通常会导致组织中的某些职位消失，而这些职位上的员工毫无疑问只能选择离开。兼并和收购通常也意味着某些职能与某些员工将变得多余。另外，某些兼并可能会带来大范围的变动，如撤销某些盈利情况较差的部门、处理过时的设备，这些都会导致员工失去自己的工作。此外，增加工作中的自动化程度、外包的趋势和从工业经济到信息经济的转变也会导致工作职位的减少。

一些研究人员发现，像许多变革项目一样，大规模裁员往往不能达到预定的目标，而且在许多情况下，这种方法会产生显著的负面作用。但是，裁员有时又是一项经过深思熟虑的资产重组项目或重要的变革目标的一个不可或缺的组成部分。领导者必须理解，裁员不仅会伤害那些失去工作的员工，也会对幸存者的士气、责任感和绩效造成许多负面影响。而且，工作职责的不确定性、变化的工作关系和失去同事的痛苦有可能会导致一些重要的员工做出离开公司的选择。因此，组织在进行变革时，应当慎重使用这种方法，贸然地进行裁员很有可能为组织带来灾难性的后果。

如果组织必须缩减规模，领导者就应当有心理准备应付增加的冲突和压力，对变革更多的抵制，以及士气、信任和员工责任感的降低。有很多方法可以帮助领导者理顺缩减规模的过程，缓解留任员工的压力，比如让底层的员工协助制定裁员的标准，领导者尽可能坦率和诚实地对待员工，帮助那些被解雇的员工，帮助幸存者成长等。

12.2.2 领导者如何适应变革

面对情况复杂、规模庞大、结构多样、变化迅速的现代社会活动，领导者如何更深入地改善领导方式、提高领导水平，已成为现代国家之间竞争的重要方面。仅仅从现代领导活动的发展变化与趋势来看，现代领导者已经面临非常严峻的挑战。

1. 态度和能力

对领导者而言，全面管理的技能总是非常重要的。但是，不断变化的现实和不断创新的需要，将会给领导者提出更高的要求。

领导者对变革要保持正确的态度，理解变革、赞成变革、接受变革而不致成为变革的桎梏和牺牲品；参与变革甚至领导变革从而成为有力的现实适应者和企业发展壮大的中坚力量；冷静分析、慎重思考、运筹帷幄从而使企业能够正确地变革而不是盲动、跟风甚至暴动。

领导者要时刻准备接受变革的挑战，要有有力的信息处理能力，从而使自己能够洞悉先机，并保持自己的思维不落伍；要有有力的思考判断能力，从而使自己能够把握正确的方向，并不致在变革的大潮中迷失；要有有力的沟通和协调能力，从而使自己在变革中获得更多人的理解和支持；要有有力的带领能力和实施能力，从而使变革取得成效。

2. 为变革做好准备

变革之所以不被接受，会碰到阻力或不理解，很多时候是因为来得太突然。如果能在企业中经常倡导变革、形成容易接受和理解变革的习惯或培养一批勇于变革的力量，将对变革有实质的帮助。为此，可以采取一些措施：积极、坦诚地谈论和接受变革；让变革带来的好处在企业中不断得到实现；奖励奉献者；与大家一起展望美好的未来，并且描述这些未来要经过怎样的途径才能实现（这就是变革的途径）；宣传和庆贺由于变革产生的成就；做好与变革相关的基础工作。

3. 实施变革的做法

通常的变革本身就是发展和逐步完善的过程，极少数是武装暴动或雷霆万钧之类的一夜变天，因此多数变革要尊重循序渐进的过程。领导者一定要做正确的和最可信的传言人；先利用一些时间理解和研判现有的形势，并试图寻找突破口；宣传、沟通变革的政策和建议，争取人们的理解和支持，帮助他们看到变革带来的好处；要在现实和变革之间找一个良好的接口，使人们的观点、行动便于过渡，而不是一步就把他们扔进陌生或感觉危险的环境中；解释变革政策的时候要通俗明了，甚至可以编写一个易于理解的进程或阶段说明，让人们容易接受，也让自己容易实施；要力争把人力、资本、时间的初始投入成本降下来；如果变革政策和方案不能被全盘接受，争取求得对第一步行动的支持和同意；第一步行动非常重要，要力求成功，以激励以后的各个改革步骤，让成功推动成功。在整个变革的进程中都可以使用这种前一步成功激励后一步成功的做法，阶段的总结、鼓舞有时很有必要。

12.2.3 领导者如何推动变革

面对竞争对手的威胁或客户需求的变动，企业要不断地进行渐进式变革。但在一些情况下，如进入新市场、重塑核心竞争力、与其他公司合并或在组织采用新的信息技术等，企业则呼唤根本性的转型。这种转型需要一种严格的变革管理方法，企业对变革管理的需求应运而生。变革活动的绝大部分都与领导而不是管理有关，因此，领导者扮演着推动变革的重要角色。

1. 全面规划变革之始

专家认为，变革开始之时便是变革领导者介入之机。领导者必须规划组织发展的愿景和战略，他们为组织适应性定下了基调。领导者还必须让高层管理团队参与进来，以确保战略能够转化为行动。管理团队要确定组织的战略目标和为实现目标所需进行的变革。只有这样，才能够制订出一份总揽全局的变革管理计划。这种全面计划不仅指出了需要采取的措施，而且明确了高层领导、中层管理者和普通员工的职责。它必须记录现有的业务流程以及这些业务流程将如何受到影响，说明将如何在组织内交流变革的情况，制定变革措施的实施时间表，并确定关键绩效指标（KPI）以使组织能够评估变革措施的有效性。变革管理计划为实现领导层的愿景提供了路线图，并且使整个组织内的行动得以统一。

2. 积极进行变革沟通

究其根本，沟通是为了消除人们的抵触情绪。这在试图动员过去曾经历过变革失败的老员工时显得尤为重要。大凡能成功地管理变革的公司，它们的沟通战略集中体现在两个方面：其一，提供相关的信息，让员工清晰地认识到变革的必要性；其二，积极鼓动员工，使他们树立变革势在必行的紧迫意识，并向他们展示一些令人信服的东西以转变他们的想法。有效的沟通能够使员工明确变革的目标，及时了解变革的进程，提高他们参加变革的主动性，获得更好的变革效果。

3. 始终专注变革目标

消除员工对变革的抵触情绪，能够部分缩小战略和运营之间的差距——只有在运营实践中，业务流程和行为模式的变革才会产生实际效益。要真正使变革触及公司上上下下的各个层面；提供必要的资源，比如新技术和培训等；要让中层经理支持变革措施，并奖励积极参与的员工。此外，要始终专注于变革目标。当你面对多个变革任务，而每个任务都比较紧迫时，要做到这一点并不容易。如果员工感觉不到管理层实施变革的决心，他们有可能会变得悲观失望，重新回到老路上去。同样重要的是，企业要坚持进行变革。如果你发现变革计划的某些方面后继乏力，就要重新对其进行评估并从头再来。

4. 信息技术推动变革

先进信息技术的应用可以推动业务转型的实现。事实上，组织越来越认识到，如果它们希望信息技术投资能够获得可观的回报，通常就需要进行变革。适用于所有变革计划的原则，也同样适用使用新技术的变革，但两者不尽相同。技术变革可能会带来强烈冲击，因为只要人们一直在使用原来的系统，就没有进行变革的需求。一旦采用了新系统，变革就是强制性的了。在项目启动和系统启用之间，必须进行变革的管理。对于新技术的采用，培训是关键。培训必须同时以使用技术的硬技能和采用新行为模式的软技能为重点。首先，要确定所需的技能，发现存在的技能差距。其次，制订培训计划，编制培训材料。最后，开办培训课程。

12.3 领导多元化

12.3.1 多元化的含义

多元化是指任何在某种程度上相似但又有所不同的人员的组合。在工作场所里，人们倾向于将多元化联想为容易识别的特性，如性别或种族。在一个专业环境里保持多元化则意味着更多。多元化可以应用到教育、思维方式、婚姻状况等所有可以对人进行区别辨认的方面。在这种前提下，我们认为多元化是有益的。

多元化对组织产生了重大影响，组织多元化是多元化的重要组成部分，和领导风格、方式、绩效相互影响（见表12-1）。组织形式与结构正在发生着变化，并向传统的等级结构和工作程序发起挑战。由于组织结构的不断解构与财务压力，组织的层次越来越少，经常是依赖于以一种团队为基础的结构来完成组织的目标。有些组织已经打破了内部障碍，创造了一种无边界的组织。有的组织依赖于外部资源、顾问和外部承包人员来完成那些通常由内部员工完成的任务。我们也可以在家里工作的同时与世界各地的合作者或顾客保持联系，甚至可以远离我们的管理者和领导者，独立开展工作。员工彼此依赖的程度越来越高，对个人知识的依赖性也越来越高，而对组织的正式结构的依赖程度却在不断降低。[20]

表12-1 组织的变化

变　化	描　述
结构变化	新的结构形式，团队的应用，坚持不断授权，使用现代通信技术，寻找外部资源
人口特征变化	多样性的文化，美国与西方其他国家劳动力的年龄老化，不断加深的代沟
全球化	跨文化交互概率的增加，多种国籍的团队，多种国籍的领导者
新的工作伦理道德	忠诚的消失，劳动价值观的改变，追求工作和生活之间的平衡
学习与知识	知识工人的出现，注重打造学习型组织
技术与信息获得	新技术，信息量增加，信息流动速度加快，获取和共享信息的新方法
强调灵活性	快速适应变化的柔性结构，个人灵活性
快速的变革	不断变革引发的内部和外部的不确定性
个人主动性与组织使命的契合	在强调所有员工团结一心，为完成组织使命奋斗的同时，为个人提供脱颖而出和发挥个人力量的机遇

对学习的强调和知识工人的出现是改变组织背景的另一些因素。这些新型员工拥有高超的技能，完全精通大量的知识与信息。他们可以凭借自己的技术，以独立签约人的身份与组织签约，但他们仅仅忠诚于自己和自己的职业，而不是任何组织、愿景和领导者。这些知识工人与传统的组织结构格格不入，但由于他们的灵活性，组织可以在某个变革时期利用这种特点。

在现代企业中，多元化已经是一个非常现实的问题，而这又是与组织的文化多元化密切相关的。为了更好地实施战略目标，组织应当采取多元化策略。真正的多元化策略应当鼓励所有的员工抛开种族、性别、宗教背景或任何其他差异，共同为组织贡献他们独特的才能、技巧和专业见解。更进一步，领导者还应当带头保证组织中的诸多活动都按照多元化策略的要求执行。图12-2列出了大公司中最常见的多元化问题。

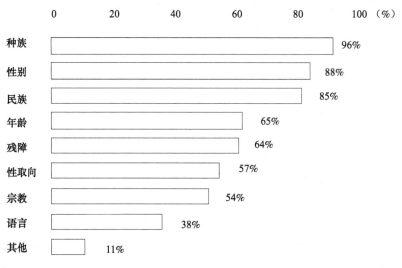

图 12-2　大公司中的多元化问题

注：线框右侧的值代表提出该问题作为公司多元化问题之一的公司百分比。

企业多元化是为了满足顾客多元化的需要。在人们决定购买和使用某种商品、社会服务和日用品时，文化因素往往起决定作用。多元化的员工使组织与顾客建立了更为良好的关系，例如，绝大多数跨国公司都聘请本土人士开发产品或作为管理者。对多元化的另一个需求是为了发掘下属和组织的潜力。通过合理地招聘和评价员工，不考虑人种、国别、性别、年龄的差异，能够使组织吸引和留住最优秀的人才。

多元化能给予组织灵活性。组织内部的多元化为解决问题、开拓创新提供了更广泛、更深入的经验基础。竞争压力促使所有的领导者创造一种组织环境，以培养和支持创造性思维，交流不同的观点。多元化群体往往比单一群体更富创造力，部分原因是人们对事情和问题的理解不同。

12.3.2　文化多元化

多元化包含的内容非常广泛，个性特点、工作经历、教育背景、价值追求，以及种族、宗教、区域、语言等，这些差别都为领导者带来了多元化的压力。在所有的多元化因素中，文化差异是最主要的因素。

荷兰学者吉尔特·霍夫斯泰德（Geert Hofstede）通过对IBM公司分布于全球的员工进行调查，发现了四个文化所特有的价值层面，即集体主义和个人主义、权力距离、不确定性规避、男性主义与女性主义。这四个不同的文化层面产生了不同的领导方式。

1. 集体主义和个人主义

集体主义指的是一种强调集体和国家的重要性，强调集体利益大于个人利益的文化价值观念。它认为个人是集体中的一员，离开集体，个人几乎无所作为或作用很小，所以社会中的每一个人必须重视合作和集体的力量，任何事情必须多为他人考虑，要珍视友谊和家庭。个人主义与此相反，认为个人虽然离不开社会集体，但正是个人对自我利益和幸福的不断追求才最终推动了社会的前进，所以在社会事务中应首先考虑个人的幸福和需要。集体主义和个人主义分别作为东方和西方价值观念的精髓，集中反映了东西方文化的差异。我们不能认为哪一种价值观念更好，因为它们是各自历史文化的产物。在中国文化里，个人利益要服从集体利益。如果一个中国人抛开集体和国家，刻意追求个人的物质利益，也许他的个人主义在其他人眼里就成了自私自利的行为；同样，假设一个美国人在美国奉行集体主义原则，或许他会被认为是毫无个性、个人能力低下的庸者。因此可见，不同文化观念是有其各自的土壤的，作为领导者可以视环境变化采取不同的领导风格和策略，以发挥更好的有效性。

2. 权力距离

权力距离是一种文化与另一种文化相区别的一个维度，指的是社会承认和接受的权力在组织中不平等分配的范围，用来表示人们对组织中权力分配不平等情况的接受程度。权力距离有大小之分，它的大小可以用指数 PDI（power distance index）来表示。可以根据上级决策的方式（民主还是专制）、上下级发生冲突时下级的恐惧心理等因素来确定权力距离指数的概念。一般而言，东方文化影响下的权力距离指数较高，人们对不平等现象通常的反应是漠然视之或忍受，而西方文化影响下的权力距离指数较低，权力意识深入人心，人们对权力分配的不平等现象具有强烈的反抗精神。随着社会政治经济文化的发展，中国的文化传统、社会制度、市场经济发展程度等都发生了巨大变化，使中国社会的权力距离呈减小趋势，然而，企业的领导行为并没有做出相应改变，这种对权力距离认识的不一致导致各种冲突激增。鉴于此，为了应对权力距离减小带来的变化，领导风格应由专制型领导向变革型领导转变，而领导行为应当从群体决策、适度授权、减少强制、尊重员工和有效沟通五个方面进行改进。[83]

3. 不确定性规避

不确定性规避指的是一个社会感受到的不确定性和模糊情境的威胁程度，并试图以提供较大的职业安全，建立更正式的规则，不容忍偏离观点和行为，以及相信绝对知识和专家评定等手段来避免这些情境，其强弱是通过不确定性规避指数来衡量的。

不确定性规避倾向于影响一个组织对风险的态度。在一个高不确定性规避的组织中，组织通过建立更多的工作条例、流程或规范以应付不确定性，管理也相对以工作和任务指向为主，管理者决策多为程序化决策。在一个低不确定性规避的组织中，很少强调控制，工作条例和流程规范化与标准化程度较低。在任何一个社会中，人们对于不确定的、含糊的、前途未卜的情境，都会视为一种威胁，从而总是试图去防止。防止的方法很多，例如提供更大的职业稳定性，订立更多的正规条令，不允许出现越轨的思想和行为，追求绝对真实的东西，努力获得专门的知识等。不同民族、国家或地区，防止不确定性的迫切程度是不一样的。相对而言，在不确定性规避程度低的社会中，人们普遍有一种安全感，具有放松的生活态度和鼓励冒险的倾向。而在不确定性规避程度高的社会中，人们则普遍有一种高度的紧迫感和进取心，易形成一种努力工作的内心冲动。

4. 男性主义与女性主义

传统的观点认为，男性会很容易成为领导者，女性则比较困难。由于传统的性别成见，具有女性个性的人不太容易成为领导者,而拥有男性个性则对一个人有很大帮助。然而,随着近年来女权运动的蓬勃兴起,出现了大量使女性进入工作团队的机会,不断增长的女性管理者数目,以及社会对性别观念的变化,与过去清楚的、明确的性别并没有必然的联系。

男性主义反映的是在取得成就、英雄主义、当机立断、以工作为中心以及追求物质成功方面的倾向,女性主义则反映了人际关系、配合协作、群策群力和生活质量等方面的价值。日本、奥地利、墨西哥和德国具有强烈的男性化气质,而瑞典、挪威、丹麦、巴尔干地区则显得比较女性化。[22] 很多人认为男性和女性是单极发展的两极,一个人的定位要么是男性,要么是女性,但实际情况并非如此。两性兼有的人在定位上既有男性特征,也有女性特征——既果断又服从,既机械化又善于表达,根据领导情境的特点而定。

男性主义与女性主义文化在领导活动中可能会表现为以下几个方面:男性文化中的女性更难成为领导者,更有可能被隔离到少数几个专门职业中去;女性文化中的决策制定者更强调直觉和意见一致;男性文化中的领导者和下属更看重工作;女性文化中的领导者和下属更强调生活的质量;女性文化中的领导者更有可能表现出一种人际导向型的领导模式;男性文化中的成员更容易受到成就、认可和挑战的鼓励。

近些年的研究中,有学者依据女性文化特点,提出了女性领导策略。女性虽然也可能表现出竞争意识、个人主义等男性的领导特征,但是调查显示:一般情况下,女性更注重建立一致的意见、包容、参与合作以及关心照顾。女性领导者往往更乐于与人分享权力和信息,授权给员工,并努力提高员工对其自身价值的认识。朱迪·B. 罗森娜(Judy B. Rosener)将这种风格称为互动型领导。这种类型的领导者更喜欢一种相互磋商和合作的过程,并且,他们的影响力更多地来源于人际关系而非地位赋予的势力和职权。一些心理学家指出,由于早期经历的心理需要不同,女性或许比男性更看重人际关系。这种男女之间在人际关系上看法的不同,有时被用来解释女性为什么不能有效地领导,因为她们不懂得运用权力。无论如何,尽管男性领导者可能将有效的领导同等级森严、依靠命令和控制的进程联系在一起,但女性的互动型领导似乎更适合多元化的未来和学习型组织。

12.3.3 多元化对领导的影响和挑战

多元化对领导者的各个方面都提出了新的要求,领导者必须担当一种新的角色,不管是作为团队促进者还是对团队提供咨询意见。他们必须提供培训和支持,准许下属决策。这些变化最主要的影响是,关注重心从领导者转移到下属。表 12-2 总结了这些变化对领导者产生的影响。

表 12-2 变化及对领导者的影响

变 化	对领导者的影响
结构	领导者的新角色,重视下属和团队
人口特征	理解文化差异及其构成因素
全球化	研究文化、国际化和全球化等问题
新的工作理论观	包容不同的工作方式和代际差别
学习	不断学习,领导知识工人
技术	与时俱进,保持技术的先进性;顺应权力资源的变化;使技术和有效领导相互结合
灵活性	学会管理变革
变革	与潮流变化保持同步,始终坚持灵活性
个人与组织契合	创造个人需要与组织需要相契合的条件

现代领导受着多元化文化的影响。在全球化竞争的领导活动国际化进程中，现代领导如何寻求与多元文化共存，如何解决现代领导与文化层面可能发生的理念、价值观的冲突，都是现代领导能否成功的关键。在此情况下，领导者应做好以下几方面工作。

1. 学习型的现代领导者

在领导过程中，有效领导行为实施的核心就是，必须能够有效地了解领导的文化根基，以及在不同的环境中成长的劳动力大军的生活背景。世界经济一体化将会使现代领导习以为常的文化环境发生改变，而且随着经济融合速度的加快、劳动力流动速度与幅度的加大，文化环境本身变得很难界定。这将会带来一系列的挑战：沟通方面的挑战、团队方面的挑战、如何激励和控制追随者的挑战以及领导理念支持等。这些事情都无法避免，而且对现代领导是至关重要的，学习也就成了现代领导必备的品质。德鲁克说过："真正持久的优势就是怎样去学习，而领导力的挑战就是怎样使自己的组织能够学习得比对手更快。"

2. 作为鼓舞者和文化创建者的领导者

在组织的创建和运行过程中，"唯一的领导功能就是提供创建一个新组织所需的动力"。我们已经知道，领导者在塑造文化过程中扮演着重要角色，在这一过程中，一方面学习组织内外的积极文化；另一方面，创建新的文化动力资源，以适应自己的新领导方式和领导行为模式，为其创建一个支持系统，弥补文化动力系统中缺乏的部分，增强现代领导凝聚力、生命力，实现文化的延伸和领导力的拓展，形成拓展性领导力。不过在创建过程中应注意几个问题：第一，要充分考虑和发扬现有文化资源和领导发展需要，并与现代领导理念相符合；第二，要有时代特色，把文化创建与时代精神、领导需要、组织需要融为一体，大胆吸收和利用外来文化精神，形成"学习型的文化"；第三，要有领导的个性和识别系统。具体做法是针对不同的组织、环境对症下药，入乡随俗。

3. 作为文化维持者和整合者的领导者

为了将不同的肤色、文化、性别乃至宗教背景的群体整合在一起，融入统一的行动中，优秀的领导者必须在充分考虑文化环境的前提下，维持文化、体能和心理的差异化。同时，要有宽阔的胸怀和换位思考能力，对组织内外的多元文化进行整合，以创造共同点，寻求移入文化动力系统，帮助自己的下属去理解、欣赏不同的语言、个性、价值观、传统习惯和风俗，同时维持原群体的语言与价值观，加强主导文化对其他文化的渗透。这样既保持了个体的主体性，又保证了文化主体的主导作用，兼容并包，各成员思想、文化意识存在并充满活力，不断激发积极性，从而提高对现代领导价值观的认同程度。但在文化整合的过程中，不能急功近利，文化整合其实也是一个互动与渗透的过程，单靠其中一方的一厢情愿不可能成功。

4. 作为变革与创新代理人的领导者

文化创新要在充分发挥文化对塑造人和提高现代领导力、控制力、影响力和魅力的基础上，为现代领导注入动力支持，使现代领导要求的文化规范包括思维模式、行为方式等自觉成为行为规则。同样，在现代领导过程中，需要对文化实施变革，因为变化的形势可能会要求现有的文化做出改变，驱动现代领导文化中的基本假定和价值观可能都需要变革。因此，在变革前，我们要先认清变革的文化得以维持的方式，再帮助现有成员接受新价值观或根据需要调离不同文化的现有成员，最终使现代领导与文化融会贯通。

12.4 建立学习型组织

12.4.1 学习型组织的概况及特征

学习型组织是美国学者彼得·圣吉在《第五项修炼》(The Fifth Discipline)一书中提出的管理观念,企业应建立学习型组织,其含义为面临变革剧烈的外在环境,组织应力求精简、扁平化、弹性应变、终生学习、不断自我组织再造,以维持竞争力。也可以这样认为,学习型组织是指通过培养弥漫于整个组织的学习气氛、充分发挥员工的创造性思维能力而建立起来的一种有机的、高度柔性的、扁平的、符合人性的、能持续发展的组织。[84]

学习型组织不存在单一的模型,它是关于组织的概念和雇员作用的一种态度或理念,是用一种新的思维方式对组织的思考。在学习型组织中,每个人都要参与识别和解决问题,使组织能够进行不断的尝试,改善和提高它的能力。学习型组织的基本价值在于解决问题,与之相对的传统组织设计的着眼点是效率。在学习型组织内,雇员参与问题的识别,这意味着要懂得顾客的需要。雇员还要解决问题,这意味着要以一种独特的方式,将一切综合起来考虑以满足顾客的需要。组织因此通过确定新的需要并满足这些需要来提高其价值。它常常是通过新的观念和信息而不是物质的产品来实现价值的提高。学习型组织的特点如图12-3所示。

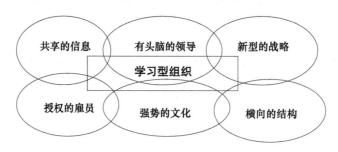

图12-3 学习型组织的特点

彼得·圣吉在《第五项修炼》中提出了学习型组织的"五项修炼"模型,具体如下。

(1)建立共同愿景(building shared vision):愿景可以凝聚公司上下的意志力,通过组织共识,大家努力的方向一致,个人也乐于奉献,为组织目标奋斗。

(2)团队学习(team learning):团队智慧应大于个人智慧的平均值,以做出正确的组织决策,通过集体思考和分析找出个人弱点,强化团队向心力。

(3)改变心智模式(improve mental models):组织的障碍多来自个人的旧思维,例如固执己见、本位主义,唯有通过团队学习以及标杆学习,才能改变心智模式,有所创新。

(4)自我超越(personal mastery):个人有意愿投入工作,专精工作技巧的专业,个人与愿景之间有种创造性的张力,这是自我超越的来源。

(5)系统思考(system thinking):应通过搜集信息,掌握事件的全貌,避免见树不见林的短视,培养全局性的思考能力,看清楚问题的本质,有助于认清因果关系。

12.4.2 学习型组织中领导者的作用

学习型组织是从组织领导者的头脑中开始的。学习型组织需要有头脑的领导者,他要能理解学习型组织，帮助其他人获得成功。学习型组织的领导者具有三个明显的作用。

1. 设计社会建筑

社会建筑是组织中看不见的行为和态度。组织设计的第一个任务就是培养组织目的、使命和核心价值观的治理思想，它将用来指导雇员。有头脑的领导者要确定目标和核心价值观的基础。第二个任务是设计支持学习型组织的新政策、战略和结构，并进行安排，这些结构将促进新的行为。第三个任务是领导并设计有效的学习程序，创造学习程序并保证它们得到改进和理解，这需要领导的创造力。

2. 创造共同的愿景

共同的愿景是对组织理想未来的设想，这种设想可以由领导或雇员的讨论提出，但必须得到广泛的理解并深深铭刻在组织之中。这个愿景体现了组织与其雇员所希望的长期结果，雇员可以自由地识别和解决眼前的问题，从而帮助实现组织的愿景。但是，如果没有提出协调一致的共同愿景，雇员就不会为组织整体效益的提高而行动。

3. 服务型的领导

学习型组织是由那些为他人和组织的愿景而奉献自己的领导者建立的。靠自己一人建立组织的创始人形象不适合学习型组织。领导者应将权力、观念、信息分享给大家，学习型组织的领导者要将自己奉献给组织。

12.4.3 加强学习型组织建设

领导者在学习型组织中具有不可替代的作用。领导者应加快建立学习型组织，在此介绍一些基本方法。

1. 建立扁平网状组织结构，使组织结构更具弹性

学习型组织的组织结构是扁平的，即从最上面的决策层到最下面的操作层，中间相隔层次极少。它尽最大可能将决策权向组织结构的下层移动，让最下层单位拥有充分的自主权，并对产生的结果负责，从而形成扁平化组织。

2. 人本主义的人力资源管理

企业的竞争归根到底是人才的竞争，管理最重要的任务就是调动和运用员工的积极性、创造性，这就是以人为本的管理思想的主要内容。把组织意志变为个人的自觉行动，显然这种控制方式是低成本的，减少了监督成本和因抑制了员工的创造性而带来的机会成本。当组织规范内化为员工的自觉认识，组织目标转变为员工的自发行动，组织目标和员工个人目标协调一致，内在驱动力和自我约束力就会产生，有利于组织内部形成集体主义和相互协作的团队精神。

3. 建立共同愿景

没有共同愿景，就没有学习型组织。组织学习成败的关键在于能否激发员工的学习热情，能否将员工的学习与工作统一在企业的目标之内，因此建立一种能得到广大员工认同的愿景相当重要。组织的共同愿景来源于员工个人的愿景而又高于个人的愿景，它是组织中所有员工的共同理想。它有助于提高员工的忠诚度，增强其危机感[85]；它能凝聚不同个性的人，朝着组织共同的目标前进。激励他人与解决问题始终是领导者的重要工作。[86]

4. 学会系统思考，开展行为学习

领导者让组织成员相信整个组织是个系统，每个人的工作都会影响他人。系统思考同样意味着要在员工的头脑中描绘一幅伟大的蓝图，并且敏锐地关注外部环境。此外，领导者还要鼓励员工产生个人可以把握的小蓝图。获得个人工作自主权的团队成员会进行团队学习，这也是学习型组织的重要组成部分。团队学习主要是集体解决问题，成员可以自由地分享信息和看法，以推动问题的解决。

5. 鼓励员工创新，并为之提供便利条件

学习型组织能激发员工的学习热情，使之崇尚一种积极探索的学习精神，而愿景则能保证员工所进行的学习实践与企业的目标相一致。在这两方面都得到保证的基础上，企业应给予员工足够的支持，鼓励员工去思考、去创造，不仅解决问题，还能主动去寻找问题，并为员工提供进行试验的条件。

12.5 领导知识型组织和知识型人才

12.5.1 知识型组织

知识型组织（knowledge-based organization）一词最早由瑞典企业家与财经分析家卡尔-埃里克·斯威比（Karl-Erik Sveiby）博士于1986年提出。通过对知识型上市企业的分析，斯威比博士发现知识型组织有一个共同特点，即在战略上都涉及如何在人类所拥有的知识与诀窍的基础上建立持久性组织。在此基础上，他开创性地对知识型组织的组织特征、生命周期、治理结构和成功要素等进行了系统研究。

表12-3比较了传统的生产型组织与正在出现的知识型组织。从表中可以看出它们的区别是显著的，并代表了我们如何领导和管理组织的一个基本转换。知识型组织的出现，其表现是紧密地互相依赖、高度协调的组织结构、过程、系统、能力和价值结构，这些因素使组织能够在不断变化演进的世界中参与竞争。一个组织最差的态度是卡在中间，就是一只脚踏在生产型组织中，另一只脚却踏在知识型组织中。令人遗憾的是，许多企业似乎是这种状况。在这样的组织中，当经理人员试图前进一步时，他们会陷入无穷无尽的干扰、变革创意以及"更新"程序这些孤立的流沙区，这使他们感到灰心丧气和困惑。

表12-3 知识型组织与传统生产型组织的比较

	生产型组织	知识型组织
市场	生产驱动型 生产者就是上帝 大规模生产 消费者是相对同质的 基于公司标准的质量	市场驱动型 消费者就是上帝 大规模定制 高度细分，消费者多元化 基于消费者理解的价值质量
战略	长期战略，反映相对稳定的商务环境 地理上的集中 区域的竞争 大就是好 合理的反应时间	适应战略，反映动态变化的商务环境 地理上的分散 全球的竞争 适应就是好 极少的反应时间

(续)

	生产型组织	知识型组织
系统	通过管理实现 由直接主管控制 有限的数据和信息 管理层强加的战略、战术、行为 有限的决策授权 "需要知道"的沟通	扁平的、有机的、低控制的结构 由共享目标、价值和标准控制 信息丰富 管理层推进战略，员工推进战术、行为 授权的员工 开放式的沟通环境
能力	集中于劳动力和材料 劳动型员工 杰出的材料、资本和成本管理 为今天的需要培训技能	集中于知识 知识型员工 杰出的信息、供应商和人员管理 为明天储备知识
文化	较窄的文化 种族优越感 受制于命令和威胁承担义务 动力来自定位 为重复工作提供报酬 回避风险	适应的文化 价值多样化 通过参与和发展承担义务 动力来自知识和技能 为革新提供报酬 共同分担风险

成为知识型组织必须如此，而不是一种选择，每个组织迟早都将进入知识型组织，否则面对的必然是死亡。重要的问题是，哪一个组织能以最快的速度使自己与新市场现实保持一致，在旧的模式下非常有效的管理实践和系统，如严密的监督、有限的控制幅度、指挥与控制的等级体系、繁重的人工财务和运作决策的管理等，在知识型组织中都是无效的。

12.5.2 知识型人才

与非知识型人才相比，知识型人才在个人特质、心理需求、价值观念及工作方式等方面有着诸多的特殊性。知识型人才具有如下显著特征。

（1）个人素质较高。知识型人才一般具有较高的个人素质，他们大多受过系统的专业教育，具有较高学历和扎实的专业理论基础，在管理方面有较深的认识，掌握最新的技术，具备积极的开拓创新精神，是引领组织文化发展、变革生产和制度的开路先锋。同时由于受教育水平较高，知识型人才大多具有开阔的视野和强烈的求知欲，并对新思想、新知识、新技术具有良好的领悟能力和学习能力，以及其他方面的能力素养。

（2）独立自主性较强。知识型人才拥有较强的独立自主性。知识型人才与一般员工相比最大的区别在于，一般员工往往只是被动地适应组织和环境，而知识型人才是企业里最富有活力的要素，他们向往拥有一个灵活的组织和自主的工作环境，享有工作场所、工作时间方面的灵活性，以及宽松的组织气氛，强调在工作中自我管理，愿意对各种可能性做最大的尝试，并期望得到企业乃至社会的承认。这种员工不喜欢上司把要做的每一件事都安排得非常明确，不愿意被上司完全摆布，甚至无法忍受上司的遥控指挥。

（3）富有创新性。不同于体力劳动者的简单重复性劳动，知识型人才从事的大多为创造性劳动。在易变和不完全确定的系统中他们依靠自身占有的专业知识，充分发挥个人的知识禀赋和灵感，应对各种可能发生的情况，进行创造性的工作，推动技术的进步，并不断形成新的知识成果，使产品和服务得以更新，劳动生产率不断提高。库珀解释说："知识型人才之所以重要，并不是因为他们已经掌握了某些秘密知识，而是因为他们具有不断创新有用知识的能力。"

（4）较高流动性。国家间知识型人才的竞争，为人才流动提供了宏观需求。全球化使国与国之间的界限日益模糊，这为知识型人才的流动提供了可能。知识型人才由于占有特殊生产要素，即隐含于他们头脑中的知识，而且他们有能力接受新工作、新任务的挑战，因而拥有远远高于传统工人的职业选择权。新经济时代传统的雇用关系由资本雇用知识逐步转变为知识雇用资本，知识型人才出于对自己职业的感觉和发展前景的强烈追求，更多地忠诚于对职业的承诺，而非对企业组织做出承诺。一旦现有工作没有足够的吸引力，或缺乏充分的个人成长机会和发展空间，他们会很容易地转向其他公司，寻求新的职业机会，流向能更好发挥自身潜能、实现人生价值的企业，故人才流动成为知识型企业的普遍现象。

（5）高成就动机。从马斯洛需要层次理论来看，知识型人才的需要往往属于较高的层次，他们是偏好自我管理的人，也是要努力实现自我价值的人，因此与一般员工相比，知识型人才更在意并强烈期望得到社会的承认与尊重。知识型人才有一种表现自己的强烈欲望，心目中有着非常明确的奋斗目标。他们到企业工作，不单纯是经济需求，更有着发挥自己专业特长和成就自己事业的追求，尽力追求完美的结果，渴望通过这一过程充分展现个人才智。这种员工更热衷于具有挑战性的工作，把攻克难关看作一种乐趣，一种体现自我价值的方式。

（6）蔑视权威。知识经济的发展改变了传统组织的权力结构，职位不再是决定权力的唯一因素。知识型人才特别是其中的技术开发人才、工程人才、科研人才、理论工作者等一般具有某种特殊技能，不仅拥有才智、精通专业，还往往可以对其上司、同僚和下属产生影响，而且大多个性突出。他们尊重知识、崇拜真理、信奉科学，而不愿随波逐流、人云亦云，更不会趋炎附势。其在某一方面的特长和知识本身的不完善性使得知识型人才并不崇尚任何权威，不惧怕权势或权威；相反，他们会因执着于对知识的探索和真理的追求而蔑视权威，传统职位权威对他们往往不具有绝对的控制力和约束力。

▶ 复习思考题

1. 领导面临的多元化有哪些？如何应对？
2. 变革的负面影响有哪些？能否避免？无论多么成功的改革，都会有负面影响存在，你是这样认为的吗？试举例说明。
3. 如何建设学习型组织？学习型组织与传统组织相比有何特点？
4. 变革的动力和阻力有哪些？试举例说明。
5. 根据知识型人才的特点，你认为应该如何领导知识型人才？

▶ 专项技术测试与反馈

知识管理成熟度诊断问卷

本诊断问卷主要评估知识管理"人""流程"以及"技术"等三个方面，以得到企业知识管理的现状，包括总体成熟度评估以及三个维度的独立评估。

A. 知识管理 "人" 维调查

说明：阅读下列每个问题，按照1～5的评分标准为自己的组织打分。

1 = 完全不符

2 = 有一点相符

3 = 某种程度上相符

4 = 很大程度上相符

5 = 完全相符

(   ) 1. 知识管理策略是和业务策略紧密结合的。

(   ) 2. 主要的知识资产的价值得到普遍认同。

(   ) 3. 从事知识工作的员工已经达到相当高的比例。

(   ) 4. 知识管理程序对业务绩效的影响力得到评估并有周期性的报告。

(   ) 5. 当前的知识缺口和未来的知识需求已经得到识别、考虑和计划发展。

(   ) 6. 知识管理的绩效是应用了平衡性评估指标来衡量的。

(   ) 7. 具有贯穿组织的良好的客户、供应商以及合作伙伴的信息。

(   ) 8. 知识管理实践能够有效地保护企业的知识资产。

(   ) 9. 组织各层级都有关于知识管理实践的新想法。

(   ) 10. 组织承诺给予知识管理项目以适当的资源和资金支持。

(   ) 11. 高层及中层管理者表示了对知识管理(KM)的积极承诺和支持。

(   ) 12. 具有共享知识和想法的强力文化。

(   ) 13. 具有一种鼓励冒险和试验的文化。

(   ) 14. 组织擅长从已有的项目中总结经验。

(   ) 15. 团队能够进行定期总结和经验共享。

(   ) 16. 绩效管理系统鼓励知识共享和使用。

(   ) 17. 员工的创造性贡献能够得到认可和奖励。

(   ) 18. 组织内外的知识联系能够得到鼓励。

(   ) 19. 鼓励个人发展其知识管理能力。

(   ) 20. 员工在参与知识实践中接受了正确的培训和发展。

B. 知识管理"流程"维调查

说明：阅读下列每个问题，按照1~5的评分标准为自己的组织打分。

1 = 完全不符

2 = 有一点相符

3 = 某种程度上相符

4 = 很大程度上相符

5 = 完全相符

(   ) 1. 公司的组织体系接近网络型结构。

(   ) 2. 具有很好的知识交流策略以保证能够及时访问相关的知识。

(   ) 3. 知识得到有效管理，从而能够保证删除那些冗余的信息。

(   ) 4. 具有有效的系统，能够用以发现新知识去满足战略和战术层次的需求。

(   ) 5. 具有定位组织内重要知识和编制知识地图的系统方法。

(   ) 6. 系统中的知识内容得到定期检查以保证其适应组织的业务需求。

(   ) 7. 组织安排有专门的员工去管理系统中的知识，以保证其质量及实用性。

(   ) 8. 使用得到广泛认同的知识"词汇"而不是专业的"行话"，从而保证知识管理系统对每个人都适用。

(　) 9. 公司进行特定项目时总能迅速查找适当的胜任人选。
(　) 10. 公司调整任务安排的弹性很好。

C. 知识管理 "技术" 维调查

说明：阅读下列每个问题，按照 1~5 的评分标准为自己的组织打分。

1 = 完全不符
2 = 有一点相符
3 = 某种程度上相符
4 = 很大程度上相符
5 = 完全相符

(　) 1. 知识管理策略对于 IT 策略有显著的影响。
(　) 2. 存在 IT 基础结构来支撑知识管理策略。
(　) 3. 采用了功能广泛的系统以支持内部的知识交流和协同工作。
(　) 4. IT 系统使我们能够迅速发现相关的专家并与之交流。
(　) 5. 所有知识工作者都在一个良好的互联网环境中工作。
(　) 6. 具有功能齐全的数据库以及知识库系统。
(　) 7. 具有良好的数据挖掘能力。
(　) 8. 文档管理系统能够在公司范围内运行。
(　) 9. 采用了一定的机制以保证知识管理系统的安全。
(　) 10. 能够不断跟踪技术的发展以及用户的需求，以保证知识管理系统得到持续改进。

D. 知识管理成熟度分析结果

具体的评分方法：将每个维度所有问题的得分加起来得到各个维度的得分，然后将三个维度的分数相加得到总分。企业知识管理的成熟度可以从总得分的高低中大体判断出来。

- 总分 180~200 分。祝贺你，你的组织已经成为一个真正的知识型组织，处于"知识共享"阶段，你能够有效地将知识转变为利润。
- 总分 140~180 分。你的组织正成功地向知识型组织转型，处于"知识确认"阶段。为了确保成功，你要继续努力，尤其要使知识管理能够跨越组织界限，有效地整合外部知识。
- 总分 110~140 分。你的组织正行驶在正确的轨道上，处于"知识意识"阶段，但还有许多艰难的工作要做，关键是要持之以恒，不能半途而废。
- 总分 70~110 分。你的组织虽然也有知识的应用，但基本属于零散的自发方式，还处于"知识反应"阶段。从自发式知识管理走向自觉的知识管理是你要实现的第一个转变，正确认识它才能正确发展它。
- 总分 40~70 分。很遗憾，你的组织基本没有利用信息和知识资源，这将使组织很难在知识经济时代的市场竞争中立足，是需要考虑实施知识管理的时候了！

▶ **案例分析**

海底捞：从服务创新到内部控制

海底捞成立于 1994 年，曾经使其坐上中国餐饮界"头把交椅"的正是其"以服务为导向"的差异化企业战略。海底捞在成立之初就以细致入微的服务为卖点,从顾客进门等待到就餐结束有一套完整的服务体系,这很快让海底捞受到关注和热捧。然而,这些极致服务很快就被同业竞争者不断模仿与复制。"海底捞可能有两种死法:一种是管理出问题,如果发生,死亡过程可能持续数月乃至数年;第二种是食品安全出问题,一旦发生,海底捞可能明天就会关门,生死攸关。我们明白,抓好食品安全这条路虽然曲折而艰辛,但不会白走。"在海底捞火锅官方网站上赫然写着这样的一段话。如今,海底捞董事长张勇决定开始大刀阔斧地宣传其"新文化"——以食品安全为核心的内部控制。这到底出于何因?

一、丑闻爆发引发全面整改

海底捞的极致服务一方面为企业博得了顾客的眼球,另一方面也引来更多的关注甚至祸端。2001年随着"海底捞的大骨汤底料以及部分饮料系勾兑而来"的报道出来后,海底捞深陷食品质量危机。这次危机虽然给海底捞带来了负面影响,但还未损伤销售业绩。然而,无独有偶的是,从2011年到2013年,海底捞又相继被报道出员工偷吃热食、底料再回收、茶水乱收费等诸多经营管理方面的问题。

在一系列的质量以及管理问题爆发后,海底捞管理层开始注意到所有祸端的根源——企业内部控制。随着海底捞门店的不断扩张,其"重服务轻产品"的隐性经营理念,加之人力资源成本不断上升以及行业内对其极致服务的不断模仿,使得海底捞面临的处境越发艰难。海底捞意识到先前"以服务为导向"的差异化战略已经不再适应其未来的发展,燃眉之急是如何开始重视产品质量,建立以质量为导向的内部控制体系。

二、"以质量为导向"的战略转型

海底捞官方称从2011年开始进行"全面整改",其战略转型主要体现在社会监督的参与、自有供应链的建立与产品质量的提高。

海底捞开放工厂、物流站等供消费者参观,通过社会监督来重新赢得消费者对于产品质量的信任。加强集采购、加工、制作、配送于一体的供应链体系,以此来保证食材在每一个环节都能够达到安全标准。为了进一步提高产品质量,海底捞计划五年内实现火锅红味底料自动化灌装流水线生产,以此杜绝人为操作失误的可能性;增设一条原料选料流水线,运用水洗和金属探测方法,实现自动化选料、择料;店内增设豆浆及各种饮料制作机,实现自动化,使加工调配过程可见可监督;后厨设备添置洗碗机、洗菜机、切菜机,一方面降低员工的工作强度,另一方面能够保证餐饮用具更卫生,运转效率更高。

海底捞如此大刀阔斧地修正、创新,需要的是企业近乎不计成本的管理变革以及内部控制的技术支持。那么,其内部控制体系是否如产品变革一样,也在进行着改变呢?

三、内部控制的变革

同其他行业相比,餐饮行业的风险来源广,并且很难控制。主要表现为:管理标准化程度低,财务风险高、服务易效仿以及食品质量安全等。随着餐饮行业的不断发展,海底捞的战略转型也帮助海底捞通过内部控制建设在一定程度上规避了部分相关风险。

1. 管理层面

海底捞战略转型前后,其管理层面的内部控制变化主要集中在组织授权、人力资源、绩效考评三方面,而内部监督和治理结构在企业内部根深蒂固,始终处于"多头领导、多人管理、无人负责"的尴尬处境之中,并未出现实质性改变。

(1)组织授权制度逐渐标准化。转型前,海底捞拥有独特的授权制度,大到总经理,小到公司的一线员工,都有不同的权力。员工有权赠送菜品甚至拥有免单权,致使员工吃单以及临时工拿客人钱直接走人的现象发生。这种通过员工主观判断进行的服务模式暴露出海底捞在管理方面的不足。

转型后对组织授权制度进行整改，服务员的免单权需要与经理级别的人员沟通，情况合理属实才能免单，这对员工的授权起到一定的监督作用，确保了企业管理的规范性。店长每天在早会上还会对先前服务上的瑕疵进行归纳总结，优化服务质量，减少工作上问题的发生，逐步朝标准化管理方向发展。

（2）人力资源政策导向的改变。转型前的海底捞被称作"熟人社会"，这与海底捞曾经的人力资源政策有关，曾经的员工推荐制度使新员工与先前的员工、管理者之间存在裙带关系，企业内部拉帮结派的现象十分严重。同时，低素质、低学历、高流动性也阻碍着企业的发展。

转型后海底捞开始实行"10天培训制"，不仅对员工招聘全程监控，不适合企业的人员提前排除，还对有意向的入职大学生着重培养，以适应未来海外发展的需求。曾经的熟人社会在海底捞内部已经开始悄然匿迹。

（3）绩效考评制度引入门店。转型前的海底捞在不同的门店对员工有着不同的考评标准，主要是以领班或店长等管理者根据每个员工的表现来考量其工作情况，这样的模式存在很大的主观随意性。

转型后，企业引进了计件工资和末位淘汰制度，并在所有门店同步实施。计件工资提高了员工的工作效率，但是不可否认，也带来了顾客满意度的降低。末位淘汰制度有助于员工所在门店的业绩提升，但是也增加了各个门店之间的内部竞争。

2. 业务层面

海底捞在业务层面内部控制的变化主要体现在食品安全方面，服务创新在内部控制制度的催化下反而愈受重视，财务层面的内控变化并没有解决根本问题。

（1）食品安全实现"质"的飞跃。正如丑闻曝光的一样，曾经产品操作卫生问题层出不穷，造成恶劣的负面影响。同时食品创新后劲不足，在锅底和菜品方面缺乏竞争力，随着产品与服务的同质化，逐渐面临着市场份额被蚕食的风险。

转型后的海底捞在食品卫生方面进行了大刀阔斧的改变，建立了企业自有供应链，对菜品层层把关；后厨机械化设备的投入改善了食品操作卫生；颐海（海底捞旗下的独家底料供应商）上市推进了底料的全自动流水线制作进程。此外，菜品逐渐更迭为新模式。2016年，海底捞举办北京和无锡两届新品品鉴会，同时将新品的更替形成常态发布。

（2）全力捍卫服务创新。海底捞的服务模式早就不断被效仿，满足消费者"隐性需求"的服务从创新转变为一种行业常态，海底捞的服务优势逐渐下降。在激烈的行业竞争冲击下，海底捞仍然誓死坚持其"服务创新"的经营理念，定期推出新服务，以"快同行一步"不断实现其创新。例如，每天在固定时间为顾客提供川剧变脸表演等特色服务，以增加顾客的用餐愉悦感。

（3）财务层面内控建设未能"对症下药"。如果以上各方面的内部控制建设对海底捞来说尚属成功的话，财务管理层面的内控建设在某种程度上可以说未见成效。转型前的海底捞主要面临以下三方面的问题：首先，成本高利润低，随着门店的扩张、地价的攀升，工资也在行业中上水平，致使海底捞的成本不断上升，实际利润率低于行业平均水平；其次，结算方式存在安全隐患，服务员手上都拥有部分货币资金，顾客的消费结算直接通过服务员，缺乏相应的监督；最后，授权审批制度效率低，门店在采购食材时从申请到最终付款环节会有至少四个人进行复核审查。

然而，转型后的海底捞在财务的内部控制建设方面，只有资金结算方式通过电子化支付（支付宝、微信等）降低了安全隐患，其他问题仍然存在。主要体现在：①成本持续走高，海底捞每月的服务成本高昂，要想维系自身特有的"变态服务"，始终面临巨大的考验。公司向员工提供各种培养机制、高薪的待遇以及生活福利都耗费了大量的成本。②授权审批制度未改变，管理效率仍然低下。③进军商业市场机遇与风险并存，餐饮行业"四高一低"的问题越发明显，毛利不断下降。为了分散风险，海底捞决定拓展非餐饮领域，然而机遇与风险并存。

四、企业内控评价总结

（1）海底捞已从"过分强调企业文化，使得人性化大于制度化"的理念当中悄然转向，逐渐引入相对规范化的现代管理体系，在一定程度上避免了管理上的风险。

（2）海底捞对于资金的管控权力较集中，财务集中由总部核算，降低了财务管控风险。但是在小额资金的审批程序上并不符合成本效益原则，权力过于分散，可能出现内控过度影响效率的问题。

（3）为了追求高质量的服务，以客户至上为原则，海底捞服务创新成本的控制未得到重视。长此以往，当市场竞争越来越激烈时，同质化产品的出现就会对其长期发展不利。如何有效控制服务成本，做到成本与质量的平衡成为海底捞的当务之急。

服务创新可以提高企业经营活动的效率，也是保证企业资产安全性和经营稳健性的基本前提。显然，服务创新与内部控制的实现目标其实是高度协同的。

资料来源：李倩.海底捞 从服务创新到内部控制 [J]. 企业管理，2017（05）：76-79.

讨论题

1. 结合案例分析，海底捞建立以食品安全为核心的内部控制会面对哪些现实挑战。
2. 结合其他关于海底捞的案例资料，分析海底捞管理模式建立及变革的背景因素，并讨论管理变革的原因。

第 13 章

领导理论的发展

▶ **本章要点**

- 中国领导理论的研究进展。
- 领导理论发展的新趋势。
- 领导新理论。

13.1 传统领导理论在中国的研究进展

领导学自 20 世纪初诞生以来,人们普遍认为,领导理论经历了三个发展阶段:特质理论阶段、行为理论阶段、权变理论阶段。"三阶段发展模式"不仅揭示了领导理论在不同时期所关注的核心问题,也把领导学研究视角的转移非常清晰地呈现在我们面前。[87]虽然这一划分存在一定不足,但它依然对领导理论的发展起到了极大的推动作用。

13.1.1 领导特质理论

基于领导特质理论的假设,研究者坚持把领导者个人品质特征作为领导有效性的预测变量,力图找出和确定具有什么样个人特征的人才能成为有效的领导者。对此,研究者进行了大量的研究,希望发现有效领导者在个性、生理特征、社会交际能力以及智力等方面同其他个体的差异。后续的特质理论研究者认为,领导者的特质可以在个体所具有的先天品质的基础上通过训练和培训加以塑造,这无疑比早期的领导特质理论前进了一步。

近些年,我国学者对领导特质理论的研究取得了一些成果,这些成果多集中在领导特质的定性研究上,相关的实证研究比较匮乏。卢会志(2008)设计了领导有效性特质问卷,研究了中国内隐领导理论的认知结构与影响因素,含八个维度的特质因素结构,即品德、人际敏感性、工作感召力、工作内驱力、智力、吸引力、专制和男性化因素。[88]冯江平、罗国忠(2009)发现中国企业魅力型领导的特质结构是由亲和力、创新精神、愿景规划、关心员工和业务能力等要素组成的五阶模型。[89]黄攸立和李璐(2014)归纳出自恋型领导的四个关键内涵,即魅力、利己主义、欺骗动机和知识抑制。而自恋型领导的影响从正面来看,他们具有有效影响他人的社会技巧和魅力,这种积极影响在某种程度上来源于他们大胆表达的倾向、目标灵活的导向、对工作群体创造力的促进以及在追求目标的过程中敢于冒险的倾向。自恋型领导的负面影响,主要集中在决策、领导力和组织氛围方面。[90]周明泽(2015)基于新颖—实用维度模型评价了现代领导特质理论的贡献和局限,可以看出,现代领导特质理论的贡献主要在于吸收了其他理论的可取点,打破了原来直线型的决定性认知思维,其局限主要是没有突破现有的领导理论。[91]仵凤清(2017)在阐明自恋型领导内涵的基础上,立足领导-成员交换(LMX)理论,探讨了自恋型领导的有效性。以265名员工的问卷调查为样本,通过层级回归分析发现:自恋型领导的魅力对领导有效性具有显著正向影响,LMX起部分中介作用;自恋型领导的利己主义对领导有效性具有显著负向影响,LMX起完全中介作用;自恋型领导的欺诈动机对领导有效性具有显著负向影响,但LMX的中介作用不显著。[92]蒋晨光(2018)以官员简历为基础,采用性别、年龄、民族、学历、籍贯、履职经历、履职时间等七项指标,探析了我国经济百强县书记的领导特质。从这些方面可以看出,百强县书记的职位并不是一个年轻干部的跳板,不是一个可以轻松获取政治资本从而快速升迁的渠道,而是对政治资历、管理经验和领导水平都提出了较高要求的关键岗位。[93]

13.1.2 领导行为理论

由于领导特质理论孤立地研究个体特质对领导工作效能的影响,而没有注意到下属的特点和工作环境特性对领导的影响,故这种孤立的研究存在着内在局限性。从20世纪40年代起,对领导有效性的研究转向了对领导者行为的研究。此类研究关注的焦点是领导者做什么和如何做,即从领导者的行为方式探索有效的领导模式。

我国学者对领导行为理论的相关研究取得了较为丰硕的成果,尤其是近些年在该领域的实证研究逐渐增多。李超平等(2006)的研究结果表明,在中国文化背景下,变革型领导对员工的工作态度具有显著的影响,愿景激励与德行垂范对组织承诺和员工满意度有显著的影响,而领导魅力与个性化关怀只对员工满意度有显著的影响;愿景激励与德行垂范通过工作意义影响员工满意度与组织承诺。[94]汪纯孝(2009)设计并检验了我国第一份企业服务型领导量表,得出了服务型领导的11个维度:尊重员工、关心员工、帮助员工发展、构思愿景、平易近人、甘于奉献、清正廉洁、开拓进取、指导员工工作、承担社会责任和授权。[95]吴文华、赵行斌(2010)认为在变革型领导风格下,知识型员工能形成较高的满意度,在组织授权、组织支持的氛围下,知识型员工容易产生主人翁意识,但是当知识型员工对工作不满时,在高持续承诺的作用下,也同样会促进他们的创新行为。尽管交易型领导风格在与目标导向行为的结合下,可以促进知识型员工的创新,但总体来看交易型领导风格仍不利于知识型员工的创新行为;相反,变革型领导风格可以通过组织承诺、创新型文化、员工满意度这个有机整体,促进知识型员工的创新。[96]杨春江(2011)以河北省内的高科技企业员工为研究对象,通过问卷调查的方法探讨了主管领导风格与体验到的员工感知主管为交易型领导风格或变革型领导风格,对其创新氛围的主管鼓励要素感知呈高度正相关,对其创新氛围的工作自主性因素认知也呈正相关。[97]丁琳等(2012)研究发现在贡献型任务和主动型任务中,变革型领导对员工想法的新颖程度有更为明显的积极影响。[98]李磊、尚玉钒等(2012)将心理资本引入变革型领导研究中,发现下属心理资本中的自我效能、希望和恢复力三个维度对变革型领导行为与下属工作绩效的关系起到中介作用;下属心理资本中的自我效能和恢复力两个维度对变革型领导行为与下属组织承诺的关系起到中介作用。[99]孟慧(2013)的研究认为,中国变革型领导是一个二阶四因素结构,由影响力、愿景激励、个性化关怀和智力激发四个因素构成,其中每一个因素又各自包含了两个子维度,并开发了CTLQ(Chinese-transformational Leadship Questionnaire)[100]。仵凤清(2013)以高校教师感知的中高层管理者的领导风格与高校组织氛围的关系为中心，提出变革型领导风格和交易型领导风格对高校组织的学术氛围、工作氛围、管理氛围和激励氛围均有正向影响，而两种领导风格对高校组织氛围的压力氛围影响不显著。[101]陈晨等（2015）研究发现在科研团队中，变革型领导对其下属的创新行为有显著正向影响。[102]周霁芬（2018）提出变革型领导行为和交易型领导行为都体现了领导者对于人的关注，尤其是变革型领导更多表现出以人际关系为中心，尊重和关心下属意见、情感，通过增强下属关系型自我概念和集体型自我概念、组织的凝聚力和与领导的关系来激发下属的主观能动性，进而影响下属绩效和组织绩效。[103]仵凤清（2018）提出员工的沉默行为对职业生涯成功具有消极影响，并通过领导授权行为的完全中介作用间接实现。[104]

13.1.3 领导权变理论

领导权变理论主要研究与领导行为有关的情境因素对领导效力的潜在影响。对领导特质和领导行为的深入研究使人们逐渐认识到情境因素对领导效果的影响，于是，各种领导权变理论应运而生。

我国学者对领导权变理论的研究主要集中在对理论的分析和实践应用上。李莹华（2008）总结了领导权变理论带给管理者的实践指导：对一个长期复杂的任务运用更多的计划；更多地咨询具有相关知识的人；对有相互依赖角色的人提供更多的指导；当危机发生时，提供更多的指导；对关键任务和不可信赖的人进行更严密的监管；对承受高压力的人提供更多的支持；对人员的选拔和任用要客观公正。[105]陈寒松（2010）认为权变理论在中国理论和实践界兴起的原因在于中国理论与实践的差异来自中国管理实践及国外先进理论之间的差距，管理理论和实践的发展促进了对权变管理理论的研究和运用。[106]董荫（2011）认为领导效果取决于环境条件，而影响环境条件的根本因素包括领导者与成员的关系、职位权力以及任务的具体化。[107]黄爱华（2012）将领导权变理论的内涵特点总结为三个方面：系统性，认为管理的各种因素共存于一个统一联系的整体内；情境观，认为管理的理论、方法和技术使用的有效性取决于它与管理情境的匹配程度；动态性，认为在管理中不存在一成不变的、普遍适用的、最好的理论和方法，而应该根据实际情况随机应变。[108]蒙仁君（2015）指出招聘作为企业管理的重要环节，是企业招收人才的"入口"，企业想要获得所需的人才，达到人岗匹配、岗得其人、人事相宜，就要注重在招聘过程中灵活运用权变管理理论，提高招聘工作的质量，真正做到"天时地利人和"，从而把企业发展不断推向前进。[109]刘静和李朋波（2015）以权变领导理论作为研究视角，剖析了马化腾领导风格演变及其对腾讯企业文化塑造的影响，揭示了腾讯成功背后的领导和文化要素，并得出结论：交易型领导风格更多对层级文化、市场文化产生影响；变革型领导风格更多对团队文化、创新文化产生影响。领导者可以兼有两种领导风格，也可以侧重某一种领导风格塑造企业文化。[110]焦伟豪（2018）总结了权变管理理论在企业管理中运用的意义：帮助企业管理者建立正确的管理理念；提高员工培训成效；提升企业人力资源规划的科学性。[111]

13.2 领导理论发展的新趋势

伴随着经济全球化、政治民主化、社会信息化浪潮的奔涌，人类领导发展主要呈现出以下新趋势，如人本化、自主化趋势；阳光化、平民化趋势；柔性化、隐性化趋势；学习化、知识化趋势；数字化、虚拟化趋势；替代化、简约化趋势；国际化、跨文化趋势；服务化、价值化趋势；变革化、创新化趋势等。[52]新理论的研究表现出了新特点和新趋势，在新理论表现出的新特点和新趋势中，不同情境条件下的适用性研究、领导伦理问题研究、理论整合研究以及网络背景下的研究受到了学者的关注。[112]

13.2.1　不同情境条件下的适用性研究

随着经济全球化的不断深入，如何有效领导国际组织、跨国公司以及分布于不同国家的分支机构等领导实践问题迫切需要解决，于是研究者逐步聚焦于新领导理论思想和方法的跨文化普适性问题。20世纪末，国外学者以包括中国在内的62种不同文化背景下的领导者为研究样本，考查魅力型（或变革型）领导是否在全球范围内普遍有效。研究结果显示，一部分指标在绝大多数文化中有效，而另一部分指标在不同文化中的有效性差异较大。从这个实证研究项目中得到的启示是，不同国家的学者想要移植新领导理论模型来指导本国领导实践，必须对其进行本土化修订，使其适用于本国文化。另外，国际上出现了一些领导实践问题，如西方女权主义运动方兴未艾，使得领导中的性别问题持续升温；科技革命和信息化从根本上改变了组织生活，使得虚拟领导现象日益凸显；知识经济蓬勃发展，知识型员工的自主性对英雄式领导者提出了挑战。这些问题既对新领导理论提出了新挑战，也为新领导理论创新提供了发展空间。

13.2.2　领导伦理问题研究

20世纪末，安然、世通丑闻及"克林顿谎言事件"等现象引起西方社会对领导伦理的追问，使得领导伦理和领导者道德培养逐步成为西方领导学研究的重点问题。尽管领导者的道德维度始终存在于新领导理论中，但新领导理论的研究者中只有伯恩斯明确阐释过变革型领导的道德基础，其他研究者最初并没有对领导伦理给予特别关注。直到20世纪90年代之后，随着社会对领导伦理问题日益重视，研究者才开始关注这一问题。事实上，作为新领导理论构成要件的魅力一直受到来自历史事实的质疑。在美国，人们往往把魅力同罗斯福、肯尼迪这些令人钦佩的领袖联系在一起；而在欧洲，魅力却常常让人联想到独裁者。在欧洲历史上，曾被看成是魅力型领导者的是利用权力操纵他人为其私人目标服务的人，如希特勒等。这些独裁者曾用魅力控制公众，承诺只要追随者服从领导者指令，就能变得像领导者一样有权力——惨痛的历史教训令欧洲人对魅力心怀警惕。

为回应质疑，豪威尔（Howell）和豪斯（House）撰文区分了两类魅力型领导：个人化的领导和社会化的领导。他们认为个人化的魅力型领导类型是自我膨胀的、掠夺性的、独裁的领导，希特勒对德国的统治就是这类领导的极端案例；而社会化的魅力型领导则是无私的、集体主义的、平等主义的领导，他们的存在更为普遍，广泛见于政治、公共服务以及商业领域。萨希金认为，罗斯福和肯尼迪这些可视为正面典范的领导者是有魅力的，因为他们诉诸"人类本性中的天使"，基于基本价值观，引导人们追求积极的长期目标，对该做与不该做的事进行了明确界定。新领导理论的研究者已逐步明确，以道德高尚为基本条件的领导者应该得到提倡。今后，在领导伦理研究方面，领导手段与结果的伦理问题以及如何提升领导者的道德判断力将会被深入探讨。

13.2.3　理论整合研究

对领导这一复杂而多元的领域进行研究无疑是一项艰巨的工作，研究者常常迷失于领导实践的不确定性之中。经过近一个世纪的反复探索，今天的西方研究者已初具信心，他们开始站在既有理论的基础上，从两个层次上实现新领导理论的整合：一是新领导理论各流派的整合，二是新领导理论同其他领导理论的整合。尽管新领导理论各流派存在明显的共同主张，但它们对领导者个性特征、行为方式与效果、影响追随者的有效性和变革组织文化策略等诠释各有所长。怎样有机整合基于不同视角所进行的理论建构，已引起新领导理论研究者的重视。

13.2.4 网络背景下的研究

21 世纪是知识经济时代，是信息革命时代，是纵横交错的网络时代。网络在改变着人们生活方式的同时，也改变着领导活动。网络革命一经产生就冲击了旧的领导方式，使领导活动在网络时代具有了新特点。[113]

（1）领导环境的虚拟化和扩大化。领导环境是指制约和推动领导活动展开的各种自然要素和社会要素的组合。网络时代领导环境最大的变革就是虚拟化，虚拟环境为领导工作带来了新的便利：领导者不必每天把下属召集到会议室或办公室面对面地安排任务，而是可以利用网络带来的虚拟环境轻松部署工作。同时，领导者可以通过网络，直接把下属作为自己的连接终端，减少中间管理层次，延伸追随者的外延，改变传统意义上一个领导只负责几个下属的局面，使领导者的协调组织作用得到有力发挥。但虚拟环境的网络状态也为领导者带来新的挑战，即组织运行的合作化趋势。

（2）追随者进一步的自主化。网络技术进步和社会发展促使追随者向知识型、综合型方向发展，他们越来越不满足于在领导活动中被动受命的地位，要求更多地参与组织的决策，具有更多的灵活性，对自己的工作进行自我控制并依靠责任心来自我约束。对追随者这种越来越强的自主化倾向，领导者必须予以肯定，并及时调整与追随者的关系。

（3）领导目标追求的更高层次化。传统的领导方式强调规章制度的建设，追求功利性的目标，是有形领导。而网络时代所提倡的则是"把一页页的规则从窗口扔出去"，运用的是无形的影响力，注重的是组织文化建设，实现的是价值领导。领导者已不是依靠对领导职位的占据而牟取私利的一种社会角色，而成为展现人生价值的一种高尚的职业。追随者则更多的关心自己事业的成功，而不再是简单的谋生。

（4）树立领导威信的艰难化。传统时代，行政组织运行相对稳定，运转基本程序化，领导者根据惯例和制度赋予的权威进行管理。而在网络时代，领导威信正朝着知识化和信息化转变。领导者只有通过掌握大量动态的信息，处于非程序化管理的主动地位，才能影响和引导他人或组织的行为。

（5）追随者对领导者的影响越来越强。传统时代，领导者对追随者的影响占主导地位，追随者处于附属地位。但在网络时代，追随者与领导者通过网络进行面对面、交互式的沟通，更多地参与决策与管理，拥有更多、更直接的即时决策权，他们的主张会更自觉地移植给领导者。丰富的工作内容以及参与式、信息共享、公开交流的工作环境为追随者带来更大的工作自主性，使得追随者接受领导指令的愿意程度、对领导的认可程度都构成了领导决策转化为现实的条件。

（6）电子信息网络的建设将会使领导角色发生变化。网络时代，领导角色会不断弱化，领导者在社会活动中的作用不可避免地会越来越小，上下级关系将会越来越淡化，领导地位的重要性也会受到影响。

(7) 人员取向的领导方式越来越占据重要地位。网络时代领导方式的重心逐步由任务取向转变为人员取向，开始注重发挥人的积极性和创造性，把传统的"管人"变为"解放人、开发人的智能空间"，真正实现以人为本的管理。

13.3 领导新理论

21 世纪以来，随着对领导研究的进一步深化及研究方法的改进，国内外出现了许多新的关于领导理论的研究，主要有自我领导、诚信领导、柔性领导、女性领导、"泛领导"、沉静领导等理论。

13.3.1 自我领导理论

国外对自我领导的研究从 20 世纪末期开始。自我领导理论引起了众多学者的兴趣，他们开展了大量研究，至今已对自我领导的概念有了比较系统的研究和认识，而我国学者在 21 世纪初才开始引进自我领导的概念。自我领导是查尔斯·曼茨（Charles Manz）和亨利·西姆（Henry Sim）提出的一种新的领导方法，这种方法被认为是一种领导替代物。该理论认为，传统的领导过程主要依赖外部控制，而在充满变革的知识经济时代，人的自主性很强，他们愿意自己决定做什么，良好的教育和职业训练使他们有能力自我领导，全面发展的特征使他们不再是只懂业务不懂管理的人。

自我领导简单说来就是自己领导自己，自己管理自己。任何人都是自己的主导者，都应该进行自我管理而使自己不断进步。自我领导者能够不断设定新的目标，进行自我激励，承担责任，高质量地完成任务，并且大多具有良好的团队精神，能与他人合作，不需要别人的监控。他们寻求影响系统背后的整体目的，为更高层次的组织目标服务，通常受内部鼓励和回报的影响。在创造组织自我领导环境方面，领导者应该以老师或教练的身份帮助和指导下属领导自己；应该帮助下属克服依赖心理，成为独立自主的个体；应该善于授权，把权力赋予那些有能力的人，并明确相应的责任。自我领导过程是一个不断学习的过程，没有谁是天生的自我领导者，只有在实践中不断学习，才能持续提升自己的能力，进而实现有效的自我管理。

13.3.2 诚信领导理论

西方学者 Luthans 和 Avolio（2003）以领导学、道德学、积极心理学及积极组织学等领域的相关研究为基础，提出了一种全新的诚信领导理论。[108]诚信领导是一种产生于积极的心理能力和得到高度开发的组织情境的过程，这种过程能够激发领导者和下属采取更多的自我认识和自我调节的积极行为，从而实现积极的自我发展。这个定义涉及领导者内在心理、领导者影响下属的过程以及组织情境等多个层面。首先，诚信领导起源于领导者的积极心理能力；其次，诚信领导的结果是领导者和下属自我认识和自我调节的积极行为。

诚信领导的研究者提出诚信领导有四个维度：①自我意识，指一个人对自己的性格、价值观、动机及情绪等的认知程度；②信息无偏处理，指个人在处理与个人相关信息的过程中不否认、不扭曲、不夸大、不忽视私人知识、内在经验及外部评价信息；③诚信行为，指人们的行为与其真实自我相一致，即个人行为与个人的价值观、偏好及需要相一致；④诚信关系导向,指在人际关系中重视并竭力寻求公开和信任。诚信领导具有不伪装自己、坚持理念与使命、原创者而非拷贝者、以价值观和信念为基础等基本特征。[114]

13.3.3 柔性领导理论

柔性领导是指在研究人们心理和行为的基础上,依靠领导者的非权力影响力,采取非强制命令的方式,对人们产生一种潜在的说服力,使其自觉服从和认同组织意志,从而把组织意志变为人们自觉行动的领导行为。柔性管理的时代已经到来,柔性领导无疑将成为这一过程的有力推进者,深谙柔性艺术的中国领导者如果能够掌握先机占领柔性领导的制高点,无疑将在未来的竞争中获得更多的机会和利益。

柔性领导理论认为,领导活动是领导者与被领导者在思想和动机上互动的过程,组织和社会的发展是由领导者与被领导者共同推动的,而不是主要由领导者推动的。因此,现代领导者要善于通过沟通、协调、激励等方法,依靠其非权力影响力获得下属内心的服从和认同,实现平等、理解、尊重基础上的心灵感召和互动。柔性领导不会拘泥于任何已有的领导思维和行为定式,创新性、变化性和适应性是柔性领导的行为特征。柔性领导行为模式可采用海克曼(Hackman)等(1976)提出的领导对下属或群体的影响模型进行分析,该模型由任务支持(组织成员对目标的支持程度)、能力与角色、合作与相互信任,以及资源、支持与外部合作等变量组成。[115]

13.3.4 女性领导理论

1990年,美国女性职业顾问赫格森(Helgesen)在《女性优势》一书中首次提出了女性领导理论。她认为,由于具有不同的社会经验,女性较男性具有更好的人际交往技能、教养和敏感性,因而女性可以成为很好的领导者,女性的领导方式比男性更有效和更人性化。女性领导理论讨论女性领导者与女性化领导的出发点,都集中在强调女性特质是女性领导的优势之处。支持女性领导理论的学者认为,女性和男性在领导上的特征与风格是有差异的,女性在本质上优于男性之处在于女性具有母性特点,即包容、谅解、和平、温柔、比较会替别人着想等,这些特征对于组织的运作有着重要作用。虽然从女性主义的角度看,女性领导理论具有一定的政治倾向,以追求两性在领导领域的平等机会、提高女性地位、发挥女性领导潜能为目标。但在学术界的广泛讨论和现实的领导实践中,女性领导理论的支持者并非都是女性,他们对领导风格的研究更多的是基于对领导特性以及领导过程复杂性的理解,是对现代社会组织领导转型中领导创新的新探索。[116]

研究表明女性领导的特征在于:①女性的工作步调稳定,但在一天的工作中会做很多次的短暂休息;②女性并不会将一些未预约的工作和谈话视为干扰,因为女性主管认为关心、参与、帮助及负责可以通过这些工作和谈话达到效果;③女性会抽出时间来从事一些与工作不直接相关的活动,虽然手上无止境的工作必须耗费相当长的时间,但这并不表示她们会因此忽略了家庭生活;④女性比较喜欢活泼主动的接触,但也会安排时间亲自处理信件;⑤在公司之外,女性经理人也维持着一个复杂的人际关系网,她们会花20%~40%的时间与顾客、同行相处;⑥女性极为重视领导的环境生态学,意即不会过度将自己沉浸在每天的管理工作中,而是参与社会的脉动中;⑦女性管理者视自己为具有复杂且多面化身份的人,即女性只将工作视为人生中的一小部分;⑧女性会规划出时间和他人分享信息,她们所注重的不是向下分享，而是向四方伸展。[117]

13.3.5 泛领导理论

李一（2011）首次提出了"泛领导"理论，该理论主张"人人可以当领导"，超越了以往的任何领导理论。虽然以往的有些领导理论也承认领导就是影响，但是这些理论始终认为影响力是少数人的专利。泛领导不仅仅是一种领导理论，还是一种激励理论。俗话说，不想当将军的士兵不是好士兵，同理，不想当领导的下属是没有上进心的下属。该理论主张"人人可以当领导"，有利于激发和调动每一个下属的积极性，让他们以领导者为榜样，以进取的心态去工作。对领导者来说，要争取进步，调整努力方向；要着力提升自己的影响力，扩大自己的影响面；要摒弃跑官要官和唯上不唯实的思维方式；要牢记自己的职务来自影响力，在上级面前照样有影响力，别拿自己不当领导。[118]

13.3.6 沉静领导理论

首次提出沉静领导者这一概念的是美国哈佛商学院教授巴达拉克（Badaracco，2002），他提出沉静领导者是指这样一些人：他们选择负责任的、低调的、幕后的方式来解决各种棘手或不棘手的问题，而不是扮演公众英雄。他们与传统意义上大胆而勇敢的领导形象完全不符合，因为他们根本不想那么去做。他们想要的，就是去做正确的事情，为了他们的国家、他们的组织、他们的同事以及他们自己，但是他们的表现沉静而不动声色。许多企业家都是沉静领导者，而另外一些企业家看起来叱咤风云，但其实掌控全局的往往是身边的沉静的合伙人。沉静领导者往往没有超凡的领袖魅力，也没有多大的权力，他们更愿意在幕后活动，他们从未有过拯救整个世界的念头，他们的每一步行动都小心谨慎、努力求证，他们始终谦逊、克制和持久地来捍卫自己的职业操守，妥善地处理对公司、同事与社会公众的忠诚。他们面对一个看似普通的决策，总要周密思考，因为他们认为不这样则无法获得长远的成功。

沉静领导者基本上属于组织的中层。站在个人角度而言，他们与所有人一样有着相似的希望、恐惧、野心和缺点。他们都希望能够过着诚实正直的生活，却并不渴求成为圣徒；他们都希望事业有所成就，而并不打算为了做正确的事情牺牲他们的生计；他们都会成为很好的邻居、朋友、父母，而不会表现得鹤立鸡群。然而他们身上的确有着与众不同的地方，这主要是他们的性格而不是他们采取的手段。这些人非常依赖三种不怎么起眼的美德——克制、谦逊和执着，这些都是沉静的、日常的美德，没有一个能跟英雄主义领导之道联系起来。这里没有提到什么大无畏的勇气、超凡魅力的领袖人格、心甘情愿牺牲一切的自觉、高尚的热情或是毫不动摇的对某种事业的献身，相反，克制、谦逊和执着这些美德看上去都太过寻常了。但事实上，这正是它们的价值所在。它们是人们可以做到的美德，它们是人们思考和行动时熟悉的、自然的、合理的方法。最终的结果，几乎任何人都可以实践和培养沉静领导之道的简单美德。它们并不仅仅是特殊人物才能拥有的，也不是只有在非常事件中才能运用的。[119]

13.3.7 分布式领导理论

分布式领导的概念发端于20世纪90年代后期，开始并未受到重视，随着社会的变迁和教育的发展，这一理念逐渐成为教师领导理论的前沿，但这一概念的界定至今未有定论，主要代表观点有过程论主张、透镜论主张、动态论主张等。[120] 过程论主张认为分布式领导是指领导活动分布于领导者、追随者和情境相互作用的"网"中,情境构成了研究分布式领导的恰当分析单位。这种概念构建强调分布式领导是领导者、追随者及情境三者相互作用的过程,为领导力分布的实现提供了支撑。

透镜论主张认为分布式领导称不上是一种完整的理论,它只是一种观察、分析和探讨领导实践的新的概念透镜。分布式领导是发生在组织层面而不是在个体层面或小团体层面的活动,不是分析占据领导职位的单个人或少数人,而是整个组织。

动态论主张指出,在大规模的学校组织中,如果不向组织成员分配领导职能,学校将难以顺利完成教育教学任务。换句话说,"一个好校长就是一所好学校"的观点已经落伍,新型教育领导的模式在于"去中心的领导",即领导应当被理解为流动的、瞬时的、分布式的,而非固定不变的。学校的领导方式不应眷恋陈旧的、英雄式的个人领导,分布式领导的真谛就在于通过校长、教导主任、一般教师和员工互相影响,使组织内部所有专业人员(无论其是否处于正式领导职位)都参与到领导实践中来,形成学习共同体。

13.3.8 积极领导理论

积极领导(positive leadership)一词最初是由西方管理咨询和领导培训界人士出于市场开发的需要突发奇想出来的,未经科学的实证检验,熊克寒(2011)将其上升为一个严格意义上的科学概念和领导学分支学科。作为一个新型领导范式,积极领导从整体方法论出发,对传统领导学和积极心理学等多个相邻学科的理论与研究成果进行了全面梳理、深入反思与系统整合。通过基于传统定量方法和新兴质性方法等多方法组合的严格实证研究,积极领导理论目前不仅建构起了逻辑严密的理论框架,开发出了一整套结构良好的测量工具,而且累积了较为系统的实证证据。本书拟就积极领导理论范式的产生背景、逻辑与知识框架、基本思想、测量方法、基本效能等方面,做一个提纲挈领式的介绍。

理论上,积极领导是一种以人的积极情感体验、积极人格特征、优秀道德品质、美好人性力量等内在积极心理优势为基础发展起来的积极影响力。作为一种根植于人的内在积极力量之上的新型领导范式,积极领导在理论上具有整体性、均衡性、内在性和生活性四个基本特征。它不仅存在于正式组织中的工作场所,而且广泛存在于包括非正式组织、无组织环境在内的各个生活层级、侧面和环节。它不仅体现在那些拥有正式职位、权力和地位的委任领导者身上,而且体现在每一个普通人身上;它不靠强制、恐吓、监管、惩罚等传统手段来强迫他人被动服从,而是通过彰显人性的力量、散发人性的光辉来赢取他人自愿的追随。它不是追求单向度的工作绩效,而是努力实现基于工作-生活平衡的整体生活绩效和人生绩效;它不看重局部的发展和零碎的成功,而是通过系统建构实现整体的兴旺。它既依托于先天特质,也可经由后天教化而习得。具有上述积极领导风格的人,特别善于利用自己的美德、性格、知识、技能等积极心理优势资源,主动对周围的人和事施加积极影响,并给自己和他人带来积极的改变。[121]

13.3.9 健康领导理论

健康领导理论是一个全新的领导学概念,指的是一个拥有积极心态的领导者掌控组织情境因素,使组织中的个体和整个组织健康发展的领导过程。Quik 等(2007)认为健康领导者具有目标性、与他人相关的品质、正向自我认知和掌控等三个方面的特点。目标性包括明确自己的使命和目标，平衡自己的价值体系和生活，工作有目标且富有成效，充满激情地不断追求等。这是从领导者自身追求方面来阐述健康含义的。与他人相关的品质包括与他人的相互联系，即拥有强有力的社会支持系统；以及情感胜任力，与家人和其他重要朋友的和谐亲密相处与交流能力。正向自我认知和掌控是健康领导者表现出的积极行为与积极心理能力，包括幽默、希望和乐观，自我效能或自信，有主观幸福感，勤奋自立，适应能力强，颇有体力和魄力，不断自我挑战并树立新目标等。

健康领导者的正直品质包括两个关键性要素：诚信和情感胜任力。这说明健康领导者不仅拥有很强的自我意识能力，为人正直，而且善于控制自我并能理解和容纳不同的声音与情感。这两种特质有助于领导者保持积极心态，顺利实施行动并得到下属的积极配合。除此之外，健康领导者还是一个个性鲜明、拥有自己的核心价值观并将之贯穿行动始终的领导者。他还具有高度的目标性和前瞻性，高瞻远瞩地看到企业未来的前途和发展。同时健康领导者能科学实施精力管理，能在全身心投入工作与精力耗费之间找到有效的平衡和协调。

美国得克萨斯大学 Goolsby 领导研究中心的 Keller 等人（2005）提出了 Goolsby 领导模式。这种模式指出健康领导者应具备正直的品格，行为富有勇气和激情，只有这样的领导行为才能引领组织成员和整个组织取得高效的结果。Goolsby 领导模型表明正直和勇气影响着组织成员和整个组织的健康，二者的测量维度相同，都是活力、生产力和灵活性。也就是说，健康领导者能引导组织成员充满活力地工作，面对变化处变不惊、灵活应变，最终产生高效的成果，整个组织亦然。当组织成员和组织以健康的方式发挥功效时，二者都会受益，并会对一系列组织利益相关者发挥出积极影响。[122]

13.3.10 复杂型领导理论

复杂型领导是一个综合的概念，它建立在承认组织处于复杂环境之中，因内部动态性和不可预测性太强以至于无法被简单地定义。

Lichtenstein，Uhl-Bien，Marion，Seers，Orton 和 Schreiber（2006）认为复杂型领导理论来自复杂系统中代理之间的交流和代理之间的相关作用，复杂的相互作用是在动荡环境下的一种适应性需求。这表明，领导力是一个复杂的动态过程，出现于组织中的每一个个体之间，而非简单地存在于个体和领导者之间。它是在紧急情况下发生的代理之间的交互和信息交换的产物。由于身份是在互动过程中形成的，不同的个人可以在不同情况下成为领导者。

Uhl-Bien，Marion 和 McKelvey（2007）认为在复杂型领导理论中，领导是通过三个功能相互作用实现的：行政性、适应性和可实现性。第一个功能需要管理组织的正式活动，如协调和规划任务。在另一端，适应性功能是非正式的、紧急的、复杂的和动态的。它出现于如下情境：代理之间发生相互作用的冲突时自适应，从复杂的自适应系统的相互作用中实现创造性和学习行动。最后，可实现性功能在另两个功能之间的作用中间进行协调，它的目标是创建复杂的交互式动态自适应领导条件，并管理和整合行政自适应接口。

Jim Best（2014）在复杂型领导中强调复杂的自适应系统组织，而不是许多传统的领导个人或追随者。传统的正式组织结构有时无法应对多层次的相互冲突的目标和动态的有机智力需求，而复杂领导理论则可以对此做出有效的回应。这是一种正常的现象，当学者把重点从注重高效的物质性生产的公司转换到以服务经济基础和知识适应能力为主的公司，企业的主要挑战不是在系统高度稳定的条件下高效生产产品（工业时代），而是为了应对不确定性条件下的新情况的收集、处理和信息创造,有助于为新问题提供新的解决方案。

目前看来,学者们对于复杂型领导的定义还没有形成统一认识,但大多数复杂型领导都基于复杂适应系统发展而来,且都强调组织自适应性、知识集合和互动性三个要素,强调领导者并不是全面控制组织动态,组织中的成员也可以通过集体学习来创建和实施新的解决方案。[123]

13.3.11 正念型领导理论

自 20 世纪 90 年代开始,"正念"作为一种缓解压力、让领导者振作的方式,进入了西方组织文化的主流,很多企业将"正念练习"作为组织培训的一部分。"正念"(mindfulness)是一种静思(meditation)的实践,这种实践即常说的"活在当下",不受过去经历和将来想象的困扰。正念型领导者平静地面对着消极、紧张的企业情境;企业中的所有遭遇都为他们提供了学习和成长的机会。正念型领导,是一种状态,也是一种特征,缓解着领导者的冲突和焦虑。"正念是受基因、生物学和经验影响的内在特性",这种特征涉及领导者对事件做出回应的能力,这也是有学者将之翻译为"正念领导力"的原因。

正念型领导为企业领导者提供了希望,是领导者从紧张的生活和工作中恢复过来的源泉,适用于所有跨入领导者这个门槛的人。正念练习包括沉静地连续观察、不做判断、对他人和自己抱有同情等。正念型领导是领导者一种有效的领导实践,如创造组织愿景、给他人积极的影响、建立和谐的人际关系、形成良好的交流氛围、提升组织成员的能力、打造和谐的组织文化等。

正念并不等于回避或无视问题,相反它是专注地面对所有进入主体体验的任何事物,为主体培育和增加内在的安宁与平和感,这点对领导者很重要。如果没有这种安宁与平和感,他们可能会因为压力和紧张而放弃这个职业。正念型领导的基本要素,如倾听、回应、平静、同情和自我怜悯,是内在关联的。倾听是培育同情心的基础,领导者倾听组织中传递的声音,而非思考自己的回复,或专注地听,不存先人之见地听,这样的领导者能够有充分的时间做出恰当的回应;领导者平静地接受当前发生的事实,不否认、不抱怨,可以更好地回应即将到来的情况;当领导者形成自我怜悯时,他们就能够表达对他人的同情,并根据同情行动,进而发展与他人良好的人际关系。当紧张的情形出现时,领导可以观察、倾听并抱有同情地回应;当领导者失误、失算、失言、失败、动摇、脱轨或陷入绝望时,自我怜悯可以让领导者有一个清晰的、充满希望的、滋养性的反思以及一个练习正念的机会;问题之后的无判断反思可以为有效领导提供坚实的基础。总之,正念型领导可以为领导者提供机会去提升恢复力、情感调节力和获得精准的视角。[124]

除此以外,一些学者还提出了以下理论:

(1)处理型与变革型领导理论:领导者通过让员工意识到所承担任务的重要意义和责任,激发下属的高层次需要或扩展下属的需要和愿望,使下属认为团队、组织和更大的政治利益超越个人利益。

(2)超越型领导理论:超越个人的利益,领导者将个人与团队利益结合起来的一种领导理论。

(3)愿景领导理论:通过运用心智能力(想象力、灵感、远见、洞察力、聪明)、心智模式(内省、互动)、心智逻辑(演绎、归纳)、心智特征(思考性、速度)、战略焦点(产品、服务、组织、市场、理想)等维度来构造愿景型领导这一概念。

（4）电子化领导理论：通过运用电脑、网络、多媒体等现代信息化设备实施的领导。

领导创意人群、跨文化领导、领导伦理等理论也都代表着领导理论新的研究发展方向，不断丰富着现代领导理论。

▶ 复习思考题

1. 你对领导活动和领导理论的发展是如何理解的？如何发展我国的本土化领导理论？
2. 如果你是领导者，你将如何领导你的下属？你认为自己会是哪种类型的领导者？
3. 如何进行自我领导？

▶ 专项技术测试与反馈

你是哪种类型的领导者

1. 在你的商业生涯中，哪个阶段最成功？
   A. 创业阶段　　　　　　B. 成熟而稳定的发展时期　　C. 摆脱逆境时期
2. 你的抗风险能力如何？
   A. 很强　　　　　　　　B. 很弱　　　　　　　　　　C. 中等
3. 对当前经济形势的考虑对于商业的成功有多重要？
   A. 不是很重要　　　　　B. 非常重要　　　　　　　　C. 有点重要
4. 用哪个词语来描述你在企业发展中扮演的角色最合适？
   A. 革新者　　　　　　　B. 人才培养者　　　　　　　C. 具体的问题解决者
5. 你觉得商业能通过哪种途径使其创造的价值得到最大提高？
   A. 改革　　　　　　　　B. 优化　　　　　　　　　　C. 创新
6. 哪种商业环境更适合你的性格？
   A. 不稳定的、难以预知的　B. 规整的、秩序井然的　　　C. 高风险、高回报的
7. 你觉得最好的商业机会是什么？
   A. 推出一种新的产品或服务　B. 独出心裁地推广一种成功的产品和服务
   C. 为新的消费者群设计一种新的产品和服务
8. 你如何定义成功的领导者？
   A. 创造一些新的东西　　B. 最大限度挖掘人的潜能　　C. 把握住变化中的机会
9. 战胜竞争对手的最好方法是什么？
   A. 投资一种新的产品或服务
   B. 给你的消费者提供最大的价值
   C. 强强联合或通过并购来增强实力
10. 你最佩服以下哪位企业家？
    A. 比尔·盖茨　　　　　B. 玛格丽特·惠特曼　　　　C. 杰克·韦尔奇

答案

（1）选 A 的次数等于或大于四次的：善于冲破时代固有模式，创造出新的成功机会。你为企业流程和商业模式创造了一个全新而坚实的概念。

（2）选 B 的次数等于或大于四次的：真正的管理者。可能不会去改变一家公司，但肯定会改变其规模和业务范围，对公司有深入理解，且善于深入了解时代精神，有能力把握未来。

（3）选 C 的次数等于或大于四次的：极具魅力的领导者。你几乎能说服别人做任何事情。你不是一个确切意义上的创新者，但是你会从前人的道路和趋势里发现价值所在，并且会不断巩固现有业务。

资料来源：阿里巴巴网站．商人论坛。

参考文献

[1] 孙立樵，冯致笺．现代领导学教程［M］．北京：中共中央党校出版社，2002．
[2] 邱霈恩．领导学［M］．北京：中国人民大学出版社，2004．
[3] 白菊梅．柳传志重现江湖救联想［J］．环球人物，2011（1）：18-19．
[4] 丁栋虹．企业家能力管理［M］．北京：清华大学出版社，2007．
[5] 吴维库．领导学［M］．北京：高等教育出版社，2006．
[6] 林正大．领导力的三个层次［J］．中国企业家，2001（7）：83．
[7] 李全伟，鲁志娟．神州数码锻造高阶领导力［J］．哈佛商业评论（中文版），2013（2）：56-59．
[8] 杜娟．西方领导研究百年回顾与展望［J］．行政论坛，2005（3）：37-41．
[9] 种坤霞，安立峰．现代领导活动的发展变化与趋势［J］．经济论坛，2004（17）：156-157．
[10] 田广清．中国领导思想史［M］．北京：九州出版社，2003．
[11] 谢霍坚．领导：适合中国企业的领导模式［M］．上海：上海远东出版社，2004．
[12] 熊礼汇，姜国斌．孟子与现代管理［M］．上海：学林出版社，1999．
[13] 张学道．如何正确理解把握毛泽东的领导艺术［Z/OL］．［2007-02-28］．http://theory.southcn.com/dangjian/wzck/200702280917.htm．
[14] 文秀．习近平的领导风格及特点［J］．中国党政干部论坛，2014（6）：97-99．
[15] 陈超然，卢光莉，樊长春．领导理论演变的探析［J］．郑州航空工业管理学院学报（社会科学版），2004（2）：12-13．
[16] 张首魁，宋合义．简议领导理论的发展轨迹及其发展方向［J］．陕西省经济管理干部学院学报，2004（4）：18-20．
[17] 常健．现代领导科学［M］．天津：天津大学出版社，2004．
[18] 李传军．公共行政领导理论综述［J］．江西行政学院学报，2002（S1）：3-5．
[19] 邱霈恩．领导者素质［M］．北京：中国言实出版社，2003．
[20] 冯秋婷．西方领导理论研究［M］．北京：人民出版社，2008．
[21] 安弗莎妮·纳哈雯蒂．领导学（原书第4版）［M］．王新，陈加丰，译．北京：机械工业出版社，2007．
[22] 理查德 L 达夫特．领导学：原理与实践（原书第2版）［M］．杨斌，译．北京：机械工业出版社，2005．
[23] 理查德·哈格斯，罗伯特·吉纳特，戈登·柯菲．领导学：在经验积累中提升领导力

（原书第 5 版）[M]．朱舟，译．北京：清华大学出版社，2007．

[24] Stefan Stern．领导者的 7 种致命性格 [J]．领导文萃，2009（9）：45-49．

[25] 何江涛，凌文辁．领导理论的回顾与简评 [J]．党政干部学刊，2002（10）：31-32．

[26] 彼得·德鲁克．卓有成效的管理者 [M]．许是祥，译．北京：机械工业出版社，2005．

[27] 王宪平．管理真性情：总经理手记 [M]．北京：机械工业出版社，2005．

[28] 申明．中式领导力 [M]．北京：企业管理出版社，2006．

[29] 安德鲁 J 杜伯林．领导力（原书第 4 版）[M]．王垒，译．北京：中国市场出版社，2006．

[30] Oren Harari, Linda Mukai. A New Decade Demands a New Breed of Manager [J]. *Management Review*. August 1990, p. 23.

[31] Jeffrey Pfeffer. Managing with Power: Politics and Influence in Organizations [M]. Boston: Harvard University Press, 1992.

[32] 加里·尤克尔．组织领导学（原书第 5 版）[M]．陶文昭，译．北京：中国人民大学出版社，2004．

[33] James Weber. Exploring the Relationship between Personal Values and Moral Reasoning [J]. *Human Relations*, 1993, No. 4（46）：435-463.

[34] 王培玉，傅勇．激励理论在企业管理中的运用 [J]．企业经济，2011，30（7）：39-41．

[35] 王家龙．激励理论的发展过程和趋势分析 [J]．求实，2005（4）：48-50．

[36] 王军．不同激励理论在团队激励中的应用 [J]．科技管理研究，2010，30（19）：106-109．

[37] 华伦·本尼斯，罗伯特·唐森德．重塑领导者：对话集 [M]．吴金根，吴群，译．北京：九洲图书出版社，1999．

[38] 郑晓明．组织行为学 [M]．北京：经济科学出版社，2002．

[39] 凯茨·大卫斯．组织行为学 [M]．欧阳大丰，译．北京：经济科学出版社，1989．

[40] 胡君辰，杨永康．组织行为学 [M]．上海：复旦大学出版社，2002．

[41] 约翰 L 汤普森．愿景领导 [M]．王小兰，等译．大连：东北财经大学出版社，1999．

[42] 王石．王石：我为什么不培养接班人 [J]．商界（评论），2013（3）：116-118．

[43] 马广奇，赵亚莉．阿里巴巴"合伙人制度"及其创新启示 [J]．企业管理，2015（2）：120-123．

[44] 仲为国．继任管理计划成功五要素 [J]．哈佛商业评论（中文版），2018．

[45] 周留征，刘江宁．基于公司治理的中国民营企业接班人选择研究 [J]．财经界（学术版），2016（10）：366-368．

[46] 任正非．轮值 CEO 让一群"聪明人"做决策 [J]．IT 时代周刊，2012（9）：15．

[47] L H Peter, D D Hartke, J T Pholman. Fiedler's Contingency Theory of Leadership: An Application of the Neta—Analsis Procedures of Schmidt and Hunter [J]. *Psychological Bulletin*: 274-285.

[48] 仵凤清，王苗，王瑶．科技研发组织中真诚型领导的有效性作用研究 [J]．技术与创新管理，2017，38（3）：312-319．

[49] 杜红,王重鸣.领导—成员交换理论的研究与应用展望[J].浙江大学学报(人文社会科学版),2002(6):74-80.
[50] 王青,李玲,王广曦.工作场所孤独感对工作投入的影响机制:领导—成员交换和传统性的作用[J].现代管理科学,2019(7):87-89.
[51] 沈华礼,高日光,袁婕.说话算数的领导如何助益下属的工作绩效:基于领导—成员交换和政治技能的作用[J].领导科学,2019(14):82-85.
[52] 姜平.新世纪人类领导发展的十大趋势[J].理论探讨,2005(6):130-131.
[53] 刘迫,王德智.共享领导对领导力有效性的影响:领导替代的中介作用[J].领导科学,2015(35):28-30.
[54] 张晓峰.中西视域下的领导学要论[M].哈尔滨:黑龙江人民出版社,2005.
[55] 周三多.管理学[M].2版.北京:高等教育出版社,2005.
[56] 郭全中,付晨.浅谈中国权变理论及其形式[J].甘肃行政学院学报,2000(3).
[57] 刘建军.领导学原理:科学与艺术[M].上海:复旦大学出版社,2007.
[58] 王安平.领导战略论[M].杭州:浙江教育出版社,1987.
[59] 申光龙,袁斌.企业愿景的效用及其创建流程[J].预测,2004,23(3).
[60] 李德荣.新领导模式[M].北京:九州出版社,2001.
[61] 张建伟.企业愿景的作用及树立方法分析[J].山东行政学院山东省经济管理干部学院学报,2002(4):16-17.
[62] 李效云,申俊龙.企业愿景的作用及其建设[J].管理科学文摘,2004(4):28-29.
[63] 钱廷仙.企业使命管理探讨[J].华东经济管理,2001(4):86-87,119.
[64] 谢忠泉,温雯.充分发挥领导文化在企业文化建设中的核心作用[J].价值工程,2006(7):117-120.
[65] 宗骞,赵曙明.高绩效组织领导力的挑战[J].现代管理科学,2004(1):3-4.
[66] 承泽恩.论提高领导有效性的途径[J].赣南师范学院学报,2000(2):91-93.
[67] 贝凤岩.试论有效领导[J].理论界,2004(5):30-31.
[68] 石景文.提升领导有效性的途径研究[J].商业经济,2011(8):65-66,68.
[69] 李玉玲,刘敏,李淑芳,等.高校中层领导干部绩效考核指标分析——以北京联合大学样本为例[J].旅游学刊,2006(S1):130-134.
[70] 文新跃.绩效评估方法的研究比较[J].现代企业,2006(5):44-45,48.
[71] 王世军,郝少盼.互联网时代下中小企业经济管理的创新[J].中外企业家,2017(34):73,166.
[72] 郑重.学会运用互联网新商业思维[J].商业文化,2018(25):63-65.
[73] 王冰.基于"大数据分析"对人力资源管理变革的思考[J].西部皮革,2016,38(24):105,107.
[74] 姚望.大数据分析对企业决策的影响[J].中国商论,2019(2):31-32.
[75] 林枚,凌秀花,陈超.人工智能会抢走HR的饭碗吗?[J].现代商业,2018(8):61-63.
[76] 冯刚.浅析人工智能在煤矿安全生产中的运用[J].科技创新与应用,2016(12):156.
[77] 曹轩.浅析人工智能发展对企业会计工作的挑战和对策[J].才智,2019(2):250.
[78] 许一.柔性领导理论评介[J].外国经济与管理,2007(8):30-37.

[79] 刘钰. 试析领导方式和领导方法的创新 [J]. 信阳师范学院学报（哲学社会科学版），2003（3）：5-7.

[80] 解华. "柔性化"——现代领导管理的发展趋势 [J]. 政工学刊，2003（7）：11-12.

[81] 白尚平. 助人成功——现代领导新观念 [J]. 科技情报开发与经济，2006（24）：236-237.

[82] 刘兰芬. 西方领导新趋势 [J]. 新东方，2003（8）：12-14.

[83] 廖建桥，赵君，张永军. 权力距离对中国领导行为的影响研究 [J]. 管理学报，2010，7（7）：988-992.

[84] 王颖，丁连第. 论学习型组织的建立和运行 [J]. 集团经济研究，2007（31）.

[85] 张春峰. 浅谈企业学习型组织的创建途径 [J]. 胜利油田职工大学学报，2009，23（3）：16-17.

[86] 吴从环. 全球化浪潮下的领导人才素质变革研究 [J]. 社会科学，2002（7）：2-6，11.

[87] 刘建军. 领导理论：反思与超越 [J]. 中国浦东干部学院学报，2008（3）：43-49.

[88] 卢会志. 内隐领导理论视域下青少年领导力培养研究 [J]. 青年学报，2017（3）：70-75.

[89] 冯江平，罗国忠. 我国企业魅力型领导的特质结构研究 [J]. 心理科学，2009，32（1）：207-209，250.

[90] 黄攸立，李璐. 组织中的自恋型领导研究述评 [J]. 外国经济与管理，2014，36（7）：24-33.

[91] 周明泽. 现代领导特质理论的贡献和局限：基于新颖—实用模型和完全分类模型的对比评价 [J]. 领导科学，2015（29）：33-36.

[92] 仵凤清，高林. 基于LMX理论的自恋型领导有效性研究 [J]. 领导科学，2017（2）：50-53.

[93] 蒋晨光. 全国经济百强县书记的领导特质分析及启示：基于2017年赛迪百强榜与官员简历的实证研究 [J]. 领导科学论坛，2018（9）：83-85.

[94] 李超平，田宝，时勘. 变革型领导与员工工作态度：心理授权的中介作用 [J]. 心理学报，2006（2）：297-307.

[95] 汪纯孝，凌茜，张秀娟. 我国企业公仆型领导量表的设计与检验 [J]. 南开管理评论，2009，12（3）：94-103，116.

[96] 吴文华，赵行斌. 领导风格对知识型员工创新行为的影响研究 [J]. 科技进步与对策，2010（2）：153-156.

[97] 杨春江. 领导风格与组织创新氛围的相关研究：以河北高科技企业为例 [J]. 科技进步与对策，2011（19）：89-93.

[98] 丁琳，郎淳刚. 不同工作任务下领导行为与员工创造力的权变关系：基于不同产权主体的研究 [J]. 经济管理，2012，34（1）：94-103.

[99] 李磊，尚玉钒，席酉民，等. 变革型领导与下属工作绩效及组织承诺：心理资本的中介作用 [J]. 管理学报，2012，9（5）：685-691.

[100] 孟慧，宋继文，徐琳，等. 中国情境下变革型领导的内涵与测量的再探讨 [J]. 管理学报，2013，10（3）：375-383.

[101] 仵凤清，邢继雯. 领导风格与高校组织氛围的关系研究 [J]. 燕山大学学报（哲学

社会科学版），2013，14（4）：136-139.

[102] 陈晨，时勘，陆佳芳. 变革型领导与创新行为：一个被调节的中介作用模型［J］. 管理科学，2015，28（4）：11-22.

[103] 周霁芬. 中西方领导行为及其有效性研究评述［J］. 科技经济导刊，2018，26（13）：164-167.

[104] 仵凤清，高林，董宇华. 知识型员工沉默行为对职业生涯成功的影响研究［J］. 科研管理，2018，39（8）：142-150.

[105] 李莹华. 权变理论与有效领导之洞见［J］. 内蒙古农业大学学报（社会科学版），2008（2）：168-171.

[106] 陈寒松，张文玺. 权变管理在管理理论中的地位及演进［J］. 山东社会科学，2010（9）：105-108.

[107] 董荫. 权变理论对改进领导学的启示［J］. 知识经济，2011（6）：2.

[108] 黄爱华，陆娟. 基于权变理论的战略人力资源管理体系［J］. 中国人力资源开发，2012（1）：31-35.

[109] 蒙仁君. 权变管理理论在招聘中的运用研究［J］. 大众科技，2015，17（4）：156-158.

[110] 刘静，李朋波. 马化腾领导风格演变对腾讯企业文化塑造的影响研究：基于领导权变理论的视角［J］. 中国人力资源开发，2015（20）：99-104.

[111] 焦伟豪. 权变管理理论在企业管理中的具体运用［J］. 现代商业，2018（31）：115-116.

[112] 文茂伟. 西方新领导理论：兴起、发展与趋向［J］. 社会科学，2007（7）：98-111.

[113] 梁玉萍，杨玉果. 试论网络时代领导工作的特点和趋势［J］. 中国行政管理，2001（12）：22-23.

[114] 于洪生. 从诚信领导理论看中国情境下的诚信教育［J］. 湖北教育（领导科学论坛），2011（4）：51-53.

[115] 许一. 柔性领导［M］. 北京：经济管理出版社，2009.

[116] 张素玲. 女性领导风格理论及其局限［J］. 山西师大学报（社会科学版），2010，37（1）：64-67.

[117] 许一. 女性领导理论述评［J］. 当代经济管理，2007（4）：18-23.

[118] 李一. "泛领导"理论探析［J］. 领导科学，2011（15）：14-17.

[119] http://baike.baidu.com/view/1414058.htm.

[120] 陈曼蔓，张凯歌，麻婧波. 分布式领导的理论浅析与本土探索［J］. 科教文汇（上旬刊），2011（12）：29-30.

[121] 熊克寒. 积极领导：一种新型领导范式［J］. 领导科学，2012（17）：33-36.

[122] 周晶晶. 健康领导理论发展介绍及其对学校组织的现实启示［J］. 当代教育论坛（综合研究），2011（9）：61-63.

[123] 任巍，张鹏雁. 复杂领导理论的整合与展望［J］. 商业经济研究，2017（21）：104-107.

[124] 罗建河. "正念型"领导：西方教育管理的新理论［J］. 比较教育研究，2018，40（5）：83-88.

推荐阅读

中文书名	作者	书号	定价
创业管理（第5版）（"十二五"普通高等教育本科国家级规划教材）	张玉利 等	978-7-111-65769-9	49.00
创业八讲	朱恒源	978-7-111-53665-9	35.00
创业画布	刘志阳	978-7-111-58892-4	59.00
创新管理：获得竞争优势的三维空间	李宇	978-7-111-59742-1	50.00
商业计划书：原理、演示与案例（第2版）	邓立治	978-7-111-60456-3	39.00
生产运作管理（第6版）	陈荣秋 等	978-7-111-70357-0	59.00
生产与运作管理（第5版）	陈志祥	978-7-111-74293-7	59.00
运营管理（第6版）（"十二五"普通高等教育本科国家级规划教材）	马风才	978-7-111-68568-5	55.00
战略管理（第2版）	魏江 等	978-7-111-67011-7	59.00
战略管理：思维与要径（第4版）（"十二五"普通高等教育本科国家级规划教材）	黄旭	978-7-111-66628-8	49.00
管理学原理（第2版）	陈传明 等	978-7-111-37505-0	36.00
管理学（第2版）	郝云宏	978-7-111-60890-5	49.00
管理学高级教程	高良谋	978-7-111-49041-8	65.00
组织行为学（第4版）	陈春花 等	978-7-111-64169-8	49.00
组织理论与设计	武立东	978-7-111-48263-5	39.00
人力资源管理（第2版）	刘善仕 等	978-7-111-68654-5	55.00
战略人力资源管理	唐贵瑶	978-7-111-60595-9	39.00
市场营销管理：需求的创造与传递（第5版）（"十二五"普通高等教育本科国家级规划教材）	钱旭潮 等	978-7-111-67018-6	49.00
管理经济学：理论与案例（"十二五"普通高等教育本科国家级规划教材）	毛蕴诗 等	978-7-111-39608-6	45.00
基础会计学（第2版）	潘爱玲	978-7-111-57991-5	39.00
公司财务管理（第2版）	马忠	978-7-111-48670-1	65.00
财务管理	刘淑莲	978-7-111-50691-1	40.00
企业财务分析（第4版）	袁天荣 等	978-7-111-71604-4	59.00
数据、模型与决策：管理科学的数学基础（第2版）	梁樑 等	978-7-111-69462-5	55.00
管理伦理学	苏勇	978-7-111-56437-9	35.00
商业伦理学	刘爱军	978-7-111-53556-0	39.00
领导学	仵凤清 等	978-7-111-66480-2	49.00
管理沟通：成功管理的基石（第4版）	魏江 等	978-7-111-61922-2	45.00
管理沟通：理念、方法与技能	张振刚 等	978-7-111-48351-9	39.00
国际企业管理	乐国林	978-7-111-56562-8	45.00
国际商务（第4版）	王炜瀚 等	978-7-111-68794-8	69.00
项目管理（第2版）（"十二五"普通高等教育本科国家级规划教材）	孙新波	978-7-111-52554-7	45.00
供应链管理（第6版）	马士华 等	978-7-111-65749-1	45.00
企业文化（第4版）（"十二五"普通高等教育本科国家级规划教材）	陈春花 等	978-7-111-70548-2	55.00
管理哲学	孙新波	978-7-111-61009-0	59.00
论语的管理精义	张钢	978-7-111-48449-3	59.00
大学·中庸的管理释义	张钢	978-7-111-56248-1	40.00